Biel, Mittwoch 23. September 1992

BIEL-BIENNE
DIE STADT AM SEE
LA VILLE AU BORD DU LAC
THE CITY ON THE LAKE

Druck: W. Gassmann AG, Biel
Lithos: Clichélithos Moser SA, 2557 Studen
Copyright: Büro Cortesi Biel 1989
ISBN 3-906140-07-5
2. Auflage 1991

Mario Cortesi
Roland Fischer
Werner Hadorn
Daniel Reichenbach

BIEL-BIENNE
DIE STADT AM SEE
LA VILLE AU BORD DU LAC
THE CITY ON THE LAKE

Herausgeber / Editeur / Publisher:
Büro Cortesi, W. Gassmann AG, Biel-Bienne
Städtische Wirtschaftsförderung Biel
Développement économique de la ville de Bienne
Promotion of Economic Development of Biel

Liebe Leserin
Lieber Leser

Es gibt bereits eine ganze Reihe Bücher über Biel – angefangen beim reinen Fotobuch bis hin zum Werk über ein ganz bestimmtes Thema. Was fehlte, war eine leicht lesbare, unterhaltende, aber doch möglichst vollständige, ansprechende und auch anspruchsvoll gemachte Darstellung des heutigen Biel.

Das vorliegende, dreisprachige Buch, das seine Entstehung unter anderem der tatkräftigen Unterstützung durch die Bieler Wirtschaftsförderung verdankt, soll diese Lücke schliessen helfen. Gewiss: auch dieses Werk darf nicht den Anspruch erheben, alles und jegliches über Biel und die nähere Region ausgesagt zu haben. Aber es ist ein Versuch, Biel in seiner Vielfältigkeit darzustellen, seine sprichwörtliche Toleranz anzusprechen, seine Zweisprachigkeit zu beschreiben und seinen Charme, der zur Stadt gehört wie die St. Petersinsel, zu vermitteln.

Mit der umfangreichen Dokumentation über Dienstleistungen möchte das Buch auch Nachschlagewerk sein: Dem Bieler eröffnet es viele ungewöhnliche Details über Bekanntes, dem Nichtbieler gibt es Aufschluss über alles ihm Unbekannte, soll ihn neugierig und gleichzeitig mit Biel vertraut machen.

Es erstaunt vielleicht, dass ein Buch, das die Vorzüge einer Stadt und einer Region darstellen soll, auch kritische Töne enthält. Die Autoren sind aber von der Überlegung ausgegangen, dass sie weder der Sache, noch der Stadt, noch den Lesern dienen, wenn sie nur über die positiven Seiten einer Gegend schreiben. Selbstkritik gehört zum Bieler, die konstruktive Kritik prägt diese lebendige und eigenwillige Stadt.

Die Städtische Wirtschaftsförderung ist Neuem gegenüber offen. Sie bietet Partnern aus aller Welt Hand, pflegt Kontakte, kennt die wirtschaftlichen Bedürfnisse der Stadt und der Region. Sie hält dieses Buch für ein ausgezeichnetes Mittel, die Kommunikation mit den Behörden, den Unternehmen und der Bevölkerung aufzunehmen. Darum war ihr die Entstehung dieses Buches ein Anliegen, und sie begründet zusammen mit dem Handels- und Industrieverein ihre Patenschaft.

Die Städtische Wirtschaftsförderung dankt den beiden Medienunternehmen Büro Cortesi und W. Gassmann AG für ihren grossen Einsatz und die professionelle Leistung, sowie den zahlreichen Unternehmen, Verbänden und Vereinen für ihre spontane Unterstützung herzlich.

Viel Spass beim Lesen!

**Städtische Wirtschaftsförderung
– Ihre Kontaktstelle in Biel
Marcel Jean, Leiter
Albert König, Delegierter**

Städtische Wirtschaftsförderung,
Rüschlistrasse 14, 2502 Biel

Marcel Jean (links) und Albert König

Chère lectrice,
cher lecteur,

Il existe déjà toute une série d'ouvrages sur Bienne – du livre comportant essentiellement des photographies à celui consacré à un thème bien précis. Ce qui manquait, c'était une description à la fois accessible, divertissante, mais également la plus complète et la plus documentée possible de la Bienne d'aujourd'hui.

Réalisé entre autres grâce au soutien actif de l'Office biennois du développement économique, le présent ouvrage, trilingue, devrait combler cette lacune. Bien sûr, il ne prétend pas tout dire sur notre ville et sa région, mais il tend à présenter Bienne dans toute sa diversité, à mettre en valeur sa qualité de vie et son dynamisme économique, sa tolérance légendaire, à analyser les avantages de son bilinguisme et à cerner son charme, partie intégrante de la ville au même titre que l'île de Saint-Pierre.

Ce livre doit également constituer un ouvrage de référence, doté d'une riche documentation sur les services. Il révèle de nombreux détails insolites sur des choses familières aux Biennois, il est aussi une initiation pour les non-Biennois, il cherche à susciter leur curiosité, à les familiariser avec la cité.

Peut-être serez-vous surpris de constater qu'un livre censé être le reflet de Bienne et de sa région contienne aussi des critiques. Mais les auteurs sont partis du point de vue suivant: se limiter uniquement aux aspects positifs ne servirait ni les intérêts de la chose, ni ceux de la ville, ni ceux des lecteurs. L'autocritique est le fort des Biennois. Un esprit critique constructif anime cette cité vivante et déterminée.

L'Office municipal du développement économique se veut à cette image. Il noue et entretient des relations avec des partenaires de tous les horizons, il connaît bien les besoins économiques de la ville et de la région. Il considère ce livre comme un excellent moyen d'améliorer la communication entre les autorités, les entreprises et la population. C'est pourquoi la réalisation de cet ouvrage lui tenait à coeur. Il a donc décidé d'assurer son parrainage avec l'Union du commerce et de l'industrie.

L'Office municipal du développement économique remercie le Bureau de presse Cortesi et l'imprimerie W. Gassmann SA de leur engagement sans réserve, ainsi que toutes les entreprises, associations et sociétés, du soutien spontané qu'elles nous ont apporté.

Bonne lecture!

Développement économique de la ville de Bienne – votre adresse de contact à Bienne
Marcel Jean, directeur
Albert König, délégué

Développement économique de la ville de Bienne,
rue du Rüschli 14, 2502 Bienne

Dear Reader

There are already many books about Biel – from the purely photographic to the ones dealing with a particular theme. What was lacking was an easy-to-read, entertaining – but as comprehensive as possible – attractive and sophisticated portrait of the Biel of today.

This trilingual book, which owes its existence to, among other things, the vigorous support of the Biel Office for the Promotion of Economic Development, should help to fill this gap. Of course, even this book cannot claim to say absolutely everything about Biel and its region. But it is an attempt to show Biel in all its diversity, to bring out the qualities of its life and its economic dynamism, to talk about its proverbial tolerance, to describe its bilinguialism and to convey something of the charm which is so important a part of this city's life.

With its comprehensive information about services, this book can also be used as a work of reference. It gives the Bieler many unaccustomed details about what is already familiar and others access to things unfamiliar with the aim of arousing their curiosity and helping them get to know Biel.

It may seem surprising that a book which is supposed to show all the advantages of the city and its region should also contain critical comments. But the authors took the view that they would be doing neither the project itself, the city nor the readers a service if they wrote only about the positive aspects. The Bieler is self-critical and constructive criticism is a feature of this lively and individualistic city.

The City Office for the Promotion of Economic Development is open to new ideas. It offers assistance to partners from anywhere, maintains contacts and knows the economic needs of the city and its region. It believes this book is a first-class medium for making contacts with the authorities, firms and the people of Biel. That is why it was keen to see this book published and, with the Chamber of Trade and Industry, stood sponsor to it.

The Office for the Promotion of Economic Development thanks the two media firms Büro Cortesi and W. Gassmann AG for their great efforts and professional achievement and the many businesses, organisations and associations for their spontaneous support.

Promotion of Economic Development of Biel – Your contact in Biel
Marcel Jean, Manager
Albert König, Delegate

Promotion of Economic Development of Biel
Rüschlistrasse 14, 2502 Biel

EINFACHE PFLEGE

 ## Zerlegen eines Klaviers

Die Frontplatte

Die Frontplatte hat auf jeder Seite eine Befestigung. Bei älteren Klavieren sind es Metallklammern, die beim Einrasten durch Zug verhindern, dass die Frontplatte wackelt. In neueren Klavieren gibt es entweder Riegel oder Sockel aus Holz oder Plastik, in die die Frontplatte mit einem vorstehenden Dübel fest eingehängt wird (siehe das Bild unten). Für Aus- und Wiedereinbau braucht man wegen des Widerstands der Befestigungen manchmal etwas mehr Kraft. Die untere Seite der Frontplatte ist auf der Zierleiste ebenfalls mit Dübeln befestigt oder sitzt auf einer Kante auf. Sie muss zum Ausbau daher zuerst vertikal nach oben gehoben werden.

Die Frontplatte legt man am besten flach auf den Boden, darunter einen alten Teppich. Bei älteren Klavieren muss man wegen eventuell vorstehender Zierleisten besonders vorsichtig sein.

Die Tastaturklappe

Von hinten mit einer Hand die Rückseite, an der gleichen Stelle mit der anderen Hand die Vorderseite des halbgeöffneten Deckels ergreifen und vorsichtig erst nach oben, dann nach außen ziehen (siehe Bild unten). Dabei aufpassen, dass man nicht die Mechanik streift.

Die Tastaturklappe wie die Frontplatte auf den Boden legen. Bei einigen besseren Klavieren liegt über den Tasten noch eine weitere Leiste, die mit zwei Schrauben befestigt ist (siehe unteres Bild). Manchmal bilden Frontplatte und Tastaturklappe eine Einheit, wegen des Gewichts braucht man vielleicht einen Helfer. Der Ausbau erfolgt am besten mit einer Hand an der Oberkante der Frontplatte und der anderen an der Vorderseite des geöffneten Deckels.

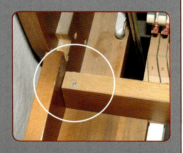

Der Einbau erfolgt mit größter Vorsicht in umgekehrter Reihenfolge. Es geht meistens besser alleine, die so einfachere Augen-Hirn-Hand-Koordination lässt Kratzer vermeiden.

gehalten, daher geht es manchmal ganz leicht, ihn herauszuziehen, manchmal braucht man dazu eine Zange (nicht Lack oder Holz beschädigen wie auf dem Foto rechts). Neugierige Kinder werden von diesen Scharnieren magisch angezogen, an vielen Schulklavieren fehlen daher die Scharnierstifte. Oder sie stehen halb heraus, was auch passieren kann, wenn der Deckel öfter geöffnet und geschlossen wird. So ein Deckel wiegt 30 kg und mehr und es ist gar nicht gut, wenn er plötzlich hinunterfällt. Vor allem nicht, wenn jemand hinter dem Klavier steht.

■ Der Deckel besteht aus zwei Teilen. Vor dem Aufklappen des ganzen Deckels muss der vordere Teil umgelegt sein, da sonst das gesamte Gewicht des vorderen Teils nur durch die kleinen Schrauben des Klavierbands gehalten wird. Früher oder später lösen diese sich und der Vorderdeckel fällt herab. Die Folge können Verletzungen und eine teure Reparatur sein.

PFLEGE UND WARTUNG DES KLAVIERS

Die Umgebung

Generell sind unsre Wohnräume auch für ein Klavier geeignet. Diese Punkte sollte man jedoch beachten:

■ Zentralheizung
Manche Menschen mögen es gerne warm, zu warm für Klaviere. Die Heizungsluft beschleunigt das natürliche Austrocknen und Schwinden des Holzes und löst die Leimverbindungen. In einem kühleren Raum wird das Klavier deutlich länger halten. Hält man sich dort nur zu Übezwecken auf, so ist ein Thermostat hilfreich, oder man dreht die Heizung ab, wenn niemand im Raum ist.

■ Sonneneinstrahlung
Direktes Sonnenlicht ist schädlich für das Gehäuse, es bleicht aus; auch dem Innenleben kann zu große Hitze schaden. Die chemischen Substanzen (Nitrate) der Schellackpolitur älterer Klaviere sind lichtempfindlich, das Gehäuse bleicht bei Sonneneinstrahlung ungleichmäßig aus. Moderne Lacke sind zwar uv-resistent, verblassen aber ebenfalls mit der Zeit.

■ Feuchtigkeit
Kälte ist für Klaviere kein Problem, aber Feuchtigkeit macht ihnen sehr zu schaffen. Finden sich in der Wohnumgebung Anzeichen von Feuchtigkeit, wird sich das auch am Klavier bemerkbar machen. Das erste Opfer der Feuchtigkeit sind meistens die Dreh- und Angel-Punkte der Mechanik, die Achsstifte. Sie beginnen zu rosten und werden schwergängig. Ihr Austausch ist eine teure Angelegenheit (siehe Kap. 8, C).

Auch die Saiten rosten bei Feuchtigkeit. Bei den Diskantsaiten ist das weniger schlimm, sie können auch mit etwas Rost noch gut klingen. Die Bass-Saiten werden jedoch schnell dumpf und matt. (siehe Kap. 8, C für Gegenmaßnahmen).

Doch noch Schlimmeres kann passieren. Bringt man ein Klavier aus einer feuchten aber kalten Umgebung, in der es jahrelang stand, an einen trockenen, geheizten Platz – bildlich aus einer Tropfsteinhöhle in die Wüste – wird es nach kürzester Zeit aus dem Leim gehen und auseinanderfallen – und zwar buchstäblich.

Saubermachen

Das Gehäuse kann man sauber machen wie gewohnt. Das Treibgas von Sprühpolituren kann den Lack angreifen, daher ist es besser, die Politur mit einem Lappen aufzutragen.

Die Tastatur sollte regelmäßig gereinigt werden. Wenn man sich traut, kann man dazu Frontplatte und Tastaturklappe abnehmen (siehe „Zerlegen eines Klaviers"), so kann man die gesamte Taste säubern, auch unter und hinter der Zierleiste. Das geeignetste Hausmittel dafür, zwar selten ausdrücklich empfohlen, aber immer verfügbar, ist Speichel. Einfach mit einem leicht feuchten, fusselfreiem Tuch die störenden Flecken wegreiben. Es geht auch mit ein bisschen Fensterreiniger, am besten ein Sprühreiniger. Wiederum nicht direkt auf die Tasten sprühen, sondern auf ein Tuch, es darf keinesfalls etwas zwischen die Tasten laufen. Mit einem anderen Tuch polieren.

Bei abgenommener Tastenklappe kann man jede Taste heben (etwa 25 mm), um auch die Seiten zu säubern, die vor allem bei älteren und vielgespielten Klavieren ziemlich schmuddelig sein können, wie auf dem Foto unten. – Man beachte, wie der Zelluloidbelag um die Vorderseite der Taste herumgeführt und mit zwei Stiften befestigt ist. Es handelt sich um ein typisches „Tropenklavier", ein an schwierige klimatische Bedingungen angepasstes Klavier. Die Tastenbeläge müssen halten, auch wenn die Verklebung spröde wird. Die offensichtlich weniger haltbare Farbe der schwarzen Tasten hat (bei einer Ausbesserung?) auf die weißen Tasten abgefärbt.

Der Zierleistenfilz

Zwischen der Zierleiste und den Tasten verläuft ein farbiger Filzstreifen. Dieser Zierleistenfilz verhindert, dass die Tasten beim Spielen gegen das Holz schlagen und klappern. Es wird mit der Zeit dreckig, bei älteren Klavieren zeigen sich hier die ersten Anzeichen für Mottenbefall.

Ein neuer Zierleistenfilz verbessert das Aussehen der Tastatur erheblich. Das kostet nicht viel und ist mit etwas Geschick einfach zu machen. Dazu den alten Filz mit einem Messer abkratzen, davor seine Länge und vor allem Breite messen. Dabei sollte man sehr vorsichtig sein, um den Lack nicht zu beschädigen Den neuen Filz schnurgerade so aufkleben, dass er genauso weit vorsteht wie der alte. Zuletzt die überstehenden Enden abschneiden, meist zeigen Bleistiftstriche an, wie weit der originale Filz verlief.

Stimmen

Ein Klavier sollte mindestens einmal pro Jahr gestimmt werden (die meisten Stimmer empfehlen zweimal). Jedes Klavier verstimmt sich mit der Zeit, eines sinkt mehr, eines weniger, auch verstimmen sich die Saiten nicht gleichmäßig, spätestens nach einem Jahr tut eine Stimmung bestimmt gut, bei intensivem Spielen auch öfter. Spätestens wenn ein Mitmusiker sich beschwert, sollte man das Klavier stimmen lassen.

Die beste Zeit dafür ist nach dem Sommer, da Klaviere bei abnehmenden Temperaturen wieder an Höhe verlieren, eine im Herbst erfolgte Stimmung hält durchschnittlich länger. Bei öffentlichen Aufführungen wird das Klavier jedes Mal zuvor gestimmt, wenn es sein muss, auch täglich. Oftmals ist der Stimmer bei den Aufführungen vor Ort, um in der Pause notwendige Korrekturen vornehmen zu können.

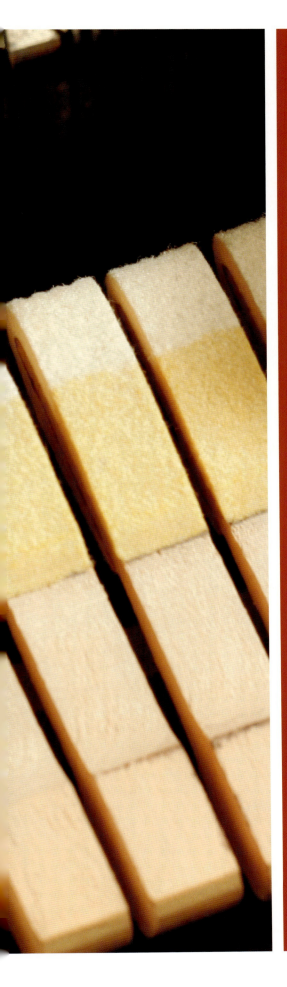

Kapitel 7
Kleinere Reparaturen

Abhängig von Umgebung, Qualität und Grad der Benutzung, also irgendwann zwischen fünf bis zwanzig Jahren nach dem Kauf, reichen Stimmen und Abstauben allein nicht mehr aus. Zum Glück können viele Wartungsangelegenheiten und Reparaturen einfach und preiswert von jedem geschickten Besitzer selbst vorgenommen werden.

90	Verschlechterung des Anschlags
91	Schwund des Klaviaturdruckstoffs
97	Verdichtete Waagbalkenscheiben
99	Mottenfraß
100	Pedal justieren
102	Klirren und Scheppern
104	Irgendwas steckt fest
106	Weitere Probleme

PFLEGE UND WARTUNG

Werkzeuge, Ersatzteile, Arbeitszeit

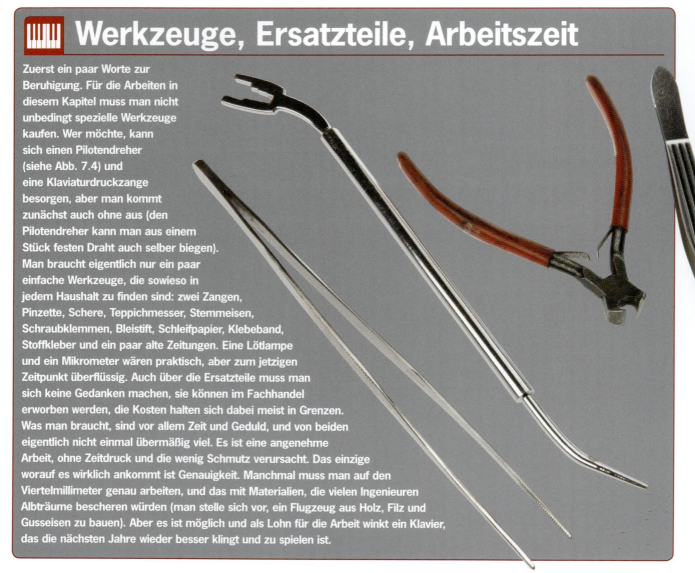

Zuerst ein paar Worte zur Beruhigung. Für die Arbeiten in diesem Kapitel muss man nicht unbedingt spezielle Werkzeuge kaufen. Wer möchte, kann sich einen Pilotendreher (siehe Abb. 7.4) und eine Klaviaturdruckzange besorgen, aber man kommt zunächst auch ohne aus (den Pilotendreher kann man aus einem Stück festen Draht auch selber biegen). Man braucht eigentlich nur ein paar einfache Werkzeuge, die sowieso in jedem Haushalt zu finden sind: zwei Zangen, Pinzette, Schere, Teppichmesser, Stemmeisen, Schraubklemmen, Bleistift, Schleifpapier, Klebeband, Stoffkleber und ein paar alte Zeitungen. Eine Lötlampe und ein Mikrometer wären praktisch, aber zum jetzigen Zeitpunkt überflüssig. Auch über die Ersatzteile muss man sich keine Gedanken machen, sie können im Fachhandel erworben werden, die Kosten halten sich dabei meist in Grenzen. Was man braucht, sind vor allem Zeit und Geduld, und von beiden eigentlich nicht einmal übermäßig viel. Es ist eine angenehme Arbeit, ohne Zeitdruck und die wenig Schmutz verursacht. Das einzige worauf es wirklich ankommt ist Genauigkeit. Manchmal muss man auf den Viertelmillimeter genau arbeiten, und das mit Materialien, die vielen Ingenieuren Albträume bescheren würden (man stelle sich vor, ein Flugzeug aus Holz, Filz und Gusseisen zu bauen). Aber es ist möglich und als Lohn für die Arbeit winkt ein Klavier, das die nächsten Jahre wieder besser klingt und zu spielen ist.

Verschlechterung des Anschlags

Bei vielen Klavieren ist nach einiger Zeit eine Verschlechterung des Anschlags festzustellen. Die Mechanik spricht nicht mehr so genau und gut auf die Tastenbewegungen an, sie hat zu viel Spiel. Der Hammer verliert Geschwindigkeit und Kraft, das Ergebnis ist ein lebloser Klang. (es ist wie mit nachlassenden Fahrradbremsen: Es dauert zu lange bis der gewünschte Effekt eintritt.)

Zuerst fehlt es nur ein wenig an Lautstärke, als nächstes werden schnelle Tonrepetitionen unmöglich. Zuletzt werden die Hämmer vom Fänger nicht mehr gestoppt, sondern springen wieder zurück. Dies erzeugt einen manchmal doppelt erklingenden, klirrenden Ton.

Dieses zu viel an Spiel hat hauptsächlich zwei Gründe:
- Verdichtung und Schwund des Klaviaturdruckstoffs
- Gequetschte Waagbalkenscheiben

Eine Reparatur ist vergleichsweise einfach, solange man Suche und Ausbesserung in der richtigen Reihenfolge vornimmt. Tastatur und Mechanik bilden ein geschlossenes, zusammenhängendes System, ein Abweichen von der Reihenfolge kann vieles schlimmer machen, als es zuvor war.

Bei Klavieren und Flügeln sind zwar dieselben Probleme anzutreffen, sie erfordern aber ein unterschiedliches Vorgehen. In diesem Kapitel werden Klaviere behandelt, Flügelmechaniken und -Tastaturen in Kapitel 9.

KLEINERE REPARATUREN

Schwund des Klaviaturdruckstoffs

Der Klaviaturdruckstoff ist ein dicker Filzstreifen am hinteren Ende des Klaviaturrahmens. Im Ruhezustand liegen die Tastenenden darauf. Der Filz wird mit der Zeit flachgedrückt (d.h. verdichtet) oder schrumpft, beides resultiert in zu viel Spiel, damit in schlechtem Anschlag. Verdichtung ist Folge häufigen Spielens, das Schrumpfen ist eine Folge der Zeit. Auch andere Mechanikteile sind diesen

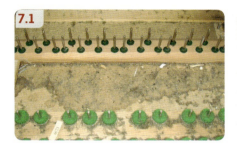

Prozessen ausgesetzt, wodurch die Probleme noch größer werden können.

So findet man heraus ob der Klaviaturdruckstoff Probleme verursacht:

1 Frontplatte und Tastenklappe abnehmen (siehe Kap. 6).

2 Eine beliebige mittlere Taste LANGSAM niederdrücken, dabei die Mechanik betrachten.

3 Der Fänger (auf Bild 7.2 eingekreist) bewegt sich sofort, da er direkt auf der Taste ruht.

4 Bewegt sich der Fänger merklich (d.i. ca. 1,5mm) bevor der Hammer in Bewegung kommt, ist der Anschlag beeinträchtigt.

Genauere Bestimmung:

5 Diesen Anschlagstest über die gesamte Tastatur, etwa bei jeder dritten Taste, ausführen.

6 Haben nur die häufig gespielten Töne in der Mitte zu viel Spiel,

weniger aber am Rand in Bass und Diskant, so ist eine Verdichtung des Klaviaturdruckstoffs die Ursache. Jeder betroffene Ton muss dann einzeln justiert werden – siehe „Probleme durch Verdichtung beheben".

7 Haben alle Töne über die gesamte Tastatur zu viel Spiel, liegt es am gleichmäßigen Schwund des Filzes. Die Vorgehensweise wird im Absatz „Probleme durch Schwund beheben" beschrieben.

Probleme durch Verdichtung beheben

Zur Regulierung des Anschlags gibt es bei Klavieren einen eingebauten Mechanismus. Vier Typen lassen sich unterscheiden:

Mechanismus 1 (Bild 7.3)

Dies ist der häufigste Typ bei neuen Klavieren (siehe auch Abb. auf S. 57). Die Regulierung erfolgt, indem man die Piloten (weiß umrahmt) gegen den Uhrzeigersinn dreht und so die Lücke zwischen Stoßzunge und Hammerrücken

schließt.

Die Länge der Piloten-Stangen ist abhängig von der Größe des Klaviers. Beim gezeigten, sehr großen Klavier sind sie lang, da der Anschlagspunkt der Hämmer weit über der Tastatur liegt. So lange Stangen müssen mit einer Zange gehalten werden, damit sie beim Drehen der Piloten nicht verbiegen.

Auf der Oberseite der Piloten ist werkseitig etwas Graphitpulver aufgebracht, das als Gleitmittel sehr effektiv jegliches Quietschen verhindert und langlebig ist. Sollte es wirklich nötig sein, kann man etwas von dem Pulver neu auftragen.

PIANO MYTHOS & TECHNIK **91**

PFLEGE UND WARTUNG

Die Regulierung der Piloten ist bei einem neueren Klavier (bis ca. 15 Jahre) recht einfach:

1 Das dünne Ende des Pilotendrehers in das Loch stecken (es geht auch mit einem passenden Stücke festen Draht)

7.4

2 Mit dem Pilotendreher (oder Draht) langsam entgegen dem Uhrzeigensinn drehen um den Anschlag auszugleichen. Es reicht im Normalfall eine Vierteldrehung.

3 Steht der Hammer im Vergleich zu seinen Nachbarn dann zu weit vor, muss man nachkorrigieren (die kleinste Abweichung führt zu einer Verlangsamung, schnelles Spiel ist nicht mehr möglich, da die Stoßzunge nicht schnell genug unter den Hammer zurückgleiten kann).

Bei älteren Klavieren (älter als 15 Jahre) kann es etwas schwieriger sein, da zu diesem Zeitpunkt die Schrauben zu rosten beginnen (eine Reaktion auf die im Holz der Piloten enthaltene Säure). Ist die Schraube festgefressen, kann die Pilote beim Drehen leicht brechen (wenn eine festgerostet ist, so sind es wahrscheinlich alle).

Um sie zu lösen, muss die betroffene Taste ausgebaut werden. Anschließend umfasst man Stange und Pilote mit Zangen und dreht behutsam, bei wertvollen Klavieren am besten mit einem Filz zwischen Zange und Pilote. Das Knacken, wenn sich der Rost löst, klingt manchmal beunruhigend, ist aber normal.

Bei Klavieren, die älter als 50 Jahre sind, ist dies auch für erfahrene Klaviertechniker eine Herausforderung. Wenn man es wirklich selber machen will, kann man mit einer Lötlampe die Stangen für ein paar Sekunden erhitzen und hoffen, dass die Schrauben sich so lösen. Bevor man mit der Tüftelarbeit der Regulierung beginnt, sollte man prüfen wie viele Piloten sich überhaupt bewegen lassen (oder gleich den Kauf eines anderen Klaviers in Erwägung ziehen).

Mechanismus 2 (7.5.)

Bei einigen Klavieren werden die Piloten mit dem offenen Ende des Pilotendrehers umfasst. Das übrige Vorgehen ist gleich, zur Regulierung reicht eine Vierteldrehung oder weniger.

7.5

Mechanismus 3 (7.6 und 7.7.)

Diesen Mechanismus findet man nur in sehr billigen und einfachen Klavieren: eine einfache Holzschraube mit einer Filzkappe (Pilotenfilz genannt). Wenn die Schraube den Filz durchscheuert (was schnell geschieht), ist eine Regulierung durch Verstellen der Schraube sinnlos. Glücklicherweise ist es nicht schwierig, den Filz zu ersetzen.

7.6

7.7

1 Einen neuen Filz in der richtigen Stärke kaufen. Dazu dem Händler (siehe „Nützliche Kontakte") ein Stück des originalen Filzes zeigen oder mit einem Mikrometer messen.

2 Die Tastatur ausbauen (siehe Kap. 8). Auf einer Werkbank (oder Tisch) ablegen.

3 Kleinere Gruppen der Tasten mit Klebeband oder einer Schraubzwinge fest zusammenhalten.

4 Mit einem Stoffkleber den neuen Filzstreifen über die Tasten kleben.

5 Damit die Schrauben reguliert werden können, den Filz nicht auf die Schraube kleben, sondern dahinter und wie eine Klappe darüber legen.

6 Wenn der Kleber trocken ist, mit einem Skalpell oder einer Rasierklinge den Filz zwischen den Schrauben auseinander schneiden. Die Tastatur wieder einsetzen.

7 Die Schrauben justieren. Kein Hammer darf vorstehen, alle müssen leicht auf der Hammerruheleiste zu liegen kommen.

8 Zum Testen die Hammerruheleiste ein wenig nach hinten von den Hämmern wegziehen (in der Mitte mit ein, zwei Fingern). Wenn die Hämmer sich nicht mit bewegen, ist die Regulierung korrekt.

KLEINERE REPARATUREN

Mechanismus 4 (7.8)

Dieser Mechanismus findet sich glücklicherweise nur in sehr alten Bechstein-Klavieren. Er besteht aus einem Holzblock mit zwei Schrauben, der hinteren Stellschraube und der vorderen Sicherungsschraube (Feststellschraube).
Hier gilt folgendes Vorgehen:

1 Feststellschraube lösen. Dann mit der Stellschraube den hinteren Teil des Blocks nach oben heben.

2 Wenn der Block kein freies Spiel mehr hat, Feststellschraube wieder anziehen

3 Dadurch wird allerdings die Justierung wieder leicht verändert – das Spiel beginnt von vorn.

Dies alles ist höchst frustrierend und erfordert engelsgleiche Geduld, das ewige „zwei vor, eins zurück" kann einen zur Weißglut bringen (wer einmal am Motorrad die Ventilstößel selber gewechselt hat, kennt das). Man findet diesen Mechanismus auch bei einigen älteren Bechstein-Flügeln (wie Modell B), hier ist die Regulierung noch komplizierter, da die Mechanik die Schrauben völlig bedeckt. Aber es geht noch schlimmer. Abb. 7.9. zeigt ein Bechstein-Klavier Modell 10, bei dem die Tasten mit sog. Tangenten an den Hebegliedern (der untere Teil der Mechanik) befestigt sind. Tangenten sind nötig, wenn das Klavier sehr groß ist. Das Problem ist, dass jede einzelne Taste mit der Mechanik verbunden ist, der Ausbau dauert Stunden (Dieser Mechanismus gehört nicht gerade zu den beliebtesten Merkmalen dieses Bechstein-Modells).

Beheben von Problemen durch Schwund

Ist Schwund des Klaviaturdruckstoffs für die Verschlechterung des Anschlags verantwortlich, hat es wenig Sinn, jede Taste einzeln mit dem eingebauten Mechanismus regulieren zu wollen. Da sich der Schwund ziemlich gleichmäßig über das ganze Klavier zieht, also alle Tasten betrifft, ist es sinnvoller den Klaviaturdruckstoff zu erneuern oder aufzudoppeln. Diese eine Maßnahme behebt dann das Problem für alle 88 Tasten auf einmal.

Das Vorgehen ist folgendes:

1 Frontplatte und Tastaturklappe ausbauen, ggf. auch die Halteleiste (vgl. Kap. 8)

2 Ggf. muss auch der Moderator (Übe-Pedal-)Mechanismus ausgebaut werden, da man sonst nicht an die Mechanik kommt (vgl. Abb. 7.10). Dazu zuerst die Schraube am Bassende der Trägerstange des Filzes lösen (Abb. 7.11 und 7.12) und vorsichtig abnehmen – Vorsicht vor scharfen Kanten! Nun lässt sich auch das andere, obere Ende aushängen (Abb. 7.13). Wie immer gibt es auch hier andere – kompliziertere – Arten der Befestigung.

PIANO MYTHOS & TECHNIK 93

PFLEGE UND WARTUNG

Der Ausbau der Mechanik

Der Ausbau dauert nur ein paar Minuten. Man braucht eine gerade Abstellfläche, die unempfindlich gegen Kratzer ist, da die Eisenfüße der Mechanikhalterung scharfkantig sein können (ein Tuch unterlegen, vgl. Abb. 7.14). Kinder und Haustiere fernhalten!

Die Mechanik ist mit zwei oder drei Schrauben am Rahmen befestigt. Die meisten neuen Klaviere haben zwei Mechanikhalterungen (an jedem Ende einen), andere haben drei, das beeindruckende Steinway-Klavier von 1915 auf Abb. 7.15 hat sogar vier Standfüße (ebenso beeindruckend ist hier die Größe der Druckstäbe).

1 Die Bolzenschrauben lösen, wenn nötig mit einer Zange. Beim Wiedereinbau reicht es, sie mit der Hand anzuziehen.

2 Den Pedalmechanismus untersuchen. Kann man die Mechanik herausnehmen ohne dass etwas daran stößt oder hängt? Meistens ist das kein Problem, da die Hebel der Dämpfermechanik auf den Pedalstößeln nur aufliegen.

3 Pedalmechaniken wie in Abb. 7.16. müssen vor dem Ausbau von der Mechanik getrennt werden. Dazu den Hebel nach oben drücken, der Haltestift springt heraus. Die Gummibeilagscheibe darf nicht verloren gehen, sonst klappert das Pedal nach dem Wiedereinbau (wenn sie verloren geht oder von Anfang an fehlt, kann man ein Stück Filz einsetzen. Siehe „Pedal justieren").

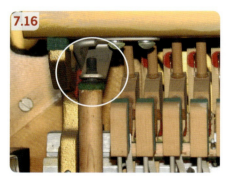

4 Prüfen, ob es noch weitere Halterungen gibt. Einige Klaviere haben z.B. in der Mitte einen Holm, eine Art Klammer, die Klaviaturrahmen und Mechanik verbindet (Abb. 7.17).

5 Die Mechanik ein Stück zurückziehen, bis die Mechanikhalterungen von den Bolzen abgehen.

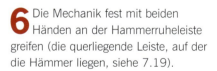

6 Die Mechanik fest mit beiden Händen an der Hammerruheleiste greifen (die querliegende Leiste, auf der die Hämmer liegen, siehe 7.19).

7 Die Mechanik nach oben aus dem Klavier heben. Sie ist nicht schwer (etwa 9 kg) aber wegen der Größe schwierig zu handhaben. Bei Klavieren mit drei Mechanikhalterungen muss man aufpassen, dass kein Dämpfer durch die mittlere Schraube beschädigt wird. Das Klavier auf Abb. 7.18 hat noch einen zusätzlichen kleinen Dämpfer (eingekreist). Diese findet man oft bei Klavieren mit Kreuzbesaitung, um die konstruktionsbedingt kürzeren Dämpfer zu unterstützen. Sie sind eigentlich nutzlos, machen dafür aber beim Ausbau viel Arbeit.

8 Die Mechanik abstellen. Es folgt der relativ unkomplizierte Ausbau der Tastatur.

KLEINERE REPARATUREN

Der Ausbau der Tastatur
Auch das sollte nicht viel Zeit in Anspruch nehmen:

1 Den oberen Deckel des Klaviers schließen und zum Schutz ein genügend dickes Tuch oder Zeitung darauf ausbreiten.

2 Am Diskantende beginnend zwei, drei Tasten herausnehmen. Das geht zuerst etwas schwierig, wird aber schnell leichter. Vorsichtig herausnehmen, um die Garnierung der Klaviaturbäckchen (die Löcher der Waagbalkenstifte) nicht zu beschädigen.

3 Die Tasten auf der Unterlage auf dem Deckel ablegen.

4 Auf die Reihenfolge und sicheren Halt der Tasten achten. Die gestempelte Nummerierung hilft wenig, wenn die Tasten durcheinander am Boden liegen. Als Vorsichtsmaßnahme kann man vor dem Ausbau mit dem Bleistift eine diagonale Linie ziehen, an der Stelle, an der die Tasten unter dem Zierleistenfilz verschwinden (so wird auch die Nummerierung wieder verständlich).

Abb. 7.21 zeigt ein Klavier mit ausgebauter Tastatur. Nun kann man den Klaviaturdruckstoff untersuchen. Bei Mottenfraß oder Abnutzung an den Stellen, an denen die Tasten aufliegen, muss er ersetzt werden. Mit einem kleinen abgeschnittenen Vergleichsstück bekommt man beim Händler schnell Ersatz.
Es ist immer besser, den gesamten Filz zu erneuern. Wenn der Zustand es zulässt, ist es aber auch möglich, ihn aufzudoppeln.

Klaviaturdruckstoff ersetzen
Diese Arbeit nimmt etwa einen Tag in Anspruch, wenn es gut geht, auch nur einen halben.

1 Den alten Filz entfernen. Das geht meist recht einfach, die Reste können leicht abgekratzt werden. Manchmal ist der Kleber allerdings so hart wie Beton und der Filz muss vorsichtig Stück für Stück abgemeißelt werden – aber ohne Hammer!

2 Die Rahmenleiste muss völlig sauber sein, was vor allem in den Ecken schwierig ist. Man kann zum Glätten auch Schleifpapier verwenden, aber so wenig Holz wie möglich wegschleifen.

3 Den neuen Filz auflegen – noch nicht kleben!

4 In jeder Oktave eine schwarze und eine weiße Taste wieder einlegen (am besten die C- und Cis-Tasten in den mittleren Oktaven, an den Enden ein paar mehr).

5 Die Mechanik wieder einbauen (in umgekehrter Reihenfolge des Ausbaus).

6 Den Filzstreifen an beiden Enden halten und unter Zug hin- und her bewegen und nach hinten führen.

7 Die hintere Rahmenleiste steigt nach hinten ein wenig an (ja, sie steigt an!), daher werden die Hämmer ab einem gewissen Punkt von der Ruheleiste hochgehoben (siehe Abb. 7.22)

8 Den Filzstreifen wieder ein kleines Stück nach vorne bewegen, bis die Hämmer gerade nicht mehr angehoben werden. Den Filz nochmals straffen.

9 Die Position des Filzes mit einem Bleistift genau anzeichnen. Filz und Mechanik wieder abnehmen.

10 Mit etwas Kautschuk-Kleber den Filz auf den Klaviaturrahmen kleben (besser keinen Sekundenkleber verwenden, da sonst zu wenig Zeit für Korrekturen bleibt).

PFLEGE UND WARTUNG

11 Die Position des Filzes genauestens kontrollieren. Die überstehenden Seiten abschneiden.

Die nächsten Schritte müssen recht rasch ausgeführt werden, damit noch Korrekturen möglich sind bevor der Kleber fest wird. Nach etwa 5-10 Minuten beginnt der Kleber anzuziehen, danach wird es schwierig.

12 Tastatur und Mechanik wieder einbauen. Eine Taste im mittleren Bereich drücken und die Mechanik beobachten.

13 Wenn der Fänger (in Abb. 7.2. mit einem Kreis markiert) und der Hammer sich fast gleichzeitig zu bewegen beginnen, ist das Anschlags-Problem gelöst. Der auf dem Foto (an dem gelben Leder) erkennbare Gegenfänger ist mit dem Hammer verbunden, er liegt dem Fänger gegenüber. An diesem kleinen Zwischenraum lässt sich die Bewegung am besten beobachten, beide dürfen sich nur minimal verzögert bewegen.

14 Hämmer, die in Ruheposition leicht vorstehen, können nun mit dem Pilotendreher reguliert werden (siehe oben). Sehr wahrscheinlich müssen die Schrauben eher angezogen als herausgedreht werden und sollten damit für geraume Zeit fest sitzen.

15 Wenn der Fänger bei Schritt 13 sich mehr als 1,5mm bewegt, bevor der Hammer sich zu bewegen beginnt, ist das Anschlagsproblem noch nicht gelöst.

16 In diesem Fall muss die Tastatur nochmals ausgebaut werden und der Filz etwas höher, weiter nach hinten, geschoben werden. Das muss schnell gehen, da der Kleber jetzt schnell fest wird. Daher ist die genaue Positionierung des Filzes vor dem Ankleben so wichtig.

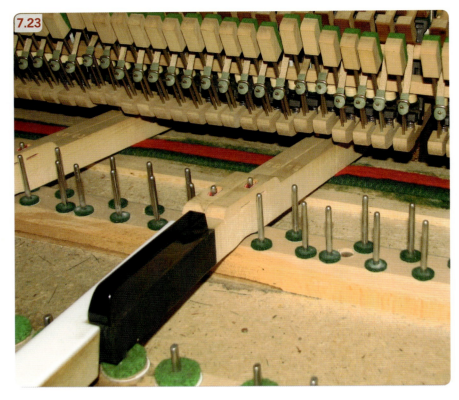

7.23

Aufdoppeln des Druckstoffes

Obwohl es immer besser ist, gleich den ganzen Filz auszutauschen, kann es manchmal ausreichend sein ihn etwas zu heben (aufzudoppeln), um zu viel Spiel auszugleichen (siehe Abb. 7.23). Bei kleinsten Anzeichen von Verdichtung oder Mottenfraß ist dies allerdings vergebliche Liebesmüh. Unabhängig welche der folgenden Reparaturmöglichkeiten man benutzt, erfolgt das Justieren des Filzes oder des Tuches wie oben (ab Schritt 4) beschrieben.

■ Manchmal ist der originale Filz nur an einer Kante geklebt. Es ist daher möglich, einen schmalen Filzstreifen, etwa einen dünnen Zierleistenfilz, darunter zu schieben und ihn so wieder auf die richtige Höhe und Dicke zu trimmen.

■ Wenn der Filz voll verklebt ist, kann man versuchen, mit einem Messer eine Seite zu lösen, um einen neuen Streifen darunter zu schieben.

■ Lässt sich der Filz nicht ablösen, so kann man versuchen, den neuen Filz darüber zu legen. Dazu zuerst den Filzstreifen ohne Kleben mit einzelnen Tasten fixieren (wie oben, Schritt 4)

■ Dann den neuen Streifen langsam nach hinten verschieben, bis die Unterseite der Tasten berührt wird. Festkleben, wenn die richtige Position erreicht ist.

Nach diesen Ausbesserungen ruhen die Tasten auf einem relativ schmalen Stück Stoff oder Filz. Dies ist zwar nicht optimal, doch lässt sich der Anschlag damit für längere Zeit verbessern, das Klavier klingt und fühlt sich genauso gut an wie mit einem „vollständigen" Klaviaturrahmenfilz.

Dennoch ist es eher „Ausbesserung" als richtige „Reparatur" – völlig akzeptabel, wenn man das Klavier selber spielt, doch eher in Frage zu stellen, wenn man es verkaufen möchte. Wie bereits oben gesagt: Eine komplette Erneuerung des Filzes ist immer die bessere Option.

KLEINERE REPARATUREN

Verdichtete Waagbalkenscheiben

Die Waagbalken-Scheibe sitzt am Drehpunkt der Tastenbewegung, siehe Abb. 7.23 und 7.24. Dieses viel strapazierte, kleine und empfindliche Bauteil besteht aus Filz und wird mit der Zeit zusammengequetscht (verdichtet) und abgenutzt, dazu kommt in vielen Fällen noch Mottenbefall. Und wenn diese Filzscheiben nachlassen, wird das Klavier:

- an Lautstärke verlieren,
- sich dumpf und matschig anfühlen und ebenso klingen,
- die Fähigkeit zu schnellem Tonrepetitionen verlieren.

Wenn der Zustand noch schlechter wird, beginnen die Hämmer auf den Stoßzungen unkontrolliert zu wackeln, Töne werden doppelt angeschlagen.

Diagnose

1 Eine Verdichtung der Waagbalkenscheiben erkennt man, wenn man in etwa 1,5 m Entfernung kniend die Tastatur auf Augenhöhe ansieht. Sind die Tasten eben? Sind die Waagbalkenscheiben verdichtet, so wird man eine deutliche Delle dort wo am meisten gespielt wird, in der Mitte der Tastatur, bemerken. Das bedeutet, dass dort Spieltiefe verloren gegangen ist.

Die Standard-Spieltiefe beträgt etwa 10 mm, viele Pianisten bevorzugen sogar 11,5 mm. Aus dieser Spieltiefe resultiert eine Hammerbewegung (= Steighöhe) von ca. 50 mm. Ein noch so geringer Verlust an Spieltiefe wirkt sich auf der Hammerseite und damit auf das Spiel potenziert aus.

2 Ob die Arbeit überhaupt lohnt, kann schnell überprüft werden. Dies betrifft in der Hauptsache ältere Klaviere, die länger in feuchter Umgebung standen. Sind auf dem Stuhlboden unter der Mechanik kleine Staubhäufchen zu sehen, vor allem in der Mitte der Tastatur? Dies deutet darauf hin, dass das Wildleder der Gegenfänger und / oder die Fängerfilze (siehe Abb. 7.25) abgenutzt sind und abbröseln. Wenn Leder und Filze im Diskant und Bass besser erhalten sind, ist das Problem eindeutig. Durch die Abnutzung werden die Hämmer zu spät gestoppt, eine schnelle Repetition ist damit unmöglich, auch wenn alles andere korrekt eingestellt ist.

Die Abnutzung wirkt sich direkt auf das Spielen aus. Wenn die am häufigsten verwendeten Töne am schlimmsten betroffen sind, ist es sinnlos, noch Arbeit zu investieren. Theoretisch können alle abgenutzten Teile ersetzt werden, in der Praxis ist es das Instrument nicht wert, auch wenn man alles selber machen würde. Je älter das Instrument ist, desto wahrscheinlicher bleibt es nicht bei diesem Problem und es kann angeraten sein, sich nach einem neuem Instrument umzusehen.

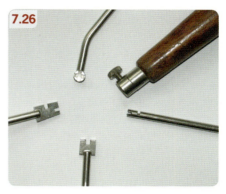

3 Ein anderes, nicht ganz so ernstes Symptom, lässt sich an den Fängerdrähten ablesen (in Abb. 7.25 die Drähte, die zu den grün befilzten Fängern führen). Sie müssen in einer schnurgeraden Linie verlaufen. Wenn einige Drähte gleichartig verbogen sind, geschah diese „Verbesserung" wohl absichtlich um die richtige Spieltiefe vorzutäuschen. Damit wurden aber nur die Symptome, nicht die Ursache behandelt. Es bleibt nichts anderes übrig, als diese „Meisterleistung" mit den dazu nötigen Spezialwerkzeugen zu korrigieren. Abb. 7.26 zeigt mehrere geeignete Richteisen mit auswechselbarem Griff.

Was ist zu tun?

Vorausgesetzt, die verhängnisvollen Staubhäufchen waren nicht zu finden, ist das weitere Vorgehen folgendes:

- Die abgenutzten Waagbalkenscheiben werden durch neue in derselben Größe ersetzt.

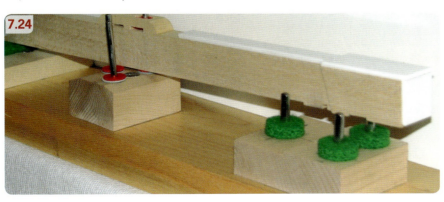

PIANO MYTHOS & TECHNIK 97

PFLEGE UND WARTUNG

- Dann müssen die Tasten gerade gelegt (auf ein Niveau gebracht) werden, um eine korrekte und gleichmäßige Spieltiefe zu erreichen.

Zuerst muss die richtige Größe der Filzscheiben bestimmt werden. Es wäre einfacher, wenn alle Teile standardisiert und farbcodiert wären, aber das ist leider nicht so. Im Klavierbau gibt es keine Standards, auch nicht bei Waagbalkenscheiben. Hier hilft nur exaktes Messen.

Die Scheibengröße bestimmen

Die Filzscheiben unter den am wenigsten gespielten Tönen an den äußersten Enden in Bass und Diskant haben wohl noch am ehesten die originale Größe. Auch wenn sie ebenfalls etwas geschrumpft sind – ihr Maß ist die einzige Chance, die richtige Größe zu finden.

1 Man braucht zuerst einige Regulierscheiben in verschiedenen Stärken, um eine Tastatur exakt nivellieren zu können. Diese Scheiben aus Papier oder Pappe gibt es in Stärken von 0,05-1,07 mm. Als erstes muss man Mechanik und Tastatur ausbauen.

2 Eine Waagbalkenscheibe bestimmen, die gut erhalten scheint.

3 Diese Taste wieder einbauen, dann die Mechanik wieder einsetzen.

4 Spieltiefe dieser Taste messen, sie sollte 11,5 mm betragen.

5 Die korrekte Funktion dieses Tones kontrollieren. Wird die Taste hart angeschlagen und gehalten, sollte der Hammer 12,5 mm von der Saite entfernt zum Stehen kommen.

6 Ist die Entfernung größer, so viele Regulierscheiben unter die Waagbalkenscheibe schieben, bis die richtige Höhe erreicht ist.

7 Mechanik und Taste wieder ausbauen. Dicke der Waagbalkenscheibe PLUS der zusätzlichen Regulierscheiben messen.

8 In jeder Oktave bei je einer weißen und einer schwarzen Taste die alten Filzscheiben mit Regulierscheiben auf die gemessene Höhe bringen, Tasten wieder einbauen und auf korrekte Funktion überprüfen. Wenn die Hämmer noch etwas zu weit entfernt stehenbleiben, noch etwas mehr unterlegen, die schwarzen Tasten müssen oft etwas weniger unterlegt werden.

9 Die Dicke von Waagbalken- und Regulierscheiben messen, die insgesamt am besten geeignet ist. Sie gibt das Maß für die nun zu bestellenden neuen Waagbalkenscheiben vor.

Man sollte sich beim Regulieren und Messen Zeit lassen. Sind die gekauften Ersatzscheiben auch nur einen Bruchteil zu groß, kann man sie nicht verwenden. Wenn sie zu klein sind, kann man das natürlich durch Regulierscheiben ausgleichen. Doch es ist weitaus befriedigender, gleich die richtige Höhe zu treffen.

Alte Regulierscheiben

Es ist ein schlechtes Zeichen, wenn man beim Ausbau der Tastatur auf jede Menge alter Regulierscheiben trifft, die noch von der letzten, wohl Jahrzehnte zuvor erfolgten Regulierung des Klaviers stammen. Noch schlimmer ist es, wenn alle verschieden dick sind. Hier reicht das bloße Einsetzen neuer Waagbalkenfilze nicht aus, sondern jede Taste muss extra reguliert werden.

Man kann fragen, warum man die alten Regulierscheiben nicht einfach lassen kann. Nun, die Zeiten haben sich geändert. Regulierscheiben hatten früher keine Standardgrößen (sie waren teils aus Zeitung ausgestanzt), sind daher nicht zuverlässig messbar. Auch spielte das einfachere Material keine Rolle, solange die Arbeitszeit billig war, der Regulierer musste eben länger ausprobieren, bis alles stimmte. Heutzutage ist es billiger (und einfacher) gute Materialien zu verwenden.

Die neuen Waagbalkenscheiben einbauen

1 Mechanik und Tastatur ausbauen. Die alten Waagbalkenscheiben entfernen (am besten aussaugen, dabei gleich den ganzen Stuhlboden säubern).

2 Die neuen Waagbalkenscheiben einlegen. Tastatur und Mechanik wieder einbauen.

3 Der Anschlag wird nun wesentlich besser sein. Werden die Tasten stark angeschlagen und niedergedrückt gehalten, sollen die Hämmer im richtigen Abstand von 12,5 mm zu den Saiten zum Stehen kommen.

4 Nochmals aus der Hocke die Tasten auf Augenhöhe kontrollieren. Die Tastatur muss eine gerade Linie bilden, keine Taste darf hochstehen oder tieferliegen.

Wenn es sich um ein Qualitätsinstrument handelt, ist die Arbeit damit weitgehend abschlossen. Meistens aber hat man weniger Glück. Vor allem wenn die Filze sehr abgenutzt waren, kann es sein, dass die Tastatur nur sehr schwer gerade gelegt werden kann. Einige Hämmer sind dabei wie störrische Esel, die tun was sie wollen. Sie kommen entweder zu weit oder zu nah an der Saite zum stehen. Dann kommen mehrere Stunden Regulierungsarbeit auf einen zu.

Die Tastatur gerade legen

1 Als erstes einige Tasten in der Mitte der Tastatur bestimmen, die korrekt funktionieren – d.h. die bei festem Anschlag und niedergedrückter Taste im korrekten Abstand von 12,5 mm vor der Saite stehen bleiben. Nach diesen Tasten wird die gesamte Tastatur ausgerichtet.

KLEINERE REPARATUREN

2 Ein Richtscheit, das von Backenklotz zu Backenklotz reicht, quer über die weißen Tasten legen (eine gerade, auf die richtige Länge zugeschnittene Holzleiste ist auch ausreichend). Es sollte genau auf der Höhe der korrekt funktionierenden Tasten verlaufen, die anderen Tasten werden nach Augenmaß danach ausgerichtet. Wer unbedingt möchte, kann einen speziellen, genau einstellbaren Tastentiefgangsmesser kaufen (das selber hergestellte Richtscheit ist aber genauso gut).

3 Nun, wieder auf Augenhöhe vor der Tastatur kniend, die zu niedrig stehenden weißen Tasten unterlegen. Damit es schneller geht (siehe Punkt 6) die Regulierscheiben AUF die Waagbalkenscheiben legen, eine Pinzette ist dabei sehr hilfreich (gut geeignet sind medizinische Pinzetten).

4 Solange unterlegen und regulieren bis keine Dellen mehr erkennbar sind und alle Tasten am Richtscheit ausgerichtet sind.

5 Nun die schwarzen Tasten auf dieselbe Weise ausrichten, wieder beginnend mit der Suche nach funktionierenden Tasten in der Mitte. Das Richteisen ist hier unverzichtbar, da die Abstände der Tasten es unmöglich machen, mit bloßem Auge eine gerade Linie zu erkennen.

6 Nach dem glücklich erfolgten Nivellieren die Tastatur ausbauen und die Regulierscheiben unter die neuen Waagbalkenscheiben legen. Dann Tastatur und Mechanik wieder einbauen.

7 Nochmals den Hammerabstand prüfen. Wenn jeder Hammer 12,5 mm vor der Saite zum Stehen kommt, ist der Anschlag korrekt. Die Arbeit ist getan.

Die Spieltiefe anpassen

8 Wenn einige Tasten nun zu viel Spieltiefe haben (und der Hammer daher zu nah an der Saite stehen bleibt), muss man zur Korrektur auch die Klaviatur-Vorderstifte unterlegen. Dazu die Regulierscheiben unter die Vorderdruckscheiben (die grünen Filzscheiben in Abb. 7.24) legen. Die hierzu benötigten Regulierscheiben sind größer und dicker als die für die Waagbalken. Das Unterlegen hat hier relativ kleine Auswirkungen, im Gegensatz zu den Waagbalken, wo minimale Abweichungen ausreichen um die Hammerbewegung völlig zu verändern.

Eventuell weitere nötige Arbeitsschritte:

Die folgenden Arbeitsschritte kommen nicht oft vor, müssen aber der Vollständigkeit halber erklärt werden.

9a Wenn die Hämmer im Bass und Diskant korrekt funktionieren, in der Mitte jedoch einige zu weit von den Saiten entfernt stehen bleiben, sind wahrscheinlich abgenutzte Fänger oder Gegenfänger die Ursache. Zur Bestätigung zuerst prüfen, ob alle Tasten die gleiche, korrekte Spieltiefe haben (siehe auch S. 97, Diagnose, Schritt 2). Eine geringere Abnutzung kann durch ein leichtes Vorwärtsbiegen der Fänger ausgeglichen werden, bis die Hämmer 12,5 mm vor den Saiten zum Stehen kommen (Werkzeug siehe Abb. 7.26). Es sieht nicht sehr schön aus, wird aber eine Weile halten.

9b Wenn einige der Fängerdrähte bereits vorgebogen sind, müssen sie zurückgebogen werden, da das Problem durch die neuen Filze ja behoben ist (was zuvor offensichtlich versäumt wurde). Mit den Richteisen (Abb. 7.26) die Fängerdrähte korrigieren, bis die Hämmer in der richtigen Position (12,5 mm vor der Saite) stehen bleiben.

Mottenfraß

Klavierfilze sind für Motten ein Festmahl. Ein Klavier, in dem der Mottenfraß so weit gediehen ist wie in Abb. 7.27 und 7.28 ist wohl nicht mehr gut spielbar und auf jeden Fall mit Motteneiern verseucht. Anzeichen für Mottenbefall sind:

- Ein zerfressenes Zierleistenband
- Eine sehr unebene Tastatur: Einige Tasten sind hoch, einige sind tief
- Einige Tasten haben viel größere Spieltief
- Die Töne klingen ungleichmäßig, einer leiser, einer lauter

7.27

7.28

PIANO MYTHOS & TECHNIK

PFLEGE UND WARTUNG

Beim Ausbau der Tastatur zeigt sich, dass Druckstoff, Waagbalken- und Vorderdruckfilze alle von Mottenfraß betroffen sind (vgl. Abb. 7.27). Es bleibt nur der Ersatz aller Filz- oder Stoffteile.

1 Tastatur ausbauen. Alle Tastaturfilze entfernen: Druckstoff (hinterer Klaviaturrahmenfilz), Waagbalkenscheiben, Vorderdruckfilze, Zierleistenfilz.

2 Staub und Motteneier (kleine Kügelchen in der Farbe des Filzes auf dem sie abgelegt wurden) wegsaugen. Druckstoff und Waagbalkenscheiben erneuern wie oben beschrieben.

3 Vorderdruckfilz erneuern. Hier ist es meist etwas einfacher, die richtige Größe zu bestimmen (da eben wegen der Größe noch genug übrig ist).

4 Spieltiefe einstellen (siehe oben). Das sollte mit neuen Vorderdruckfilzen relativ einfach sein.

5 Wenn alles korrekt funktioniert, die Tastatur nochmals ausbauen. Den Stuhlboden und die neuen Filze leicht mit einem Antimotten-Mittel besprühen, dabei die Bildung nasser Stellen vermeiden. Die Mechanik nicht einsprühen, auch wenn die Hämmer Mottenbefall zeigen sollten. Siehe Kap. 8, B für diesen Fall.

6 Das Antimotten-Mittel vollständig austrocknen lassen, bevor die Tastatur eingesetzt wird.

7 Keine Mottenkugeln in das Klavier legen, die Inhaltsstoffe wirken korrodierend auf die Metallteile.

Diese Arbeiten sind recht schnell durchführbar, die Kosten für diese Neubefilzung überschaubar. Und doch für einige „Händler" anscheinend zu hoch, wie das Klavier in Abb. 7.27 erkennen lässt: Das kleine Stück roter Filz unter der Taste rechts ist kein richtiger Klavierfilz, sondern aus einem alten Hut oder sonstigem herausgeschnitten. Dieser Ersatz wurde dann einfach auf den alten, mottenzerfressenen Filz mit all seinen Motteneiern gelegt und das Klavier als „wiederaufgearbeitet" verkauft. Das ist schlicht und einfach Betrug (mit dem leider immer noch viel zu viele davonkommen).

Pedal justieren

Auch die Pedale des Klaviers funktionieren mit der Zeit immer ungenauer. Dies geschieht gewöhnlich so langsam, dass viele Spieler es gar nicht bemerken. Unverständlicherweise kümmern sich auch viele Stimmer nicht darum. Die Folge sind Klaviere, deren Pedale, wenn überhaupt, vor Jahrzehnten zuletzt reguliert wurden.

Die folgenden Beschreibungen gelten nur für Klaviere. Pedalprobleme bei Flügeln sind schwieriger zu handhaben und werden in Kap. 9 eigens behandelt.

Das linke Pedal

Das linke Pedal (Piano-Pedal) wirkt in den meisten Klavieren als „Halb-Pedal", d.h. es nähert die Hämmer 1/3 bis 2/3 der Steighöhe den Saiten an, die Anschlagskraft der Hämmer wird reduziert und leiseres Spielen erleichtert.

Man muss anmerken, dass dieser Mechanismus auch bei voller Funktion schon wenig Auswirkung hat, ohne Regulierung ist er völlig nutzlos. Wer ohne Halb-Pedal auskommt, kann diesen Abschnitt beruhigt überspringen.

Das linke Pedal testen:

1 Im Klavier auf die Hämmer sehen und das Pedal treten.

2 Mit dem Niedertreten des Pedals müssen die Hämmer sich vorwärtsbewegen.

3 Bewegen sich die Hämmer erst wenn das Pedal zur Hälfte niedergedrückt ist, ist eine Regulierung notwendig.

4 Obere Frontplatte und Tastaturklappe ausbauen.

KLEINERE REPARATUREN

5 Der Pedalmechanismus liegt auf der linken, der Bass-Seite. Bei den meisten Klavieren ist es ein Holzstab mit einem Filzdämpfer am oberen Ende.

6 Beim Treten des Piano-Pedals drückt der Holzstab auf einen Stahlhebel, der die Hammerruheleiste nach vorne bewegt.

7 Ist zwischen Holzstab und Hebel eine Lücke erkennbar (siehe Abb. 7.30), so ist eine Regulierung notwendig.

Das linke Pedal einstellen:

1 Untere Frontplatte ausbauen. Aus dem Pedalmechanismus steht eine lange Bolzenschraube hervor, mit einer Filzscheibe (meist eine Vorderdruckscheibe) von einer Mutter gehalten (siehe Abb. 7.31).

2 Beim Anziehen der Mutter bewegt sich der Mechanismus, d.i. der Holzstab nach oben und die Lücke beginnt sich zu schließen. Ist die Mutter etwas angerostet, Zange und Schraubenschlüssel zu Hilfe nehmen.

3 Muss dabei zu viel Kraft aufgewendet werden, besteht die Gefahr, etwas zu beschädigen. Dann ist es besser,

einen weiteren Filz auf das obere Ende der Holzstange zu kleben, um die Lücke aufzufüllen. Meist reicht eine Vorderdruckscheibe (bei einer Lücke wie in Abb. 7.30 reicht diese Methode allerdings nicht mehr aus. Hier ist ein Lösen der Mutter unvermeidlich).

Das rechte Pedal

Das rechte Pedal (Dämpfer-Pedal) hebt alle Dämpfer gleichzeitig an (siehe Kap. 3). Der Test, ob es korrekt funktioniert, erfolgt weitgehend wie beim linken Pedal:

1 Im Klavier auf die Dämpfer sehen und das Pedal treten.

2 Mit dem Niedertreten des Pedals müssen sich die Dämpfer heben.

3 Bewegen sich die Dämpfer erst, wenn das Pedal zur Hälfte niedergedrückt ist, ist eine Regulierung notwendig.

4 Der Dämpfer-Pedalmechanismus ist ebenfalls auf der linken Bass-Seite zu finden, meist hinter dem Piano-Pedal-Gestänge. Ist zwischen dem Stab und dem Hebel eine Lücke erkennbar, so ist eine Regulierung notwendig.

5 Das Vorgehen entspricht den Schritten 1-3 der Regulierung des Piano-Pedals. Man sollte jedoch nicht bis zum Anschlag korrigieren, sondern ein klein wenig Spiel lassen, da sonst die Gefahr besteht, dass einige Noten nicht sofort abgedämpft werden und weiter klingen. Zum Testen bei gehaltenem Pedal Akkorde über die gesamte Klaviatur spielen, dann das Pedal loslassen. Wenn alle Töne sofort verstummen, stimmt die Regulierung, andernfalls muss nachjustiert werden.

Andere Pedal-Mechaniken

Bei einigen Klavieren ist der nach oben führende Stab mit einem Stift an dem zur Hammerleiste bzw. den Dämpfern führenden Hebel befestigt, siehe Abb. 7.16 (man erkennt hier außerdem an der Lücke zwischen Filz und Hebel,

PFLEGE UND WARTUNG

dass das Pedal zu viel Spiel hat). Diese Art der Befestigung wird etwa seit den 1980er Jahren verwendet. Die Klaviere haben meist eine Flügelschraube zur Regulierung des Pedals (siehe Abb. 7.32). Sollte sich die Flügelschraube wider Erwarten nicht drehen lassen, kann man einen zweiten Filz auf den Stift unter dem Hebel stecken.

Zwei weitere Dinge sind hier zu beachten:

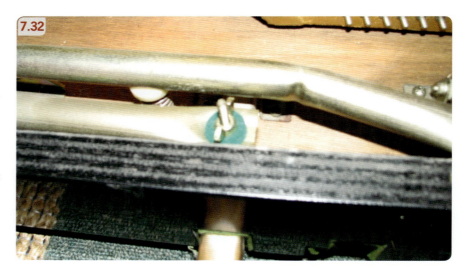

1 Damit die Pedalstange nicht abbricht, muss sie vor dem Ausbau der Mechanik ausgehängt werden.

2 In dem Loch des Metallhebels sollte eine Gummigarnierung stecken. Sie ist recht wichtig, denn wenn sie herausfällt (was leicht geschieht) macht das Pedal bei Gebrauch ein klackerndes Geräusch. Trotzdem sind diese Pedalgummis als Ersatzteil schwer zu bekommen, als einfache und gute Ersatzlösung ist kann man ein Stück Filz einkleben.

Das mittlere Pedal (Übe-Pedal)

Beim Drücken des mittleren Pedals wird ein langer Filzstreifen zwischen Hämmer und Saiten gesenkt, die Lautstärke nimmt damit erheblich ab. Mit der Zeit passiert es häufig, dass der Filz zu weit herabhängt und an den Hammeroberseiten streift. Dies bremst die Hammerbewegung, ein schnelles Spielen wird schwieriger. Bei neueren Klavieren ist dies die Hauptursache eines verschlechterten Anschlags.

Der Auslösemechanismus sitzt meist auf der Bass-Seite, auf der rechten Seite ist ein Gelenk oder eine Spannfeder. Wenn diese beiden Mechanikteile nicht übereinstimmend funktionieren, wird der Filzstreifen nicht mehr gleichmäßig bewegt.

Die Regulierung erfolgt mit einer Schraube (mit Rechts- und Links-Gewinde) direkt über dem Pedal. Manchmal ist das Problem damit jedoch nicht ganz zu lösen. Wenn der Filz immer noch zu weit herabhängt, hilft nur noch, ihn mit einer Schere vorsichtig auf die richtige Länge zu stutzen (im Bass meist etwas mehr) – eine nicht schöne aber immerhin praktikable Lösung.

Klirren und Scheppern

Bei einem Viertel aller Klaviere, gleichgültig ob alt oder neu, ist die Kupferumwicklung mindestens einer Bass-Saite lose (vgl. Kap. 5). Bei Flügeln kommt es seltener vor, da hier generell höhere Anforderungen, auch an die Qualitätskontrolle bei der Fertigung, gestellt werden.

Ein metallisches Klirren einer Saite kann oft folgendermaßen behoben werden:

1 Am besten zuerst die Mechanik ausbauen. Dabei größte Vorsicht walten lassen, sodass mit der losen Saite nicht irgendwelche Mechanikteile beschädigt werden.

2 Die betroffene Saite mit einer halben Drehung (180°) des Stimmwirbels gegen den Uhrzeigersinn lockern. Die Saite dabei fest und etwas gespannt halten, damit sich die Windungen um den Wirbel nicht lösen.

3 Die Richtung der Kupferumspinnung bestimmen – im Uhrzeigersinn oder entgegen? Die Saite muss in einem folgenden Schritt in die entsprechende Richtung verdreht werden.

4 Das untere Ende der betroffenen Saite suchen. Die Saite fest halten, damit sie sich nicht verdrehen kann und langsam nach vorne ziehen, um die Öse vom Anhängestift abziehen zu können (siehe Abb. 7.34 und 7.35). Wenn sich die Saite dabei von Bass-Steg löst, ist das nicht schlimm. Der eventuell zwischen den Saitenenden verlaufende Filzstreifen muss sorgfältig entflochten werden.

5 Nun die Saite um 180° in der Richtung der Kupferumspinnung in sich verdrehen und die Öse wieder auf den Anhängestift stecken. Die Seite ist nun stabilisiert – und mit Glück stabil genug, dass das Klirren vorbei ist.

KLEINERE REPARATUREN

6 Wenn die Saite ausgekommen ist: Blieb sie einfach so hängen oder hat sie sich selbständig (gegen die Spinnrichtung) verdreht? Ist letzteres der Fall, so wurde schon einmal versucht, die Saite zu stabilisieren. Das ist kein größeres Problem: die Saite einfach nach zwei halben Umdrehungen wieder einhängen (Das Prinzip ist Originalzustand plus eine halbe Drehung).

7 Die Saite wieder korrekt, gleichverlaufend wie die übrigen Saiten, in die Stifte im Bass-Steg einhängen.

8 Die Saite mit dem Stimmwirbel wieder auf die richtige Tonhöhe stimmen.

9 Wenn die Saite immer noch klirrt, muss man die gesamte Prozedur wiederholen. Das kann nun etwas schwieriger werden. Zwei Zangen, eine zum Halten der Saite, die andere zum Drehen, sind hilfreich und verhindern, dass man schmerzhafte Rillen in den Fingern bekommt.

10 Wenn die Saite jetzt noch klirrt, ist auf diese Art nichts mehr zu machen. Folgende weitere Möglichkeiten gibt es:

Die eine Möglichkeit ist, gar nichts zu machen und mit dem Klirren zu leben. Die wenigsten Klavierspieler bemerken das Klirren überhaupt, man kann es also ohne viel Anstrengung überhören. Dieser leicht defätistisch wirkende Rat ist meistens die beste Lösung. Denn die andere Lösung birgt, wie sich zeigt, die Gefahr in sich, dass das Klavier „in sich" nicht mehr stimmt. Ein fast unhörbares Klirren ist dann das kleinere Übel.

Diese zweite, radikalere, Lösung ist, eine Ersatzsaite aufzuziehen, die nach der Vorlage der originalen Saite extra angefertigt werden muss (zum Ersetzen von Saiten siehe Kap. 8, C). Aber mit dem bloßen Ersetzen ist es nicht getan, weitere Probleme stehen dagegen:

- Eine Ersatzsaite, gleich ob für ein altes oder ein neues Klavier, unterscheidet sich immer etwas von der originalen Saite, etwa in der Elastizität, und weist daher eine abweichende Obertonstruktur auf. Bei den zweichörigen Tönen sind die nicht übereinstimmenden Obertöne als Schwebungen beim Spielen deutlich vernehmbar. Das kann mit Stimmen nicht geändert werden (siehe Kap. 10), daher sollten bei den zweichörigen Tönen immer beide Saiten ausgetauscht werden. Aber auch das ist noch nicht alles.
- Neue Saiten verstimmen sich ständig und machen bei den nächsten Stimmungen die meisten Probleme (Gleiches gilt für alte Saiten, die einmal ausgehängt wurden).
- Neue Saiten in einem alten Klavier klingen anders. Vielleicht besser, vielleicht lauter, auf jeden Fall anders. Sie stechen beim Spielen hervor, zwar nicht ins Auge, aber ins Ohr.

Fest steht, dass das Ersetzen von ein, zwei Bass-Saiten nur selten einen Vorteil bringt. Das Risiko, das Instrument zu verschandeln ist hoch, und dann kann auch kein Stimmer mehr etwas machen. Daher ist es besser, das Klirren zu akzeptieren.

Ebenso aber steht fest, dass bei Verwendung besserer Saiten das Klirren erst gar nicht auftreten würde. Bei besseren Basssaiten ist der Kerndraht nicht rund sondern sechskantig, die Kupferumspinnung kann fester angreifen und wird nicht lose. Aber diese höhere Qualität verursacht Kosten, die manchen Herstellern offenbar zu hoch erscheinen.

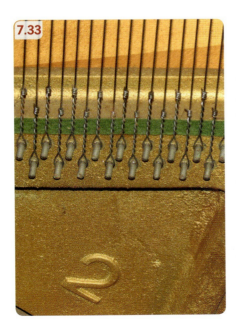

PFLEGE UND WARTUNG

Irgendwas steckt fest

Es kommt häufig vor, dass etwas klemmt. Normalerweise sind die Ursachen leicht zu beheben, aber manchmal bedarf es aufwendigerer Reparaturen. Diese kommen in Kapitel 8 ausführlich zur Sprache, hier werden nur die kleineren Probleme behandelt.

Was auch immer klemmt, es ist absolut notwendig herauszufinden was die Ursache ist, bevor man irgendetwas unternimmt. An viel zu vielen Klavieren wird immer wieder versucht, eine kleine, harmlose Reparatur durchzuführen, die nicht nur keinerlei Besserung bringt, sondern deren unerwünschte Nebenwirkungen viele andere Teile des Klaviers in Mitleidenschaft ziehen.

Das vielleicht wichtigste zuerst: Weg mit der Ölkanne! Niemals, also wirklich: niemals versuchen, klemmende Teile mit irgendwelchen Schmiermitteln wieder gangbar zu machen. Also weder mit Öl, noch Graphitpulver, Silikon, Vaseline und dergleichen. Was bei Maschinen, Schlössern oder Rasenmähern Wunder wirkt, ist für Klaviere Gift. Es gibt ein, zwei Ausnahmen, dazu aber später. Auch rütteln, klopfen und andere unsachgemäße Aktionen sollte man bleiben lassen. Sie bringen nichts!

Wenn eine Taste klemmt

Das Symptom: Eine Taste lässt sich nur schwer nochmals anschlagen. Sie bleibt entweder gleich unten stecken oder auch aus der korrekten Position angeschlagen erklingt kein Ton, bzw. er erklingt zu spät. Irgendetwas stimmt nicht, aber was? Im Normalfall kehrt die Taste nach dem Loslassen in ihre Ruheposition zurück, auch bei ausgebauter Mechanik. Das gesamte System ist aber so genau ausbalanciert, dass die Taste nicht in ihre Ruheposition zurückkehrt, wenn der Hammer klemmt. Und umgekehrt gilt gleiches für den Hammer, wenn die Taste klemmt. Die Symptome gleichen sich, unabhängig von der Ursache.

Ursache bestimmen:

1 Frontplatte und Tastaturklappe ausbauen. Die betroffene Taste spielen bis sie klemmt.

2 Die entsprechenden Mechanikteile in die Ruheposition bewegen. Wird die Taste dadurch freigegeben? Wenn ja, liegt das Problem wahrscheinlich an der Taste.

3 Wenn die Taste in Ruheposition ist, mit einem leichten Schnipsen auf den Hammer den Anschlag simulieren.

4 Bleibt der Hammer vorne stecken? Wenn ja, liegt es wohl am Hammer / an der Mechanik. Wenn nein, ist es doch die Taste.

Sollte die Mechanik die Ursache sein, handelt es sich um ein ernsteres Problem mit den Achsen (siehe Kap. 8, B). Ist die Taste das Problem, ist es einfacher.

Oft klemmt eine Taste, weil sie an der Nachbartaste schleift. Dies ist meist einfach zu beheben, da bei den meisten Klavieren die Tasten entnommen werden können, ohne die Mechanik auszubauen. Dies muss mit Vorsicht geschehen, damit der Pilotenfilz nicht beschädigt wird oder die Taste sich in der Mechanik verhakt.

Bei nur ganz wenigen Klavieren muss auch die Mechanik ausgebaut werden, ein Beispiel ist das oben erwähnte Bechstein Modell 10, bei dem die Tasten mit dem Hebeglied durch Tangenten verbunden sind (siehe Abb. 7.8). Hat man das Pech, solch ein Klavier zu besitzen, braucht man viel Geduld, da jede betroffene Taste einzeln abmontiert werden muss.

Für alle anderen:

5 Die Taste rechts von der klemmenden Taste ausbauen.

6 Die betroffene Taste spielen. Wenn sie nicht mehr klemmt, so war ein Schleifen an der rechten Taste die Ursache. Andernfalls (ist ein leichtes Kratzgeräusch vernehmbar?) die linke Taste ausbauen.

7 Die klemmende Taste nochmals spielen. Wenn sie jetzt nicht mehr klemmt, war ein Schleifen an der linken Taste die Ursache.

8 Die beiden schleifenden Tasten nach Holzspänen oder anderen Anlagerungen wie eingetrocknete Flüssigkeiten (Kaffee) absuchen und diese entfernen.

9 Eventuell schleifenden Stellen visuell bestimmen und vorsichtig abschleifen. Nur hochfeines Qualitätsschleifpapier verwenden.

Wenn die Taste immer noch klemmt:

Klemmt die Taste immer noch, nachdem die zwei benachbarten Tasten entfernt wurden, sind vermutlich die Garnierungen der Tasten oder die Klaviatur-Vorderstifte das Problem.

Jede Taste hat zwei Löcher – ein durch die Taste gebohrtes für den Waagbalkenstift, ein anderes, nur von unten sichtbares für den Vorderrahmenstift. Abb. 7.24 zeigt einen Teil des Klaviaturahmens mit zwei ausgebauten Tasten und einer weiteren am Platz. Dieselbe Taste ist in Abb. 7.35 und 7.36 von unten und oben gezeigt.

7.35

KLEINERE REPARATUREN

7.36

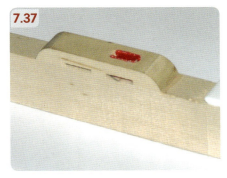

7.37

2 Taste ausbauen, umdrehen und die Vorderstiftgarnierung prüfen. Staub und andere Fremdteile herausblasen.

3 Den Vorderstift (Abb. 7.36), auf dem die Taste ruht, prüfen. Diese Stifte werden wegen ihres Aussehens auch „Baseball-Schläger" genannt. Der runde „Griff" wird ins Holz des Stuhlbodens geschlagen, das ovale „Blatt" verschwindet in der Taste. Manchmal verdrehen sich die Stifte, die Taste geht dann schwerer.

4 Wenn der Stift nicht rechtwinklig zum Klaviaturrahmen steht, muss er korrigiert werden. Es gibt dazu ein Spezialwerkzeug (den „Klaviaturstifttrichter"), aber es geht auch mit einer Zange, deren Backen mit einem Tuch geschützt sind, damit keine Metallspäne entstehen.

5 Wenn der Vorderstift nicht die Ursache ist, kann man die Garnierungen leicht zusammendrücken und so etwas Luft gewinnen, idealerweise mit einer Klaviaturdruckzange (Abb. 7.39.). Sie hat eine verbreiterte Backe, damit die Außenseite der Taste nicht beschädigt wird. Es geht auch mit einem passenden Schraubenzieher, den man vorsichtig einführt und mit dem man dann noch vorsichtiger durch die Hebelwirkung die Garnierung zusammendrückt, ohne das Holz zu beschädigen.

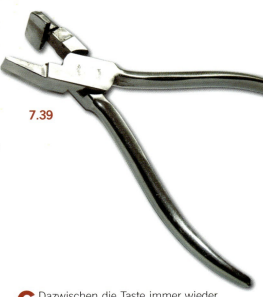

7.39

6 Dazwischen die Taste immer wieder ausprobieren, vielleicht müssen nicht alle vier Garnierungen zusammengedrückt werden.

Wenn eine schwarze Taste klemmt

Eine schwarze Taste, die stecken bleibt, bis eine nebenliegende weiße Taste gespielt wird, hat sich mit dem Belag der weißen Taste verhakt. Mit der feinen Seite einer kleinen Feile einen Teil des weißen Belages direkt vor der schwarzen Taste abnehmen, dabei der rechteckigen Form der Taste folgen (vgl. Abb. 7.40). Das ist schnell und einfach zu erledigen, erstaunlicherweise bleibt diese Problem oft unbeachtet.

Abb. 7.37 zeigt das „Bäckchen" über dem Waagbalken. In jedem Loch verhindert die Garnierung (ein Paar dünner Filze), dass die Stifte am Holz reiben. Diese müssen untersucht werden:

1 Die Garnierungen der Tastenbäckchen (die Stelle, an der der Waagbalkenstift durch Taste gesteckt ist) von oben auf Abnutzungsspuren prüfen. Gefährdet sind vor allen die Garnierungen der abgeknickten Tasten, (vgl. Abb. 7.38, links von der Lücke).

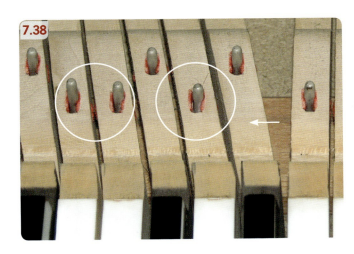

7.38

7.40

PIANO MYTHOS & TECHNIK

PFLEGE UND WARTUNG

Weitere Probleme

Die Taste klemmt nicht, aber es kommt kein Ton

Taste und Hammer kehren zur Ruheposition zurück, doch beim Anschlagen erklingt kein Ton, der Hammer bewegt sich nicht, der Anschlag ist schwammig (sind hiervon mehrere Tasten betroffen, ist die folgende Anleitung ungeeignet, siehe Kap. 8, B).

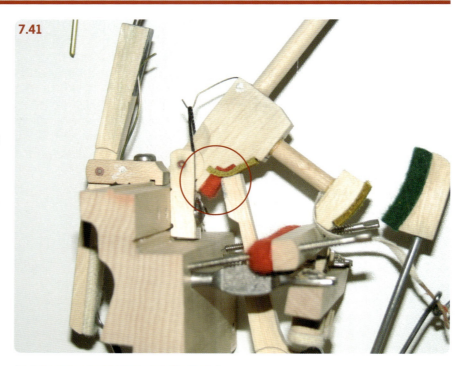

7.41

1 Die kleine Spiralfeder unter der Stoßzunge (vgl. Abb. 7.25 und S. 37, „K") bewegt den Stoßfänger zurück in seine Ruheposition. Im Vergleich mit anderen, nicht betroffenen Tasten, lässt sich erkennen, ob sie das Problem ist.

2 Die Feder kann verrutscht sein. Mit einer Pinzette – und mit Geduld – kann man sie wieder in die richtige Position bringen.

3 Wenn die Mechanik trotz korrekter Positionierung immer noch zu langsam arbeitet, kann man eine größere Feder einsetzen. Dies macht man wieder mit Pinzette und Geduld – oder man baut das Hebeglied aus. Der Vorteil dieses Vorgehens ist, dass das Einsetzen der neuen Feder so nur Sekunden dauert, der Nachteil ist allerdings, dass der Ausbau des Hebeglieds eine größere Aufgabe ist, die erst in Kap. 8 behandelt wird. Also zunächst mit der Pinzette arbeiten.

7.42

7.43

Die Taste macht ein klackendes Geräusch

Beim Loslassen gibt die Taste ein hölzernes „klack" von sich. Dies passiert, wenn das kleine Filzkissen hinter der Stoßzunge (Abb. 7.41 und 7.42) fehlt, vielleicht weil der Kleber nachgelassen hat, wahrscheinlicher aber wegen Mottenfraß. Der Filz verhindert, dass die Stoßzunge auf das Holz trifft, wenn sie von der Feder wieder zurück geschoben wird. Der nun ungedämpfte Aufprall verursacht das klackende Geräusch.

Dies ist zugegebenermaßen ein recht seltenes Problem, muss aber angesprochen werden, denn wenn sich die Motten einmal im Klavier eingerichtet haben (vgl. oben), wird auch das auf einen zukommen. Wenn also mehrere Töne von dem Klacken betroffen sind, hilft nur, die Mechanik zu zerlegen und alle Filzkissen zu erneuern.

Sind nur ein oder zwei Töne betroffen, kann man mit langen Pinzetten versuchen, neue Filzkissen einzukleben, aber mit äußerster Vorsicht, da andere empfindliche Mechanikteile in der Nähe sind. Es ist so etwas wie minimal-invasive Chirurgie – wem dies zu riskant ist: mögliche Alternativen sind in Kap. 8, B beschrieben.

Ein Klappern in der Taste

Ein Klapper-Geräusch von der Taste deutet meist auf ein loses Gewicht hin. Sie sind meist rund (vgl. Abb. 7.43) und können etwas verbreitet werden, um wieder fest zu sitzen.

1 Die betroffene Taste ausbauen. Mit der Seite auf die Werkbank legen,

KLEINERE REPARATUREN

Das Innere des Klaviers saubermachen

Wenn man ein Klavier für Wartungs- und Reparaturarbeiten aufmachen muss, bietet sich eine gute Gelegenheit, auch das Innere sauberzumachen. Aber bevor man mit dem Staubsauger munter drauflosgeht, ein paar Worte.
Das Innere eines Klaviers ist ein abgeschlossener, dunkler Raum, kaum jemand wird auf die Idee kommen, dort regelmäßig sauberzumachen. So sammelt sich mit der Zeit dort eine unglaubliche Menge Staub und Unrat an: Motteneier, Insekten, Mäusedreck (teils samt Maus) und Hundehaare sind nichts Ungewöhnliches. Auch Vögel und Hamster finden ihren Weg in ältere Klaviere, manchmal aber nicht mehr hinaus. Wenn man ein altes Klavier zum Putzen öffnet (vielleicht das erste Mal in seinem Klavierleben), sollte man daher vorgehen wie bei einem Bio-Unfall. Das Tragen von Schutzbrille, Gesichtsmaske und Handschuhen ist empfehlenswert (dies gilt übrigens auch, wenn der Verkäufer behauptet, das Klavier zuvor sauber gemacht zu haben. „Sauber" ist ein dehnbarer Begriff).

Flügel sind in dieser Hinsicht besser, da das Innere leicht zugänglich und noch dazu weiter vom Boden entfernt ist. Sie haben aber den Nachteil, dass der Deckel meist offensteht und so noch mehr Staub ins Instrument gelangt.

Alte Klaviere aus der Zeit, in der noch mit offenem Feuer und Kohlen geheizt wurde, sind mit besonderer Vorsicht zu behandeln, da sich eine Menge Ruß abgelagert haben kann. Der Kohlebergbau ist inzwischen zwar weitgehend Geschichte, die Spuren jedoch bleiben und der extrem feine Rußstaub wird durch den Staubsauger mit an Sicherheit grenzender Wahrscheinlichkeit im gesamten Raum verteilt.

Das gleich gilt für feinen Staub jeglicher Art. Er sollte genau untersucht werden, bevor er sich beim Putzen unkontrolliert ausbreitet, da er auch giftig sein kann. Oftmals ist ein weißes Mottenpulver zu finden, das früher auf DDT-Basis hergestellt wurde (und jetzt verboten ist). Eine weitere Gefahr geht von Asbest aus, das in Klavieren aus der Nähe von Fabriken immer wieder zu finden ist. Im schlimmsten Fall muss man einen Experten zu Rate ziehen.

Die beste Art das Innere eines Klaviers sauberzumachen, ist mit einem Kompressor Staub und Unrat hinaus zu blasen, dies ist allerdings nur im Freien oder in der Werkstatt machbar. So bleibt als Trost, dass ein gewisse Menge Staub im Klavier nicht schlimm ist und die Spieltüchtigkeit nicht einschränkt. Erst wenn die Mechanik durch zu viel Schmutz Schaden zu nehmen droht, sollte man zu dieser Methode greifen.

so dass das Gewicht auf einer stabilen Metallunterlage ruht.

2 Mit einem Hammer und einem breiten Nagelaustreiber (Körner) auf das Gewicht schlagen und so etwas verbreitern.
Abb. 7.5. zeigt einen anderen Typ: Hier ist ein scheibenförmiges Stück Blei in das Ende der Taste eingeklebt.

1 Das Gewicht herausnehmen, oder wenn es klemmt, nur ein Stück nach vorne schieben.

2 Etwas Kleber dahinter aufbringen (am besten mit einer Klebepistole).

3 Das Gewicht rasch wieder einsetzen. Klebstoffreste entfernen

Metallisches Klirren

Kratzende Begleitgeräusche bei einigen Tönen deuten auf einen Riss im Resonanzboden hin, ein metallisches Klirren eines einzelnen Tons rührt eher von einem gebrochenen Steg her. Wenn die betroffene Saite die letzte am Ende eines Stegs ist (vgl. Abb. 7.44), ist es ein

ernsthaftes Problem. Was man hier tun kann, zeigt Kap. 8, D.

die entschlossene...
déterminée...
the determined...

**lebendige...
animée...
lively...**

dynamische...
dynamique...
dynamic...

charmante...
charmante...
charming...

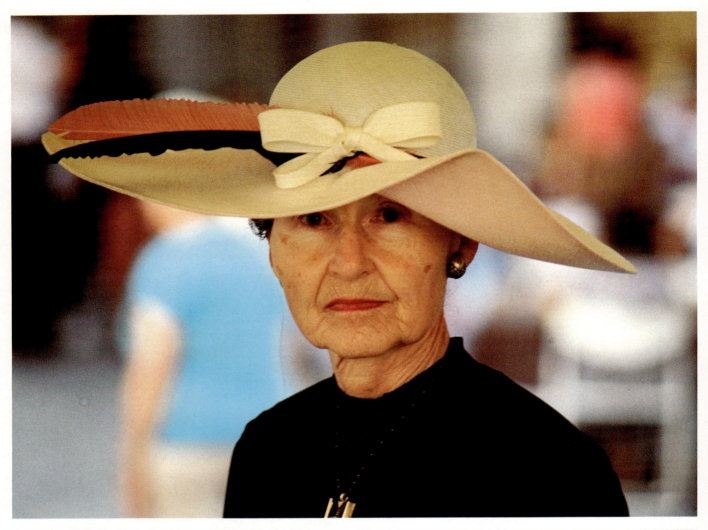

**eigenwillige...
originale...
individualistic...**

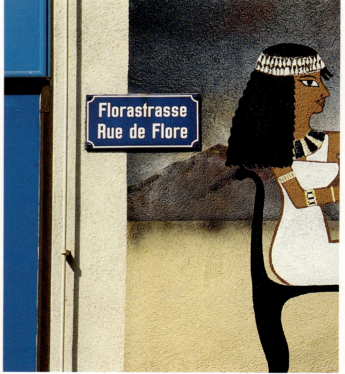

zweisprachige...
bilingue...
bilingual...

◢ Made in Biel-Bienne: «Bundesordner» und Ordner in allen Farben stellen die 400 Biella-Neher-Mitarbeiter her.
◢ Made in Biel-Bienne: les 400 collaborateurs de Biella-Neher confectionnent le classeur Fédéral et des classeurs de toutes couleurs.
◢ Made in Biel-Bienne: The 400 employees at Biella-Neher produce the «Federal» file and files in all colours.

◢ Made in Biel-Bienne: Nutzfahrzeuge aller Art werden bei Ramseier Jenzer entwickelt, gebaut, umgebaut und repariert.
◢ Made in Biel-Bienne: Ramseier Jenzer élabore, construit, transforme et répare toutes sortes de véhicules utilitaires.
◢ Made in Biel-Bienne: All kinds of utility vehicles are developed, built, re-built and repaired at Ramseier Jenzer.

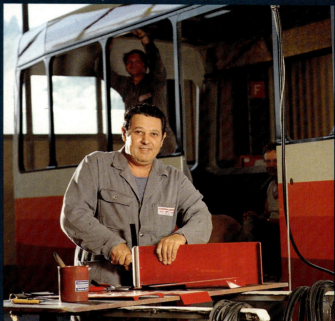

◢ Made in Biel-Bienne: 600 künstliche Beine jährlich, aber auch Arme und andere Prothesen produziert das Bieler Familienunternehmen Botta.
◢ Made in Biel-Bienne: l'entreprise familiale biennoise Botta confectionne 600 jambes par an, mais aussi des bras et d'autres prothèses orthopédiques.
◢ Made in Biel-Bienne: The Biel family firm of Botta makes 600 artificial legs, as well as arms and other artificial limbs annually.

◢ Made in Biel-Bienne: Ursprünglich fabrizierten die «Drahtwerke» bloss Drähte – heute Metallelemente aller Art.
◢ Made in Biel-Bienne: à l'origine, les «Tréfileries» fabriquaient seulement des fils métalliques, mais aujourd'hui, elles sortent des éléments métalliques de tous genres.
◢ Made in Biel-Bienne: Originally, the «Wireworks» only made wire – today, it produces all kinds of metal elements.

Mehr als die Hälfte der Bieler Werktätigen sind im «tertiären» Sektor beschäftigt. Insgesamt 2 340 Betriebe bieten jede erdenkliche Dienstleistung an, sei es im juristischen oder touristischen, amtlichen oder werblichen, finanziellen oder kulinarischen Bereich. Ein paar Vertreter der vielen Branchen stellen sich vor.

Plus de la moitié des Biennois actifs travaillent dans le secteur tertiaire. Dans l'ensemble, 2 340 entreprises offrent tous les services souhaités, que ce soit dans le domaine juridique, touristique, officiel, publicitaire, financier ou culinaire. Voici quelques-uns des représentants de ces différentes branches.

More than half of Biel's workforce is employed in the tertiary sector. A total of 2,340 businesses offer almost every service needed, whether in the legal, official, advertising, financial or culinary fields. The following are just a few of the people representing various branches.

Schönheitspflege – L'esthéticienne – Beauty treatment

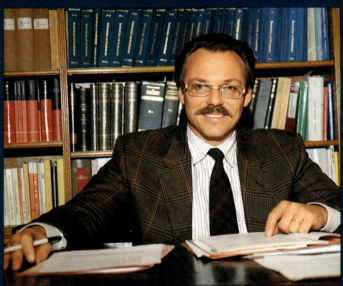
Der Anwalt – L'avocat – The lawyer

Der Versicherungsagent – L'agent d'assurance – Insurance

Die Bankangestellte – L'employée de banque – The bank clerk

PTT-Auskunftsdienst – La demoiselle du 111 – PTT information service

Die Reiseberaterin – La conseillère en voyages – The travel agent

Die Werbegrafikerin – La graphiste – The commercial artist

Die Hotelfachassistentin – La camériste – The hotel assistant

Der Wirtschaftsförderer – Le conseiller au développement – Promotion of economic development

▲ Auf dem Bözingenfeld, wo früher Sportflieger herumknatterten, ist Biels neues Industriezentrum entstanden. Zwischen den neuen Fabrikhallen bleibt Raum für Grün: Die Erschliessung der grössten städtischen Landreserve ist sanft angegangen worden. Die Autobahnrampe führt in den Jura.

▲ Le nouveau centre industriel de Bienne est né au champ de Boujean – où évoluaient autrefois les aviateurs sportifs. Mais, entre les bâtiments neufs, la verdure demeure, car le développement de la plus grosse réserve de terrain de la ville s'est fait en douceur. La rampe autoroutière conduit au Jura.

▲ Biel's new industrial centre is built on the Bözingenfeld, where aeroplanes used to take off and land. There is room for greenery between the new factory buildings: the development of the largest civic land reserve was undertaken gently. The motorway ramp leads up into the Jura.

Wirtschaft
In der Zukunftsstadt findet Zukunft statt

IM TIEFEN AFRIKANISCHEN Busch, in Maputo (Mozambique), hat ein findiger Geschäftsmann seinen Schmuck- und Uhrenladen ganz einfach «Bienne» getauft. Er war zwar noch nie in Biel, er weiss aber, «dass aus dieser europäischen Stadt die besten Uhren kommen».

Der Welt reichster Mann, der Sultan von Brunei, reiht unter seine kostbarsten Sammlerstücke die komplizierteste und teuerste Tischuhr der Welt – entstanden in Biel-Bienne.

Wenn man die hundert bekanntesten und den Menschen geläufigsten Markennamen aus fünf Erdteilen ermitteln würde, wäre zwar Coca-Cola unbestritten führend, aber unzweifelhaft liessen sich auch zwei, drei legendäre Namen aus der Seeländer Metropole finden.

Stolz blickt Biel also auf seine führende Uhrenindustrie. Aber ebenso stolz auf seine blühende Gesamtwirtschaft: Da hat sich so vieles geändert, ist den neuen Gegebenheiten angepasst worden. Biels Industrielandschaft hat in diesen letzten Jahren ein frisches, dynamisches, unverwechselbares Gesicht bekommen.

Das tönt nach Schlagworten, entspricht aber durchaus der Wirklichkeit. Die weltweite Wirtschaftskrise der siebziger Jahre hatte Bieler Unternehmer gezwungen umzudenken, ihre Betriebe gesundschrumpfen zu lassen. Viele Fehler waren zu Zeiten der Hochkonjunktur begangen worden: Den schnell wachsenden Betrieben fehlten die tüchtigen Manager mit dem Weitblick. An ihrer Stelle sündigten manchmal weniger fähige Mitglieder der Familienunternehmen in den Chefstühlen.

Heute sind vielerorts anstelle der einstigen Firmenbesitzer gewiefte Manager getreten, die z.T. aus den Wirtschaftsmetropolen der Schweiz nach Biel gezogen sind, hier erfolgreich Fuss gefasst haben. Die Rationalisierung und Automatisierung, die Umstrukturierung und Strukturbereinigung haben es mit sich gebracht, dass nur noch drei Firmen mehr als 600 Mitarbeiter aufweisen. Die Statistik zeigt ein gesundes Bild ohne wirtschaftliche Wasserköpfe: 3 000 Betriebe mit 38 000 Arbeitnehmern.

Mit seinen vielen Gastarbeitern haben Biel und die toleranten Bieler kaum je Probleme gehabt. Mehr als 20 Prozent waren es in der Zeit der sechziger Jahre, heute kommen gar rund 11 100 (d.h. 21 Prozent) Ausländer auf knapp 53 000 Einwohner.

Die einstige Industriestadt hat sich anfangs der achtziger Jahre zu einem Zentrum mit modernen Wirtschafts- und Dienstleistungsbetrieben gewandelt. Zwar ist in den letzten Jahren neue und bedeutende Industrie im Bözingenfeld angesiedelt worden, die Maschinenindustrie setzt nach wie vor zu, und die Anwendung von High Tech gehört heute zu Biel wie die gekreuzten Beile zum Wappen. Aber noch ausgeprägter ist die Entwicklung im tertiären Sektor – bei den Dienstleistungsbetrieben. Eine gezielte Massnahme: die Abstützung auf verschiedene Beine («Diversifizierung») ist nach dem Schock der Krise und für die erfolgreiche Zukunft der Seeländer Metropole lebenswichtig.

Natürlich haben die vielfältige Uhrenindustrie und ihre genialen Erfinder und Entwickler schon vor Jahrzehnten den Grundstein dazu gelegt, dass der Name Biel-Bienne im Ausland heute besonders gut klingt. Natürlich trug Mondfahrer Neil Armstrong bei seinem wichtigen Schritt für die Menschheit eine Bieler Uhr, wie auch Reinhold Messner die Achttausender stets in Begleitung seines Bieler Zeitmessers erklimmt.

Und an jeder bedeutenden Weltmeisterschaft oder an Olympischen Spielen misst die elektronische Zeit aus unserer Stadt die Hundertstelsekunden, die zum Siege so wichtig sind und in Millionen von Fernsehhaushalten für Spannung sorgen.

Daneben hat auch die jahrelange, für die Schweiz exklusive Autoproduktion im Montagewerk der General Motors Biels Image auf Hochglanz poliert.

Doch Biel glänzt auch auf ganz andern Gebieten: Maschinen, *made in Biel-Bienne,* stehen und produzieren im Fernen Osten, überall in Europa und auch in den Vereinigten Staaten; mit Werkzeugen aus der Zweisprachenstadt arbeiten schwarze, weisse, gelbe und rote Hände in aller Welt; mit optischen Präzisionsinstrumenten aus unserer Stadt wird wahrscheinlich auf allen fünf Kontinenten gemessen, und es startet wohl kein Jumbo, in dem nicht irgend ein Chip oder ein High-Tech-Teil aus einem Bieler Unternehmen mitfliegen würde.

Biel ist zwar «nur» zweitgrösste Stadt im Kanton, aber dennoch die führende Industriemetropole. Die Bundeshauptstadt blieb Beamtenhochburg, überliess der aufblühenden Stadt am Bielersee nach dem Zweiten Weltkrieg das Wirtschaftsmonopol.

Erstaunlich ist, dass Biel – obwohl statistisch durchaus eine Industriestadt – äusserlich kaum die typischen Merkmale eines Industriekonglomerats aufweist. Biel hat den Charme einer Kleinstadt bewahrt, die Industriebetriebe fügen sich fast nahtlos ins Stadtbild, scheinen mit einer Streusandbüchse verteilt, es gibt keine Ballungszentren. Sogar das Bözingenfeld, das für die Industrie erschlossen wurde, weist keine überrissenen Bauten auf: Grünflächen finden sich überall zwischen den modernen Gebäuden, die Erschliessung dieser grössten Landreserve ist sanft und nicht zerstörerisch angegangen worden. Es gibt – wegen gesetzlicher Vorschriften

– keine wuchtigen Hochhäuser, eine ruhige, farbige Industrielandschaft ist entstanden.

Biel galt einst als wegweisende Zukunftsstadt, weil zu Zeiten der Hochkonjunktur die Wirtschaft und die Bevölkerung schneller wuchsen als in andern Schweizer Städten. Lange Zeit wurden utopische Pläne fürs Jahr 2000 geschmiedet, man rechnete kühn mit 100 000 Einwohnern für die Jahrtausendwende. Inzwischen ist man überall – auch in Biel – auf den harten Boden der Realität zurückgekehrt.

Vorbei sind die Zeiten, als Uhrenarbeiterinnen in der Mittagspause saridonbespickte Butterbrote verschlangen, um den bitteren Akkord-Stress durchzuhalten. Vorbei die Zeiten, als man auf Halde produzierte, weil man mit einem ungebremsten Auftragsvolumen spekulierte. Vorbei die Zeiten, wo es die Reserven der Unternehmen erlaubten, zu grosszügig zu kalkulieren und zu experimentieren.

Es ist, als hätte Biel seine wirtschaftlichen Sturm- und Drangjahre hinter sich, als sei man übergegangen in eine gezielte und massvolle Entwicklung. In der Zukunftsregion Biel stecken unzweifelhaft Reserven. In der Zukunftsstadt findet Zukunft statt – heute schon!

Wunder-Werk

▲ High-Tech nach alter Väter Sitte: 32 verschiedene Funktionen sind in dieser einmaligen Tischuhr eingebaut, die der Uhrmacher Dominique Loiseau konstruiert hat. 10 000 Arbeitsstunden wandte er für das rein mechanische Wunder-Werk auf. Das Einzelstück, ein Symbol für schweizerische Uhrenmacherkunst, besteht fast ganz aus Gold und ist über vier Millionen Franken wert.

Merveille

▲ High-Tech dans la tradition du passé: cette montre de table unique renferme 32 fonctions. L'horloger Dominique Loiseau l'a créée durant ses loisirs. Il a consacré 10 000 heures à l'élaboration de cette merveille purement mécanique. Cette pièce unique, symbole de l'art horloger helvétique, vaut plus de quatre millions de francs. Elle est presque entièrement en or.

Wonderwork

▲ High tech in the tradition of days gone by: 32 different functions are built into this unique table clock, which watchmaker Dominique Loiseau constructed in his leisure time. It took him 10,000 working hours to finish the completely mechanical wonderwork. This unique piece, which stands as a symbol of Swiss watchmaking art, is made almost completely of gold and is worth more than four million francs.

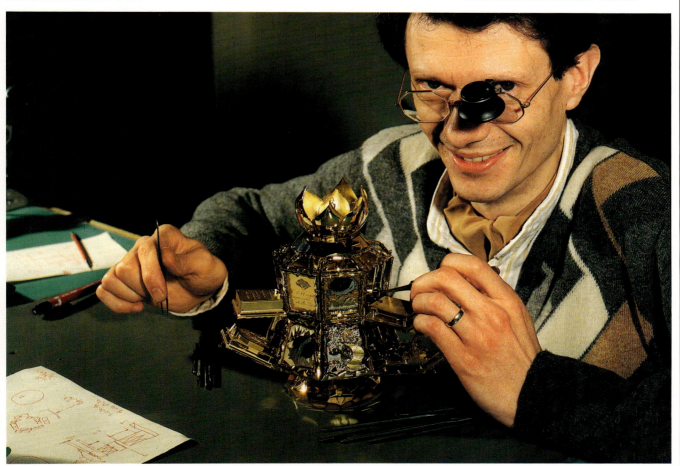

Economie
Où l'avenir est déjà présent

AU PLUS PROFOND DE LA brousse africaine, à Maputo (Mozambique), un commerçant imaginatif a donné hardiment le nom de «Bienne» à son magasin d'horlogerie-bijouterie. Certes, il n'y est jamais allé, mais il sait que «les meilleures montres viennent de cette ville d'Europe».

L'homme le plus riche du monde, le sultan de Brunei, compte parmi les trésors de sa collection la montre de table la plus compliquée et la plus chère de l'univers – elle vient de Biel-Bienne.

Si l'on voulait déterminer les cent noms de marque les plus connus et les plus familiers des cinq continents, Coca-Cola aurait évidemment la vedette, mais on citerait aussi certainement deux ou trois noms légendaires provenant de la métropole seelandaise.

Bienne a donc toutes les raisons d'être fière de son industrie horlogère. Mais elle peut aussi s'enorgueillir de l'ensemble de son économie, qui est florissante: tant de transformations opérées, tant d'adaptations aux conditions nouvelles! Ces dernières années, le paysage industriel biennois a pris un aspect plus animé, plus dynamique, qu'on ne saurait confondre avec nul autre.

Ces affirmations ne sont pas de la vantardise, mais correspondent à la réalité. La crise économique mondiale des années septante avait obligé les patrons biennois à repenser leurs problèmes, à assainir leurs firmes en les restructurant. De nombreuses erreurs avaient été commises lors de la haute conjoncture: les entreprises en essor rapide manquaient parfois de directeurs capables et clairvoyants. En lieu et place de ceux-ci, on voyait quelquefois des membres moins doués d'une entreprise familiale s'asseoir dans le fauteuil de directeur.

Aujourd'hui, dans bien des cas, les anciens propriétaires ont été remplacés par des directeurs qualifiés, parfois venus des métropoles économiques de toute la Suisse pour exercer à Bienne une activité efficace. La rationalisation, l'automatisation et la restructuration ont eu pour résultat que trois firmes seulement comptent encore plus de six cents collaborateurs. La statistique présente une structure équilibrée, sans hydrocéphalie économique: 3 000 entreprises comptant 38 000 salariés.

Grâce à son esprit tolérant, Bienne n'a guère connu de difficultés avec ses nombreux travailleurs étrangers. Ils étaient plus de 20% dans les années soixante. Aujourd'hui, on en compte encore 11 100 (soit 21%) sur 53 000 habitants.

Au début des années quatre-vingt, l'ancienne ville industrielle s'est transformée en un centre d'entreprises modernes d'économie et de services. Certes, au cours de ces dernières années, de nouvelles et importantes industries se sont installées au «Champ de Boujean», mais c'est surtout en ville que le secteur tertiaire – celui des services – a connu un bel essor. Il s'agit de viser un but précis: après le choc de la crise, des activités diversifiées sont essentielles pour assurer un avenir prospère à la métropole seelandaise.

Bien entendu, les nombreuses branches de l'industrie horlogère, leurs inventeurs et leurs réalisateurs de génie avaient déjà, depuis des décennies, jeté les bases de la renommée constante dont Bienne jouit à l'étranger. Y ont aussi contribué, évidemment, Neil Armstrong qui, lors de ses premiers pas sur la Lune, portait une montre biennoise, et Reinhold Messner, qui n'escalade pas un «huit mille» sans se munir d'un chronomètre semblable.

Et, lors de tout championnat du monde, comme lors des Jeux Olympiques, des appareils électroniques issus de notre ville mesurent au centième de seconde les temps permettant de désigner les vainqueurs d'épreuves suivies avec passion par des millions de téléspectateurs.

Ajoutons encore que, pendant de longues années, la production automobile exclusive de General Motors a fait briller l'image de Bienne loin à la ronde.

Mais notre ville a encore d'autres raisons de s'enorgueillir: des machines «made in Biel-Bienne» tournent et produisent partout en Europe, en Extrême-Orient et aux Etats-Unis; les outils de la cité bilingue sont maniés dans le monde entier par des mains blanches, noires, jaunes et rouges; des instruments optiques de précision issus de notre ville effectuent des mesures dans les cinq continents; et aucun Jumbo ne prend le départ sans quelques «chips» ou dispositifs «high-tech» de fabrication biennoise.

Certes, Bienne n'est que la deuxième ville du canton, mais elle est sa métropole industrielle. La capitale reste la citadelle de l'administration, mais, après la Deuxième Guerre mondiale, elle a cédé le monopole économique à la cité du bord du lac.

Une chose étonne agréablement: encore que, statistiquement, Bienne soit sans nul doute une ville industrielle, elle ne présente guère, extérieurement, les marques typiques d'une cité industrielle. Bienne a conservé le charme d'une petite ville, les exploitations industrielles s'insèrent presque sans soudure dans l'image de la cité, semblent réparties à la sableuse; il n'y a pas d'agglomérations industrielles. Même le Champ de Boujean, ouvert à l'exploitation industrielle, ne présente pas de constructions démesurées: des aires de verdure s'étendent partout entre les bâtiments modernes. La mise en valeur de la plus importante réserve de terrains s'est effectuée en douceur, sans effets destructeurs. En vertu des prescriptions légales, on n'y trouve pas de maisons-tours agressives; il s'est créé un paysage industriel paisible et coloré.

Bienne avait été considérée en son temps comme «ville de l'avenir» parce que, lors de la période de haute conjoncture, l'économie et la population croissaient plus rapidement que dans les autres villes suisses. Pendant longtemps, on élabora des projets utopiques pour l'an 2000; on comptait hardiment sur une population de cent mille habitants en fin de siècle. Entre-temps, à Bienne comme ailleurs, on s'est replacé sur le terrain de la réalité.

Elle est bien terminée l'époque où, pendant la pause de midi, les ouvrières de fabriques d'horlogerie avalaient leur pain tartiné de Saridon pour résister aux duretés du travail aux pièces. Fini le temps où l'on stockait démesurément, comptant sur un volume sans cesse croissant de commandes. Fini le temps où les réserves des entreprises invitaient aux spéculations et aux expériences les plus hasardeuses.

Il semble que Bienne ait derrière elle ses années tempétueuses, qu'on ait abouti à un développement planifié et équilibré. Région d'avenir, celle de Bienne est riche en réserves. Elle a de bonnes raisons de se montrer optimiste.

Destination Fernost

«Die Zürcher haben einen Provinz-Komplex; wir haben ein Provinz-Bewusstsein.» Der Satz eines Bieler Journalisten über die Schweizer Wirtschaftsmetropole ist nicht nur ein Wortspiel: Die Bieler haben nicht die Ambition, eine Weltstadt zu sein; da bietet ihre Kleinräumigkeit doch mehr an Lebensqualität. Und Kontakt zur grossen, weiten Welt hat man eh genug: Täglich gehen gewaltige Pakete der Bieler Exportindustrie auf weltweite Reise.

Destination Extrême-Orient

«Les Zurichois ont le complexe de la province; nous avons conscience d'être la province.» Cette phrase d'un journaliste biennois au sujet de Zurich, métropole économique, n'est pas qu'un jeu de mots: les Biennois n'ont pas l'ambition d'être une ville universelle. Et les relations avec les pays lointains ne manquent pas: ici, quotidiennement, l'industrie biennoise s'exporte dans le vaste monde.

Destination Far East

«Zurich people are ashamed of being provincial; we're proud of it.» This comment by a Biel journalist underlines the fact that while Zurich is a business and financial metropolis, the people of Biel have no such pretensions. Not that the city does not have links with many distant countries; Biel's industry exports its products worldwide every day.

Economy
Where the future is already present

IN MAPUTO, CAPITAL OF THE African state of Mozambique, a resourceful businessman gave the name «Bienne» to his jewellery and watch shop. He had never actually been in Biel but knew that «the best watches come from this European city.»

Among the most valuable items in the collection of the Sultan of Brunei, the world's richest man, is the most expensive and complicated table clock in the world – acquired in Biel.

If the hundred best-known brand names from every part of the earth could be ascertained, there's no doubt that the list would be headed by Coca-Cola, but it would certainly contain two or three legendary names from the Seeland city.

Biel is therefore proud of its leading watch industry. But it is no less proud of its business and industry generally, in which so much has changed and has been adapted to meet new conditions. In the last few years Biel's industrial features have been given a fresh, dynamic and unmistakable look.

That may sound like some sort of a slogan but in fact it is absolutely true. The worldwide economic recession in the 1970s forced Biel industrialists to rethink and to slim down their operations to a healthy size. Many mistakes were made during the boom years; there was a lack of far-sighted managers for the rapidly-expanding businesses. In the chairs they should have occupied there sometimes sat less capable members of family firms, «fils à papa», whose own interests took precedence over a prosperous free enterprise economy.

Today, astute managers, some of whom have moved to Biel from the bigger business centres of Switzerland, have successfully replaced the former proprietors in many businesses. As a result of rationalisation, automation and structural streamlining, only three firms still have more than 600 employees. The statistics reveal a healthy picture without overlarge economic concentration: 3,000 businesses with 38,000 employees.

Biel and its tolerant inhabitants have never had many problems with the many foreign workers who found jobs there. During the boom years they made up more than 20 per cent of the population. Today they number about 11,100 or 21 per cent.

At the beginning of the 1980s the onetime industrial city was transformed into a centre for modern business and service firms. It is true that new and important industrial companies settled in the Bözingenfeld but the tertiary sector – the service firms – expanded to a greater extent in the city. This was a deliberate measure, for after the shock of the crisis, diversification is vital for Biel's successful future.

It was, of course, the many-faceted watchmaking industry, with its ingenious inventors and developers, which decades ago laid the basis for Biel's excellent reputation abroad. Astronaut Neil Armstrong wore a Biel-made watch when he landed on the moon to take that giant step for mankind. And climber Reinhold Messner carries a Biel timepiece with him on his way to the summit of the world's highest peaks.

At every major world championship as well as the Olympic Games, electronic apparatus from our city measures time to the hundredths of a second so important for victory and so exciting for millions of television viewers.

In addition the many years of – for Switzerland exclusive – automobile production by General Motors added lustre to Biel's image.

But Biel also shines in other fields: Machines made in Biel-Bienne are in use in the Far East, everywhere in Europe and also in the United States of America. People of all colours and persuasions work with tools produced in our city as are the optical precision instruments used for measuring worldwide. And there's probably no jumbo jet that doesn't have some type of chip which originated in a Biel factory.

Although Biel is only the second biggest city in Canton Berne, it is the leading industrial centre. The federal capital remained a city of civil servants and after the second world war left the economic monopoly to the thriving city on the Lake of Biel.

Surprisingly, Biel – although statistically a thoroughly industrial city – does not look like an industrial conurbation. It has retained the charm of a small town, with the industrial plant merging easily into the urban landscape. They might have been strewn like grains of sand and there are no industrial concentration areas. Even the Bözingenfeld, which was developed for industry, has no over-large buildings: there are green open spaces between the modern buildings and the development of this biggest land reserve was careful and not destructive. Regulations forbid the construction of massive high-rise buildings and a quiet, colourful industrial landscape is the result.

Biel was once regarded as a trail-blazing city of the future, as during the boom the local economy and population grew faster than in other Swiss cities. Utopian plans were drawn up for the year 2000, when the population was expected to reach 100,000. Since then Biel and other places have returned to earth – and to reality.

Gone are the days when women workers in the watchmaking industry hastily devoured their sandwiches to maintain their piecework earnings. Gone are the days when there was unnecessary production to build up stocks, because the industry banked on unlimited orders pouring in. Gone are the days when firm's reserves enabled them to calculate too generously and to experiment.

It is as though Biel has emerged from its «storm and stress» years, to go over to a selective and controlled development. There's no doubt that the future-orientated region of Biel still posseses reserves. Its optimism is justified.

Besuch in der Provinz

🔺 Immer wieder statten prominente Persönlichkeiten Bieler Unternehmen einen Besuch ab: Von Feldmarschall Bernard L. Montgomery bis zu den Weltraumfahrern Tom Stafford und Malcolm Scott Carpenter reicht die lange Liste grosser Namen, die Uhrenmacherinnen über die Schultern guckten und sich in Bieler Gästebücher eintrugen.

Visite en province

🔺 Il arrive souvent que des personnalités rendent visite à des entreprises biennoises: du maréchal Bernard L. Montgomery aux astronautes Tom Stafford et Malcolm Scott Carpenter. La liste des têtes célèbres qui se sont penchées par-dessus les épaules des horlogères et ont apposé leur paraphe dans le livre d'honneur est longue...

Visit to the provinces

🔺 Time and again, prominent personalities pay a visit to companies in Biel: the long list of big names who have looked over the watchmakers' shoulders and signed visitors' books in Biel ranges from Field Marshal Bernard L. Montgomery to astronauts Tom Stafford and Malcolm Scott Carpenter.

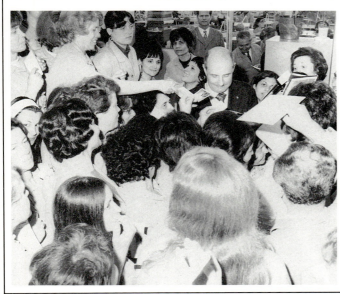

▲ Kein Zweifel: Am bekanntesten ist der Name «Biel-Bienne» dank der Uhrenindustrie geworden. Berühmte Marken sind in dieser Stadt entstanden; Uhrenfirmen haben das Image der Stadt während Jahrzehnten geprägt. Nicht ganz zu Recht, denn neben der Uhrenindustrie beliefern seit langem auch andere Branchen mit ihren Produkten erfolgreich den nationalen und internationalen Markt. Immer mehr machen heute vornehmlich Bieler High Tech-Betriebe und Maschinenfabriken von sich reden. Darüber hinaus verfügt die Stadt Biel über einen voll ausgebauten, leistungsfähigen Dienstleistungssektor. Die folgenden Porträts von Bieler Unternehmen sollen einen Eindruck von der Vielfalt der Bieler Wirtschaftswelt vermitteln.

▲ Aucun doute possible. C'est à l'industrie horlogère que le nom de «Biel-Bienne» doit sa notoriété. Des marques fameuses ont vu le jour dans cette ville; les entreprises horlogères ont empreint l'image de la ville depuis des décennies. Parallèlement, d'autres secteurs d'activité diffusent également leurs produits, depuis longtemps et avec succès, sur le marché suisse et sur le marché international. Les entreprises de haute technologie et les fabriques de machines qui contribuent au renom de Bienne sont de plus en plus nombreuses. En outre, la ville de Bienne dispose d'un secteur des services dynamique et en constant développement. Les portraits d'entreprises biennoises suivants devraient donner un aperçu de la diversité du monde économique biennois.

▲ No doubt about it: the name «Biel-Bienne» has become best known thanks to the watch industry. Famous brands have been born in this city; watch companies have left their stamp on the image of the city for decades. But not with complete justice, for as well as the watch industry, other concerns have long and successfully delivered their products to the national and international markets. Above all, Biel High Tech industries and machine factories are today's talking point. And in addition, the city of Biel has at its disposal a completely extended, efficient services sector. The following portraits of Biel businesses should give an impression of the diversity of the world of trade and industry in Biel.

Aloxyd

▲ Hier werden beschriftete Aluminiumschilder sowie Alu-Platten und andere Alu-Teile produziert und «eloxiert»: ein Verfahren, bei dem durch anodische Oxydation eine Schutzschicht erzeugt wird, die sich durch grosse Verschleissfestigkeit und hohe Beständigkeit gegenüber verdünnten Säuren, Benzin, Petrol und anderen Lösungsmitteln auszeichnet. Im Mutterhaus der ALOXYD AG an der Bözingenstrasse arbeiten 70 Personen.

▲ Cette entreprise fabrique des étiquettes, des plaques et autres éléments en aluminium anodisé. Un procédé qui permet, par oxydation anodique, de produire une couche de protection qui se caractérise par une grande résistance à l'usure, une protection efficace contre la corrosion et une résistance absolue à la benzine, au pétrole et autres solvants. La maison mère d'ALOXYD SA, route de Boujean, emploie 70 personnes.

▲ This company produces and anodizes inscribed aluminium signs as well as aluminium panels and other components. Anodizing is a process in which anodix oxidation is applied to create a protective layer providing high resistance to wear as well as to diluted acids, gasoline, petroleum and other solvents. Seventy people are employed in the ALOXYD AG parent establishment located in Bözingenstrasse.

Alpha

▲ In den Abteilungen Bearbeitungs- und Schweisstechnik, Elektromechanik, Membran-, Oberflächen- und Umwelttechnik sowie Metallbau werden hochwertige Produkte für einen internationalen Kundenkreis entwickelt. Die ALPHA AG wuchs 1928 aus einer Werkstätte der Bernischen Kraftwerke hervor und ist heute mit 300 Angestellten die grösste Arbeitgeberin in der Gemeinde Nidau.

▲ Dans les départements de technique d'usinage et de soudage, d'électromécanique, technique de membrane, traitement de surfaces, technique de l'environnement de cette entreprise, on construit des produits de haute qualité destinés à une clientèle internationale. ALPHA SA est née en 1928 des ateliers des Forces motrices bernoises et elle est, aujourd'hui, avec 300 employés, le plus gros employeur de la commune de Nidau.

▲ This establishment with its various departments (mechanical and welding technique, electro-mechanics, membrane technique, surface treatment, metal engineering and environmental technologies) develops high-quality products for an international circle of customers. ALPHA AG traces its origins back to a workshop run by the Bernische Kraftwerke, i.e. the Bernese power supply works. Today ALPHA AG employs 300 people and is the largest employer in the community of Nidau.

Amidro

▲ 1945 war es, als 210 Schweizer Drogisten ihr Bedürfnis nach einer zentralen Einkaufsgenossenschaft öffentlich formulierten. Und es blieb nicht bei grossen Worten der Initianten: Die AMIDRO - ein Kürzel aus dem Ursprungsnamen «ami des droguistes» - ist heute ein Grossbetrieb mit 235 Bieler Angestellten. Die Hauptaufgabe der Firma besteht in der Beschaffung, der Herstellung, der Lagerung und dem Vertrieb von Bedarfsgütern für Drogerien.

▲ C'est en 1945 que 210 droguistes suisses ont publiquement formulé leur besoin d'une société centrale d'achats. Et ce n'étaient pas que des paroles en l'air de la part des initiateurs: AMIDRO - abréviation de l'appellation d'origine «amis des droguistes» - est actuellement une entreprise de grande envergure qui compte 235 employés biennois. La tâche essentielle de cette firme consiste à approvisionner, produire, stocker et distribuer les biens de consommation pour drogueries.

▲ It was in 1945 that 210 Swiss drugstores (chemist's shops) publicly voiced the need for a central purchasing cooperative. The words were followed by deeds. AMIDRO - an abbreviation from the original name «ami des droguistes» - is today a major concern with 235 Biel employees. The firm's primary task consists in the procurement, manufacture, storage and distribution of necessaries for drugstores.

Biella-Neher

▲ Für Ordnung und Organisation im Bürobereich ist BIELLA-NEHER AG eine wichtige Adresse: über 3 000 verschiedene Artikel werden hier hergestellt, die ausschliesslich über Papeterien und Bürofachgeschäfte verkauft werden. Der «Bundesordner» oder die «Jura-Mappe» zum Beispiel, zwei Hauptartikel, haben im Schweizer Bürovokabular ihren festen Platz. Über eine jahrzentelange «Büropraxis» verfügten die beiden Firmen BIELLA AG (gegründet 1900) und NEHER AG (gegründet 1854), als sie sich im Jahr 1974 zur BIELLA-NEHER AG vereinigten. Der führende Schweizer Büroartikel-Hersteller beschäftigt heute in Biel und Brügg über 400 Mitarbeiter.

▲ BIELLA-NEHER SA est une bonne adresse lorsqu'il s'agit de rangements et d'organisation de bureau: plus de 3 000 articles divers y sont fabriqués, qui seront finalement vendus dans des papeteries et magasins spécialisés. Deux de leurs principaux articles sont entrés dans le vocabulaire de bureau suisse: le Classeur Fédéral et le dossier Jura. Lorsque les deux firmes BIELLA AG (fondée en 1900) et NEHER AG (fondée en 1854) fusionnèrent, en 1974, pour devenir BIELLA-NEHER AG, elles avaient toutes deux des décennies d'expérience pratique en matière d'installations de bureaux. Ce spécialiste suisse des articles de bureau occupe aujourd'hui plus de 400 collaborateurs à Bienne et à Brügg.

▲ For order and organization in the office sector, BIELLA-NEHER AG is an important address. Over 3,000 different articles are manufactured here and sold exclusively through stationers and office equipment dealers. The «Bundesordner» (standing file) or the «Jura-Mappe» (folder), two of the main articles for example, have become an established part of Swiss office vocabulary. When the two firms of BIELLA AG (founded in 1900) and NEHER AG (founded in 1854) amalgamated in 1974 to become BIELLA-NEHER AG, they brought many decades of practical experience of office needs to their merger. The leading Swiss manufacturer of office requisites, the company now has a total workforce of more than 400 in Biel and Brügg.

Botta et fils

▲ Dieses Bieler Familienunternehmen existiert seit 1932. Hans Botta arbeitete zu jener Zeit in einem Kellergeschoss an der Waffengasse, ab 1942 zusammen mit seinen Söhnen Bértrand und Pierre. 1959 zieht der auf moderne technische Orthopädie spezialisierte Betrieb an die Neuhausstrasse. Heute sind 25 Angestellte mit der Produktion von Prothesen und Orthesen aller Art beschäftigt. Zum Beispiel werden jährlich rund 600 künstliche Arme und Beine hergestellt, aber auch Orthesen für gelähmte Glieder sowie verschiedene Korsetts. Die Firma Botta ist zur Zeit bereits in der dritten Generation tätig und betreut eine grosse, internationale Kundschaft.

▲ Cette entreprise familiale biennoise existe depuis 1932. A cette époque, Hans Botta travaillait dans un sous-sol situé à la rue des Armes. Mais dès 1942, en compagnie de ses fils Bertrand et Pierre, il se spécialisa dans le domaine des techniques modernes d'orthopédie et déménagea son entreprise à la rue Neuhaus. Aujourd'hui, 25 employés s'affairent à la production de toutes sortes de prothèses et orthèses. Ainsi par exemple, ce sont chaque année 600 jambes et bras artificiels qui sont fabriqués, de même que des orthèses destinées aux membres paralysés, ainsi que des corsets. L'entreprise BOTTA en est à sa troisième génération. Sa clientèle internationale est très importante.

▲ This Biel family enterprise was started by Hans Botta in 1932, in basement premises in the Waffengasse. In 1942 Hans Botta was joined by his sons Bertrand and Pierre. In 1959 the business, which in the meantime had specialised in modern technical orthopaedics, moved to premises in Neuhausstrasse. Today, 25 employees manufacture protheses of all kind. Thus for example around 600 various artificial legs are built every year, as well as arms, corsets and mechanical aids for paralysed limbs. Botta is now in its third generation, and serves a large and international circle of customers.

CENDRES & METAUX

▲ In diesem Betrieb mit über 250 Angestellten werden nicht nur Asche und (Edel-)Metalle hergestellt. 12 000 verschiedene Artikel entstehen aus den Basismaterialien Gold, Silber, Platin, Palladium, Iridium und Rhodium, 2 000 davon für die Dentalbranche. Weitere Zweige, in denen die 1924 gegründete Firma tätig ist, sind Bijouterie, Industrie (Spezialprodukte und Diversifikation) und das Recycling von Edelmetallen aus Abfällen. Die Bözinger Firma ist das einzige Schweizer Unternehmen, welches das in Filmen enthaltene Silber chemisch aufbereitet!

▲ Dans cette entreprise qui compte plus de 250 employés, on ne produit pas que des cendres et des métaux (précieux). L'or, l'argent, le platine, le palladium, l'iridium et le rhodium constituent les matériaux de base de 12 000 articles différents, dont 2 000 pour le secteur dentaire. La bijouterie, l'industrie (produits spéciaux et diversification) ainsi que le recyclage de déchets de métaux précieux sont les autres facettes de cette firme fondée en 1924. Cette entreprise de Boujean est la seule du genre en Suisse à savoir traiter chimiquement l'argent contenu dans les films.

▲ Not only ashes and (precious) metals are produced by this firm which employs over 250 people. 12,000 different articles are created from the basic materials: gold, silver, platinum, palladium, iridium and rhodium. 2,000 of these are for the dental sector. Other lines of business in which the firm – founded in 1924 – engages in, are jewellery, industry (special products and diversification) and the recycling of precious metals from odds and ends. The Bözingen firm is the only Swiss enterprise that chemically treats the silver contained in films.

CONTELEC

▲ Gegründet wurde das Unternehmen 1960 in Genf, wechselte aber bereits ein Jahr später in die Heimatstadt des Gründers Peter Schöchlin nach Biel. Aus dem Ein-Mann-Betrieb mit einer Lizenz auf Potentiometer (einem variablen elektrischen Widerstand) wurde ein international tätiger Grossbetrieb mit 240 Bieler Mitarbeitern. CONTELEC-Produkte finden vor allem in modernen Hochleistungstechnologien Verwendung. Medizintechnik, Flugzeugindustrie und Radaranlagen gehören genauso dazu wie Textil- und Chemische Industrie oder Mess- und Regeltechnik.

▲ C'est à Genève que cette entreprise a été fondée en 1960 mais déjà un an plus tard, elle déménageait dans la ville d'origine du fondateur, Peter Schöchlin: Bienne. A partir d'une licence pour un potentiomètre (résistance électrique variable) s'est créée une grande entreprise internationale employant 240 Biennoises et Biennois. Les produits CONTELEC trouvent leur application avant tout dans les technologies de pointe: techniques médicales, industrie aéronautique, équipements radar au même titre que les industries textiles et chimiques ou les techniques de mesure et de réglage automatique.

▲ The firm was founded in Geneva in 1960, but only a year later moved to Biel, the native city of the founder Peter Schöchlin. From a one-man business holding a licence for potentiometers (a variable electrical resistance) the firm developed into an internationally operating concern with a workforce of 140 Biel employees. CONTELEC products are mainly used in modern high-performance technologies. Medical technology, aircraft industry and radar installations belong to them just as much as the textile and chemical industry or measuring and control technology.

DIAMETAL

▲ Am Anfang dieses Unternehmens steht eine sensationelle Erfindung: die Diamant-Schleifscheibe (1933). Erst durch sie wurde das wirtschaftliche Schleifen von Hartmetallen möglich. Seit über 50 Jahren produzieren nun die beiden Zweige «Herstellung von Diamant-Schleifwerkzeugen» und «Herstellung von Hartmetall-Werkzeugen» unter einem Dach – eine Seltenheit in dieser Branche. Ein Teil der 210 Angestellten der DIAMETAL ist permanent mit Forschungs- und Entwicklungsarbeit beschäftigt.

▲ Les débuts de cette entreprise sont marqués par une découverte sensationnelle: la meule en diamant (1933). C'est grâce à elle que l'affûtage industriel des métaux durs devint possible. Depuis 50 ans, les deux départements de cette maison produisent «des outils d'affûtage en diamant» et «des outils en métal dur» sous un même toit ce qui est rare dans cette branche. Une partie des 210 employés de DIAMETAL sont constamment occupés à des travaux de recherche et de développement.

▲ A sensational invention marked the beginnings of this enterprise: the diamond grinding disk (1933). This tool was the vital prerequisite to efficient machining of hard metals. For over 50 years now, the two branches (diamond grinding tools and hard metal tools) of the company have been operating under the same roof, a rare state of affairs in this line of business! Many of the 210 persons working for DIAMETAL are specialists engaged in research and development work.

DIGITRON

▲ Dieses Unternehmen ist im High Competence Bereich tätig und realisiert Logistikkonzepte, die weltweit Verwendung finden. Die computergesteuerten Anlagen kommen vor allem in den Bereichen Lager- und Warenverteilung, flexible Montageanlagen und flexible Fertigungsanlagen zum Einsatz. DIGITRON gehört zur Justus Dornier Holding AG in Zürich und beschäftigt in ihrem Hauptsitz in Brügg bei Biel 190 Arbeitnehmer.

▲ Cette entreprise est active dans le domaine de la High Competence et réalise des concepts logistiques qui trouvent des applications dans le monde entier. Les équipements dirigés par ordinateur travaillent avant tout dans les domaines de la répartition stock/distribution de marchandises, des dispositifs souples de montage et d'usinage. DIGITRON fait partie du Holding Justus Dornier AG à Zurich. Le siège d'exploitation de Brügg/Bienne occupe 190 personnes.

▲ This enterprise operates in the high-competence sector and devises logistics concepts that are applied all over the world. The computerized installations are mainly used in the sectors of physical distribution, flexible assembly plants and flexible production plants. DIGITRON belongs to Justus Dornier Holding AG in Zurich and has 190 employees at its headquarters in Brügg-Biel.

EISEN- UND STAHLGIESSEREI

▲ Die Tochtergesellschaft des führenden Schweizer Industrieunternehmens VON ROLL ist auf thermischen, hydraulischen und nuklearen Kraftwerkbau spezialisiert. Aber auch Schienenfahrzeuge, Pumpen und Baumaschinen oder Wehrtechnisches werden in den «heissen» Hallen im Bözingenfeld hergestellt. Beschäftigt sind 110 Personen. Vom kleinen Hebelarm bis zum Turbinengehäuse von riesenhafter Grösse stehen die verschiedensten Stahlgussteile auf dem Arbeitsprogramm des 1905 gegründeten Betriebs.

▲ Cette maison fille de la grande entreprise industrielle suisse VON ROLL s'est spécialisée dans la construction de centrales électriques thermiques, hydrauliques et nucléaires. Mais dans la «fournaise» du Champ de Boujean, on fabrique également des véhicules sur rails, des pompes et des machines de chantiers, ou encore des éléments touchant à la technique de la défense. 110 personnes y sont occupées. Sur le programme de travail de cette entreprise fondée en 1905 figurent quantité de produits en fonte d'acier allant du bras de levier à la carcasse de turbine aux mesures gigantesques.

▲ This iron and steel foundry – a subsidiary of VON ROLL, a leading Swiss industrial group – specialises in the construction of thermal, hydraulic and nuclear power generating plants. Railway vehicles, pumps, construction machines and army equipment are also manufactured in the «hot factory wings» in Bözingenfled where 110 people are employed. From small lever arms to huge turbine shells – the production schedule of this over 90 year old establishment is truly versatile.

ESSA

▲ Samuel Allemand, eine initiative und kreative Persönlichkeit, gründete die Firma 1926. Seine Initialen gaben dem 1946 in eine Aktiengesellschaft umgewandelten Betrieb den heute weltweit bekannten Namen ESSA. Ursprünglich produzierte der Betrieb vor allem Maschinen für die Uhrenindustrie, heute aber auch für Absatzbereiche wie Auto, Elektro, Elektronik, Apparate und Haushaltgeräte. Nach der Fusion mit der MSB Brügg Maschinenfabrik spezialisierte sich die ESSA AG unter anderem auf die Sintertechnik, eine energiesparende und abfallose Herstellungsmethode von Präzisionsteilen aus verschiedenen Rohstoffen. Zur Zeit arbeiten rund 150 Personen bei der ESSA in Brügg.

▲ Personnalité énergique et inventive, Samuel Allemand créa l'entreprise en 1926. Elle se structura en 1946 en une société anonyme à laquelle il donna ses initiales, désormais connues dans le monde entier: ESSA. A l'origine, cette entreprise fabriquait des machines destinées à l'industrie horlogère mais qui ont trouvé d'autres débouchés tels que l'automobile, l'électricité, l'électronique ou les appareils ménagers. Après avoir fusionné avec la fabrique de machines MSB de Brügg, ESSA s'est notamment spécialisée dans le domaine des techniques de frittage, qui est une méthode de fabrication de pièces de précision à partir de différentes matières premières possédant l'avantage d'économiser de l'énergie et d'éviter tout déchet. A l'heure actuelle, environ 150 personnes sont employées chez ESSA, à Brügg.

▲ Samuel Allemand, a man of great initiative and strong personality, founded this enterprise in 1926. When it was converted into a joint-stock company in 1946 he applied his initials to create the company name – ESSA – that today is held in high esteem all over the world. Initially building mostly machines for the watchmaking industry, the company now also develops and sells equipment for other sectors such as automobiles, the electro and electronics industries, as well as for various apparatuses and household appliances. After merging with the MSB Brügg machine factory ESSA expanded its field of specialisation to cover, amongst other things, sintering technologies, an energy-saving and no-waste method applied to the production of precision components from various raw materials. At present roughly 150 persons are employed by ESSA in Brügg.

GASSMANN

▲ 1849 gegründet, beschäftigt die Firma heute rund 230 Angestellte. Im 1989 neu erstellten Druckzentrum Bözingenmoos werden nebst den beiden einzigen Bieler Tageszeitungen «Bieler Tagblatt» und «Journal du Jura» weitere Printprodukte hergestellt. Auf einer Computersatzanlage, 2- bis 5-Farben-Bogenoffsetmaschine und mit einer kompletten Buchbinderei entstehen hier Bücher, Prospekte, Broschüren und Kataloge aller Art.

▲ Fondée en 1849, cette firme occupe aujourd'hui 230 employés environ. En 1989, en plus des deux seuls quotidiens biennois que sont le «Bieler Tagblatt» et le «Journal du Jura», d'autres imprimés peuvent sortir des presses du tout nouveau centre d'impression du Champ de Boujean. Grâce à une installation de photocomposition par ordinateur, à une machine offset à feuilles (2-5 couleurs) et à un atelier complet de reliure, cette entreprise est en mesure de produire des livres, prospectus, brochures et catalogues de toutes sortes.

▲ Founded in 1849, the firm today has 230 employees. At the Bözingenmoos printing centre recently built in 1989, other printing products are created apart from the two and only Biel daily newspapers «Bieler Tagblatt» and «Journal du Jura». All kinds of books, prospectuses, brochures and catalogues are produced on a computerized composing installation, 2 to 5-color sheet fed offset machine and in a complete book binder's workshop.

GENERAL MOTORS

▲ Mitten in der Uhrenindustrie-Krise der dreissiger Jahre wagte die Stadt Biel unter dem sozialdemokratischen Stadtpräsidenten Guido Müller einen mutigen Schritt in Richtung wirtschaftlicher Selbsthilfe: Auf Gemeindeboden wurden Arbeitshallen für ein Montagewerk der amerikanischen GM Corporation erstellt. 30 Jahre später produzierte die GM Schweiz in Biel über 18 000 Wagen jährlich. 1975, drei Jahre nach dem GATT-Abkommen, das die Zollbestimmungen importierter Einzelteile drastisch veränderte, musste das Montage-Werk geschlossen werden. Das Unternehmen beschränkt sich heute auf den Import und Vertrieb von Opel-Personenwagen, leichten Isuzu-Nutzfahrzeugen und Ersatzteilen. Heute arbeiten bei der GM Suisse SA 220 Personen.

▲ En pleine crise de l'industrie horlogère des années trente, la Ville de Bienne et son maire socialiste d'alors, Guido Müller, prirent une décision courageuse dans le but d'aider l'économie locale: on construisit une halle pour l'entreprise de montage américaine GM Corporation sur un terrain communal. Trente ans plus tard, la GM Suisse de Bienne construisait plus de 18 000 véhicules par année. En 1975, trois ans après l'entrée en vigueur des accords du GATT modifiant de manière draconienne les dispositions douanières concernant les pièces détachées importées, on dut fermer les ateliers de montage. L'entreprise se limite aujourd'hui à l'importation et à la distribution des véhicules automobiles Opel, de véhicules utilitaires légers Isuzu et de pièces de rechange. 220 personnes travaillent aujourd'hui chez GM Suisse SA.

▲ In the midst of the crisis experienced by the watchmaking industry in the 1930's the city of Biel (then governed by socialist mayor Guido Müller) took a courageous step towards economic self-help: halls for a GM Corporation assembly plant were erected on communal land. Thirty years later GM Switzerland was producing more than 18,000 motor vehicles a year in Biel. In 1975, however, three years after the GATT treaty drastically altered the customs regulations to be applied to imported components, the assembly plant closed down. Today, company activities are restricted to the import and distribution of Opel passenger cars, Isuzu light commercial vehicles, and replacement parts. GM Suisse SA currently employs 220 people.

HARTMANN

▲ Dieser Betrieb mit 280 Angestellten hat sich in seiner über 100jährigen Geschichte auf integrierte Lösungen im gesamten Fassadenbereich spezialisiert. Tore, Rolladen und Fenster sowie Altbausanierungen gehören genauso dazu wie Produkte für die Lärmbekämpfung in industriellen Betrieben. Als Grossbetrieb mit gesamtschweizerisch 9 Filialen stellt die HARTMANN & Co AG eines der führenden metallverarbeitenden Unternehmen in der Region Biel dar.

▲ Tout au long de son histoire, centenaire, cette entreprise et ses 280 employés se sont spécialisés dans la recherche de solutions aux problèmes posés par les façades de maisons. Construction de portes, stores et fenêtres, font partie de son programme au même titre que l'isolation contre le bruit dans des entreprises industrielles. En sa qualité d'établissement important avec 9 succursales (280 employés) réparties en Suisse, la Maison HARTMANN & CIE SA est au tout premier rang des entreprises de la branche dans la région de Bienne.

▲ This firm with 280 employees looks back on over 100 years of history, in which it has developed into a specialist for integrated solutions in the extensive field of façade and cladding systems, including doors, roller blinds and windows for renovation applications as well as products for noiseproofing in industrial buildings. A major presence on the Swiss market (9 branches throughout Switzerland), HARTMANN is one of the leading metal-processing enterprises in the Biel region.

HAUSER

▲ Seit 1898 werden in diesem Haus Präzisions-Werkzeugmaschinen sowie Mess- und Prüfgeräte fabriziert. 90 Prozent aller HAUSER-Produkte werden exportiert. Spitzenreiter im Programm des Betriebes sind die Koordinaten-Bohr- und -Schleifmaschinen. Beliefert werden Einsatzgebiete wie Verpackungsindustrie, Auto- oder Maschinenindustrie, Luftfahrt, Apparatebau, Lehranstalten und andere mehr. Die HENRI HAUSER AG zählt 600 Mitarbeiter.

▲ Cette entreprise fabrique depuis 1898 des machines-outils de précision et des appareils de mesure et de contrôle. 90% de tous les produits HAUSER sont exportés. Les machines à pointer et les machines à rectifier selon coordonnées sont les vedettes de l'entreprise. La clientèle de la maison se recrute dans l'industrie de l'emballage, celle des véhicules et des machines, dans l'industrie aéronautique, celle de la construction d'appareils et les instituts d'enseignement. HENRI HAUSER SA occupe 600 collaborateurs.

▲ Precision machine tools and measuring and testing equipment have been made by this firm since 1898. Ninety per cent of all HAUSER products are exported. The firm's top performers are the jig boring and the jig grinding machines. It supplies such areas as the packaging industry, the automobile and engineering industries, aviation, apparatus engineering, teaching establishments and others. HENRI HAUSER Ltd. has a workforce of 600.

INTERBUY

▲ Dieses Unternehmen versteht sich als Plattform für verstärkte europäische Zusammenarbeit bedeutender Handelsbetriebe aus verschiedenen europäischen Ländern. Im Hinblick auf das Europa der Zukunft hat sich die INTERBUY (INTERNATIONAL) mit ihrer Arbeit auf die Internationalisierung der Beschaffungsmärkte und die Öffnung des Einzelhandelsmarktes spezialisiert. Dieser Dienstleistungsbetrieb wurde im September 1988 ins Leben gerufen.

▲ Cette entreprise est constituée sur la base de collaboration au niveau européen entre d'importantes sociétés commerciales. Dans l'optique de l'Europe de l'avenir, INTERBUY (INTERNATIONAL) AG s'est spécialisée dans l'internationalisation des marchés d'approvisionnement ainsi que dans l'ouverture du marché du commerce de détail. Cette entreprise de service a été fondée en 1988.

▲ This enterprise is regarded as a platform for the intensified European collaboration of important trading firms from different European countries. With a view to Europe of the future, INTERBUY (INTERNATIONAL) AG has specialized in the internationalization of procurement markets and the opening of the retail trade market. This service enterprise was set up in September 1988.

LAUBSCHER

▲ Der Grundstein zu diesem traditionsreichen Familienunternehmen wurde bereits 1846 gelegt. Die GEBR. LAUBSCHER & CIE. AG beschäftigt heute in den Betrieben Täuffelen und Murten 300 Personen und befasst sich in ihrem Hauptbereich mit der Herstellung von einbaufertigen Präzisionsdrehteilen (Ø 0,5 - 32 mm) aus Stählen verschiedenster Art, Bunt- und Leichtmetallen sowie Sonderwerkstoffen für alle Industrien. Das stark exportorientierte Unternehmen beliefert zur Hauptsache Grossverbraucher in den Branchen Apparate- und Instrumentenbau, Elektrik und Elektronik, Hydraulik, Pneumatik, Medizin, Optik, Uhren etc. Das Fabrikationsprogramm wird ergänzt mit thermischen und galvanischen Behandlungen (auch Lohnarbeit) sowie mit Handlinggeräten, Handlingmodulen und Steuersäulen.

▲ Les fondements de cette entreprise familiale riche de traditions ont été posés en 1846 déjà. Actuellement, LAUBSCHER occupe 300 employés dans les usines de Täuffelen et de Morat. Le domaine principal des activités comporte la fabrication de décolletages de précision (Ø 0,5 - 32 mm) en aciers divers, alliages de cuivre et métaux légers ainsi que métaux spéciaux pour toutes industries. Les produits sont exportés en majeure partie et concernent les industries d'appareillage, électrique et électronique, hydraulique et pneumatique, médecine, optique, horlogerie, etc. D'autre part, des travaux de sous-traitance comprennent également des traitements thermiques et galvaniques. Le domaine «éléments d'automatisation» comporte des appareils et modules handling et des colonnes d'asservissement.

▲ The foundation stone for this enterprise, steeped in tradition was laid as early as 1846. Today, the 300 employees in the plants at Täuffelen and Murten produce precision turned parts (Ø 0,5 - 32 mm) from a wide range of ferrous and non-ferrous metals and special materials for all industries. The end-users are mainly located in the most important European industrial countries and in the USA, including the following industries: apparatus and instruments, electrical and electronic engineering, hydraulics, pneumatics, medical technology, optics, watches etc. In addition, the robotics product line offers handling systems and control modules for various manufacturing applications.

MAREX

▲ Die MAREX AG – gegründet 1946 – betreibt Handel mit sämtlichen Baumaterialien, Armierungsstahl, Bedachungen und Holz, aber auch mit sanitären Apparaten, Küchen und keramischen Wand- und Bodenplatten. Wer sich ein Haus bauen will, findet hier alles, was dazu nötig ist, «unter einem Dach». Die MAREX AG ist ein Familienunternehmen in Form einer Aktiengesellschaft; den Verwaltungsrat präsidiert der Sohn des Gründers, Mario Bernasconi. In den sieben verschiedenen Verkaufssegmenten sind 182 Personen beschäftigt, wovon zehn in der Filiale in Develier.

▲ Fondée en 1946, l'entreprise MAREX SA s'est spécialisée dans le commerce des matériaux de construction, de l'acier à béton, des produits de couverture et du bois. Mais elle s'est également implantée dans les secteurs des appareils sanitaires, des cuisines et des carrelages. On peut y trouver tout de qui est nécessaire à la construction d'un «doux foyer». MAREX SA est une entreprise familiale structurée en société anonyme. Le président du conseil d'administration est Mario Bernasconi, fils du fondateur de MAREX SA. 182 personnes sont employées dans les sept secteurs de vente. Dix d'entre elles travaillent dans la filiale de Develier.

▲ Trading activities of MAREX AG – founded 1946 – centre around construction materials of all kind, reinforcing steel, roofing and wood, as well as sanitary apparatuses, kitchens and ceramic wall and floor tiles. Anyone wishing to build a house will find everything required, «under one roof». MAREX is a family enterprise organised as a joint-stock company, the founder's son, Mario Bernasconi, is the chairman of the board of directors. The seven sales departments are staffed by 182 persons, of which ten in the Develier branch.

MIKRON

▲ Hier wird in drei verschiedenen Geschäftsbereichen gearbeitet: Werkzeugmaschinen und Werkzeuge sind die Aufgabe der Werke 1-5 in Biel. Bearbeitungs- und Montagesysteme sowie Kunststoffteile werden in in- und ausländischen Tochterfirmen hergestellt. Der stetig aufstrebende Betrieb beschäftigt in Biel 626 Personen. 90 Prozent aller Lieferungen sind für den Export bestimmt.

▲ Ici, on travaille dans trois affaires différentes: les machines-outils et les outils proviennent des usines 1-5 à Bienne. Les systèmes d'usinage et de montage, ainsi que les parties plastiques, sont produits dans les filiales indigènes et étrangères. Cette entreprise constamment axée sur le développement occupe 626 personnes à Bienne. Les 90% de toutes les livraisons sont destinés à l'exportation.

▲ Work is done here in three different business areas: machine tools and tools are the responsibility of works 1-5 in Biel. Processing and assembly systems as well as plastic parts are produced by subsidiaries in Switzerland and abroad. This ever-dynamic enterprise employs 626 people in Biel and ninety per cent of all shipments are intended for export.

NOTZ

▲ Das 68jährige Familienunternehmen handelt mit Stahl, Baumaschinen, Kunststoffen und Werkzeugen. Gesamtschweizerisch gilt NOTZ als führender Lagerhalter für nichtrostenden Stahl. Nach einem erfolgreichen Geschäftsjahr 1988 hat sich die Firma eine neue Struktur gegeben: Die drei Aufgabenbereiche wurden je einer unabhängigen Verkaufsgesellschaft zugeteilt (Notz Stahl AG / Notz Baumaschinen AG / Notz Industrie AG), die die NOTZ HOLDING AG ausmachen - eine Bieler Arbeitgeberin mit 340 Stellen.

▲ Depuis soixante-huit ans, cette entreprise familiale vend et achète de l'acier, des machines de chantiers, des matières synthétiques et de l'outillage. Sur le plan national, NOTZ est connu pour avoir le plus grand stock d'acier inoxydable. Après les succès remportés en 1988, l'entreprise s'est pourvue d'une nouvelle structure: les compétences ont été réparties entre trois sociétés de vente indépendantes (Notz Aciers SA / Notz Machines de chantier SA / Notz Industrie SA), qui forment ensemble NOTZ HOLDING SA. Une entreprise biennoise qui occupe 340 personnes.

▲ The 68-year-old family enterprise trades in steel building machines, plastic and machine tools. NOTZ is regarded as the leading warehouse keeper for stainless steels in Switzerland. After a successful year in 1988, the firm gave itself a new structure: The three business sectors were each allocated to an independent sales company (Notz Stahl AG / Notz Baumaschinen AG / Notz Industrie AG), which make up the NOTZ HOLDING AG, a Biel company with 340 employees.

OMEGA

▲ Ein Uhrenbetrieb mit Tradition: 1848 gründete Louis Brandt in La Chaux-de-Fonds eine Verkaufsstelle, die Uhren aus zugekauften Bestandteilen fertigte. 29 Jahre später steigt sein ältester Sohn Louis-Paul ins Geschäft ein. Und schon 1880 stellen «Louis Brandt & Fils» Uhrenbestandteile her, lancieren die ersten eigenen Fabrikmarken und kaufen in Biel die Gebäude einer verlassenen Baumwollspinnerei auf. Der Name OMEGA taucht zum ersten Mal bei der Umbildung der Firma in eine Aktiengesellschaft auf und steht seither für Präzision und stetigen technischen Fortschritt. Meilensteine in der Geschichte: 1932 misst OMEGA zum ersten Mal die Zeit an Olympischen Spielen («Swiss Timing» - eine Serviceleistung, in die sich heute OMEGA und LONGINES in allen Spitzensportarten teilen); 1969 ist OMEGA bei den ersten Schritten auf dem Mond dabei: die NASA hatte sich für ihren Chronographen entschieden; 1982 wird zum ersten Mal überhaupt die Grossmatrix-Tafel «OMEGA-Screen» an den Ski-Weltmeisterschaften eingesetzt. OMEGA gehört der SMH-Gruppe an.

▲ Fondée en 1848 à la Chaux-de-Fonds, l'entreprise familiale d'horlogerie Louis Brandt s'établit à Bienne dès 1880. Le nom d'OMEGA fait sa première apparition lors de la transformation de l'établissement en société anonyme. Leader mondial de la précision horlogère durant plus de 50 ans, OMEGA s'est acquis un prestige universel en participant aux grands développements de ce siècle. Certaines de ses réalisations ont eu le plus grand retentissement: Chronométreur des Jeux Olympiques depuis 1932, OMEGA a développé de nombreux systèmes de chronométrage capables de saisir ce que l'oeil humain ne peut plus percevoir. La marque a reçu la Croix du Mérite Olympique pour services rendus à la cause du sport. En 1969, les premiers pas de l'homme sur la Lune se font avec un chronographe OMEGA. Après la NASA, les cosmonautes soviétiques feront le même choix dès 1975. Sur terre, en mer ou dans l'espace, de tout temps OMEGA a accompagné les précurseurs, mesurant et témoignant de leurs performances. OMEGA fait partie du groupe SMH.

▲ A watch enterprise with tradition: In 1848, Louis Brandt founded a sales establishment in La Chaux-de-Fonds which made watches from purchased components. 29 years later, his eldest son Louis-Paul joined the business. And as early as 1880, «Louis Brandt & Fils» was manufacturing watch components and launching the first manufacturing brands of their own. In Biel they bought the buildings of an abandoned cotton spinning mill. The name OMEGA cropped up for the first time when the firm was converted to a joint stock company and has since stood for precision and constant technical progress. Milestones in its history: In 1932, OMEGA for the first time kept the time at the Olympic Games («Swiss Timing») - a service which is shared today by OMEGA and LONGINES in all kinds of leading sports). In 1969, OMEGA also played a part in the first steps on the moon: the NASA had opted in favour of its chronograph. In 1982, the large matrix board «OMEGA Screen» was used for the first time ever at the World Ski Championships. OMEGA belongs to the SMH group.

POSALUX

▲ Dieses Fabrikationsunternehmen entwickelt, konstruiert und montiert Präzisionsmaschinen in drei Bereichen: Bohr- und Fräsmaschinen für Leiterplatten, Sondermaschinen für spanabhebende Arbeitsprozesse und Diamantier- und Facettiermaschinen für die Schmuck- und Uhrenindustrie. Etwa ein Drittel der 320 Angestellten ist in Entwicklungs- und Konstruktionsabteilungen tätig. Die POSALUX beschäftigt im weiteren ein regionales Netz von über 200 Zu-Arbeitern kleinerer Betriebe.

▲ Cette entreprise développe, construit et assemble des machines de précision de trois types différents: des machines à percer et détourer les circuits imprimés, des machines transfert automatiques et des machines à tailler et facetter les pièces de bijouterie. Un tiers des 320 employés exercent leur activité dans les départements de la construction et du développement. POSALUX dispose en outre d'un réseau régional de petites entreprises de sous-traitance qui occupent elles-mêmes plus de 200 personnes.

▲ This manufacturing enterprise develops, constructs and assembles precision machines in three sectors: drilling and milling machines for printed circuit boards, special purposed transfer-machines for metal cutting work processes and diamond-cutting and facetting machines for the jewellery and watch industry. A third of the 320 workforce is employed in the development and construction departments. POSALUX also employs a regional network of over 200 contract workers of smaller enterprises.

RADO

▲ Die RADO-Geschichte beginnt 1917: In Lengnau öffnet die Uhrenfabrik Schlup ihre Tore und arbeitet während 40 Jahren im Auftrag von Dritten. 1957 stellte der damalige Generaldirektor Dr. Paul Lüthi (heute Verwaltungsratspräsident) den Betrieb um. Dank geschicktem Marketing und guter Werbung wurden die RADO Uhren schon bald zu einem Begriff in der Markenuhren-Branche. 1962 schaffte die Firma mit der ersten kratzfesten Uhr der Welt (DiaStar) den internationalen Durchbruch. RADO Uhren sind heute in über 100 Ländern im Handel erhältlich. In der Produktionsstätte Lengnau sind zur Zeit 180 Angestellte am Werk. RADO gehört zur SMH.

▲ L'histoire de RADO commence en 1917: l'entreprise horlogère Schlup ouvre ses portes à Longeau et travaille pendant 40 ans en sous-traitance. En 1957, le directeur général d'alors, Paul Lüthi, (aujourd'hui président du conseil d'administration) reconvertit l'entreprise, laquelle sort sa propre collection. Grâce à un marketing habile et à une publicité efficace, les montres RADO se font rapidement connaître sur le marché des montres de marque. C'est en 1962 que l'entreprise effectue sa percée internationale en lançant la première montre «inrayable» (DiaStar) du monde. Aujourd'hui, on peut acheter des montres RADO dans plus de 100 pays. Les ateliers de production de Longeau occupent actuellement 180 employés. RADO fait partie du groupe SMH.

▲ The RADO story began in 1917. The Schlup watch factory was set up in Lengnau and worked for third parties for 40 years. In 1957, the General Manager at the time, Dr. Paul Lüthi (today Chairman of the Board of Directors), converted the establishment to produce its own range. Thanks to skilful marketing and good advertising, RADO watches soon became a familiar name in the branded watch sector. In 1962, the firm made an international breakthrough with the first scratch-proof watch in the world (DiaStar). RADO watches today are marketed in over 100 countries. 180 employees are currently working at the Lengnau production centre. RADO belongs to the SMH.

RAMSEIER JENZER

▲ Entstanden ist die RAMSEIER JENZER-GRUPPE 1919. Seit 1988 ist sie in Form einer Holding organisiert. Sie umfasst sieben selbständige Firmen:
RJ Management AG
RJ Ingenieur AG (Omni-Gruppe)
RJ Bus und Bahn AG (Omni-Gruppe)
RJ Thermotech AG
RJ Reparatur AG (Omni-Gruppe)
NUFAG Nutzfahrzeug-Reparatur AG
LAUBER & Fils SA (Nyon)

Die verschiedenen Betriebe sind mit Bus- und Bahnwagenbau beschäftigt, mit der Fabrikation von Kühl- und Isolierfahrzeugen oder handeln im temperaturgeführten Transportbereich. Im weiteren gehört eine Bus-Reparatur-Werkstätte dazu, ebenfalls eine für Nutzfahrzeuge, eine Abteilung für Mechanik und Carrosserie. Ein Teil der rund 300 Angestellten ist mit der Entwicklung und der Konstruktion von Prototypen beschäftigt.

▲ Le groupe RAMSEIER JENZER a vu le jour en 1919. Aujourd'hui, il comprend sept entreprises indépendantes:
RJ Management AG
RJ Ingenieur AG (groupe Omni)
RJ Bus und Bahn AG (groupe Omni)
RJ Thermotech AG
RJ Reparatur AG (groupe Omni)

NUFAG Nutzfahrzeug-Reparatur AG
LAUBER & Fils SA (Nyon)

Ces différentes entreprises se sont spécialisées dans la fabrication de bus, de carrosseries frigorifiques et font des affaires dans le secteur des transports thermiques. Elles possèdent en outre des ateliers de réparation de bus, un autre destiné aux véhicules utilitaires avec un département de mécanique et de carrosserie. Une partie de ses quelque 300 employés se concentrent sur le développement et la construction de protoypes.

▲ The RAMSEIER JENZER GROUP was founded in 1919. Reorganised in 1988 as a holding unit, it now includes seven independent firms:

RJ Management AG
RJ Ingenieur AG (Omni group)
RJ Bus und Bahn AG (Omni group)
RJ Thermotech AG
RJ Reparatur AG (Omni group)
NUFAG Nutzfahrzeug-Reparatur AG
LAUBER & FILS SA (Nyon)

The various companies build buses and railway waggons, isolation and isothermic bodies and do business in temperature depending transports. Further areas of activity include a bus repair workshop, service facilities for commercial vehicles, with a mechanical and vehicle body department. A part of the roughly 300 employees is engaged in the field of prototype construction.

RMB

▲ 1936 brachte die Firma ROULEMENTS MINIATURES SA Kinderwagen zum Rollen. 1969 waren die Kugellager aus demselben Hause im Rahmen der Apollo-Mission auf dem Mond dabei. Hochpräzise Miniaturkugellager sind denn auch das Produkt, mit dem sich die RMB weltweit einen Namen gemacht hat – in Luft- und Raumfahrt oder bei Hochgeschwindigkeits-Instrumenten verschiedener Industriezweige. Die RMB beschäftigt insgesamt 870 Mitarbeiter, davon 440 im Hauptsitz in Biel.

▲ C'est en 1936 que l'entreprise ROULEMENTS MINIATURES SA a fait rouler les poussettes. Et en 1969, les roulements à billes de la même maison étaient de la partie dans le cadre de la mission Apollo sur la Lune. Il faut dire que c'est grâce aux roulements à billes miniatures de haute précision que RMB s'est fait un nom dans le monde entier. Que ce soit dans la navigation aéronautique ou astronautique ou encore dans les instruments dits «à grande vitesse» de diverses branches industrielles. RMB emploie 870 collaborateurs, dont 440 à son siège principal de Bienne.

▲ In 1936, ROULEMENTS MINIATURES SA was busy turning out baby carriages or prams. In 1969, the ball bearings came from the same house though in connection with the Apollo mission on the moon. High-precision miniature ball bearings are thus also the product with which RMB has made itself a name throughout the world. In air and space travel or for high-speed instruments of various industrial branches. RMB has a total workforce of 870, of whom 440 are employed at the main works in Biel.

ROLEX

▲ Der Vater dieses Betriebs war Jean Aegler, ein Bieler Uhrmacher, der sich zusammen mit Frau und Söhnen ab 1878 auf die Herstellung kleiner, präziser Ankeruhren spezialisierte und diese schon 1890 in aller Welt verkaufte. Weiter ausgebaut wurde das internationale Handelsnetz durch das kaufmännische Geschick von Hans Wilsdorf, der 1900 zur Firma stiess und den gesamten Vertrieb in Grossbritannien und dem englischen Empire besorgte. Noch vor Ausbruch des Ersten Weltkriegs entstand die eigentliche ROLEX-Armbanduhr, die das Ende der Taschenuhr bedeuten sollte. Ebenfalls aus dem Hause ROLEX kam die erste wirklich wasserfeste Armbanduhr (ROLEX OYSTER, 1926), die erste zuverlässig arbeitende Serienarmbanduhr mit Selbstaufzug (ROLEX PERPETUAL) und der erste serienmässig hergestellte Armbandchronometer der Welt. 1920 wurde die MONTRES ROLEX SA in Genf gegründet, eine von Biel juristisch und finanziell unabhängige Aktiengesellschaft, die auch heute noch für Marketing, Handel, Organisation und Direktion zuständig ist. Der Betrieb in Biel zeichnet für die Herstellung der ROLEX-Uhrwerke verantwortlich.

▲ Le fondateur de cette entreprise se nomme Jean Aegler. Avec son épouse et ses fils, cet horloger se spécialisa, dès 1878, dans la fabrication de montres à ancre petites et précises, vendues dès 1890 dans le monde entier. Cette entreprise acquit sa renommée internationale grâce au flair commercial de Hans Wilsdorf qui s'y rallia en 1900 et sut en faire le fournisseur privilégié du Royaume-Uni et de tout l'Empire britannique. Après la Première Guerre mondiale, les montres-bracelets de ROLEX firent leur apparition: ce fut la mort de la montre de poche. La première montre-bracelet de série réellement étanche (ROLEX OYSTER 1926) est elle aussi une création de ROLEX, sans oublier la première montre-bracelet automatique système ROLEX PERPETUAL, ni les premiers chronomètres-bracelets fabriqués en séries avec bulletin officiel de chronomètre. En 1920, MONTRES ROLEX SA voit le jour à Genève. Cette société anonyme, indépendante juridiquement et financièrement de la firme biennoise, est aujourd'hui encore experte dans les domaines du marketing, du commerce, de l'organisation et de la direction. Quant à l'entreprise biennoise, elle est responsable de la fabrication des mouvements de montres ROLEX.

▲ Jean Aegler, the father of this firm, was a Biel watchmaker who, together with his wife and sons, decided in 1878 to specialise in the manufacture of small, high-precision anchor watches. By 1890 he was already selling his products to customers all over the world. This international success was further enhanced by the commercial flair of Hans Wilsdorf, who joined the firm in 1900 and subsequently developed sales in Great Britain and throughout the British Empire. The famous ROLEX wristwatch was actually designed and built before 1914, the year in which the Great War changed the face of Europe. This type of watch heralded the end of the predominance of the so-called pocket watch. The ROLEX company furthermore developed the first waterproof watch (1926), the first self-winding wristwatch, and the world's first series-manufactured wristwatch chronometer. In 1920 MONTRES ROLEX SA was founded in Geneva, a joint-stock company legally and financially independent of Biel. This establishment remains responsible for marketing, commercial, organisational and management matters. The Biel-based firm produces the ROLEX watchworks.

SABAG

▲ Dieses Bieler Familienunternehmen handelt vor allem mit keramischen Wand- und Bodenplatten, Armierungsstahl, Baumaterial, sanitären Apparaten und Badezimmereinrichtungen und betreibt in Port eine Küchen- und Badezimmermöbel-Fabrik. Nach über 75jähriger Geschichte stehen in der Region Biel 210 Mitarbeiter im Einsatz. 27 Last- und Lieferwagen sind täglich unterwegs. Ein grosses Warenlager im Wert von über acht Millionen Franken stellt eine weitere Garantie für stete Umsatzsteigerung.

▲ Biennoise, cette entreprise familiale fait avant tout le commerce de carrelages en céramique, d'acier d'armature, de matériaux de construction, d'appareils sanitaires et d'installations de salles de bain. Elle exploite également une fabrique d'agencements de cuisines et de salles de bain à Port. Après septante-cinq ans d'histoire, ce ne sont pas moins de 210 collaborateurs de la région de Bienne qui y travaillent. Chaque jour, 27 camions et camionnettes sont en route pour les livraisons. Un imposant entrepôt de marchandises d'une valeur dépassant les huit millions de francs donne une garantie supplémentaire de chiffre d'affaires en constante augmentation.

▲ This Biel family enterprise mainly deals in ceramic wall and floor tiles, reinforcing steel, building material, sanitation and bathroom facilities and has a kitchen and bathroom furniture factory in Port. After more than 75 years the business has a workforce of 210 in the area of Biel. Every day 27 lorries and delivery vehicles are on the road. A large warehouse worth over eight million francs is a further guarantee for the constant increase in turnover.

SAP

▲ Das bundesdeutsche Unternehmen SAP AG, WALLDORF, hat sich auf dem Gebiet der Entwicklung und Vermarktung kommerzieller Computer-Software hervorgetan, die vor allem in betriebswirtschaftlichen Bereichen zum Einsatz kommt. Die SAP (International) AG, BIEL, eine 100prozentige Tochtergesellschaft, ist zuständig für den internationalen Vertrieb, die Einführung und Betreuung der SAP-Systeme bei den Anwendern. Der hochqualifizierte Mitarbeiterstab in Biel besteht aus rund 200 Personen.

▲ L'entreprise ouest-allemande SAP AG, WALLDORF, s'est mise en évidence dans le domaine du développement et de la commercialisation de logiciels, surtout utilisés en gestion. SAP (International) SA, BIENNE, filiale à cent pour cent, est responsable de la distribution sur le plan international, de l'introduction et du contrôle des systèmes SAP auprès des utilisateurs. Environ 200 personnes hautement qualifiées composent l'effectif de la filiale biennoise.

▲ The West German company SAP AG, WALLDORF, has distinguished itself in the development and marketing of commercial computer software which is mainly used in business operational areas. SAP (International) AG, BIEL, a wholly owned subsidiary, is responsible for international sales and for the introduction and servicing of SAP systems at the users. The highly qualified staff in Biel totals about 200 employees.

SMH

▲ 1985 war es, als der Top-Unternehmensberater Nicolas G. Hayek aus Zürich zusammen mit dem Ex-Migros-Boss Pierre Arnold die Bieler Uhrenindustrie aus ihrem Tief zu holen versprach und die ASUAG / SSIH zur Beteiligungsgesellschaft SMH (Schweizerische Gesellschaft für Mikroelektronik und Uhrenindustrie AG) umwandelte. Bereits ein Jahr später übernahm Hayek den Posten des Verwaltungsratspräsidenten. Und er hat sein Versprechen gehalten: stetig steigende Zahlen in Cash Flow und Eigenkapital beweisen es. Ein Teil der SMH-Gruppe ist im mikroelektronischen Bereich spezialisiert und produziert Uhrenbestandteile, aber auch Software-Artikel: SMH ist mit einer Produktion von 60 Millionen Chips jährlich an der Spitze des Schweizer Marktes. Hauptstrang ist aber nach wie vor die Uhrenindustrie. Die SMH beschäftigt zur Zeit insgesamt 12 000 Personen.

▲ En 1985, le conseiller d'entreprises de haut niveau Nicolas G. Hayek, de Zurich, et l'ex-patron de Migros, Pierre Arnold, promirent de redresser l'industrie horlogère biennoise et de métamorphoser l'ASUAG/SSIH en une société commerciale: la SMH (Société suisse de microélectronique et horlogerie SA).

Une année plus tard, Hayek prit la fonction de président du conseil d'administration. Ses promesses furent tenues, comme le prouve le cash-flow et le capital propre en constante augmentation. Une partie du groupe SMH s'est spécialisé dans le domaine de l'électronique et de la production de composantes de montres, et la fabrication d'articles «software» (avec une production annuelle de 60 millions de puces, la SMH est à la tête du marché suisse). Toutefois, c'est l'industrie horlogère qui reste encore son cordon ombilical. 12 000 personnes sont employées à la SMH

▲ Several years ago, in 1985 to be exact, top management consultant Nicolas G. Hayek, Zurich, and former MIGROS chief executive Pierre Arnold, promised to lead the Biel watch industry out of its slump. A year later, after converting the ASUAG/SSIH into the holding company SMH, (Swiss Corporation for Microelectronic and Watchmaking Industries Ltd.) Hayek assumed the position of chairman of the board of directors. And the promise has been kept, as proven by the continuously rising figures for cash flow and equity. Part of the SMH group has specialised in the field of microelectronics, producing watch components as well as software. With an annual output of 60 million chips SMH is Switzerland's market leader in this segment. The watch industry, however, remains the hub of all SMH activities. The group currently employs a total of 12,000 persons.

SWATCH

▲ Ein junges und dynamisches Unternehmen: 1979 rollte die technische Entwicklung der Billiguhr an, vier Jahre später wurden in weltweiten Werbekampagnen eine Damen- und Herrenkollektion, die POP- und die MAXI-SWATCH lanciert und 1984 die erste Million produziert. Jedes Jahr kamen 10 Millionen mehr dazu, und 1988 waren bereits 50 Millionen hergestellt worden. Ihren enormen Erfolg – vor allem auch in den USA – hat SWATCH unter anderem einem unglaublich vielfältigen Design zu verdanken: In den Modelinien klassisch / Metall / sportlich-freizeitorientiert und modisch-trendorientiert werden jährlich bis zu sechzig neue Modelle kreiert. 1989 brachte das Unternehmen das «swatchige» Twinphone-Telefon auf den Markt. SWATCH ist ein weiteres Mitglied der SMH-Gruppe.

▲ Une entreprise jeune et dynamique: les premières découvertes techniques en matière de montres bon marché furent faites en 1979. Quatre ans plus tard, plusieurs campagnes publicitaires de grande envergure livrèrent au monde entier la POP-SWATCH, une collection pour femmes et pour hommes. En 1984, la production atteignit son premier million et chaque année qui suivit amena dix millions supplémentaires. C'est ainsi qu'en 1988 fut franchi le cap des 50 millions de SWATCH produites. Le succès de la SWATCH (également aux USA) est notamment dû à l'incroyable diversité de son design: dans la gamme des modèles classiques/métal/sportives, près de soixante nouvelles variétés de montres sont créées chaque année, au gré de la mode. En 1989, inspirée par la SWATCH, cette entreprise a mis sur le marché le téléphone Twinphone. SWATCH est membre du groupe SMH.

▲ A young and dynamic enterprise! In 1979 the technical development of the «cheap watch» commenced, four years later worldwide advertising campaigns announced the launch of a ladies' and men's collection, the POP SWATCH and the MAXI SWATCH. The first production million was achieved in 1984. Since then, 10,000,000 have been manufactured each year, fifty million SWATCHes had been produced by 1988. This overwhelming success – particularly in the USA – is largely the fruit of an extraordinarily fertile design philosophy. Up to sixty new models are created every year, in lines such as classic, metal, sports and leisure, fashion and trend. In 1989 the company introduced its latest brainchild, the «Swatchy» TWINPHONE telephone. SWATCH is a further member of the SMH group.

TISSOT

▲ Ein weiteres Uhrenunternehmen mit Tradition: Gegründet 1853, belieferte TISSOT mit ihren Produkten von Anbeginn an exklusive Kundschaft aus Millionärskreisen und am Zarenhof. Technisch und ästhetisch war TISSOT immer vorne mit dabei: Hier wurden die erste, dem Handgelenk angepasste Gold-Armbanduhr, die erste antimagnetische Uhr (1930), die erste vollautomatische Uhr (1944) und der erste multifunktionale Quartz-Chronograph mit analoger und digitaler Zeitanzeige (1978) hergestellt. RockWatch, WoodWatch und PearlWatch sind ebenfalls Produkte von Tissot, einem Betrieb der SMH-Gruppe, der zur Zeit in Biel 58 Personen in der Administration und 188 Angestellte in der Produktion in Le Locle beschäftigt.

▲ Encore une entreprise de tradition: fondée en 1853, TISSOT a dès ses débuts été le fournisseur privilégié de la clientèle fortunée et du proche entourage des tsars. Que ce soit du point de vue technique ou esthétique, TISSOT a toujours figuré parmi l'élite: révolutionnant le domaine des montres-bracelets, c'est TISSOT qui créa la première montre antimagnétique (1930), la première montre entièrement automatique (1944) et le premier chronographe à quartz multifonctionnel, avec indication de l'heure en analogique et en digital (1978). Les Rockwatch, Woodwatch et Pearlwatch sont d'autres produits de TISSOT, membre du groupe SMH. A l'heure actuelle, 58 personnes sont employées dans le secteur administratif de l'entreprise et 118 à la production, au Locle.

▲ Another establishment with a note worthy tradition. From the very beginning TISSOT – founded 1853 – sold its products to an exclusive circle of clients including the very rich and the higher nobility. TISSOT has always been a trendsetter, technically as well as aesthetically. TISSOT built the first gold wristwatch adapted to the contours of the wrist, the first antimagnetic watch (1930), the first fully automatic watch (1944), and the first multifunctional quartz chronograph with analog and digital time display (1978). RockWatch, WoodWatch and PearlWatch are further renowned TISSOT products. The company is a member of the SMH group, and currently employs 58 persons in the Biel administrative branch and 118 in the Le Locle production works.

VEREINIGTE DRAHTWERKE

▲ 1914 schlossen sich der Bözinger und der Bieler Drahtzug zur neuen Firma VEREINIGTE DRAHTWERKE AG BIEL zusammen. Im Werk Biel werden Spezialprofile und Blankstahl, in Mett Befestigungselemente und Montagetechnik und im Werk von Bözingen Bidurit-Hartmetalle gefertigt und verarbeitet. Die ständigen Geschäftspartner des Betriebs finden sich in der Maschinenindustrie, der Automobil- und Zweiradindustrie, dem Eisenwarenhandel oder der Bauwirtschaft – und auch in der metallverarbeitenden Industrie. Insgesamt gehen in den drei Betrieben 590 Angestellte dem «drahtigen» Gewerbe nach.

▲ En 1914, les Tréfileries de Boujean et celles de Bienne fusionnèrent et devinrent LES TRÉFILERIES RÉUNIES SA. Dans l'usine de Bienne on produit et on façonne des profils spéciaux et de l'acier, à Mâche des éléments de fixation et de technique de montage, et dans celle de Boujean des métaux durs. Les partenaires commerciaux réguliers de l'entreprise se trouvent dans l'industrie des machines, dans celle de l'automobile et des deux-roues, ou encore dans le commerce de la ferronnerie ou de la branche de la construction, sans oublier l'industrie métallurgique. En tout, 590 employés s'activent dans les trois usines de l'entreprise.

▲ In 1914 the wire mills of Bözingen and Biel merged to create this new joint-stock company. The Biel works concentrates on the sectors «special sections» and «bright steel», the Mett works on «fastening elements» and «assembly technologies», and the Bözingen works on «bidurite hard metals». The company supplies its products to customers in the automobile and motorcycle/bicycle industries, to the hardware trade, to building firms and to the metalworking industry. 590 people pursue this «wiry» trade in the three works.

WEBER

▲ Begonnen hat die Weber Gruppe 1946 als Zwei-Mann Betrieb in Nidau-Biel. Ein erster Neubau in Brügg kam erst 18 Jahre später dazu, 1971 eine erste Rollenoffsetmaschine. Heute bietet die FARBENDRUCK WEBER AG die komplette Palette von der Herstellung von Fotolithos, Satz und Bogenoffset zu Rollenoffset, Binderei und Verpackung bis zur Spedition. 650 Angestellte arbeiten auf 35 000 m^2 Produktionsfläche. 80 Prozent der Ware wird an ausländische Kundschaft verkauft.

▲ Le groupe Weber a démarré en 1946 à Nidau-Bienne et employait alors deux personnes. La première construction, à Brügg, n'a été réalisée que 18 ans plus tard. En 1971, ce fut l'achat d'une première machine offset rotative. IMPRESSION COULEURS WEBER SA offre aujourd'hui une palette complète qui va de l'élaboration de photolithos à la composition et des machines offset feuilles et rotatives, en passant par la reliure, l'emballage et finalement le routage. 650 employés travaillent sur une surface de production de 35 000 m2. 80% de la marchandise est vendue à une clientèle étrangère.

▲ Weber Colour Printing started in Nidau/Biel as a two man letterpress business back in 1946. Eighteen years later new premises were built in Brügg and in 1971 the first web offset press was purchased. Today Weber Colour Printing offers the complete range of service as from photolithos, typesetting, sheet- und web offset printing, binding, packing and shipment. The firm has 650 employees working on 35,000 square meters of production floor. Eighty per cent of its products are sold to foreign customers.

Der See – Le lac – The Lake

DON'T WORRY, BE HAPPY...

◢ Am frühen Morgen fallen die Sonnenstrahlen so flach ein, dass kein Windhauch die Oberfläche stört. Wie ein Spiegel liegt der See da. Die Fische ahnen nicht, dass der Schatten, der wie eine Wolke über sie hinweggleitet, es auf sie abgesehen hat. Die Fische beissen gut am frühen Morgen, sagen die Fischer. Sanft wie das Messer in weiche Butter soll das Ruder in die glatte Fläche schneiden.

◢ A l'aube, les rayons du soleil viennent caresser le lac si doucement qu'aucun souffle de vent ne le ride. Lisse comme un miroir, il est le théâtre de dialogues muets entre pêcheurs et poissons. Ces derniers mordent au petit jour, disent les pêcheurs. Les rames glissent sur l'eau calme en silence.

◢ In the early morning, the sun's rays are so flat that not a breeze troubles the surface. The Lake lies there, smooth as a mirror. The fish have no idea that the shadow, looming over them like a cloud, is out to get them. The fish bite well in the early morning, say the fishermen. The oar should cut into the flat surface as gently as a knife into hot butter.

▲ Stolz präsentiert sich die Flotte der Bielersee Schiffahrts-Gesellschaft. Eine Fahrt in den Neuenburgersee und den Murtensee, vorbei an der «Hochzeitskirche» von Ligerz, gehört zu den beliebtesten Ausflügen der ganzen Schweiz. Gegen Abend freilich ziehen oft Gewitter auf. Dann kann der See böse werden...

▲ Elle a fière allure, la flotte de la Société de navigation du lac de Bienne! La croisière qui consiste à rallier le lac de Neuchâtel ou celui de Morat en passant devant «l'église de mariages» de Gléresse est l'une des plus prisées de Suisse. Mais le soir, parfois, le ciel s'obscurcit et le lac peut devenir mauvais...

▲ The fleet of the Lake of Biel Navigation Company proudly parades. A trip to the Lakes of Neuchâtel and Murten, past the «Marriage church» at Ligerz, is among the best loved excursions in Switzerland. But towards the evening, thunderstorms can often blow up. Then, the Lake can be angry...

◢ Segler, Surfer, Nackedeis: Im Sommer ist der See ein Paradies für Wassersportler. Und eine Zuflucht für manch putziges Federvieh. Kaum vorzustellen: Im Winter friert der See manchmal zu. Dann kurven Eisläufer darauf herum.

◢ En été, le lac devient le paradis des amateurs de sports nautiques: voile, surf ou simple baignade en compagnie des canards font tout son charme. En hiver, il peut geler, pour le plus grand plaisir des mordus du patinage!

◢ Yachtspeople, surfers, sunbathers in the altogether: in summer, the Lake is a paradise for watersports enthusiasts. And a haven for many a droll wildfowl. Hardly believable: in winter, the Lake sometimes freezes over. Then skaters glide and circle on the ice.

Seebutzen Marins d'eau douce Lake dwellers

Retter mit Ring: der Strandbadmeister

Sauveteur à la bouée: le maître-nageur

Lifeguard with lifebelt: the Lake lido superintendent

Gewässerkorrektion: die Schleusenwärterin

Correction des eaux: la gardienne des écluses

Hydrological adjustment: the Lady of the Lock

Weitsicht gefragt: der Seepolizist

Très sollicité: le policier du lac

Eagle-eyed: the Lake policeman

Antrittsbesuch erwünscht: der Pedalo-Vermieter

Clientèle bienvenue: le loueur de pédalos

Who'll be first? The pedal boat hirer

Zeit für eine Siesta: der Bootsbauer

Un instant de repos: le constructeur de bateaux

Time for a break: the boat builder

Klaren Wein einschenken: die Rebbäuerin

Offrir du vin blanc: la vigneronne

A glass of liquid sunshine: the winegrower

Backbord beidrehen: der Schiffskapitän

Virer à bâbord: le capitaine

Heave to port: the Ship's Captain

Bitte Rücken durchdrücken: die Badenixe

Pose avantageuse: la sirène

Mind your backs please: the bathing beauty

Frau Wirtin hat auch einen Fisch: die Beizerin

La pêche était bonne: la restauratrice

The boss has got a fish too: The restaurant manageress

Ski Heil: die Wasserskifahrerin

Prouesses sur l'eau: la skieuse nautique

Good skiing! The water-skier

Millionen von Maschen: der Berufsfischer

Des millions de mailles: le pêcheur professionnel

Millions of meshes: The professional fisherman

Warten auf Wind: der Surfer

Il attend que le vent se lève: le surfeur

Waiting for the wind: the surfer

Der See

«Nirgends fühlte ich mich so wahrhaft glücklich»

Jean-Jacques Rousseau

EIN VERURTEILTER, geächteter und verjagter Genfer Philosoph und Schriftsteller verirrt sich auf seiner Flucht auf die St. Petersinsel im Bielersee – und entdeckt ein Paradies. Wie er diesen Ort, die Gegend rund um Biel, erlebt hat, davon schwärmt Jean-Jacques Rousseau in den «Träumereien eines einsamen Spaziergängers», erschienen 1782. Auch wenn sich seither am Bielersee einiges verändert hat: Diese Gegend zählt auch heute noch zu den attraktivsten und beliebtesten Ausflugs- und Ferienzielen der Schweiz.

«Endlich konnte ich mich ungehemmt, unbekümmert und sorglos den ganzen Tag meinen Liebhabereien oder dem genussvollen Müssiggang hingeben.»

Die hohe Lebensqualität der Stadt Biel gründet darin, dass der Bieler auf kleinstem Raum alles vorfindet: den See, fünfzehn Spazierminuten vom Stadtzentrum entfernt, die romantischen Schluchten, die in den Berner Jura führen, die weiten Ebenen des Seelandes. Diese Umwelt ist noch grösstenteils intakt, lockt, da hat sich im Verlaufe der Jahrhunderte kaum etwas geändert, zum «genussvollen Müssiggang».

«Ich liess das Auge in die prächtige Landschaft des Sees und seiner Ufer schweifen, die zu einer Seite bekrönt waren von den nahen Bergen und sich auf der andern Seite zu ergiebigen, fruchtbaren Ebenen ausweiteten.»

Die prächtige Landschaft des Sees und seiner Ufer: Das ist im Süden das Seeland, die Gemüsekammer der Schweiz. Auf den weiten Ebenen mit der moorschwarzen Erde gedeihen unter anderem die in der ganzen Schweiz bekannten und beliebten Seeländer Spargeln. Im Frühling prägen tausende von blühenden Kirschbäumen das Bild, im Sommer die goldgelben Ährenfelder, im Herbst die schwelenden Kartoffelfeuer. Dazwischen immer wieder Wälder, beliebte Sammelgründe von Pilzfreunden. Im Norden des Sees: der Jura mit seinen charakteristischen Rebterrassen. Sie werden von Mauern aus weiss-gelbem Jurakalkstein gestützt, welche nicht nur gegen Erosion schützen, sondern auch als Wärmespeicher dienen und Lebensräume für zahlreiche Tiere und Pflanzen sind. Vor dem Bau der Seestrasse und der Bahn waren die alten, schmalen Rebwege oft die einzigen Verbindungen von Ort zu Ort, aber auch zum Plateau des Tessenberges, wo die meisten Weinbauern noch Land besassen. Sowohl durchs Seeland als auch durch den Jura verlaufen zahlreiche Velo- und Wanderwege. Einer der bekanntesten ist der Pilgerweg, der von Klein-Twann zur Ligerzer Kirche führt und von dort nach Schafis zur Ländte. Ein beliebtes Ausflugsziel ist der Chasseral, mit 1 607 Metern der höchste Juragipfel. Am Fuss der Rebhänge liegen die Weiler und Dörfer der Rebbauern, früher eng mit dem Wasser als Hauptverkehrsweg verbunden, heute durch den Verkehrsstrang von Bahn und Strasse weitgehend vom See abgeschnitten. Die Rebberge am Bielersee sind Bestandteil des Bundesinventars der Landschaften und Naturdenkmäler von nationaler Bedeutung.

«Weil an diesen glücklichen Gestaden keine grossen, bequemen Fahrstrassen entlangführen, ist die Gegend wenig begangen. Desto anziehender ist sie für beschauliche Einzelgänger, die sich gern nach Lust und Laune an den Schönheiten der Natur entzücken.»

Ganz so geruhsam, wie Rousseau das erlebt hat, geht's heute rund um den Bielersee nicht mehr zu und her. Die erste Strasse am nördlichen Seeufer wurde 1830 gebaut – allerdings unter dem Protest der Rebbauern. Weniger kritisch zeigten sich jüngere Generationen: In den siebziger Jahren wurde die sanierungsbedürftige Kantonsstrasse Biel-Neuenburg Stück für Stück zur Nationalstrasse N5 ausgebaut, traditionsreiche Winzerdörfer wie Alfermée, Tüscherz, Wingreis und Twann dadurch vom Seeufer abgeschnitten. Die einzige Gemeinde, die sich standhaft gegen das Betonband wehrte, war Ligerz. Im Zuge eines allgemeinen Sinneswandels erhielt Ligerz schliesslich einen weiträumigen Umfahrungstunnel, andere Gemeinden, zum Beispiel Twann und Tüscherz, verlangen jetzt dasselbe. Die N5 verkriecht sich langsam, aber sicher in den Berg...

«Ich stahl mich weg, während man noch am Tisch sass, warf mich in ein Boot und ruderte, wenn das Wasser ruhig war, bis in die Mitte des Sees hinaus. Da streckte ich mich dann in dem Kahne aus, schaute zum Himmel hinauf, liess mich gehen und langsam vom Wasser abtreiben, oft mehrere Stunden lang.»

Was Rousseau zu geniessen wusste, machen ihm heute bei schönem Wetter tausende von Wasserratten und Sonnenanbetern nach, sei's auf dem eigenen Boot, einem gemieteten oder an Bord eines Kursschiffes der Bielersee Schiffahrts-Gesellschaft. Sie verkehrt mit insgesamt sechs verschieden grossen Schiffen auf dem See. Besonders beliebt: die Drei-Seen-Fahrt, die nach Neuenburg und Murten führt. Die Bielersee-Schiffahrt kann übrigens auf eine lange und bewegte Geschichte zurückblicken: Am 14. Oktober 1826 fuhr mit der «Union» zum ersten Mal ein Passagierschiff durch die Zihl in den Bielersee. Das Schiff war 26½ Meter lang und wurde von zwei Dampfmaschinen betrieben. Das schwerste Unglück in der Geschichte der Bielersee-Schiffahrt ereignete sich am 25. Juli 1880, als das Dampfschiff «Neptun» mit 17 Personen an Bord sank. Zwei Passagiere konnten sich retten, 15 ertranken.

«Zu andern Malen gefiel es mir, statt in die Seeweite den grünenden Ufern der Insel entlangzufahren. Ihr durchsichtig klares Wasser und ihre frischen Schatten verlockten mich dann oft zum Baden.»

Der Bielersee ist Zielort von Zuflüssen aus einem riesigen Einzugsgebiet mit zahlreichen Städten und Dörfern und einer stark industrialisierten Landwirtschaft. Vor rund 20 Jahren begann sich die massive Nährstoffzufuhr in Form von riesigen Algenteppichen zu manifestieren. Die alarmierenden Resultate umfassender Untersuchungen führten zur rascheren Realisierung verschiedener Kläranlagen, was sich sehr positiv auf die Wasserqualität auswirkte. Sorgen bereitet heute die Verschmutzung des Sees mit Schwermetallen durch Industrie und Landwirtschaft. Trotzdem gilt der Bielersee als einer der saubersten Seen der Schweiz, und wenn sein Wasser auch nicht mehr ganz so klar ist wie zu Rousseaus Zeiten – zu einem Bade verlockt er allemal. Längs des südlichen Seeufers hat es viele lauschige Buchten, Strandwege, Schilf. Die verschiedenen Seebäder, allen voran jenes von Biel, erfreuen sich grosser Beliebtheit. Daneben können auf dem Bielersee natürlich sämtliche andern Wassersportarten betrieben und auch gelernt werden: vom Rudern übers Segeln, Surfen bis hin zum Tauchen und Wasserskifahren.

«Dies schön sich ausrundende Seebecken schliesst zwei kleine Inseln in seine Mitte. Die eine – bewohnt und bebaut – misst rund eine halbe Meile im Umkreis. Die andere, winzig, ist verlassen und liegt brach.»

Bis zur 1. Juragewässerkorrektion war die St. Petersinsel nicht nur eine richtige Insel, sie besass auch noch eine kleine Schwester, die sogenannte «Kanincheninsel». Seit der zweiten Hälfte des 16. Jahrhunderts häuften sich im Seeland jedoch die Überschwemmungen: Infolge rücksichtsloser Rodungen im Emmental hatte die Emme immer mehr Geschiebe mitgeschleppt und dadurch die Aare aufgestaut. Auch der Bau der Solothurner Schanzen soll an den Überschwemmungen mitschuldig gewesen sein. Schon im 18. Jahrhundert suchte die Berner Regierung nach Möglichkeiten, der regelmässig wiederkehrenden Überschwemmungen Herr zu werden. Bald einmal tauchten die ersten Pläne auf, die Aare in den Bielersee umzuleiten. Verschiedene politische Querelen führten dazu, dass erst 1868 mit dem Bau des Hagneckkanals begonnen werden konnte. Zehn Jahre später floss die Aare in den Bielersee. Die Hoffnungen, die man in das grosse Korrekturwerk gesetzt hatte, erfüllten sich jedoch nicht alle: Zwar hatte die Absenkung des Sees Moosland in fruchtbare Äcker verwandelt, aber die Ufer wurden nach wie vor überschwemmt. 1961 wurde beschlossen, eine zweite Korrektion durchzuführen, die den Seespiegel nur noch um maximal 1,8 Meter schwanken lässt. 1972 wurde das Werk, das 133 Millionen Franken gekostet hatte, fertiggestellt.

«Ich habe an manch einem reizenden Ort geweilt; nirgends aber fühlte ich mich so wahrhaft glücklich wie auf der St. Petersinsel inmitten des Bielersees, und an keinen Aufenthalt denke ich mit solch süsser Wehmut zurück.»

Zu Rousseaus Zeiten konnte die St. Petersinsel nur mit dem Boot erreicht werden. Mit der Korrektur der Juragewässer stieg die flache Landzunge zwischen Erlach und der St. Petersinsel aus den Fluten. Ein Pfad entstand, der zuerst mit Ross und Wagen, später auch mit Motorfahrzeugen befahren werden konnte. Seit 1972 steht das ganze Gebiet unter Naturschutz und ist im Inventar der Objekte von nationaler Bedeutung aufgeführt. Der Pfad, «Heideweg» genannt, darf nur noch mit Velos befahren werden. Das zauberhafte Steppenland, umsäumt von Schilf, Büschen und Bäumen, ist Lebensraum unzähliger Tiere. Die St. Petersinsel ist heute ein beliebtes Naherholungsgebiet, an schönen Sonntagen ist sie Ziel zahlreicher Touristen.

«Auf der Insel steht nur ein einziges, doch grosses, gefälliges und bequemes Haus, das wie das Eiland dem Spital zu Bern gehört und wo der Verwalter mit seiner Familie und seinem Gesinde wohnt.»

Bereits im Frühmittelalter befand sich auf der St. Petersinsel mit grosser Wahrscheinlichkeit ein Kloster. 1127 besiedelten die Kluniazenser das Eiland. Teile des heute noch bestehenden Gebäudes stammen aus dieser Zeit. 1484 wurde das Priorat auf der St. Petersinsel aufgehoben, Land und Gebäude gingen in den Besitz des Burgerspitals Bern über, dem es auch heute noch gehört. Von 1984 bis 1987 wurde das Inselgebäude umfassend restauriert. Heute bietet das ehemalige Kloster im Biedermeierstil eingerichtete Hotelzimmer, eine gepflegte Küche und nebst dem heimeligen Innenhof Gasträume und Säle, die sich auch für Bankette eignen. Eine besondere Attraktion: das Rousseau-Zimmer, in dem der Philosoph und Schriftsteller zwei kurze Monate das Leben auf der Insel genoss.

«Warum kann ich nicht hingehen und meine Tage auf dieser geliebten Insel beschliessen, ohne das Eiland je wieder zu verlassen, ohne je wieder einen Bewohner des Festlandes zu sehen?»

Le lac

«De toutes les habitations où j'ai demeuré, aucune ne m'a rendu si véritablement heureux»

Jean-Jacques Rousseau

L'île de Saint-Pierre

CONDAMNÉ, MÉPRISÉ, CHASSÉ de toutes parts, l'écrivain et philosophe genevois Jean-Jacques Rousseau s'égara sur l'île de Saint-Pierre lors de sa fuite, et découvrit un paradis. Dans la «Cinquième promenade» de ses «Rêveries d'un promeneur solitaire», parues en 1782, il évoque avec enthousiasme et émotion ses expériences en ce lieu, dans cette région proche de Bienne. Certes, bien des choses ont changé depuis. Mais, aujourd'hui encore, ce site compte parmi les buts d'excursion et de séjour les plus attrayants et les plus populaires de Suisse.

«Je pouvais enfin me livrer tout le jour, sans obstacle et sans soins, aux occupations de mon goût ou à la plus molle oisiveté.»

La haute qualité de vie de la ville de Bienne se fonde sur le fait que le Biennois trouve tout ce qu'il lui faut à proximité: le lac, presque à un jet de pierre du centre, les gorges romantiques conduisant au Jura bernois, les vastes plaines du Seeland. Cet environnement est resté intact dans une large mesure, il n'a guère changé au cours des siècles et continue de vous inviter «à la plus molle oisiveté».

«Je parcourais des yeux le superbe et ravissant coup d'oeil du lac et de ses rivages, couronnés d'un côté par des montagnes prochaines, et de l'autre élargis en riches et fertiles plaines.»

Le ravissant coup d'œil du lac et de ses rivages, c'est, au sud, le Seeland, jardin potager de la Suisse. Dans ces vastes plaines de terre noire, on voit prospérer entre autres les asperges seelandaises, connues et appréciées dans toute la Suisse. Au printemps, des milliers de cerisiers en fleur émaillent le paysage; en été, ce sont les blés dorés; en automne, les fumées des champs de pommes de terre. Et toujours des forêts, où les «champignonneurs» donnent libre cours à leur passion. Au nord du lac, le Jura, avec ses vignobles en terrasses si caractéristiques. Ils reposent sur le calcaire du Jura, blanc-jaune, qui ne protège pas seulement contre l'érosion, mais constitue aussi une réserve de chaleur et un espace vital pour de nombreux animaux et plantes. Avant la construction de la route du lac et du chemin de fer, des sentes étroites à travers les vignes étaient souvent les seules voies de communication d'une localité à l'autre, mais menaient aussi au Plateau de Diesse, où la plupart des vignerons possédaient du terrain. De nombreux chemins pour cyclistes et randonneurs sillonnent Seeland et Jura. L'un des plus connus est le chemin de pèlerinage menant du Petit Douanne à l'église de Gléresse, et de là à Chavannes, au débarcadère. Un but d'excursion apprécié est le Chasseral, le plus haut sommet jurassien avec ses 1 607 mètres. Au pied des vignobles se succèdent hameaux et villages vignerons. Autrefois, l'eau était leur voie de communication principale. Aujourd'hui, ils sont coupés du lac, dans une large mesure, par la route ou le chemin de fer. Les vignobles du lac de Bienne font partie de l'Inventaire fédéral des sites et monuments naturels d'importance nationale.

«Comme il n'y a pas sur ces heureux bords de grandes routes commodes pour les voitures, le pays est peu fréquenté par les voyageurs; mais il est intéressant pour des contemplatifs solitaires qui aiment à s'enivrer à loisir des charmes de la nature.»

La vie autour du lac de Bienne n'est plus tout à fait aussi calme qu'à l'époque de Rousseau. La première route de la rive nord fut construite en 1830 – mais les vignerons protestèrent vivement. Les générations plus récentes se montrèrent moins critiques: dans les années septante, la route cantonale Bienne-Neuchâtel, alors en mauvais état, fut aménagée tronçon par tronçon en route nationale N5, les villages vignerons riches en traditions tels qu'Alfermée, Daucher, Vingras et Douanne étant ainsi définitivement coupés du bord du lac. Seule la commune de Gléresse se défendit obstinément contre le bétonnage. Sous la poussée d'un changement d'attitude général, Gléresse obtint finalement un large tunnel d'évitement. D'autres communes, comme Douanne et Daucher, réclament maintenant la même chose. Lentement mais sûrement, la N5 disparaît dans la montagne.

«Pendant qu'on était encore à table, je m'esquivais et j'allais me jeter seul dans un bateau que je conduisais jusqu'au milieu du lac; et là, m'étendant de tout mon long dans le bateau, les yeux tournés vers le ciel, je me laissais aller et dériver lentement au gré de l'eau, quelquefois pendant plusieurs heures.»

Aujourd'hui, par beau temps, des milliers de passionnés de l'eau et d'adorateurs du soleil revivent ce dont Rousseau avait su jouir, soit sur leur propre barque, soit sur une barque louée, soit encore à bord d'un bâtiment de la Société de navigation du lac de Bienne. Cette compagnie parcourt le lac avec six bateaux de divers tonnages. Particulièrement appréciée: la traversée des trois lacs, qui conduit à Neuchâtel et à Morat. La Société de navigation a d'ailleurs vécu une histoire longue et riche en péripéties. Le 14 octobre 1826, le bateau «Union» fut la première embarcation à transporter des voyageurs de la Thielle au lac de Bienne. Elle mesurait 26,5 mètres de long et était mue par deux machines à vapeur. La plus grave catastrophe dans l'histoire de la navigation sur le lac de Bienne se produisit le 25 juillet 1880, quand le vapeur «Neptune» coula avec dix-sept personnes à bord. Deux d'entre elles furent sauvées, quinze se noyèrent.

«D'autres fois, au lieu de m'écarter en pleine eau, je me plaisais à côtoyer les verdoyantes rives de l'île, dont les limpides eaux et les ombrages frais m'ont souvent engagé à m'y baigner.»

Le lac de Bienne reçoit des substances provenant d'une vaste région environnante comprenant de nombreuses villes et villages et une agriculture fortement industrialisée. Il y a une vingtaine d'années, l'arrivée massive de ces substances provoqua la formation d'énormes tapis d'algues. Les résultats alarmants d'études approfondies eurent pour effet d'accélérer la réalisation de diverses stations d'épuration, qui améliorèrent nettement la qualité de l'eau. Ce qui cause actuellement du souci, c'est la pollution due à des métaux lourds provenant de l'industrie et de l'agriculture. Néanmoins, le lac de Bienne est considéré comme l'un des plus propres de Suisse; bien que ses eaux ne soient plus tout à fait aussi pures qu'au temps de Rousseau, elles invitent à la baignade. Le long de la rive sud, on trouve bien des anses discrètes, des sentiers, des roseaux. Les diverses plages, notamment celle de Bienne, jouissent d'une grande popularité. Par ailleurs, le lac de Bienne se prête évidemment à tous les sports aquatiques, on peut les pratiquer et s'y entraîner: rame, voile, surf, plongée et ski nautique.

«Ce beau bassin, d'une forme presque ronde, enferme dans son milieu deux petites îles, l'une habitée et cultivée, d'environ une demi-lieue de tour; l'autre plus petite, déserte et en friche.»

Jusqu'à la première correction des eaux du Jura, l'île de Saint-Pierre était une île véritable, mais elle avait encore une petite soeur, l'île dite «des Lapins». Dès la seconde moitié du XVIe siècle, les inondations se multiplièrent dans le Seeland: par suite de déboisements opérés sans ménagement dans l'Emmental, l'Emme avait amené de plus en plus de gravier, chargeant ainsi les eaux de l'Aar; la construction des fortifications, à Soleure, aurait également été responsable des inondations. Au XVIIIe siècle déjà, le gouvernement bernois avait cherché les moyens de maîtriser ces inondations, qui se renouvelaient périodiquement. Bientôt s'élaborèrent les premiers plans en vue de détourner l'Aar dans le lac de Bienne. Mais diverses querelles politiques retardèrent le projet et c'est en 1868 seulement que put débuter l'aménagement du canal de Hagneck. Dix ans plus tard, l'Aar s'écoulait dans le lac de Bienne. A vrai dire, les espoirs qu'on avait placés dans cette grande oeuvre ne se réalisèrent pas entièrement: certes, l'abaissement du niveau du lac avait transformé les marécages en terres cultivables, mais les rives continuaient d'être inondées. En 1961, on décida donc de procéder à une seconde correction, grâce à laquelle le niveau du lac ne varierait plus que de 1,8 mètre au maximum. D'un coût de 133 millions de francs, l'ouvrage fut terminé en 1972.

«De toutes les habitations où j'ai demeuré (et j'en ai eu de charmantes), aucune ne m'a rendu si véritablement heureux et ne m'a laissé de si tendres regrets que l'île de Saint-Pierre au milieu du lac de Bienne.»

A l'époque de Rousseau, on ne pouvait atteindre l'île de Saint-Pierre qu'en barque. Avec la correction des eaux du Jura, la langue de terre s'étendant entre Cerlier et l'île émergea. Un sentier se forma, qui put être parcouru d'abord par des voitures à chevaux, puis par des automobiles. Depuis 1972, toute la zone est placée sous protection et figure à l'Inventaire des sites d'importance nationale. Le chemin dit «Heideweg» (chemin de la Lande) ne peut plus être utilisé que par les cyclistes. Entouré de roseaux, d'arbres et de buissons, cette steppe enchanteresse offre un espace vital à de nombreux animaux. Aujourd'hui, l'île de Saint-Pierre est une région de détente fort appréciée, et de nombreux touristes s'y rendent les dimanches de beau temps.

«Il n'y a dans l'île qu'une seule maison, mais grande, agréable et commode, qui appartient à l'hôpital de Berne, ainsi que l'île, et où loge un receveur avec sa famille et ses domestiques.»

Au début du Moyen Âge déjà, un couvent s'élevait très probablement sur l'île. En 1127, des clunisiens s'y installèrent. Des parties de l'édifice actuel remontent à cette époque. En 1484, le prieuré de l'île de Saint-Pierre fut supprimé, le terrain et le bâtiment passant aux mains de l'Hôpital des Bourgeois de Berne, auquel le bâtiment appartient encore. De 1984 à 1987, il a subi une restauration complète. L'ancien couvent offre aujourd'hui des chambres d'hôtel de style Biedermeier, une cuisine soignée et, outre une cour intérieure sympathique, des salles diverses pouvant aussi convenir pour des banquets. Une attraction spéciale: la chambre de Rousseau, dans laquelle l'illustre écrivain et philosophe genevois vécut heureux pendant deux mois qui lui semblèrent bien courts.

«Que ne puis-je aller finir mes jours dans cette île chérie, sans en ressortir jamais, ni jamais y revoir aucun habitant du continent...»

The Lake

«Nowhere else have I felt so truly happy»

Jean-Jacques Rousseau

A CONDEMNED, OUTCAST AND banished Geneva philosopher and writer strayed, in his flight, on to St. Peter's Island on the Lake of Biel – and discovered a paradise. In his «Reveries of a Solitary Walker», which appeared in 1782, Jean-Jacques Rousseau enthuses about how he experienced this place and the region around Biel. Even if things have changed a bit since then on the Lake of Biel, this area is still one of the most attractive and well-loved places in Switzerland for excursions and holidays.

«Finally, uninhibited, lighthearted and carefree, I could surrender myself the whole day long to my fancies or to enjoyable laziness.»

The high quality of life in the city of Biel is based on the fact that everything is to be found in the smallest of areas: the lake, virtually a stone's throw from the town centre, the romantic gorges, which lead up into the Bernese Jura, the wide-open spaces of the Seeland. These surroundings are still largely unspoilt and encourage, as hardly anything has changed over the centuries, «enjoyable laziness».

«I let my eyes wander over the magnificent landscape of the Lake and its shores, on one side crowned by the nearby mountains, on the other spreading out into abundant, fertile open country.»

The magnificent landscape of the Lake and its shores: in the south is the area called Seeland, the vegetable garden of Switzerland. On its broad meadowland with peat-black soil grow, amongst other things, the Seeland asparagus known and loved all over Switzerland. In spring, the scene is set by thousands of cherry trees in blossom, in summer, by the golden-yellow cornfields, in autumn, by the smouldering fire of potato stalks. And then there are the woods, a favoured hunting ground for mushroom collectors. To the north of the lake lies the Jura with its characteristic terraced vineyards. These are shored up with walls of white-yellow Jura limestone, which not only protect against erosion but also serve as heat retainers and habitat of many animals and plants. Before the building of the lakeside road and the railway, the old, narrow vineyard ways were often the only connections from place to place, and also to the plateau of Tessenberg, where most of the wine growers still owned land. Seeland and Jura alike are criss-crossed with bicycle ways and footpaths. One of the best known is the Pilgrim's Way, which goes from Klein-Twann to the church at Ligerz and from there to Schafis and the landing stage. A favourite place for excursions is the Chasseral, at 5272 ft. the highest point in the Jura. At the foot of the vineyard slopes lie the hamlets and villages of the winegrowers. In former times they were closely connected with the water as the main means of transport. Now, they are largely cut off from the lake by the trafficways of road and rail. The vineyard slopes of the Lake of Biel are part of the federal listing of landscape and natural monuments of national importance.

«Because no easily negotiable main roads lead along these lucky shores, the area is little travelled. Which makes it even more attractive for contemplative, solitary people, who take delight in the beauties of nature according to mood and temperament.»

These days it's not quite so tranquil around the Lake of Biel as in Rousseau's time. The first road on the north shore was built in 1830 despite protests from the winegrowers. Younger generations showed themselves to be less critical: in the 70's, the cantonal road from Biel to Neuchâtel, which was badly in need of repair, was rebuilt, section by section, into the national highway N5, which conclusively cut off winegrowing villages rich in tradition such as Alfermée, Tüscherz, Wingreis and Twann from the lakeshore. The only local municipality which steadfastly resisted the concrete ribbon was Ligerz. In the course of a general change of mind, Ligerz finally got an ample bypass tunnel. Other communities, for instance Twann and Tüscherz, are now demanding the same. The N5 is slowly but surely creeping into the mountainside...

«I would steal away while we were still at table, throw myself into a boat and row when the water was calm, to the middle of the Lake. Then I would stretch myself out in the boat, look up at the sky and let myself go, drifting in the water, often for hours on end.»

What Rousseau knew how to enjoy is imitated today, in fine weather, by thousands of water and water-sports enthusiasts and sun-worshippers, whether it's on their own boat or a hired one, or on board a scheduled craft of the Lake of Biel Navigation Company (BSG), which operates on the lake with six different large boats. Specially popular: the Three Lakes trip, which goes to Neuchâtel and Morat. Navigation on the Lake of Biel can look back on a long and colourful history: on 14 October 1826, the «Union» became the first passenger boat to sail through the Ziel canal between the Lakes of Biel and Neuchâtel. The boat was 87 ft. long and powered by two steam engines. The worst accident in the history of navigation on the Lake of Biel happened on 25 July 1880, when the steamboat «Neptun» sank with 17 people on board. Two passengers were able to save themselves, 15 were drowned.

«On other occasions, instead of going out on the Lake, I preferred to stroll along the verdant shores of the island. Their limpidly clear waters and cool shade often enticed me to go bathing.»

The Lake of Biel is the destination of confluents from an enormous catchment area with many towns and villages and a heavily industrialised agriculture. About 20 years ago, the massive influx of nutrients began to manifest itself in the form of large carpets of algae. The alarming results of extensive tests led to the rapid construction of various water-purification plants, which had a very positive effect on the quality of the water. Today, the biggest worry of all is the pollution of the lake by heavy metals from industry and agriculture. Nevertheless, the Lake of Biel counts amongst the cleanest lakes of Switzerland and even if its waters are not quite so clean as in Rousseau's day it is still tempting to bathe in it. Along the southern lakeshore are many secluded inlets, pathways and reeds. The various lake swimming pools, especially the one at Biel, are extremely popular. And, of course, all the other water-sports are well represented and can be learnt on the Lake of Biel: from rowing and sailing to windsurfing, skin-diving and water-skiing.

St. Peter's Island

> **«This beautiful, rounded out lake basin has two small islands in the middle. The inhabited and cultivated one is about half a mile in circumference. The other is tiny, deserted and lies fallow.»**

Up until the first Jura hydrological correction, St. Peter's Island was not just an island on its own; it also had a small sister-isle called «Rabbit Island». But since the second half of the 16th. century, the instances of flooding in Seeland had been on the increase: because of thoughtless land clearing in the Emme valley, the river Emme had brought along more and more debris and, in doing so, blocked up the river Aare. It was supposed that the building of entrenchments at Solothurn was also partly responsible for the flooding. Already in the 18th. century, the government in Berne was looking for ways to combat the regularly returning floods. Soon the first plans appeared for re-directing the Aare into the Lake of Biel. Various political quarrels meant that it wasn't until 1868 that work could be started on the Hagneck canal. Ten years later, the Aare was flowing into the Lake of Biel. However, the hopes which had been put into this great work of civil engineering were not all fulfilled: the lowering of the level of the lake had certainly transformed fenland into fertile meadows, but the shores were still flooding. In 1961 it was decided to go ahead with a second correction which allowed the lake level to vary by only 6ft. This work, which had cost 133 million francs, was completed in 1972.

> **«I have lingered in many a lovely place, but nowhere else have I felt so truly happy as on the isle of St. Peter in the middle of the Lake of Biel, and on no other sojourn do I look back with such sweet sorrow.»**

In Rousseau's time, St. Peter's Island could only be reached by boat, but with the Jura hydrological correction, the flat spit of land between the island and Erlach rose out of the waters. A way was made, which could be traversed by horse and cart and later by motor vehicles. Since 1972, the whole area has been a nature reserve and is in the listing of objects of national importance. The way, called «Heideweg» (Heathway), is only open to pedestrians and cyclists. The enchanting grassland, surrounded by reeds, bushes and trees, is the habitat of countless animals. St. Peter's Island is today a favourite local recreation area and, on fine weekends, the destination of many tourists.

> **«On the island is a single but large, agreeable and comfortable house, which, like the isle, belongs to the Berne Hospital and where the custodian lives with his family and servants.»**

In the early middle ages there was, in all probability, already a monastery on St. Peter's Island. In 1127, the Cluniac order settled on the island. Parts of the present buildings date back to this time. In 1484, the priorate on the island was terminated and the land and buildings became the property of the Civic Hospital of Berne, which still owns them today. Between 1984 and 1987 the buildings on the island were comprehensively restored. Today, the former monastery offers hotel rooms decorated in Biedermeier style, refined cuisine and, along with a cosy inner courtyard, guest rooms and halls which can also be used for banquets. A special attraction: the Rousseau Room, in which the Geneva philosopher and writer enjoyed living on the island for two short months.

> **«Why can I not go there and live out my life on this beloved island, without ever again leaving it, without ever again seeing an inhabitant of the mainland?»**

Die Gemeinde – La commune – The Community
TOUT BIENNE

◢ Irgendwann kommt da jeder mal durch: Auf dem roten Plüsch der Odeon-Bar lässt sich ganz Biel («Tout Bienne») nieder. Vom Boss zum Büezer ist da kein weiter Weg, und wer neu ist in Biel, erfährt hier allerlei über die Bieler Gesellschaft von einst und jetzt...

◢ Un jour ou l'autre, tout un chacun – de l'ouvrier au patron – s'assied sur la peluche rouge de l'Odéon, car «A l'Odéon tout est bon!». Le Tout-Bienne y a ses quartiers: c'est l'endroit où l'on s'initie aux arcanes de la société biennoise d'hier et d'aujourd'hui...

◢ Everyone passes through sometime: the whole of Biel-Bienne has sat on the red plush seats of the Odéon Café. There, the highest and the lowest come together, and whoever is new to Biel learns everything there is to know about Biel society yesterday and today...

◄ Das Zentrum einer Region: Am Samstagmorgen scharen sich die Marktstände der Landleute um den Gerechtigkeitsbrunnen in der Altstadt. Hinter den schmuck renovierten Fassaden sorgen, jeder nach seiner Façon, Theaterleute, Polizisten und die Ratsleute des städtischen Parlaments für das Wohl der Bürger.

◄ Le coeur d'une région: le samedi matin, les stands des campagnards se serrent autour de la fontaine de la Justice, sur la place du Bourg. Derrière ces façades rénovées avec goût, gens de théâtre, policiers et membres du parlement municipal veillent – chacun à leur façon – au bien-être de la population.

◢ The centre of a region: on Saturday morning, the market stands of the country folk are clustered round the Fountain of Justice in the old town. Behind the attractively renovated façades, theatre folk, policemen and the members of the city council all look after, in their own fashion, the welfare of the people.

▲ Zeit-Zeichen: Mansarden verraten erwachendes bürgerliches Stadtbewusstsein. Trutzige Brunnenfiguren erinnern an die Reisläuferzeit der Kleinstadt, der klassizistische Bahnhof an den Stolz einer Siedlung, die sich Zukunftsstadt lobte und mit neuer Gotik und neuer Sachlichkeit metropolitane Ambitionen demonstrierte.

▲ Signes des temps: les mansardes trahissent l'existence d'une bourgeoisie locale; les statues qui ornent les fontaines rappellent que jadis, Bienne était une ville de mercenaires; la gare néo-classique est la fierté d'une ville qui se dit «de l'avenir» et manifeste des ambitions métropolitaines par son architecture et son réalisme.

▲ Signs of the times: mansard roofs show awakening civic consciousness. Colourful fountain figures are a reminder of the times when the small town was a town of mercenaries. The classical style station building recalls of the pride of a town which praised itself as a town of the future and demonstrated metroplitan ambitions with neo-Gothic style and a new matter-of-factness.

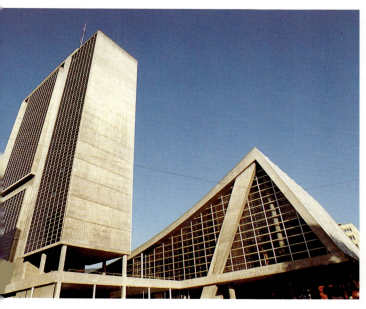

▲ Auf eigenwillige Weise lässt sich Biel regieren: Die Exekutive besteht aus vier «nichtständigen» Amateur-Politikern und fünf «ständigen» Berufs-Gemeinderäten. Die fünf «Profis» gelten freilich im Volksbewusstsein als die eigentlichen Stadtväter: Männer mit Saft durch und durch, auch wenn das mehr beim Freizeitvergnügen als auf dem Amtssessel augenfällig wird...

▲ Bienne se gouverne de façon originale: quatre politiciens non permanents et cinq conseillers municipaux professionnels forment son Exécutif. Pour la population, ces cinq «pros» sont vraiment les édiles, des êtres énergiques...même si ça se voit davantage pendant leurs loisirs sportifs qu'à leur bureau...

▲ Biel is governed in an individualistic way: the executive is composed of four «non-permanent» amateur politicians and five «permanent» members. The five «professionals» are, of course, registered in the people's minds as the real city fathers: through and through red-blooded men of action, even if this is more easily observable in leisure time activities than in the seats of power...

Hans Stöckli

Jean-Pierre Berthoud

Otto Arnold

Raymond Glas

Hans-Rudolf Haller

▲ **Aufstand im Parlament:** Zum Abstimmen erheben sich die Ratsdamen und -herren. Einmal monatlich tagt der Stadtrat im renovierten Rathaussaal, oft scharf beäugt von oben herab: Auf der Tribüne sitzt der Souverän – Wählerinnen und Wähler. Freilich: Obwohl der Stadtrat die höchste Behörde ist, haben markante Stadtpräsidenten immer wieder die Geschichte der Stadt mitgeprägt.

◀ **Séance de «gymnastique» au Parlement:** les membres du Conseil de ville se lèvent pour voter. Ils se réunissent une fois par mois dans la salle rénovée du Bourg. Souvent, le Souverain – électrices et électeurs – les observe de la tribune. Mais, même si le Conseil de ville est l'autorité suprême de la cité, certains de ses maires ont marqué sa destinée.

◢ **Standing up to be counted in the council:** the city council meets once a month in the renovated council hall, often sharply observed from above: in the gallery sit the sovereigns – the electorate. Of course, although the city council is the highest authority, the destiny of the city has often been influenced by outstanding Mayors.

Gottfried Reimann (1907-1909)

Guido Müller (1921-1947)

Edouard Baumgartner (1948-1960)

Paul Schaffroth (1961-1964)

Fritz Stähli (1965-1976)

Hermann Fehr (1977-1990)

🔹 Das Kontrollgebäude auf dem Zentralplatz – um die Jahrhundertwende gebaut und 1977 für fast eine Million Franken renoviert – beherbergt einen Teil der städtischen Verwaltung: die Baudirektion und die Fürsorgedirektion.
Im Parterre, unmittelbar beim Eingang, befinden sich das Fürsorgeamt und ein Teil des Tiefbauamtes (Abwasser). Das Zwischenstockwerk beherbergt das Vermessungsamt. Im ersten Stockwerk hat Zeichner Werner Kruse einige Steine der Fassade entfernt: Das Eckbüro gehört dem Baudirektor, daneben befinden sich die Büros des Tiefbauamtes und der Baudirektion.
Das gesamte zweite Stockwerk ist dem Hochbauamt reserviert, das dritte Stockwerk zeigt einen Einblick in die Büros des Vormundschaftamtes. Ein Stockwerk höher sind das Jugendamt, die Alimentenvermittlung und der Fürsorgedirektor mit seinem Stab untergebracht.
Im Dachgeschoss wird Zukunft geplant: Dort befinden sich das Stadtplanungsamt und das Alignement.

🔻 Le bâtiment du Contrôle, à la place Centrale – construit au début du siècle et rénové en 1977 pour près d'un million de francs –, abrite une partie de l'Administration municipale: la Direction des Travaux publics et celle des Oeuvres sociales.
Au parterre, près de l'entrée principale, se trouvent l'Office des Oeuvres sociales et une partie de l'Office du Génie civil (service des eaux). L'entresol abrite le bureau du Cadastre. Au premier étage, le dessinateur Werner Kruse a retiré quelques pierres de la façade: le bureau d'angle est celui du directeur des Travaux publics, entouré par ceux de l'Office du Génie civil et ceux de la Direction des Travaux publics.
Tout le second étage est réservé à l'Office d'Architecture; le troisième offre un aperçu des bureaux de l'Office des Tutelles. Au quatrième sont logés l'Office de la Jeunesse, le Service des pensions alimentaires et les collaborateurs du directeur des Oeuvres sociales.
Enfin, au dernier étage, on projette l'avenir avec l'Office d'urbanisme et celui de l'alignement.

🔺 The Kontroll building on Zentralplatz – built at the turn of the century and renovated in 1977 at a cost of most a million francs – is the home of a part of the city administration: the Public Works Department and the Welfare Department.
On the ground floor, immediately by the entrance, is the Welfare Department and part of the Civil Engineering Department (Sewage). The mezzanine houses the Surveyor's Office. On the first floor, artist Werner Kruse has removed a few bricks from the façade: the corner office belongs to the Director of Public Works, next to it are the offices of the Civil Engineering Department and the Public Works administration.
The whole of the second floor is reserved for the Building Construction Department, the third floor shows the offices of the Guardianship Department. One floor higher are tho Youth Welfare Offices, the Maintenance Procurement offices and the Director of Welfare with his staff.
On the top storey, the future is planned: the Town Planning Department is located there.

◢ Der berühmte Merian-Stich zeigt die Stadt in ihren alten Mauern. Jahrtausende älter: die Funde aus Twann, die beweisen, dass der Bielersee schon die Urmenschen faszinierte. Alte Bauten wie das Rockhall-Gebäude oder das Zunfthaus zu den Waldleuten mit dem Plakatsujet Zwiebelturm werden von den Behörden sorgsam geschützt.

◢ La célèbre gravure de Merian montre la ville dans ses vieux murs. Les fouilles archéologiques de Douanne prouvent que le lac de Bienne fascinait déjà les premiers hommes il y a plusieurs millénaires. Les autorités locales veillent à préserver consciencieusement les anciennes constructions comme le bâtiment Rockhall ou la maison de la confrérie des bûcherons avec sa tour à clocher bulbeux.

◢ The famous Merian print shows the town within its old walls. Thousands of years older: the finds at Twann, which prove that prehistoric man was already fascinated by the Lake of Biel. Old buildings such as the Rockhall building or the Zunftshaus zu den Waldleuten (Woodsmen's Guildhall) with its onion shaped tower, are carefully protected by the authorities.

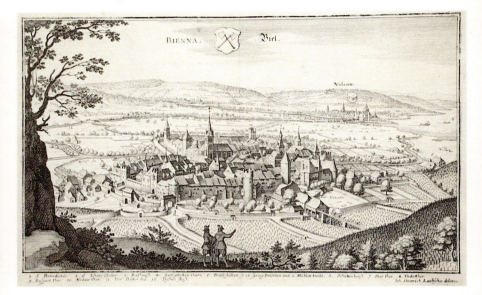

▲ Kunsthistorikerin Ingrid Ehrensperger und Stadtarchivar Marcus Bourquin machen Geschichte bewusst: Im Neuhaus-Museum wird der Wohnstil des 19. Jahrhunderts wieder lebendig; das Museum Schwab dokumentiert den Alltag der vorgeschichtlichen Seeanrainer, der sogenannten «Pfahlbauer».

◢ Ingrid Ehrensperger, historienne d'art, et Marcus Bourquin, archiviste municipal, font revivre l'histoire en présentant l'habitat du 19e siècle au Musée Neuhaus: quant au Musée Schwab, il nous renseigne sur la vie quotidienne des riverains que l'on nommait lacustres.

◢ Art historian Ingrid Ehrensperger and town archivist Marcus Bourquin are consciously making history: in the Neuhaus museum the lifestyle of the 19th century is coming to life again; the Schwab museum documents the everyday life of the prehistoric lake dwellers.

◢ Elsi Giauque mit ihren Textilarbeiten, Jörg Müller mit seinen Kinderbuch-Illustrationen, Hans Jörg Moning mit seinen versponnenen Malereien, Jeanne Chevalier mit ihren Fotobüchern, Heinz Peter Kohler mit seinen Aquarellen – viele Bild-Künstler sind mit ihren Werken weit über die Grenzen der Region hinaus bekannt geworden.

◢ Elsi Giauque et ses créations textiles, Jörg Müller et ses illustrations de livres pour enfants, Hans Jörg Moning et ses étranges tableaux, Jeanne Chevalier et ses photographies d'art, Heinz Peter Kohler et ses aquarelles. Cinq noms parmi ces artistes de la région qui se sont fait connaître bien au-delà de nos frontières.

◢ Elsi Giauque with her textile creations, Jörg Müller with his children's book illustrations, Hans-Jörg Moning with his mystic paintings, Jeanne Chevalier with her books of photographs, Heinz Peter Kohler with his watercolours – many fine artists are well-known for their work far beyond the borders of the region.

Elsi Giauque

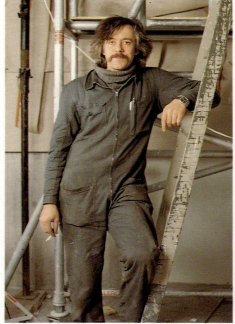

80 Jörg Müller

Hans Jörg Moning   Jeanne Chevalier

Heinz Peter Kohler

▲ Behörden und Unternehmen erteilen Bieler Künstlern häufig Aufträge. Auf Grossflächiges spezialisiert ist Walter Kohler-Chevalier, während Urs Dickerhof in einem Altersheim ein Wandbild gestaltete. «Hexlein» Susanne Müller erregte mit der Innendekoration eines Kinos Aufmerksamkeit – vorläufig «namenlose» Jung-Künstler demonstrieren mit ihren versammelten Werken, dass auch Malerei in Biel Zukunft hat.

▲ Les autorités et les entreprises passent fréquemment des commandes à des artistes biennois. Le peintre Walter Kohler-Chevalier s'est consacré aux très grandes toiles; Urs Dickerhof a créé une fresque dans un home pour personnes âgées; Susanne Müller a réalisé une remarquable décoration d'intérieur pour un cinéma; de jeunes artistes (encore) inconnus présentent des oeuvres collectives – tous sont la preuve qu'à Bienne, la peinture a un avenir.

▲ The authorities and business firms often give commissions to Biel artists. Walter Kohler-Chevalier specialises in large-scale works while Urs Dickerhof executed a mural in an old people's home. «Little witch» Susanne Müller attracted attention with her interior decoration of a cinema. Not yet well-known, young artists show, in collections of their work, that painting also has a future in Biel.

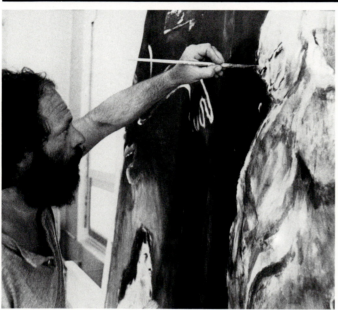

Walter Kohler-Chevalier

Urs Dickerhof

Susanne Müller

▲ Während Jahrhunderten klebte das Städtchen Biel am Südhang der ersten Jurakette, umsäumt von Mauern und Türmen. Erst in den letzten 200 Jahren eroberten sich die Häuserbauer Stück um Stück die Ebene bis zum See hinunter. Heute erstreckt sich das Zentrum von der Altstadt über den Zentralplatz bis zum Bahnhof.

▲ Durant des siècles, la petite ville de Bienne, entourée de murs et flanquée de tours, s'est blottie au pied du versant sud de la chaîne du Jura. Son extension – progressive – vers son lac ne s'est faite que depuis 200 ans. Le centre-ville comprend aujourd'hui le secteur Vieille Ville – place Centrale – Gare.

▲ For centuries, the little town of Biel clung to the southern end of the first range of the Jura, surrounded by walls and towers. It was only in the last two hundred years that house builders conquered, bit by bit, the flat ground down to the Lake. Today, the city centre stretches from the old town over Zentralplatz to the station.

1 Schloss Nidau / Château de Nidau / Nidau Castle
2 Strandbad / Plage / Lido
3 Schiffländte / Embarcadère / Boat landing stages
4 Strandboden
5 Pavillon und SBB Richtung Neuenburg / Pavillon et/and SBB (trains) direction Neuchâtel
6 Magglingenbahn / Funiculaire de Macolin / Funicular
7 SBB nach Delsberg / Voie ferrée en direction de Delémont / SBB (trains) direction Delémont
8 Hauptpostamt / Poste principale / Main Post Office
9 Hauptbahnhof / Gare CFF / Main Station
10 General Motors
11 SBB Richtung Bern und Zürich / (Voie ferrée direction Berne et Zurich / SBB (trains) direction Berne and Zurich
12 Volkshaus / Maison du peuple / House of the People
13 Statthalteramt Biel und Amtsgericht / Préfecture de Bienne et tribunaux / Prefecture and Law Courts
14 Stadtpräsidium / Mairie / Mayor's Office
15 Stadtverwaltung: Kontrollgebäude / Directions des Travaux publics / des Oeuvres sociales / City Administration: Kontroll building
16 Kongresshaus und Hallenbad / Palais des Congrès et piscine couverte / Congress House and Indoor Swimming Pool
17 Römisch-katholische Kirche Madretsch / Eglise catholique-romaine Madretsch / Roman Catholic Church Madretsch
18 Werkhof / Garage municipal / Municipal garages
19 Stadtpark / Parc municipal / Municipal Park
20 Altstadt / Vieille Ville / Old town

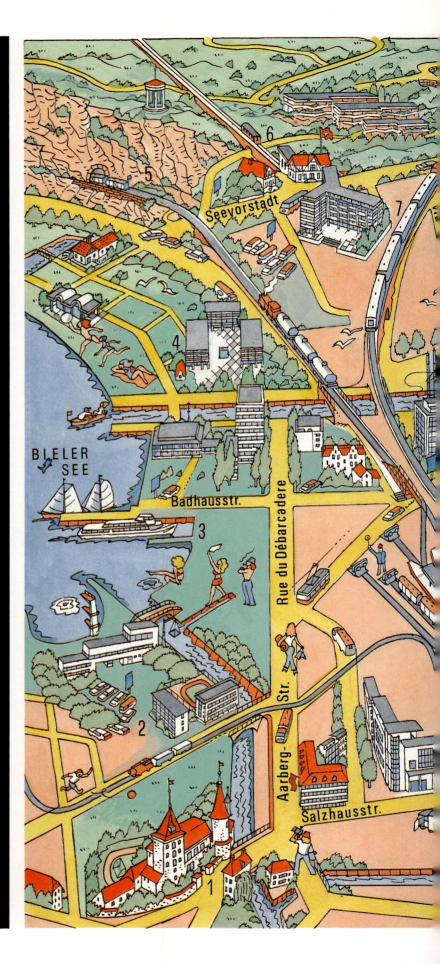

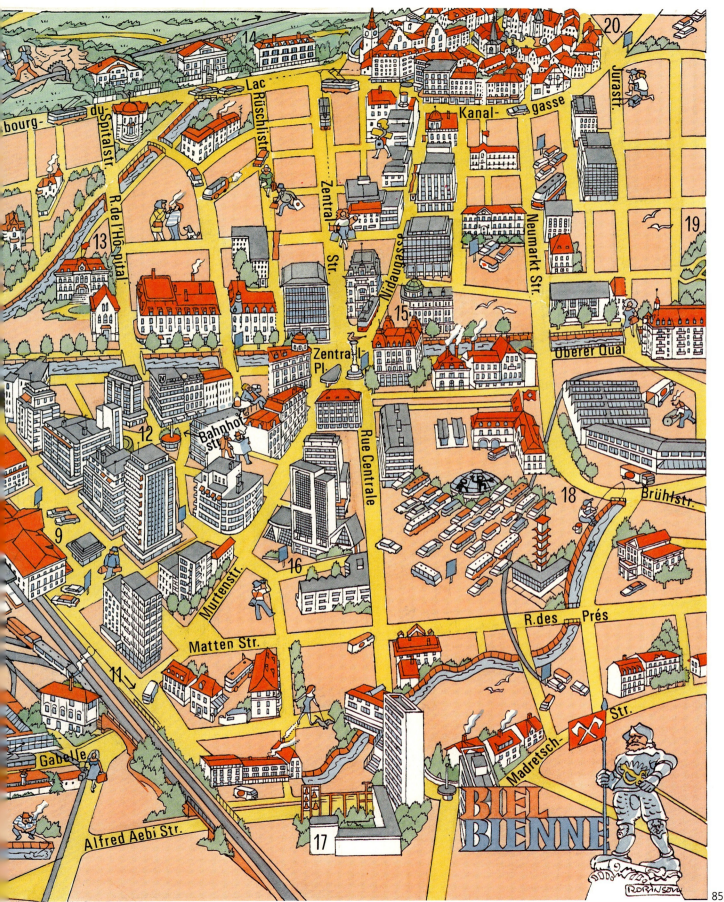

Die Gemeinde

Von alten und von neuen Bielern

AHA, EIN NEUER... KENNST DU ihn? – Nie gesehen... Piccolo, encore un demi de «Twanner»! – Arrivo subito!

Die Welt dreht sich weiter, das Tischgespräch nimmt seinen üblichen Lauf, das Stimmengewirr rollt wie Wellen über die leicht erhitzten Köpfe: ein Samstag zu später Stunde im Bieler Café Odéon.

Das Odéon, bitteschön, das einzige Café seiner Art: Und wenn ein Neuer in diese rotplüschige Atmosphäre tritt, die schwere Metalltheke mit blitzendem Chrom, die alten, schweren Marmortische und die üppig gemusterten Tapeten sieht, dann ist er seinerseits als Neuer registriert worden – von ganz Biel. Denn im Odéon, da verkehrt *tout Bienne,* und irgendwann kommt da jeder mal durch.

Der Neue wird es an diesem Abend nicht schwer haben, erste Kontakte zu den Bielern zu knüpfen, egal ob welsch oder deutsch, denn in Biel sind die Leute andern gegenüber offen: Es ist eigentlich gleichgültig, woher einer kommt oder was er auf dem Kerbholz hat. Viel wichtiger ist, dass er ein guter Kumpan ist, in schlechten wie in guten Zeiten.

Die sprichwörtliche Bereitwilligkeit der Bieler, Andersdenkende leichter zu akzeptieren und zu tolerieren, wurzelt vor allem in der Zweisprachigkeit der Bevölkerung. Die Welschen, *les Romands,* leben in dieser Stadt ihre Kultur ebenso aus wie die deutschsprachigen Bieler. Französisch oder Deutsch wird – je nachdem – zur zweiten Muttersprache. Verbale Kapriolen wie *«aujourd'hui, je 'putz' les fenêtres»* werden lächelnd nickend verstanden. Verständnis und Lebensfreude liegen in dieser Stadt immer noch fast greifbar in der Luft.

Immer noch. Das ist nicht so selbstverständlich, denn die Stadt, in deren Presse kritische Schweizer Journalisten wie Roman Brodmann oder Jack Rollan seit Jahren unzensurierte Kolumnen schreiben können, ohne von Verlegern, Lesern oder Inserenten unter Druck gesetzt zu werden, die Stadt, die im Umgang mit Jugendkonflikten und Minderheitenproblemen (Gastarbeiter, Jura), geübt ist, diese Stadt blickt in ihrer wirtschaftlichen Geschichte zurück auf eine Bilanz-Tabelle, deren Zick-Zack fast aussieht, als wäre der Zeichner von Parkinsonschem Zittern befallen gewesen.

Tatsächlich verhält es sich mit dem Wohlstand der Bieler wie mit dem Liftfahren – mal oben, mal unten. Die Einwohner der Stadt am Jurasüdfuss, die sich innerhalb eines Jahrhunderts von der einfachen Uhrenmacherei zur Uhrenindustrie hochzog wie der legendäre Baron Münchhausen aus dem Sumpf, orientierten sich schon von jeher am Wirtschaftsbarometer und nicht so sehr an der politischen Entwicklung der Gemeinde.

Deshalb auch hatten Weltwirtschaftskrisen auf die «Arbeiteraristokraten» am Bielersee den typischen Bumerang-Effekt. Doch seltsam: Auch wenn die Rückschläge knallhart waren, rappelte sich die arg gebeutelte Bieler Gesellschaft immer wieder hoch – wie Stehaufmännchen, suchte nach originellen Lösungen, wie in den dreissiger Jahren etwa: Damals linderte der sozialdemokratische Stadtpräsident Guido Müller die wirtschaftliche Not, indem er Arbeitslose das Strandbad bauen liess und die arbeitsplatzträchtige Autofabrik General Motors (GM) nach Biel holte.

Der Neue im Café Odéon ist sichtlich in Fahrt gekommen: Schon ist er mit seinen Tischnachbarn per Du, schon weiss er, dass es dem Bieler Fussball schlecht, dem Eishockey aber gut geht, schon wird ihm klar gemacht, dass die Bieler mit den Bernern das Heu nicht auf der gleichen Bühne haben und dass es im Leben wichtiger sei, die Gas- und Wasserrechnung bezahlen zu können, als die Vor- und Nachnamen der Bieler Gemeinderäte (so heisst die Exekutive) auswendig zu wissen.

Dem Neuen gefällt's immer besser an seiner Tischrunde. Er schaut sich um, stellt fest, dass sich die lärmig-fröhliche Kundschaft äusserlich zwischen einfachem und gehobenem Mittelstand bewegt: Die Gäste sind zwar vereinzelt sehr chic, andere indes definitiv nachlässig gekleidet. Welsche Nonchalance und deutsche Gradlinigkeit überwiegen jedoch in Stil, Farbe und Form.

Nach Meinung des Neuen gibt sich Biel modebewusst, aber ohne jenes stilistische Geschnörkel, wie es in der Beamtenstadt Bern zu finden ist, wo der ehemals (ge)wichtige Stand und Name als «Passepartout» mittlerweile die Funktion eines Blinddarms besitzt: Er existiert zwar, man weiss nur nicht mehr so recht, wozu.

Nein, die Bieler Ahnengalerie weist in ihrem gesellschaftlichen Stammbaum keine Adelsgeschlechter auf, dazu fehlen der Stadt schlichtweg die geschichtlichen Voraussetzungen.

«Es ist unbekannt», schreibt Doktor C.A. Bloesch als Präsident der Einwohnergemeinde und des Gemeinderates Biel im Jahre 1854, *«wann und woher die ersten Menschen in dieser einst rauhen Wildnis kamen, in deren finstern Wäldern Bären und Wölfe hausten, neben welchen in der Tiefe der Täler Auerochs und das Elenthier wohnten.»*

Bekannt ist aber, dass die Ufer des Bielersees seit uralten Zeiten besiedelt waren. Vor allem das rechte Seeufer war von der Steinzeit bis zu Beginn der Eisenzeit bewohnt. Fast sechs Jahrtausende alt sind die frühesten Funde aus der primitiven Kultur der Vorgeschichte.

In der Römerzeit gedeiht die Bieler Region unter den neuen Herren, und mehrere Jahrhunderte hindurch stehen die Zeichen im Land auf Frieden. Nachdem sich zuerst die Burgunder, dann die Franzosen um diese Gebiete rissen, nachdem auch das Basler Bistum klein beigab, kamen Biel und seine Region unter die Herrschaft der Zähringerstadt Bern.

Doch die Bieler waren kein untertäniges Volk, im Gegenteil: Immer wieder pochten sie, zum Teil mit Erfolg, auf ihre Unabhängigkeit. 1272 wurden Biel erstmals die Stadtrechte verliehen, was nicht ohne zermürbende Kompetenzkämpfe abging. Vergeblich stritt man jedoch Ende des 18. Jahrhunderts und am Wiener Kongress 1815 um einen eigenen «Kanton Biel». Erst 1832 wurde die Stadt zu einem eigenständigen Bezirk, aber auch um die jurassischen Bezirke ärmer: Biel musste sich mit den Gemeinden Vingelz, Evilard und Bözingen begnügen.

Als ab Mitte des 19. Jahrhunderts die Uhrenmacherei vom welschen Jura her immer stärker nach Biel vorrückt, spriessen die kleinen Uhrenateliers wie Champignons aus dem Boden.

...Geht ihr für ein «Uhrenmacher-Café» weg? Grosses Gelächter am Marmortisch. Das Paar, das aufsteht und sich von den Odéon-Kollegen verabschiedet, lächelt leicht verlegen.

Was ist ein «Uhrenmacher-Café»?, fragt der Neue. Man erklärt ihm, dass sich die Uhrenmacher, die ja oftmals Arbeiter und eigener Patron zugleich waren, früher nach dem Mittagessen nicht ungern mit ihrer Frau oder Freundin zu einem Schäferstündchen zurückzogen. Das nannte man ein «Uhrenmacher-Café».

Hast du gelesen, fragt jetzt einer in der Runde, jetzt wollen die mit den Billettpreisen für die Trolleys schon wieder rauf, und das nennen sie dann Attraktivierung des öffentlichen Verkehrs... Der Neue antwortet nicht viel, denn dieses Gespräch führt mitten aufs städtische Politparkett, und da ist der Neue noch ein Greenhorn.

Noch weiss er nicht, dass Biel heute über eine 1 400 Beamten starke Verwaltung und über eine mehrheitlich sozialdemokratische Regierung verfügt. Dass im 60köpfigen Stadtrat 12 Parteien vertreten sind, dass die Steuern 1989 zum ersten Mal seit langer Zeit gesenkt wurden und dass die städtische Finanzlage auf Gesundkurs steuert, nachdem Biel in Zeiten der früheren Hochkonjunktur stark verschuldet war.

Er weiss genauso wenig, dass Biel als Stadt seiner Bevölkerung, neben gutem Wohnraum zu relativ günstigen Preisen, eine umfängliche Infrastruktur zu bieten hat: vom öffentlichen Verkehr bis zu den Schwimm- und Hallenbädern, von Parkhäusern über Fussgängerzonen, Velowegen bis hin zu einer grosszügigen Seeufergestaltung mit Promenade.

Er wird auch erst einige Zeit später daraufstossen, dass Biel nicht nur ein emsig Volk von Werktätigen ist, sondern ebenso sehr Kultur und schöne Künste schätzt. Der Name Biel jedenfalls hat im entferntesten Sinn auch etwas mit Dichtkunst zu tun.

Biel kommt nämlich von *Belenus,* jener Gottheit, die bei den Kelten oder Galliern Apollo vertrat, den schönen Gott der Dichtkunst. Belenus war weiterhum verehrt, und die Bieler brachten ihm Opfergaben in die «Römerquelle».

Die bescheidene gallisch-römische Siedlung am Bielersee hat zwar die Völkerwanderung nicht überlebt und wurde später wieder aufgebaut. Aber der Name *Belena, Belna* (1142) ist von den eindringenden Alemannen übernommen worden. In ihrem Munde formte sich das ursprüngliche *Belenus* allmählich zu *Blen, Bieln,* im Jahre 1260 schliesslich zu *Biel* um.

An diesem Samstagabend im Café Odéon erhebt der Neue am Marmortisch zum ersten Mal sein Glas auf die Stadt Biel und trinkt ihr zu. Er fühlt sich zu Hause. Obgleich er ahnt, dass er Biel als Ort erst noch ertasten, erfühlen und erforschen muss, dass ihm noch einiges bevorsteht, auch wenn ihm vieles schon sehr vertraut vorkommt.

Er blickt zum Eingang des Odéons. Jemand kommt herein.

Aha, eine Neue... Kennst Du sie? – Nein, noch nie gesehen... Piccolo, encore un demi de «Twanner»!

La Commune

Des anciens Biennois aux nouveaux venus

TIENS, UN NOUVEAU... TU LE connais? – Jamais vu... Piccolo, encore un demi de Twanner – Arrivo subito!

La conversation poursuit son cours, le murmure des voix roule en vagues successives par-dessus les têtes légèrement échauffées. Un samedi à une heure tardive, à l'Odéon, un café de Bienne.

Oui, mais l'Odéon est unique en son genre. Quand un nouveau venu pénètre dans cet établissement à l'ambiance feutrée, s'installe et contemple le comptoir aux chromes brillants, les tables de marbre et les papiers peints harmonieux, il est repéré comme tel par tout un chacun. Car l'Odéon est le rendez-vous du Tout-Bienne. Chacun y passe une fois ou l'autre.

Ce soir-là, le nouveau venu n'aura guère de peine à nouer les premiers contacts avec les Biennois, qu'ils soient romands ou alémaniques, car à Bienne, on est communicatif: d'où qu'il vienne, quels que soient ses problèmes – aucune importance. Ce qui compte, c'est qu'il se montre bon copain.

L'empressement proverbial des Biennois à accepter, à tolérer ceux qui viennent d'ailleurs se fonde notamment sur le bilinguisme de sa population. Dans cette ville, les Romands vivent leur culture aussi bien que leurs compatriotes alémaniques. Le français ou l'allemand devient une seconde langue maternelle. Les cabrioles linguistiques comme «aujourd'hui, je poutze les fenêtres» sont admises avec le sourire. Dans cette ville, la compréhension et la joie de vivre sont

87

toujours dans l'air, de manière presque tangible.

Malgré tout. Et ce n'est pas tellement évident. Car cette ville, qui dispose d'une presse dans laquelle des journalistes suisses à l'esprit critique tels Jack Rollan et Roman Brodmann écrivent depuis des années des chroniques sans être censurés, sans être mis sous pression par les éditeurs, les lecteurs ou les annonceurs, cette ville habituée à affronter les conflits des jeunes, les problèmes de minorités comme celui des travailleurs étrangers, les péripéties de la Question jurassienne, cette ville-là vit une histoire économique dont le diagramme forme une succession de zigzags qui pourraient faire croire que le dessinateur est atteint de la maladie de Parkinson.

En fait, la prospérité des Biennois – tel un ascenseur qui monte et qui descend sans cesse – connaît des hauts et des bas. Les habitants de la cité du pied du Jura sont passés, en l'espace d'un siècle et à la manière du légendaire baron de Crac (il se sortait du marais en se tirant par ses propres cheveux), de la petite horlogerie à la grande industrie horlogère. De tout temps, ils se sont orientés bien plus en consultant le baromètre économique qu'en s'inspirant de l'évolution politique de la commune.

C'est pour cette raison aussi que les crises mondiales produisirent sur ces «aristocrates du travail» des bords du lac un effet typique de boomerang. Mais, chose surprenante, même quand les contrecoups étaient terribles, la société biennoise, durement secouée, parvenait toujours à se remettre d'aplomb – comme un bilboquet – et recherchait chaque fois une solution opportune, comme, par exemple, au cours des années trente: le maire socialiste Guido Müller sut atténuer la crise économique en confiant aux chômeurs l'aménagement de la plage et en faisant venir à Bienne la General Motors (GM), source d'emplois.

Au café Odéon, notre nouveau venu se sent évidemment à l'aise. Déjà il tutoie ses compagnons de table; déjà il sait que le football biennois marche mal alors que le hockey marche bien; que Biennois et Bernois ne mettent pas leurs oeufs dans le même panier; et qu'il est plus important de pouvoir payer ses notes de gaz et d'eau que de savoir par coeur les noms et prénoms des conseillers municipaux (Exécutif).

Le nouveau venu se plaît de plus en plus à sa tablée. Il regarde autour de lui, constate que la clientèle joyeuse et bruyante se situe apparemment entre la bourgeoisie moyenne et supérieure. Certains clients sont particulièrement chics, d'autres arborent des tenues plus que décontractées. Mais, en matière de style, de forme et de couleurs, c'est la nonchalance romande et la rigueur alémanique qui prédominent.

De l'avis du nouveau venu, Bienne est sensible à la mode, mais évite ces fioritures stylistiques que l'on rencontre à Berne, ville de fonctionnaires, où la classe sociale et le nom, passe-partout autrefois d'un grand poids, ne sont plus que des sortes d'appendices. Ils existent encore, mais on ne sait plus trop bien pourquoi.
Non, l'arbre généalogique de Bienne et sa galerie des ancêtres ne présentent pas de familles nobles; les bases historiques font évidemment défaut.

Le docteur C.A. Bloesch, président de la commune bourgeoise et du Conseil municipal, écrivait en 1854: *«On ignore quand et d'où les premiers hommes sont venus jadis dans ce désert sauvage, dans ces sombres forêts hantées par les ours et les loups, à côté desquels, dans la profondeur des vallées, vivaient les aurochs et les antilopes.»*

On sait que les rives du lac de Bienne furent habitées dès les temps les plus reculés, car on y découvrit des vestiges lacustres. C'est surtout la rive droite du lac qui fut habitée de l'âge de la pierre jusqu'au début de l'âge du fer. Les témoignages de la civilisation préhistorique qu'on y découvrit s'étendent sur presque six mille années.

A l'époque romaine, la région biennoise se développa heureusement sous ses nouveaux maîtres et, pendant plusieurs siècles, la paix régna. Par la suite, après que les Burgondes, puis les Français se furent disputés ce territoire, après que l'Evêché de Bâle eut également dû céder, Bienne et sa région tombèrent sous la domination de Berne, la ville des Zähringen.

Mais les Biennois ne se laissèrent pas faire, au contraire; ils ne cessèrent de revendiquer leur indépendance, et cela avec quelque succès. En 1272, Bienne obtint pour la première fois une certaine autonomie, ce qui n'alla pas sans d'âpres conflits de compétences. Cependant, aussi bien à la fin du XVIIIe siècle qu'au Congrès de Vienne de 1815, on lutta en vain pour un «Canton de Bienne». C'est en 1832 seulement que la ville devint chef-lieu de district, mais amputée des districts jurassiens: Bienne dut se contenter des communes de Vigneules, Evilard et Boujean.

Quand, à partir du milieu du XIXe siècle, les horlogers jurassiens vinrent s'installer à Bienne en nombre croissant, on vit les petits ateliers surgir de terre comme des champignons.

«Vous allez prendre votre café d'horloger?» Gros rires à la table de marbre. Le couple qui se lève et prend congé des amis de l'Odéon sourit, un peu embarrassé.

«Qu'est-ce donc, un café d'horloger?», demande le nouveau venu. On lui explique qu'autrefois les horlogers, souvent ouvriers et patrons en même temps, aimaient bien se retirer après le repas de midi, avec leur épouse ou leur compagne, pour une petite heure d'intimité. C'est ce qu'on appelait le «café de l'horloger».

«Tu as lu ça», demande maintenant l'un des membres de la tablée, *«voilà qu'ils vont de nouveau hausser les prix des billets du trolley. C'est ce qu'ils appellent augmenter l'attrait des transports publics!»* Le nouveau venu ne réagit guère car cette conversation dévie sur le terrain politique, qu'il ignore encore.

Il ne sait pas que Bienne dispose actuellement d'une administration forte de plus de 1400 fonctionnaires et d'un gouvernement à majorité socialiste; que douze partis sont représentés au Conseil de ville avec ses soixante représentants; qu'en 1989 les impôts ont été abaissés pour la première fois depuis de longues années; et que la situation financière s'assainit nettement après qu'à l'époque de la haute conjoncture, Bienne eut été considérablement endettée.

Il ne sait pas non plus que la ville est à même d'offrir à sa population, outre des logements de qualité à des prix abordables, une infrastructure d'envergure: cela va des transports publics aux plages et aux piscines, des garages publics aux zones piétonnières et aux pistes cyclables sans oublier un imposant aménagement des rives du lac avec promenade.

Il apprendra aussi, un peu plus tard, que les Biennois ne sont pas seulement des gens laborieux, mais qu'ils sont friands de culture et apprécient les beaux-arts. Le nom de Bienne, d'ailleurs, a des liens très anciens avec l'art de la poésie.

Biel (Bienne) est dérivé de *Belenus* (Bélénos), dieu des sources, que les Celtes ou les Gaulois identifiaient à Apollon, dieu des arts et de la poésie. Les «Biennois» d'alors vénéraient Belenus à la «Source romaine».

Les modestes colonies gallo-romaines du lac de Bienne ne résistèrent pas aux migrations des peuples mais elles furent reconstruites plus tard. Cependant, le nom de *Belena, Belna* (1142) fut adopté par les envahisseurs alamans. Dans leur bouche, l'ancien *Belenus* devint *Blen, Bieln,* puis finalement, en l'an 1260, *Biel.*

Ce samedi soir-là, à l'Odéon, assis à sa table de marbre, le nouveau venu porte un toast à Bienne.

Il faut apprendre à connaître Bienne, s'y introduire, s'y adapter, y prendre pied. Le nouveau venu a encore du pain sur la planche – bien que tout lui paraisse déjà très familier. Il jette un coup d'oeil vers l'entrée de l'Odéon. Quelqu'un entre.

«*Ah, une nouvelle venue... Tu la connais? Encore jamais vue. Piccolo, un demi de Twanner!*»

The community
Biel's people – yesterday and today

AHA, A NEWCOMER. KNOW HIM? Never seen him before. Waiter, another half litre of «Twanner»! Arrivo subito!

The world goes on as usual, the conversation at the table takes its usual course, and the babel of voices rolls like a wave over the heads of the customers. It's late on a Saturday evening in Biel's Café Odéon.

The Odéon is unique in its kind. And when a newcomer enters the red plush atmosphere and sees the heavy metal bar counter with its gleaming chromium and the richly-patterned carpets, he has already been noted as an unknown face – and by the whole of Biel at that. For all Biel frequents the Odéon and everyone turns up there sooner or later.

On this evening the newcomer will not find it difficult to make his first contact with Biel people, for in this city people are broad-minded about others, not bothering about their past or where they come from. Much more important is that they are good mates, in bad time and good times alike.

The proverbial readiness of Biel people to accept and tolerate people of different views is rooted primarily in the fact that the city's population consists of people of two different linguistic traditions. The Romands – the French speakers – live in their own culture just as the German speakers live in theirs. French or German becomes the second mother-tongue. Odd verbal mixtures like «Aujourd'hui je putz' les fenêtres» are accepted with an understanding smile. Understanding and enjoyment of life are almost physically tangible in this city.

Still. For it can by no means be taken for granted. In this city critical Swiss journalists like Roman Brodmann or Jack Rollan have for years been able to write uncensored columns in the local press without being put under pressure by publishers, readers or advertisers. This city is used to handling problems like youth conflicts, minority problems or the delicate Jura question. But a graph of its industrial history would show a zig-zag line looking like a drawing of the Swiss Alps.

In fact Biel's prosperity is like a lift – it's sometimes up and sometimes down. The people of this city at the foot of the Jura, which within half a century raised itself from a simple watchmaking to a watchmaking industry centre, have always been guided more by the economic barometer than local political developments.

Thus, world economic recessions also had the typical boomerang effect on the «worker aristocracy» on the Lake of Biel. Yet strangely, even when the setbacks were hard, the battered Biel economy picked itself up again – and once again looked for an answer, as it did in the 1930s for instance: the Social-Democrat Mayor, Guido Müller, mitigated the economic hardship by having the lido built to give the unemployed work and attracted the General Motors (GM) factory to Biel to provide jobs.

The newcomer in the Café Odéon is obviously beginning to feel at home: he's already on first-name terms with his neighbour at the table. He already knows that football in Biel is doing badly but that ice hockey is doing well.

He has already been told that the people of Biel and Berne have little in common and that it is more important to be able to pay the gas and water bills than to know the names of the members of the Biel city government by heart.

The newcomer is really settling down now. He looks around, notes that the noisy and happy customers – to judge from appearances – seem to vary from middle to upper middle class: some of them are dressed really smartly and others very informally. However, French-Swiss nonchalance and

German-style formality predominate in style, shape and colour.

In the newcomer's view Biel likes to be fashion conscious but without the stylistic flourishes to be found in the civil servants' city of Berne, where the once important «passepartout» of rank and name is now like the appendix: it exists but no-one really knows what it's for.

No, Biel's gallery of ancestors contains no aristocratic families: it lacks the history for this.

It is not known,» wrote Dr. C.A. Bloesch Biel's civic head in 1854, *«when and from where the first men came into this once harsh wilderness, in the dark forests of which bears and wolves had their lairs with aurochs and elk living nearby in the depths of the valleys.»*

What is known, however, is that the shores of the Lake of Biel were inhabited from earliest times, as lake dwelling sites have been found. The right-hand shore especially was inhabited during the Ice Age. All the finds from the primitive culture of prehistory cover almost 6,000 years.

In Roman times the Biel region flourished under its new rulers and for several centuries it enjoyed peace. After first the Burgundians and then the French had struggled for this region and after the Bishopric of Basle had also swallowed its pride, Biel and its district came under the domination of the Zähringer city of Berne.

But the inhabitants of Biel were no subject people. On the contrary, they repeatedly stood up for their independence, sometimes successfully. In 1272 Biel was granted municipal status for the first time and this did not come about without wearying conflicts of authority. However the efforts at the end of the 18th century and at the Congress of Vienna in 1815 to obtain their own «Canton Biel» were unsuccessful. The city did not become a separate administrative district until 1832 but it lost the Jura districts. Biel had to be content with the communes of Vingelz, Evilard and Bözingen.

In the middle of the 19th century the watchmaking trade moved more and more from the French-speaking Jura to Biel and small watchmaking workshops sprang up like mushrooms.

«Going for a watchmaker's coffee?» Loud laughter round the marble table. The couple that stand up and say goodnight to their friends grin in slight embarrassment.

«What's a watchmaker's coffee?» the newcomer asks. They tell him: there was a time when the watchmakers, who were often worker and boss at the same time, quite liked to disappear after lunch with wife or girl friend for an intimate get-together, which was given the name of «watchmaker's coffee».

Someone asks if the others have read in the newspapers about a plan to raise trolleybus fares again – *«and that's what they call making public transport more attractive»*... The newcomer doesn't say much, as this discussion involves local politics which are still a closed book to him.

He still does not known that Biel now has an administration employing 1,400 people and a city government with a Social-Democratic majority; that 12 parties are represented in the 60 member city council, that taxes were reduced in 1989 for the first time for some years and that the financial situation is looking healthier after Biel went heavily into debt during the boom period.

He is also unaware that, in addition to good accommodation at reasonable rents, Biel also offers its citizens a comprehensive infrastructure: this ranges from public transport to outdoor and indoor swimming pools, covered car parks to pedestrians-only precincts and from cycle routes to large-scale landscaping along the lakeside, with a promenade.

Only some time later will he come to realise that Biel is not just a city of hard-working people but also one that greatly appreciates culture and the fine arts. Moreover, the name Biel has a remote connection with the art of poetry.

The name *Biel* is derived from *Belenus,* the deity who for the Celts and Gauls represented Apollo, the handsome god of poetry. Belenus was widely revered and the people of Biel brought offerings to the «Römerquelle» for him.

The modest Gallo-Roman settlement on the Lake of Biel did not survive the migration of peoples and was later rebuilt. But the name *Belena, Belna* (1142) was taken over by the invading Alemanni. In their mouths the original Belenus gradually became *Blen, Bieln* and, in 1260, finally *Biel.*

On this Saturday evening in the Café Odéon, the newcomer sitting at the marble table raises his glass in a toast to the city of Biel for the first time. He feels at home although he senses that Biel has to be experienced, felt, absorbed, so to speak. The newcomer still has a long way to go, even if everything already seems familiar to him. He glances at the entrance to the Odéon.

Aha, a newcomer. Do you know her? Never seen her before? Waiter, bring me another half of Twanner...!

▲ Dass Biel an einem Rebhang entstand, zeigt eine der frühesten Flugaufnahmen. 1925 war das Bahnhofquartier noch eine kahle Wüste. Auf dem Neumarktplatz wurde noch lange Viehhandel betrieben.

▲ Une des plus anciennes vues aériennes montre que Bienne était située au pied d'un coteau de vignoble. En 1925, le quartier de la Gare était encore un désert. Un marché au bétail s'est tenu pendant longtemps sur la place du Marché-Neuf.

▲ One of the earliest aerial photographs shows that Biel originated on a vineyard slope. In 1925 the Railway-Station area was still a barren wasteland. For a long time the Neumarktplatz was still in use as a cattle market.

▲ Viele Bieler wissen wohl selber nicht, dass ihre Stadt unter anderem zwei Nobelpreisträger oder den ersten sozialistischen Stadtpräsidenten des Landes hervorgebracht hat: Viel Geschichtsbewusstsein zeichnet die Bieler nicht gerade aus. Indes: Während Jahrhunderten haben Bieler Persönlichkeiten die Geschicke der Stadt, der Region, des Landes geprägt. Einige markante Köpfe – wir beschränken uns auf Verstorbene – sind auf den folgenden Seiten porträtiert.

▲ De nombreux Biennois ignorent que leur ville a engendré, entre autres, deux Prix Nobel et le premier maire socialiste du pays. Ils ne semblent pas très bien connaître leur propre histoire. Pourtant, pendant des siècles, des personnalités biennoises ont façonné le destin de la ville, de la région, du pays. Voici les portraits de quelques esprits marquants – nous nous sommes limités aux disparus.

▲ Many Biel people themselves do not know that their town has produced, amongst others, two Nobel Prize winners or Switzerland's first socialist Mayor: They are not particularly well up in local history. Nevertheless: for centuries, Biel personalities have left their mark on the destiny of the city, the region and the country. Several outstanding individuals – none of them still living – are portrayed on the following pages.

Aberli Johann Ludwig
(1723-1786)

Aberli interessierte sich schon sehr früh für Literatur und bewies Talent als Zeichner und Maler. Nach der Ausbildung bei Heinrich Meyer und Johann Grimm übernahm er nach dem Tode Grimms dessen Zeichenschule. Aberlis radierte Ansichten von Bözingen, Nidau, Erlach, Lüscherz, St. Johannsen, Zihlbrücke und der St. Petersinsel sind heute sehr gesucht.

Aberli s'intéressa très jeune à la littérature, au dessin et à la peinture. Elève de Grimm, à Berne, il reprit l'école de dessin de ce dernier après sa mort. Ses gravures de Nidau, Boujean, Cerlier, Saint-Jean et l'île de Saint-Pierre sont aujourd'hui très cotées.

At a very early age, Aberli became interested in literature, drawing and painting. A pupil of Grimm in Berne, he took over the latter's drawing school after his death. His prints of Nidau, Boujean, Cerlier, Saint-Jean and St. Peter's Island are highly thought of today.

Aegler Jean
(1850-1891)

1878 gründete der Bieler Uhrenmacher Jean Aegler sein eigenes Unternehmen – 36 Jahre später wurde daraus die «Aegler S.A., Rolex Watch Company». Aegler eroberte – tatkräftig unterstützt von seiner Frau – die Märkte in ganz Europa bis nach Russland und der Türkei. In der Uhrenbranche galt er als grosser Pionier. Seine Produkte wiesen nicht nur eine ungewöhnliche Qualität auf – er war auch in der Uhren-Mode tonangebend: Als erster Fabrikant setzte er auf Armband-Uhren, die zu einem Mode-Phänomen wurden.

En 1878, un horloger biennois, Jean Aegler, fonda sa propre entreprise qui devint, en 1914, «Aegler SA, Rolex Watch Company». Aidé vaillamment par son épouse, il ouvrit des marchés dans toute l'Europe, de la France à la Russie impériale en passant par la Grèce, la Turquie, voire d'autres pays d'outre-mer. Jean Aegler fut un précurseur en matière horlogère. Outre la grande qualité qu'il conférait à ses produits, il fut le premier à fabriquer la montre-bracelet à laquelle on prédisait un avenir précaire et lié à un phénomène de mode.

In 1878, an horologist from Biel, Jean Aegler, founded his own business which, in 1914, became «Aegler S.A., Rolex Watch Company». Stoutly assisted by his wife, he opened up markets throughout Europe, France and Imperial Russia, not forgetting Greece, Turkey and even overseas countries. Jean Aegler was ahead of his times in the field of horology. Apart from the unusually high quality of his products, he was the first to produce the wrist-watch for which people predicted a precarious future linked with the vagaries of fashion.

Arbenz Wilhelm
(1899-1969)

Nach seiner Ausbildung zum Musiker in Zürich, Berlin und Paris zog Wilhelm Arbenz 1927 nach Biel. Er widmete sich vor allem der Leitung von Bieler, Berner und Neuenburger Chören und wurde als erste Persönlichkeit mit dem neugeschaffenen Bieler Kunstpreis geehrt. Unter anderem komponierte er das Festspiel «Der Bieler Ring» (1935) und die Schülerkantate «Jugend im Schnee» nach einer Dichtung von G. Thürer. Als Musiklehrer unterrichtete er jahrzehntelang am Progymnasium.

Sa formation à Zurich, Berlin et Paris terminée, ce musicien accompli s'installa définitivement à Bienne en 1927. Premier lauréat du Prix des Arts de la Ville de Bienne, il consacra une grande partie de ses activités musicales à la direction de chœurs à Bienne, Berne et Neuchâtel. Compositeur du Jeu musical «Le Ring de Bienne» en 1935, il créa également la cantate «Jeunesse dans la neige», d'après un poème de Thürer.

After completing his musical studies in Zurich, Berlin and Paris, Willhelm Arbenz moved to Biel in 1927. He devoted himself mainly to training and conducting choirs from Biel, Berne and Neuchâtel, and he was the first person to be honoured by the award of the newly created City of Biel Arts Prize. His compositions include a festive work entitled «Der Bieler Ring» (The Ring of Biel») (1935), and the students' cantata «Jugend im Schnee» («Youth in the Snow») after a poem by G. Thürer. He taught music at the Biel High School for several decades.

BECKER JOHANN PHILIPP

(1809-1886)

Aus Frankental stammend, kam Johann Philipp Becker als politischer Flüchtling nach Biel, wo er mit Zigarren handelte und 1841 eine Zigarrenfabrik gründete. Wegen seiner führenden Rolle im Zentralausschuss der deutschen Flüchtlinge und vor allem auch wegen seiner Teilnahme am «Badischen Aufstand» wurde er von Biel ausgewiesen und liess sich in Genf nieder, wo er sich weiterhin der Politik widmete und an der Gründung der Ersten Internationalen beteiligt war.

Originaire du Frankental, J.P. Becker se réfugia à Bienne à la suite de ses activités partisanes dans la révolution bavaroise, où il commandait l'armée populaire. Après s'être occupé du commerce de tabacs, il ouvrit une fabrique de cigares en 1841. Expulsé de Bienne pour des raisons politiques, il s'installa à Genève où il devint l'un des fondateurs de la Première Internationale.

A native of Frankental, J.P. Becker sought refuge in Biel as a result of his partisan activities in the Bavarian Revolution where he commanded the popular army. After trading in tobacco, he opened a cigar factory in 1841. Expelled from Biel for political reasons, he set up in Geneva where he became one of the founders of the First Internationale.

BLOESCH-NEUHAUS FRIEDRICH

(1808-1887)

Friedrich Bloesch-Neuhaus trat in die 1824 von seinem Schwiegervater J.R. Neuhaus-Verdan gegründete Baumwollspinnerei in der Gurzelen ein. Nach dem Ableben des Schwiegervaters übernahm er gemeinsam mit Jean Boch-Moser die Leitung der Spinnerei. Die Krise auf dem amerikanischen Baumwollmarkt führte 1880 zur Schliessung der Fabrik. Friedrich Bloesch widmete sich nun ausschliesslich der Führung des Drahtzuges in Bözingen, den sein Schwiegervater gekauft hatte.

Gendre de J.R. Neuhaus, fondateur des Filatures de la Gurzelen, il en prit la direction après que son beau-père se fut retiré, et y adjoignit une fabrique de tissages. La crise du coton américain de 1880 le contraignit à la fermeture des usines. Il se consacra alors à la gestion de la Câblerie de Boujean qu'il avait rachetée à son beau-père.

A son-in-law of J.R. Neuhaus, founder of the Gurzelen spinning mills, he took over the management after his father-in-law retired, and added a weaving mill to it. The American cotton crisis in 1880 forced him to close his factories. He then devoted himself to the management of the Boujean cable factory which he had bought from his father-in-law.

BLÖSCH-PUGNET CAESAR ADOLF

(1804-1863)

Nach seinem Medizinstudium in Zürich, Göttingen, Berlin und Paris trat Caesar Adolf Bloesch in die Fussstapfen seines Vaters Alexander. Er eröffnete in Biel eine Arztpraxis und erwarb das heutige «Blösch-Haus» an der Mühlebrücke. Als Präsident der Einwohnergemeinde folgte er zunächst dem Radikalismus und wechselte später ins Lager der liberalen Konservativen. Zu seinen Hauptverdiensten gehören das Ordnen des Stadtarchivs und das Anlegen eines umfassenden Inventars.

Fils d'Alexandre, il suivit la voie de la médecine tracée par son père, en étudiant à Zurich, Göttingen, Berlin et Paris, avant d'installer son cabinet médical à Bienne. Président de commune dans le rang des radicaux d'abord, il se rallia plus tard aux thèses des libéraux conservateurs. Il fut l'acquéreur de la «maison Bloesch» au Pont-du-Moulin, qui resta propriété de la famille jusqu'en 1914. On lui doit la mise sur pied des archives de la ville pour lesquelles il procéda à un large inventaire des divers documents.

After completing his medical studies in Zurich., Göttingen, Berlin and Paris, Caesar Adolf Bloesch followed in the footsteps of his father Alexander. He opened a surgery in Biel and bought the house on the Mühlebrücke know today as the «Blösch-Haus». In his capacity as Mayor, he was originally an adherent of radicalism but later changed over to liberal conservatism. His main achievements include the systematic arrangement of the city archives and the creation of an exhautive inventory.

BOULDOIRES JEAN

(1880-1948)

Gründer der Grands Magasins Bouldoires. Jean Bouldoires wurde in Südfrankreich als Sohn eines Landwirts geboren. Noch sehr jung reiste er zu Fuss durch Frankreich, Deutschland und durch die Schweiz und liess sich in Biel nieder. Nach einigen Jahren als Handelsreisender auf den Ausstellungen in der Region eröffnete er mit seiner Ehefrau aus Biel ein kleines Geschäft für Kurzwaren und Trikotagen. Diese «Galeries Modernes» an der Ecke Hôtel-de-Ville und Untergasse wurden 1918 an die Nidaugasse 31 transferiert. Fünf Jahre später zog das Geschäft an seinen heutigen Standort an die Nidaugasse 50 und übernahm den Namen des Gründers.

Fondateur des Grands Magasins Bouldoires, Jean Bouldoires naquit dans le Midi de la Fance où son père était agriculteur à Espalion. Très jeune, il voyagea à pied à travers la France, l'Allemagne, la Suisse et s'établit à Bienne, où il épousa Mademoiselle Desmaison. Après quelques années de commerce itinérant dans les foires de la région, ils ouvrirent, ensemble, un petit magasin de mercerie-bonneterie. Ces «Galeries Modernes», sises à l'angle Hôtel-de-Ville-rue Basse, furent transférées en 1918 à la rue de Nidau 31, puis, cinq ans plus tard, à leur emplacement actuel, où elles prirent alors le nom de leur fondateur.

Founder of Grands Magasins Bouldoires, Jean Bouldoires was born in the South of France where his father was a farmer at Espalion. At an early age, he travelled on foot through France, Germany and Switzerland and settled in Biel where he married Miss Desmaison. After a few years of itinerant trading at the local fairs, they together opened a small haberdashery-knitwear shop. Situated at the Hôtel-de-Ville - Rue Basse corner, this shop, called the «Galeries Modernes», was transferred in 1918 to the Rue de Nidau 31. Five years later it moved to its present site where it took on the name of the founder.

BOULDOIRES GILBERT

(1916-1987)

Gilbert Bouldoires war der Nachfolger seines Vaters an der Spitze des Warenhauses Bouldoires. Er modernisierte und vergrösserte das Geschäft 1949. Die Rezession der siebziger Jahre machte dem Familienbetrieb zu schaffen – schliesslich musste das traditionsreiche Unternehmen an die Warenhauskette LOEB verkauft werden. Gilbert Bouldoires widmete einen grossen Teil seiner Zeit und seiner Grosszügigkeit der Braderie – seit Anbeginn dieses Sommerfestes. Der Braderie-Umzug wurde von ihm massgebend gestaltet und seither in dieser Form beibehalten.

Succédant à son père à la tête des Grands Magasins Bouldoires, Gilbert procéda à leur modernisation et à leur agrandissement en 1949. La récession touchant également cette entreprise familiale le contraignit à céder le commerce à la chaîne de magasins Loeb. Gilbert Bouldoires voua une grande partie de son temps et de sa générosité à la Braderie, dès l'origine de cette manifestation. Il donna au cortège de la fête la tenue qu'on lui connaît aujourd'hui.

Succeding his father at the head of Grands Magasins Bouldoires, Gilbert proceeded to modernize and enlarge the store in 1949. When the recession also affected this family business, he was forced to sell out to the LOEB chain store. Gilbert Bouldoires devoted much of his time and generosity to the annual jumble-sale (the Braderie) from the moment this event was founded. To the festival procession he gave the dress for which he is known today.

BOURQUIN-HELFER WERNER

(1891-1979)

Schon früh zeigte der spätere Stadtarchivar Werner Bourquin Talent zum Zeichnen und Malen. Dies war für seine späteren Studien der Kunstgeschichte, der Geschichte und der Archäologie von grossem Vorteil. Nach seiner Anstellung als Bibliothekar in der Stadtbibliothek arbeitete Bourquin fast vierzehn Jahre als Redaktor des «Express» in Biel und von 1932 bis Ende 1944 als Chefredaktor des «Bieler Tagblatt». In zahlreichen Artikeln nahm er Stellung gegen den Nationalsozialismus und Faschismus, gegen Frontenbildung in der Schweiz und gegen den Separatismus. Später vertraute ihm die Stadt die Reorganisation des Museums Schwab an. Als Stadtarchivar verfasste er zahlreiche Arbeiten zur Geschichte der Stadt Biel.

Archiviste municipal, Werner Bourquin se distingua très tôt par ses talents de dessinateur et de peintre qui lui furent précieux dans les études d'histoire de l'art et d'archéologie qu'il entreprit plus tard. Après une activité de bibliothécaire à la Bibliothèque municipale, Werner Bourquin travailla près de quatorze ans comme rédacteur à l'Express, puis comme rédacteur en chef au «Bieler Tagblatt». Nombreux furent ses articles dénonçant le national-socialisme et le fascisme, et plus tard les actions séparatistes des patriotes jurassiens. On lui doit la réorganisaton du Musée Schwab dont il assuma la charge de conservateur, ainsi que de nombreux documents, publications et chroniques de la ville de Bienne.

Keeper of the Municipal Records, Werner Bourquin distinguished himself at an early age by his drawing and painting talents, which were invaluable in his studies of the History of Art and Archeology which he undertook later. After taking on the job of librarian at the Municipal Library, Bourquin worked for nearly fourteen years as editor of the «Express», then as chief editor of the «Bieler Tagblatt». He was responsible for reorganizing the Schwab Museum where he took on the task of curator, keeping numerous documents, publications and chronicles of the City of Biel.

Louis Brandt

BRANDT LOUIS FAMILIE

Der 1825 in La Brévine geborene Louis Brandt hatte in La Chaux-de-Fonds eine Niederlassung gegründet und ganz Europa mit seiner Uhren-Kollektion bereist. Seine Söhne Louis-Paul und César Brandt profitierten – nach dem Tod ihres Vaters – von der Schliessung der Baumwollspinnerei und -weberei auf der Gurzelen in Biel und erwarben die verlassene Fabrikanlage für 250 000 Franken. Das Gebäude wurde umgebaut und erweitert und ist seit 1894 Sitz der Omega-Ateliers. Diese und die nächsten zwei Generationen der Brandt-Dynastie waren für den Aufschwung des Unternehmens zu einer der führenden Marken der Welt verantwortlich. Daneben halfen die Brandts tatkräftig am Aufbau der verschiedenen Uhrenverbände mit und gründeten die ersten Berufszeitschriften in der Schweiz. 1981 verliessen Charles und Robert Brandt die Omega; die Aera eines grossen Familienunternehmens gehörte der Vergangenheit an.

Né en 1825 à La Brévine, Louis Brandt fonde un comptoir d'horlogerie à La Chaux-de-Fonds et sillonne l'Europe avec sa collection de montres. Après sa mort, Louis-Paul et César Brandt, ses fils, profitent de la fermeture des Manufactures d'indiennes de la Gurzelen et achètent les bâtiments désaffectés pour une somme de 250 000 francs. Ces bâtiments, transformés et agrandis, abritent les ateliers Omega depuis 1894. On leur doit, ainsi qu'aux deux générations suivantes de la dynastie Brandt, le développement de l'entreprise, qui est devenue l'un des fleurons de l'horlogerie. Les Brandt ont également largement contribué à l'élaboration des diverses associations horlogères et ont fondé les premières revues horlogères de Suisse. Charles et Robert Brandt quittent Omega en 1981: avec eux s'éteint l'époque d'une grande dynastie familiale.

Born in 1825 at La Brévine, Louis Brandt set up a watchmaking business in La Chaux-de-Fonds and visited the whole of Europe with his collection. In 1877, he founded the firm «Louis Brandt & Fils» with his second son, Louis-Paul. Upon the death of their father and after the closure of the calico factory at Gurzelen, the Brandt brothers Louis-Paul and César bought the abandoned buildings for 250,000 francs. Modernized and extended, they were to house the future workshops of Omega in 1894. César Brandt, who specialized on the sales side, opened an office in Paris where he chose to live. Ernest Brandt, the Swiss marketing man, was César's second son. Director of the SSIH group in Geneva, member of several boards of directors linked with the family enterprises, he was the spiritual father of the Swiss Market Convention. He died in Lausanne in 1958 where he had been living since 1919. The Brandt dynasty ruling over Omega was to come to an end with the departure of Charles and Robert Brandt who left Omega in 1981.

Bridel Gustav
(1827-1884)

Der ursprünglich aus Moudon und Vevey stammende Gustav Bridel wird 1828 Bürger von Biel. Nach seinem Studium in Paris übernimmt er die Direktion der französischen Eisenbahn. Er unterstützt La Nicca beim Projekt der ersten Juragewässerkorrektion. 1879 vertraut ihm der Kanton Bern die Direktion der Eisenbahn im Berner Jura an. Als Nachfolger von Louis Favre übernimmt Bridel schliesslich die Leitung der Arbeiten an der Gotthard-Linie.

Originaire de Moudon et de Vevey, il devint bourgeois de Bienne en 1828. Après des études à Paris, il assuma la direction des Chemins de fer français de l'Est de la France. Collaborateur de La Nicca pour le projet de correction des eaux du Jura, il se vit confier, en 1879, par l'Etat de Berne, la direction des Chemins de fer du Jura bernois. Successeur de Louis Favre, il reprit la direction des travaux de la ligne du Gothard.

Originating from Moudon and Vevey, he became a citizen of Biel in 1828. After studying in Paris, he took over the management of French Railways for the East of France. Collaborating with La Nicca on the Jura water correction scheme, he was entrusted in 1879 with the management of the Bernese Jura Railways. Succeeding Louis Favre, he then took charge of the work on the Gotthard line.

Bürgin Paul
(1893-1976)

Der in den Vereinigten Staaten geborene Paul Bürgin wurde erster Generaldirektor der General Motors Suisse SA, die sich 1935 in Biel niedergelassen hatte. Er leitete die GM während den zwei Jahren vor Kriegsausbruch und wieder von 1945 bis zu seinem Rücktritt im Jahre 1958.

Paul Bürgin fut le premier directeur général de General Motors Suisse SA, qui s'établit à Bienne en 1935. Né en Amérique en 1893, il dirigea la G.M. durant les deux ans qui précédèrent la guerre, puis de 1945 à 1958, année où il prit sa retraite.

Paul Bürgin was the first general manager of General Motors S.A., which set up operations in Biel in 1935. Born in America in 1893, he was in charge of General Motors for the two years preceding the Second World War, then from 1945 to 1958, the year in which he retired.

Courvoisier-Voisin Jean Henri
(1757-1830)

Gebürtig aus La Chaux-de-Fonds, besuchte Courvoisier-Voisin nach der Graveurlehrzeit die Malakademie in Paris. Da er wegen seinen politischen Ansichten den Heimatort verlassen musste, nahm er mit seiner Frau Rosa Perrot in Biel Wohnsitz. Unter der Herrschaft der Franzosen amtete er hier als Friedensrichter. Bekannt sind seine in Aquatinta ausgeführten Schlachtenbilder von Laupen und Morgarten, sechs Tell-Bilder sowie zahlreiche Stadtansichten. Auch seine Tochter Cornélie widmete sich der Malerei.

Originaire de La Chaux-de-Fonds, il fit un apprentissage de graveur avant de fréquenter l'Académie de peinture de Paris. Indésirable à La Chaux-de-Fonds pour des raisons d'ordre politique, il s'établit à Bienne avec sa femme Rosa Perrot. Il fut juge de paix pendant l'occupation française. Ses tableaux en aquatintes illustrant les batailles de Laupen et de Morgarten, de même que l'histoire de Tell en six tableaux, comptent parmi ses oeuvres les plus connues, à côté d'innombrables paysages de Bienne. Sa fille Cornélie s'adonna également à la peinture.

A native of La Chaux-de-Fonds, he served an apprenticeship as engraver before attending the Academy of Fine Arts in Paris. Unwelcome in La Chaux-de-Fonds for political reasons, he settled in Biel with his wife Rosa Perrot. He was a Justice of the Peace during the French occupation. His acquatint paintings illustrating the battles of Laupen and Morgarten as well as the history of William Tell in six paintings are among his best-known works, beside the countless landscapes of Biel. His daughter Cornélie was also devoted to painting.

Delsen Leo
(1884-1954)

Leo Delsen war jahrelang Direktor und Förderer des Städtebundtheaters. Er bildete sich am Konservatorium in München als Bassist aus, war während des Ersten Weltkrieges auf Tournee in der Schweiz und blieb zehn Jahre als Bassist am Berner Stadttheater. In Biel war er zuerst Regisseur der «Liebhaberbühne», dann sorgte er für die künstlerische Entwicklung des Städtebundtheaters. In seinem Repertoire berücksichtigte er Schweizer Autoren und Musiker und führte das Städtebundtheater zu einem über die Regionsgrenzen hinaus anerkannten Theaterbetrieb.

Après une formation de bassiste au Conservatoire de Munich, Leo Delsen consacra trois ans à des tournées de concerts en Suisse, avant de devenir premier bassiste de l'Orchestre du Théâtre municipal de Berne de 1917 à 1927. Plus tard régisseur de la «Bieler Liebhaberbühne», il dirigea également le Théâtre municipal de Bienne où il programma de nombreuses pièces d'auteurs suisses, des opéras et des compositions de musiciens suisses. Sous sa direction et grâce à son esprit dynamique, le Théâtre des villes associées Bienne-Soleure prit son envol pour devenir une des meilleures scènes de Suisse rivalisant avec celles des grandes villes.

Leo Delsen was director and promoter of the Städtebundtheater for many years. He received his training at the conservatory in Munich as a double bass player, toured Switzerland during World War I and remained for ten years as a bass player in the Bernese Municipal Orchestra. His first appointment in Biel was as stage director of the «Liebhaberbühne», and he subsequently devoted himself to the artistic development of the Städtebundtheater. He included Swiss authors and musicians in his repertoire, and the Städtebundtheater became renowned beyond its regional boundaries under his direction.

Ducommun Elie
(1833-1906)

Der Schriftsteller Elie Ducommun kam aus dem Jura als Sekretär der Jura-Bahn und gehörte dem Bieler Stadtrat an. Er setzte sich als einer der ersten für die Gleichberechtigung der Romands ein und gründete 1874 den «Cercle Démocratique Romand», die erste welsche politische Organisation Biels. Er leitete ab 1902 das internationale Friedensbüro in Bern. Seine Arbeit wurde 1902 mit dem Nobel-Preis gekrönt.

Arrivant du Jura en qualité de secrétaire des Chemins de fer du Jura, Elie Ducommun fit partie du Conseil de ville. Il fut l'un des premiers à demander l'égalité des droits pour les Romands et fonda le «Cercle démocratique romand» en 1872, qui fut la première organisation politique romande de Bienne. Dès 1902, il oeuvra comme directeur général du Bureau international de la paix. Son travail fut couronné par le Prix Nobel en 1902.

Arriving from the Jura as secretary of the Jura Railways, Elie Ducommun joined the City Council. He worked as Director-General of the International Peace Bureau. He was awarded the Nobel Prize for his work in 1902. He was one of the first to champion the cause of equal rights for the Romands - the people of French mothertongue - and in 1872 founded the «Cercle Démocratique Romand», their first political organisation in Biel.

Dufour Henri (General Dufour)
(1787-1875)

Zum Dank für seine Dienste für das Vaterland im Sonderbund-Krieg ernannte der Bieler Burgerrat Henri Dufour 1848 zum Ehrenbürger der Stadt. Im selben Jahr stand Dufour im Seeland, im Mittelland und im Emmental auf der Liste für die Wahlen in den Grossen Rat. Dufour entschied sich für das Seeland und erreichte 399 der 407 in Biel eingeschriebenen Stimmen.

En récompense des services rendus à la Patrie suisse dans la guerre du Sonderbund dont il avait fait taire les armes avec célérité et efficacité, le Conseil des Bourgeois de la ville sacra Henri Dufour bourgeois d'honneur de Bienne, en 1848. La même année, le Seeland, le Mittelland et l'Emmental le portèrent en liste pour le Grand Conseil. Dufour choisit le Seeland et obtint 399 des 407 voix inscrites à Bienne.

In recognition of his services to his country in the Swiss Sonderbundkrieg (Civil War) which he brought to an end speedily and efficiently, Biel's Council of citizens made Henri Dufour an Honorary Citizen in 1848. In the same year, three regions, the Seeland, Mitteland and Emmental, put his name forward for election to the Cantonal Parliament. Dufour chose the seeland constituency and obtained 399 of the 407 votes registered in Biel.

Fell René
(1905-1979)

René Fell stammt aus einer Uhrmacherfamilie, die den Jura verlassen hatte. Er widmete mehr als 20 Jahre dem Journalismus und war mit 25 Jahren bereits Chefredaktor des «Journal du Jura». Als engagierter Kämpfer entfachte er das Feuer in der Jura-Frage mit einem Artikel gegen die Nicht-Wahl des Jurassiers Georges Möckli als Bernischer Bau- und Eisenbahndirektor. Der französischsprechende Möckli wurde aus sprachlichen Gründen nicht gewählt. Dieses Ereignis rief 1949 das Rassemblement Jurassien, die Organisation der Separatisten, ins Leben. 1950 wurde René Fell Verkehrsdirektor.

Né à Bienne dans une famille d'horlogers qui avait quitté le Jura, René Fell consacra plus de vingt ans au journalisme, assumant la charge de rédacteur en chef du Journal du Jura. Fortement engagé dans la Question jurassienne, il mit le feu aux poudres avec un article dénonçant la non-élection du Jurassien Georges Möckli à la Direction des travaux publics de Berne, pour des raisons linguistiques, événement qui fut à l'origine du Rassemblement jurassien de 1949. En 1950, René Fell se voua entièrement à l'Office du tourisme qu'il réorganisa et auquel il donna un nouvel élan. Il fut l'initiateur de l'«Année Rousseau», en 1962.

Born in Biel into a watchmaking family which had left the Jura, René Fell spent more than 20 years in journalism, becoming editor-in-chief of the newspaper «Journal du Jura.» Closely involved with the Jura political question, he touched off a burning controversy with an article criticising the fact that Jura-born Georges Möckli failed to gain election, for linguistic reasons, as Canton Berne's Director of Public Works. This event led to the formation of the «Rassemblement Jurassien» separatist organisation in 1949. In 1950 Fell became manager of the Tourist Office to which he gave a new impetus. He was the initiator of the «Rousseau Year» in 1962.

Galeer Albert
(1816-1851)

Albert Galeer besuchte das Bieler Gymnasium und setzte seine Studien an der Universität Heidelberg fort, wo er als Doktor der Philosophie abschloss. Später war er in Genf als Sprachlehrer tätig, wurde Präsident des in Genf gegründeten «Grütliverein» und publizierte das Buch «Der moralische Volksbund». Nach der Teilnahme an der Genfer Revolution (1846) gründete er die Zeitschrift «Alliance des peuples», wobei er sich die Mitarbeit der bekanntesten politischen Flüchtlinge aus verschiedenen Ländern sicherte.

Après avoir suivi le Gymnase de Bienne, Galeer termine ses études à Heidelberg où il prépare son doctorat en philosophie et en philologie. Professeur d'allemand à Genève, il s'engage simultanément dans la politique et publie «Der moralische Volksbund». En 1848, il crée la revue «Alliance des peuples» à laquelle collaboreront tous les réfugiés politiques importants d'Allemagne.

After attending Biel Grammar School, Galeer finished his studies at Heidelberg where he took his doctorate in philosophy and philology. Professor of German in Geneva, he simultaneously embarked on politics and published «Der moralische Volksbund». In 1848, he launched the paper «Alliance des peuples» on which all important political refugees from Germany were to collaborate.

Göuffi Adam

(† 1482)

Adam Göuffi stammt aus einer grossen, einflussreichen Familie, die vom 14. bis ins 16. Jahrhundert in Biel lebte. Drei Vertreter dieser Dynastie bekleideten das Venneramt, drei waren bischöfliche Meier. Adam Göuffi leitete das Bieler Regiment in der Schlacht von Grandson und starb 1482.

Adam Göuffi fait partie d'une grande famille ayant joué un rôle important à Bienne du 14e au 16e siècle. Trois représentants de cette dynastie portèrent le titre de banneret, trois autres la mitre d'évêque. Göuffi dirigea également le régiment biennois à la bataille de Grandson.

Adam Göuffi was a member of a great family which had played an important role in Biel from the 14th to the 16th centuries. Three representatives of this dynasty bore the title of Banneret, three others wore the bishop's mitre. Göuffi also led the Biel Regiment at the Battle of Grandson.

«Grock»

(1880-1959)

Adrien Wettach wurde in Reconvilier in einer Uhrmacher-Familie geboren. In Biel trat er als Amateur-Akrobat auf: seine Eltern führten das Restaurant «Paradisli» an der Seevorstadt, neben der Talstation der Magglingenbahn. Später, als Partner des Clowns «Brick», kam er auch zu seinem Künstlernamen: «Grock». Sein neuer Partner wurde der berühmte «Anton». «Grock» brachte die ganze Welt zum Lachen. Vor allem mit einer Clown-Nummer als tolpatschiger Musiker: Zum Beispiel suchte er verzweifelt die Saiten seiner Geige, die er verkehrt in den Händen hielt, oder er versuchte Klavier zu spielen und musste dazu unbedingt den schweren Flügel näher an den Klavierstuhl heran schieben... Grock spielte auch die kleinste Geige der Welt mit Boxhandschuhen. Markenzeichen seines Spektakels war sein berühmtes «Nid mööögli» («Sans blâââgue»). Er nahm seinen Abschied von der Bühne 1954 in Hamburg.

Né à Reconvilier, Adrien Wettach fut d'abord acrobate amateur. Il fit ses débuts à Bienne où ses parents tenaient le restaurant «Paradisli». Partenaire d'un clown nommé Brick, il prit son nom d'artiste: Grock, puis passa de la piste à la scène avec le célèbre Anton. Grock fera rire le monde entier avec un numéro où il se met en scène comme nigaud musicien qui cherche les cordes de son violon alors qu'il tient l'instrument à l'envers, et s'efforce de se rapprocher du piano en tirant ce dernier plutôt qu'en déplaçant le tabouret. Grock jouait aussi d'un minuscule violon avec des gants de boxe, ponctuant son spectacle du célèbre «Sans blâââgue». Il fit ses adieux à la scène en 1954, à Hambourg.

Born at Reconvilier in a family of horologists, Adrien Wettach first became an amateur acrobat, notably appearing at the «Paradisli» in Biel. Being the partner of a clown called Brick, he acquired his stage name: Grock: He then switched from the ring to the stage with the famous Anton. Grock made the whole world laugh with a number in which he acts the part of a simpleton musician who looks for the strings of his violin while he holds the instrument the wrong way round, and he struggles to get close to the piano by trying to drag it instead of shifting the stool. Grock used to play the smallest violin in the world with boxing gloves, emphasizing his show with the famous utterance «sans blâââgue» (no kidding). He made his farewell appearance in Hamburg, in 1954.

Grünig Robert

(1894-1984)

1920 übernahm Robert Grünig die Molkerei seines Vaters an der Bahnhofstrasse und eröffnete später ein zweites Geschäft an der Kanalgasse. Er leistete Pionierarbeit im Trinkmilchsektor und galt in den zwanziger Jahren als eigentlicher Wegbereiter der Eiscreme. 1927 erregte er in der ganzen Schweiz Aufsehen, als er in seinen Anlagen pasteurisierte Milch herstellte und damit einen wesentlichen Beitrag an die gesunde Volksernährung leistete. Grünig war spezialisiert auf die Butter-Herstellung und brachte das legendäre «Alpenkessi» auf den Markt, das noch heute sein Markenzeichen trägt.

En 1920, Robert Grünig reprit la laiterie paternelle sise rue de la Gare, ouvrant plus tard une succursale rue du Canal. Pionnier et promoteur de la boisson lactée, il fut également un précurseur en matière de crèmes glacées. En 1927 déjà, ses installations de pasteurisation du lait favorisèrent la consommation de cette saine nourriture dans l'alimentation populaire. Spécialiste de la fabrication du beurre, il créa le légendaire «Alpenkessi» qui porte toujours sa griffe.

In 1920, Robert Grünig took over the paternal dairy situated at the Rue de la Gare, later opening a branch at the Rue du Canal. A pioneer and promoter of milk beverages, he was also way ahead in the field of ice creams. As early as 1927, his milk pasteurization facilities were geared to the consumption of this healthy food in the popular diet. Specializing in the production of butter, he created the legendary «Alpenkessi» which still bears his stamp.

Haller Anna
(1872-1924)

Anna Haller war 1898 die erste Frau, die in der Kunstgewerblichen Abteilung des Technikums Biel diplomiert wurde. An dieser Schule unterrichtete sie später kunstgewerbliche Techniken mit Leder, was in dieser Zeit der «Neuen Kunst» sehr modern war. Im Jahr 1900 kreierte Anna Haller die Ständeratssessel für die Vereinigte Bundesversammlung. Ihre Talente setzte Anna Haller auch beim Malen von Postkarten ein, wo sie stark vom Heimatstil inspiriert war: Die kleinen Kunstwerke mit Blumenmotiven wurden in grossen Auflagen bis zu Hunderttausenden von Exemplaren produziert.

Anna Haller fut la première femme diplômée de la section des arts industriels du Technicum de Bienne, en 1898. Elle y enseigna plus tard le modelage du cuir, très à la mode en cette période de l'«Art Nouveau». Elle créa la garniture en cuir des sièges du Conseil d'Etat pour l'Assemblée nationale, en 1900. Le «Heimatstil» inspira également Anna Haller qui se consacra à la peinture de cartes postales décorées talentueusement de compositions florales et éditées à des centaines de milliers d'exemplaires.

Anna Haller was the first female graduate of the Industrial Arts section of the Biel Technical College, in 1898. She taught leather modelling there later, which was very fashionable during the «Art Nouveau» period at that time. In 1990, she designed the leather upholstery for the seats in the Senate for the Federal National Assembly. The «Heimatstil» also inspired Anna Haller who devoted herself to painting postcards that were beautifully decorated with floral compositions and produced in hundreds of thousands of copies.

Hartmann Johann Joseph
(1752-1830)

Der in Mannheim geborene Johann Joseph Hartmann lebte während 40 Jahren in Biel. 1779 besuchte Goethe den Maler in Biel. Zahlreiche Ölbilder von Hartmann und kolorierte Umrisskupfer aus dem Seeland und Jura befinden sich in Museen und Privatsammlungen.

Né à Mannheim, Johann Hartmann s'établit à Bienne pendant plus de 40 ans. En 1779, Goethe rendit visite à ce peintre dont les huiles et les gravures du Seeland et du Jura se trouvent dans les musées et les collections privées.

Born in Mannheim, Johann Hartmann set up home in Biel and stayed there for more than 40 years. In 1779, Goethe paid a visit to this painter whose oil paintings and prints of Seeland and the Jura are in museums and private collections.

Heilmann Georg Friedrich
(1785-1862)

Nach dem Abzug der Franzosen wurden Georg Friedrich Heilmann und sein Vater Niklaus 1814 in die provisorische Regierung gewählt. Im Namen der Stadtregierung reiste Georg Friedrich Heilmann an den Kongress in Wien, um bei den Alliierten (vergeblich) die Anerkennung eines Kantons Biel zu verlangen. Heilmann war von 1816-1829 Mitglied des Grossen Rats in Bern und bis 1844 Hauptmann im bernischen Regiment in Neapel. Mit seinem Sohn, der 1862 verstarb, war Georg Friedrich Heilmann der letzte Vertreter einer Familie, die sich seit 1734 in Biel niedergelassen hatte.

Nommé avec son père Niklaus au Gouvernement provisoire de 1814 après le retrait des troupes françaises, G.F. Heilmann fut délégué au Congrès de Vienne pour tenter d'y accréditer la reconnaissance d'un canton de Bienne. Membre du Grand Conseil bernois de 1816 à 1829, puis capitaine du régiment bernois à Naples jusqu'en 1844, il présida également la Caisse d'Epargne de Bienne. Il fut, avec son fils, le dernier ressortissant d'une famille qui s'était distinguée depuis 1734, époque où Johann Christoph Heilmann arriva de Marburg pour ouvrir une imprimerie à Bienne.

Appointed with his father Niklaus to the provisional Government of 1814 after the withdrawal of the French troops, G.F. Heilmann was sent as delegate to the Congress of Vienna in order to gain credence there for the recognition of a Canton of Biel. Member of the Bernese Grand Council from 1816 to 1829, then Captain of the Bernese Regiment in Naples until 1844, he was also President of the Biel Savings Bank. With his son who died the same year, he was the last member of a family which had distinguished itself since 1734.

Kocher Theodor
(1841-1917)

Theodor Kocher stammte aus Büren an der Aare und war Professor der Chirurgie und Rektor an der Universität in Bern. Er war weltweit anerkannt - vor allem für seine Leistungen für Kropfkranke. 1910 wurde er mit dem Nobelpreis ausgezeichnet.

Originaire de Büren sur Aar, il fut professeur de chirurgie et recteur de l'Université de Berne. Mondialement renommé, particulièrement dans la chirurgie du goître, il se vit honoré du Prix Nobel en 1910.

A native of Büren a.A., he was Professor of Surgery and Rector of the University of Berne. Of worldwide reputation, particularly in surgery of the goitre, he was awarded the Nobel Prize in 1910.

LANZ EDUARD
(1886-1972)

Eduard Lanz war der Sohn eines Mediziners und einer künstlerisch begabten Mutter und verschrieb sich schon sehr früh der Architektur. Er hat Mietshäuser, Einfamilien- und Wochenendhäuser, Arbeitersiedlungen, Werkstattbauten und Kirchgemeindehäuser geschaffen. Ihm verdankt Biel auch das Volkshaus und das Wyttenbachhaus. Ausserdem setzte er sein Können bei der Renovation der Bieler Stadtkirche ein und verfasste die Publikation «500 Jahre Bieler Stadtkirche.».

Fils d'un médecin et d'une mère douée pour les arts, Eduard Lanz se consacra à l'architecture. On lui doit, outre d'innombrables immeubles locatifs, maisons familiales, fabriques et autres constructions, la réalisation de la Maison du Peuple et la Maison Wyttenbach. Il exerça également son talent au sauvetage et à la restauration du Temple allemand (Bieler Stadtkirche) auquel il consacra une publication: «500 Jahre Bieler Stadtkirche».

Son of a doctor and an artistic mother, Eduard Lanz devoted himself to architecture. Apart from rented property, family houses, factories and other buildings, he was responsible for designing the «Maison du Peuple» and the Wyttenbach House. He also exercised his talent in helping to save and restore the city's church (Bieler Stadtkirche) to which he dedicated a work «500 Jahre Bieler Stadtkirche».

MARTHALER FRITZ
(1919-1978)

Fritz Marthaler widmete einen grossen Teil seines Lebens der Politik als Mitglied der Bauern-Gewerbe- und Bürgerpartei (später SVP), zuerst als Gemeinderat und später im Grossen Rat. 1966 trat er als Nachfolger von Otto Bienz in den Nationalrat ein. Fritz Marthaler wurde in Täuffelen geboren und besuchte das Bieler Progymnasium. Später schloss er die Metzgerlehre ab, bestand die Eidgenössische Metzger-Meisterprüfung und eröffnete eine eigene Metzgerei.

Né à Täuffelen, il fréquenta le Progymnase de Bienne avant d'entreprendre un apprentissage de boucher qu'il compléta par la maîtrise fédérale. Fritz Marthaler consacra une grande partie de sa vie à la politique, d'abord en qualité de conseiller municipal, puis comme membre du Grand Conseil. En 1966, il succéda à Otto Bienz au Conseil national.

Born in Täuffelen, he attended the Biel Progymnasium before serving a butcher's apprenticeship as a result of which he qualified as a master butcher. Fritz Marthaler devoted much of his life to politics, first as a city councillor, then as a member of the Cantonal Parliament. In 1966, he succeeded Otto Bienz as a member of the Federal Parliament.

MATHY KARL
(1807-1868)

1835 kommt Karl Mathy als politischer Flüchtling nach Biel, wo er als Redaktor und Übersetzer an der Zeitung «Die junge Schweiz» und als Lehrer in der Sekundarschule Grenchen arbeitet. Obwohl ihm Madretsch das Bürgerrecht zusichert und Büren ihm eine Lehramtsstelle einräumt, verweigert ihm die Regierung die Aufenthaltsbewilligung. Er kehrt in sein Heimatland zurück und wird badischer Ministerpräsident. Damit ging unserem Land ein fähiger Politiker verloren, der bei uns für die Beseitigung der Zölle, die Aufhebung des Zehnten und die Vereinheitlichung der Münz-, Mass- und Gewichtseinheit wertvolle Vorarbeit geleistet hatte.

Né à Mannheim, il entre au service de l'Etat bavarois après des études de sciences politiques. Il en sera écarté à cause de ses idées politiques. En 1935, il collabore en qualité de rédacteur et de traducteur au journal «Die junge Schweiz», puis enseigne à l'école secondaire de Granges. Bien que bourgeois de Madretsch, il se vit refuser le renouvellement de son permis d'établissement, retourna dans son pays et devint président des ministres de Bavière. Il se distingua par ses travaux portant sur l'abolition des droits de douane, le prélèvement de la dîme et l'unification des monnaies, poids et mesures.

Born in Mannheim, he joined the Bavarian State service after studying political science. He was dismissed on account of his political ideas. In 1935, he collaborated as editor and translator for the newspaper «Die junge Schweiz», then taught at the Secondary School of Granges. Though a citizen of Madretsch, he was not allowed to renew his residence permit. He then returned to his country and became Prime Minister of Baden. He earned a reputation for his work on the removal of customs duties, the abolition of tithes and the standardization of currencies, weights and measures.

MOLL JOHANN JAKOB
(1743-1828)

Sein ganzes Leben lang beschäftigte sich Johann Jakob Moll mit sozialen Problemen und mit Städtebaufragen. Noch heute sind seine Vorschläge brandaktuell. 1821 gründete er eine Stiftung zugunsten eines Altersheims in Biel, deren Kapital erstmals nach 154 Jahren genutzt wurde. Ausserdem stiftete er eine Rente, deren Zinsertrag jährlich zugunsten eines sozialen Werkes verlost wurde.

Toute sa vie fut consacrée à l'étude des problèmes sociaux engendrés par les villes et ses travaux gardent, aujourd'hui encore, toute leur valeur. En 1821, Johann Moll créa une Fondation destinée à un futur home pour personnes âgées. Les intérêts du fonds qu'il légua alors, capitalisés pendant 154 ans, furent utilisés à partir de 1975. Par ailleurs, il fit don d'une rente dont les revenus devaient être annuellement affectés au soutien d'une oeuvre sociale.

His whole life was devoted to studying the social problems encountered in cities, and his work is still perfectly valid today. In 1821, Johann Moll set up a Foundation to finance a future home for old people. The interest on the capital which he then bequeathed, capitalized over 154 years, was put to use as from 1975. He also donated an annuity, the income on which was to be annually earmarked for financing a social work.

Moser Alexander
(1755-1824)

Mit 25 Jahren hatte Alexander Moser bereits das Notariats-Patent in den Händen. 1783 avanciert er zum Stadtschreiber, später zum Ratsherr und Burgermeister. Zusammen mit der gesamten Stadtverwaltung wird er 1798 von den Franzosen abgesetzt. Nach dem Abzug der Franzosen 1813 wählt man ihn wieder zum Burgermeister – er gibt das Amt aber 1818 aus gesundheitlichen Gründen ab.

Patente de notaire en poche à 25 ans, Alexander Moser devint scribe municipal, puis bourgmestre de la ville. Démis de ses fonctions en même temps que l'ensemble de son conseil lors de l'invasion des troupes françaises en 1798, il recouvrit sa charge dès le départ des troupes d'occupation en 1813, et garda les rênes des autorités biennoises jusqu'en 1818, se retirant alors pour des questions de santé.

Qualifying as a notary at the age of 25, Alexander Moser became a municipal scribe, then burgomaster of the city. Put out of office at the same time as the rest of his Council when French troops invaded in 1798, he resumed office the moment the occupying troops left in 1813 and continued to hold the reins of the Biel authorities until 1818, then retiring for health reasons.

Müller Guido
(1875-1963)

Der im aargauischen Linn geborene Guido Müller verliert mit zehn Jahren seinen Vater. Seine Jugend verbringt er bei seiner Grossmutter, die in Bözingen eine Wäscherei führt. Von 1893 bis 1907 arbeitet er bei verschiedenen Eisenbahngesellschaften (Nordostbahn, Jungfrau, Gotthardbahn). Danach unterrichtet er an der Verkehrsschule in Biel, bevor er endgültig die politische Laufbahn einschlägt: Nach kurzer Zeit als Stadtschreiber wird er von 1921 bis 1947 Stadtpräsident. Als Gemeinderat betreut er vorerst die Baudirektion, später die Finanzdirektion. Er führt Biel durch die Krisenzeit und bringt neue Industrien (GM) in die Stadt. Der SP-Politiker Guido Müller setzt sich von 1925 bis 1943 auch im Nationalrat für seine Region ein. Er verfasst zahlreiche Publikationen über Biel.

Né à Linn, en Argovie, Guido Müller, orphelin de père à dix ans, passe sa jeunesse à Boujean où sa grand-mère tenait une blanchisserie. De 1893 à 1907, il travaillera au service de plusieurs compagnies de chemins de fer (Nordostbahn, Jungfrau, chemin-de-fer du Gothard). Il enseigne ensuite à l'Ecole des transports de Bienne (Verkehrsschule) avant de devenir chancelier puis maire de la ville de 1921 à 1947. En qualité de conseiller municipal, il oeuvra tout d'abord à la direction des Travaux publics, puis aux Finances, où il excella. Membre du Parti socialiste, Guido Müller fut nommé conseiller national de 1925 à 1943. Il est l'auteur de nombreuses publications sur Bienne.

Born at Linn in Aargau, Guido Müller, who lost his father at the age of ten, spent his youth at Boujean where his grandmother kept a laundry. From 1893 to 1907 he worked for several railway companies (Nordostbahn, Jungfrau, Gotthard railways). He then taught at the Biel Transport School (Verkehrsschule) before becoming Town Clerk, then Mayor from 1921 to 1947, first in charge of Public Works, then Finance where he excelled. Member of the Social Democratic party, Guido Müller sat in the Federal Parliament from 1925 to 1943. He is the author of numerous publications on Biel.

Neuhaus Charles
(1796-1849)

Charles Neuhaus ist in Neuenburg geboren und besuchte dort die Schulen bis zum Gymnasium. Seinen Wunsch, Theologie zu studieren, gibt er bald auf: Er tritt in ein Strassburger Handelshaus ein und wird später Teilhaber der Indiennefabrik in Biel. 1830 wird er französischer Sekretär des Verfassungsrates und Grossrat sowie Führer der radikalen Partei. Er setzt die Reform der Primarschulen durch und wird 1839 bernischer Schultheiss und 1841 Tagsatzungspräsident. Nach der Verfassungsänderung von 1846 wird er gestürzt – zwei Jahre später wird er in den Nationalrat gewählt.

Fils de Rudolf Friedrich, c'est à Neuchâtel, sa ville natale, qu'il fréquente le gymnase, désirant se consacrer à la théologie. Il abandonne cette voie pour entrer au service d'un commerçant de Strasbourg avant de rejoindre l'entreprise familiale d'indiennes. En 1830, il deviendra secrétaire du Conseil de la Constitution et du Grand Conseil, en même temps que chef de file des radicaux. Il entreprendra la réforme des écoles primaires. Nommé «Schultheiss» bernois en 1839, puis président de la «Tagsatzung», il est relevé de ses fonctions après la modification de la Constitution. Il sera cependant encore membre du Conseil national en 1848.

Son of Rudolf Friedrich, he attended the grammar school of his native city, Neuchâtel, with the initial intention of studying theology. He gave up this idea and entered the employment of a Strasbourg merchant before joining the family calico business. In 1830, he became secretary to the Council of the Constitution (Verfassungsrat) and the Grand Council, and at the same time leader of the Radical Party. He took on the reform of the primary schools. Appointed Bernese mayor (Schultheiss) in 1839, then President of the Diet (Tagsatzung), he was relieved of office after the amendment of the Constitution. However, he was elected to the Federal Parliament in 1848.

Neuhaus François Alexandre

(1747-1803)

François Alexandre Neuhaus widmet sich der Medizin – genau wie sein Vater Jean-Rodolphe II, der in Bonn und Strasbourg Medizin studierte und von 1748 bis 1757 das Venneramt inne hatte. Der Grossvater von François Alexandre, der Mediziner und Theologe Jean-Rodolphe I, erwarb 1692 das Burgerrecht in Biel. François Alexandre praktiziert in Biel von 1767 bis 1788 als Arzt. Ein Jahr später wird er als Professor an die Universität von Nantes gewählt. Die Revolution zwingt ihn, nach Biel zurückzukehren. Von 1792 bis 1797 ist er Stadtschreiber. Als Vertreter der Stadt kämpft er um die Rechte Biels am Vallon de St-Imier und wird auch ins helvetische Parlament gewählt.

Petit-fils de Jean-Rodolphe, médecin et théologien qui avait acheté la bourgeoisie de Bienne en 1692, fils de Jean-Rodolphe II qui avait étudié la médecine à Bonn et Strasbourg avant de s'installer à Bienne où il fut banneret de 1748 à 1757, François-Alexandre Neuhaus se voua également à la médecine qu'il pratiquera à Bienne de 1767 à 1788. En 1789, il fut appelé comme professeur à l'Université de Nantes. Chassé par la Révolution française, il revint à Bienne et fut chancelier de la ville de 1792 à 1797. Chargé d'une mission d'ambassadeur auprès du Directoire pour défendre les droits de Bienne sur le vallon de Saint-Imier, il siégea également au Sénat helvétique dont il devint le sous-secrétaire.

Grandson of Jean-Rodolphe, doctor and theologian who had bought the citizenship of Biel in 1692, son of Jean-Rodolphe II who had studied medicine in Bonn and Strasbourg before settling in Biel where he was Banneret from 1748 to 1757, François-Alexandre Neuhaus likewise took up medicine which he practised in Biel from 1767 to 1788. In 1789, he was appointed Professor at the University of Nantes. Driven out by the French Revolution, he came back to Biel and held office as City Chancellor from 1792 to 1797. Appointed as ambassador to the Directoire to defend the interests of Biel on the Vale of St-Imier, he also sat in the Helvetic Senate of which be became the Under-Secretary.

Neuhaus-Verdan Johann Rudolf

(1767-1846)

Als junger Kaufmann arbeitete er in Lyon und gründete in Marseille und Aix-en-Provence ein Handelshaus. Die französische Revolution zwang ihn zur Rückkehr nach Biel. Hier tritt er in die Indienne-Fabrik seines Schwiegervaters Verdan ein. 1824 gründet Neuhaus mit seinem Schwager Huber-Verdan die Baumwollspinnerei in der Gurzelen. Seinem Engagement verdankt Biel die Gründung der Ersparniskasse Biel (1823), die Eröffnung des ersten Gymnasiums (1817), die Reorganisation der Stadtschulen (1828) und die Gründung eines Waisenhauses im Berghaus.

Jeune commerçant, il travaille à Lyon avant d'ouvrir sa propre maison à Marseille et Aix-en-Provence. La Révolution française le contraindra à revenir à Bienne où il entre dans la Fabrique d'indiennes de son beau-père Verdan. En 1824, en collaboration avec son beau-frère Huber-Verdan, il créera la fabrique de tissage de la Gurzelen. On lui doit aussi la fondation de la Caisse d'Epargne de la ville de Bienne en 1823, l'ouverture du premier Gymnase et la réorganisation des écoles de la ville. Il fut également le fondateur de la maison d'orphelins «im Berghaus».

He worked in Lyons as a young businessman before setting up his own business in Marseilles and Aix-en-Provence. The French Revolution forced him to go back to Biel where he joined the calico factory of his father-in-law, Verdan. In 1824, in collaboration with his brother-in-law, Huber-Verdan, he built the Gurzelen weaving mill. He was also responsible for the foundation of the City of Biel's Savings Bank in 1823, the opening of the first «Gymnasium» (High School) and for reorganizing the city's schools. Another of his achievements was the foundation of the orphanage «im Berghaus».

Reimann Gottfried

(1862-1909)

Der Schriftsetzer Gottfried Reimann engagiert sich als Sekretär des Internationalen Buchdruckerverbandes. Der perfekte «Bilingue» gründet 1886 die erste Arbeiterverbindung für Uhrmacher. 1896 wird er Grossrat, und 1899 tritt er in den Bieler Stadtrat ein. Er wird Zentralpräsident der Schweizer Sozialdemokraten und des Grütlivereins und 1907 in Biel zum ersten sozialistischen Stadtpräsidenten der Schweiz gewählt. Erst 47jährig, stirbt er 1909 an Tuberkulose.

Typographe de profession, puis secrétaire général de l'Union internationale des imprimeurs, il fonda la première association des travailleurs de l'horlogerie. Membre du Grand Conseil en 1894, il entra au Conseil de ville de Bienne en 1896. Il fut président central du Parti socialiste suisse et du «Grütliverein», et en 1907, il fut élu maire de Bienne, devenant ainsi le premier maire socialiste de Suisse. Il mourut de tuberculose en 1909, à l'âge de 47 ans.

A typographer by profession, then Secretary-General of the International Printers' Union, he founded the first Federation of Horological Workers. A member of the Cantonal Parliament in 1894, he joined the Biel City Council the became national President of the Swiss Social-Democratic Party and the «Grütiverein» and in 1907 in Biel was elected Switzerland's first Socialist Mayor. He died of Tubercoloses in 1909 at the early age of 47.

ROBERT LÉO-PAUL

(1851-1923)

Paul Robert, Sohn des Malers Aurèle Robert und Neffe von Leopold Robert, studierte in München, Florenz und Paris. In seinem Bieler Ateliergebäude im Oberen Ried malt er 1886-1894 die Wandbilder für das Museum Neuenburg und 1901-1905 die Wandbilder für das Bundesgericht in Lausanne. Neben den grossen allegorischen Gemälden schuf er die vielbeachteten Kollektionen der einheimischen Vögel und Raupen. Für die illustrierte Gotthelf-Ausgabe lieferte er zudem zahlreiche Zeichnungen.

Fils du peintre Aurèle Robert et neveu de Léopold, il fit des études à Munich, Florence et Paris. Il installa ses ateliers à Bienne et y réalisa les grandes peintures murales destinées au Musée de Neuchâtel et au Palais de justice de Lausanne. A côté de remarquables planches illustrant des chenilles, il créa une admirable collection des oiseaux de la région, ainsi que de très nombreux dessins destinés à illustrer les livres de Jeremias Gotthelf.

Son of the painter Aurèle Robert and nephew of Léopold, he studied in Munich, Florence and Paris. He set up his studios in Biel where he did the great wall paintings for the Museum of Neuchâtel and the Palace of Justice in Lausanne. Apart from his large scale allegorical paintings, he made an admirable collection of local birds and did numerous sketches to illustrate the books of Jeremias Gotthelf.

ROSIUS JAKOB

(1598-1676)

Jakob Rosius wurde in Deutschland geboren und studierte in Basel Theologie. 1621 wird er als Lehrer für Latein und Mathematik nach Biel gewählt und fünf Jahre später als Burger von Biel aufgenommen. Nach Auseinandersetzungen mit dem Rat von Biel wird er aus dem Schuldienst entlassen. 1630 tritt er in den piemontesischen Kriegsdienst ein und 1635 in das Heer des Herzogs Rohan in Graubünden. Rosius wird bekannt dank seinen Leistungen in der Astronomie und der Mathematik: Zu seinen Arbeiten werden ein immerwährender Kalender, eine immerwährende Zeitrechnung und eine Beschreibung des Kometen von 1664 gezählt.

Né en Allemagne, Rosius étudie la théologie à Bâle avant d'enseigner le latin et les mathématiques à Bienne où il est nommé bourgeois de la ville en 1626. Il est expulsé de l'enseignement à la suite de différends avec le Conseil de Bienne. Il se met alors au service des armées piémontaises, puis combat au côté du Duc de Rohan, aux Grisons. En 1630 on lui refusera l'ouverture d'une imprimerie, puis d'un moulin à papier à Bienne. Mais Rosius fera parler de lui grâce à ses travaux d'astronome et à la création d'un calendrier perpétuel, ainsi que par ses livres sur les mathématiques.

Born in Germany, Rosius studied theology in Basle before teaching Latin and Mathematics in Biel where he was granted the citizenship of the city in 1626. He was stopped from teaching as a result of disputes with the Council of Biel. He then enlisted with the Piedmontese Armies and later fought alongside the Duc de Rohan, in the Grisons. In 1630, he was refused permission to open a printing house and then a paper mill in Biel. But Rosius carved himself a reputation by virtue of his work in astronomy and his design of a perpetual calendar as well as his books on mathematics.

Henri Schaeren

SCHAEREN GEORGES UND HENRI

(1882-1958) und (1886-1957)

Die Brüder Schaeren legen in der Zeit des Ersten Weltkrieges in Biel den Grundstein zur heutigen Uhrenfabrik Mido. Mido wird dank neuen Marketing-Techniken und dem erfolgreichen Standardmodell «Mido-Multifort» in der ganzen Welt bekannt.

C'est pendant la Première Guerre mondiale que les deux frères créèrent une entreprise d'horlogerie qui devint plus tard la manufacture des montres Mido. La marque connaîtra un essor particulier grâce à l'introduction des nouvelles techniques de marketing et au succès du modèle Mido Multifort.

It was during the first world war that the two brothers established a watchmaking business which later became the Mido Watch Factory. The brand enjoyed a remarkable boom thanks to the introduction of new marketing techniques and to the success of the Mido Multifort model.

SCHNEIDER RUDOLF

(1804-1880)

Der etablierte Nidauer Mediziner Rudolf Schneider arbeitete gemeinsam mit Karl Mathy, Mazzini, Alexander Schöni, Karl Neuhaus und Ernst Schüler am Aufbau der politisch engagierten Zeitung «Die junge Schweiz» mit. Nach diplomatischem Druck aus dem Ausland verbieten die Berner Behörden 1836 die Publikation der Zeitung. Die Artikel gelten als zu kritisch, und ausserdem ist das Blatt fest in den Händen politischer Flüchtlinge. Schneider war auch der massgebende Initiant der Ersten Juragewässerkorrektion.

Médecin établi à Nidau, il participe, avec Karl Mathy, Mazzini, Alexander Schöni, Karl Neuhaus et Ernst Schüler, à la création de «Die junge Schweiz», journal à forte connotaton politique. En 1836, sous la pression de diplomates étrangers, les autorités bernoises saisissent le journal et décrètent l'interdiction de paraître, en raison de la virulence de certains articles, mais surtout parce qu'il était dans les mains de réfugiés politiques étrangers. Il fut également le fer de lance du projet de correction des eaux du Jura.

As an established doctor in Nidau, he collaborated with Karl Mathy, Mazzini, Alexander Schöni, Karl Neuhaus and Ernst Schüler in creating «Die junge Schweiz», a newspaper with strong political overtones. In 1836, under the pressure of foreign diplomats, the Bernese authorities seized the newspaper and banned it from publication due to the virulence of certain articles, but mainly because it was in the hands of foreign political refugees. He was also one of the initiators of the first Jura waters corrections scene.

SCHNYDER JEAN
(1831-1903)

1831 in Wädenswil geboren, zog Jean Schnyder nach Biel, wo seine älteren Brüder 1844 die Seifenfabrik Schnyder & Cie AG gründeten. Schnyder wurde zu einem aktiven Unternehmer, seinen Ideen und seinem Innovationsgeist ist es zuzuschreiben, dass die Firma in der ganzen Schweiz und auch im Ausland zu einem Begriff wurde.

Né à Wädenswil en 1831, Jean Schnyder rejoignit l'équipe de ses frères aînés qui, en 1844, créèrent la fabrique de savon Schnyder & Cie SA. Entreprenant et actif, il porta la renommée de son entreprise dans tout le pays et au-delà de nos frontières.

Born at Wädenswil in 1831, Jean Schnyder joined the team of his elder brothers who, in 1844, set up the soap factory Schnyder & Cie A.G. Enterprising and active, he helped to spread the reputation of his business throughout the country and beyond our borders.

SCHÖCHLIN HANS
(1893-1978)

Hans Schöchlin wurde in Santiago de Chile geboren, wo sein Vater ein Geschäft für Schweizer Uhren betrieb. Nach dem frühen Tod des Vaters kehrt die Familie nach Biel zurück. Hans Schöchlin besucht das Bieler Gymnasium. Es folgen Architekturstudien an der ETH Zürich und an den Staatlichen Technischen Hochschulen von Karlsruhe und München. 1920 kommt er als Lehrer in die bautechnische und kunstgewerbliche Abteilung des Bieler Technikums (heute: Ingenieurschule) – zwölf Jahre später wird er Direktor dieser Schule. Auf Vorschlag der Freisinnigen Partei wird er 1928 in den Bieler Stadtrat gewählt, dem er fast 20 Jahre lang angehört. Der Burgergemeinde dient er von 1924 bis 1952 als Mitglied des Burgerrates, den er während 18 Jahren präsidiert. In den 40er Jahren setzt er sich engagiert für die Gründung der Schweizerischen Holzfachschule ein. Hans Schöchlin war auch eine sportliche Koryphäe: Als Ruderer des Seeclubs Biel holte er sich in jungen Jahren nationale und internationale Lorbeeren. Höhepunkt war sein olympischer Sieg im Zweier mit Steuermann (zusammen mit seinem Bruder Karl) an den Olympischen Spielen 1928 in Amsterdam.

Né à Santiago du Chili où son père s'occupait d'horlogerie, Hans Schöchlin suivit le Gymnase de Bienne, le veuvage de sa mère ayant contraint la famille à regagner le pays. Diplômé de l'Université de Zurich, le jeune architecte continua sa formation à Karlsruhe et à Munich avant de reprendre la responsabilité du département architecture du Technicum de Bienne dont il devint le directeur 12 ans plus tard. Médaillé d'or des Jeux Olympiques d'Amsterdam en aviron en 1928, il entra au Conseil de ville la même année et pour vingt ans, présidant simultanément la Commune bourgeoise à laquelle il appartient de 1924 à 1952. Dans les années quarante, il mit sur pied l'Ecole suisse du bois, qui faisait alors encore partie du Technicum.

Born in Santiago (Chile) where his father was involved in watchmaking, Hans Schöchlin attended the high school in Biel, his mother's widowhood having forced the family to return to the home country. A graduate of the University of Zurich, the young architect continued his training in Karlsruhe and Munich before assuming responsibility for the Department of Architecture of Biel Technical College of which he became the Principal 12 years later. He joined the City Council in 1928 as a representative of the Radical Party and worked there for more than twenty years. At the same time he presided over the Citizen Community to which he belonged from 1924 to 1952. In the forties he set up the Swiss Timber School which then belonged to the Technical College.

SCHOLL GOTTFRIED
(1803-1865)

1829 tritt Gottfried Scholl als Leutnant in den neapolitanischen Dienst, den er 1844 als Hauptmann quittiert. Von 1850 bis 1854 gehört er dem Grossen Rat an. Er gründet die Sektion Biel der jurassischen Emulation, ist Miglied der bernischen Kunstgesellschaft und der Geschichtsforschenden Gesellschaft. Viele seiner literarischen Arbeiten werden gedruckt, und 1847 gibt er ein Familienblatt heraus. Er stirbt 1865 in Montpellier.

D'abord lieutenant, puis capitaine au service des troupes napoléoniennes, Gottfried Scholl entre au Grand Conseil en 1850. Fondateur de la Société d'émulation de Bienne, membre de la Société bernoise des Arts ainsi que de la Société de recherches historiques, il crée un journal familial en 1847 et publie de nombreux ouvrages littéraires. Il meurt à Montpellier en 1865.

At first a lieutenant and then a captain in the service of Napoleonic troops, Gottfried Scholl joined the Grand Council in 1850. Founder of the Biel Emulation Society, member of the Bernese Society of Arts as well as the Society of Historical Research, he created a family newspaper in 1847 and published numerous literary works. He died at Montpellier in 1865.

Scholl Jules Charles

(1850-1886)

Er ist der Sohn von Gottfried Scholl und studierte in Neuenburg, Leipzig und Zürich. Später wird er Sekretär der von seinem Vater gegründeten Sektion Biel der jurassischen Emulation und engagiert sich für das geistige Leben der französischsprechenden Bevölkerung der Stadt. Er publiziert Gedichte, eine Geschichte des Islams und eine Reihe Streitschriften gegen Tierversuche. 1876 gründet er den Tierschutzverein Biel.

Fils de Friedrich, il étudie à Neuchâtel, Leipzig et Zurich. Secrétaire de la Société d'émulation fondée par son père, il contribue à la vie culturelle de la population francophone de Bienne. Il publie des poèmes, une Histoire de l'Islam et une série d'articles contre la vivisection. En 1876, il fonde la section biennoise de la Société pour la protection des animaux.

Son of Friedrich, he studied at Neuchâtel, Leipzig and Zurich. Secretary of the Emulation Society founded by his father, he contributed to the cultural life of the French-speaking population of Biel. He published poems, a history of Islam and a series of articles against vivisection. In 1876, he founded the Biel section of the Society for the Protection of Animals.

Schöni Alexander

(1796-1880)

Der spätere Führer der Bieler Radikalen stammte aus einer alten Bieler Familie. Nach einer reisefreudigen Jugendzeit setzte er sich, zurück in Biel, für die politischen Flüchtlinge aus Deutschland ein und nahm, in seinem Haus an der Dufourstrasse, viele von ihnen als Gäste auf. Er amtierte 1832 bis 1846 als Grossrat und während elf Jahren als Bieler Gerichtspräsident. Später wurde er Regierungsstatthalter, städtischer Baudirektor und schliesslich, 1860, Mitglied der Finanzdirektion.

Leader des radicaux biennois, Alexander est issu de la vieille famille biennoise des Schöni. Après ses années de jeunesse consacrées aux voyages, il s'engagea dans le mouvement des réfugiés politiques allemands installés à Bienne, dont les leaders se réunissaient à son domicile, rue Dufour. Alexander Schöni fut membre du Grand Conseil de 1832 à 1846 et présida le Tribunal de Bienne pendant onze ans. Préfet de 1846 à 1850, il assuma également la charge de directeur des Travaux publics (1855-1858) et compta parmi les membres de la Direction des finances.

Later the leader of the Biel radical movement, Alexander Schöni originated from an old Biel family. Following a youthful period of travel, he returned to Biel and devoted himself to the political refugees from Germany, many of whom he accepted as guests in his house in Dufour Street. He was a member of the cantonal parliament between 1832 and 1846, and he held the office of president of the Court of Biel for eleven years. He later became governor, director of Public Works and finally, in 1860, member of the Finance Committee.

Schüler Ernst

(1807-1881)

Der in Darmstadt geborene Ernst Schüler kommt 1833 als politischer Flüchtling nach Biel und unterrichtet hier am Gymnasium. Zwei Jahre später erwirbt er das Burgerrecht und wird Teilhaber der Druckerei «Die junge Schweiz», die radikale Ideen dieser Epoche unterstützt und verbreitet. 1845 wird er Gemeinderat – als Politiker befürwortet er die Wiedereinführung der Uhrenindustrie in Biel. Die Arbeitslosigkeit nach der Schliessung der Indienne-Fabrik versucht er zu bekämpfen, indem er etablierte Uhrmacher aus dem Jura nach Biel holt. 1853 gründet er die noch heute bestehende Buchdruckerei Schüler. Ausserdem engagiert er sich als Redaktor und Herausgeber einer neuen Zeitung, dem späteren «Tagesanzeiger für die Stadt Biel und Seeland», später «Der Kurier», der 1911 zum letzten Mal erschien.

Né à Darmstadt, il s'établit en 1833 à Bienne comme réfugié politique, enseignant au Gymnase de la ville. Bourgeois en 1835, Schüler participe à la fondation du journal «Die junge Schweiz», qui soutient et développe les idées radicales de l'époque. Nommé conseiller municipal en 1845, il tente de pallier le chômage engendré par la fermeture des manufactures d'indiennes en faisant venir les horlogers établis dans le Jura. En 1853, il achète la maison des Princes-évêques et y installe une imprimerie. Il crée et rédige lui-même un nouveau journal qui deviendra plus tard le «Tagesanzeiger für die Stadt Biel und Seeland», puis «Der Kurier» qui cessera de paraître en 1911.

Born in Darmstadt, he settled in Biel in 1833 as a political refugee, teaching at the city's high school. Granted citizenship in 1835, Schüler collaborated in founding the newspaper «Die junge Schweiz», which supported and developed the radical ideas of the time. Appointed a municipal councillor in 1845, he tried to reduce the unemployment caused by the closing down of the calico mills by attracting the watchmakers established in the Jura. In 1853, he bought the «Maison des Princes-évêques» and converted it into a printing house. He founded and himself edited a new newspaper which later became the «Tagesanzeiger für die Stadt Biel und Seeland», then «Der Kurier» which ceased to appear in 1911.

SCHWAB DAVID
(1748-1823)

Als Sohn eines Steinhauers kommt David Schwab auf der Wanderschaft nach Portugal, wo er in Torres Noves bei Lissabon eine Indienne-Druckerei eröffnet. Die Firma löste sich während der Kriegswirren 1796 auf, und Schwab kehrte als reicher Mann in seine Heimatstadt Biel zurück. Hier erwirbt er mehrere Grundbesitze. Als umsichtiger Grund-Finanzberater berät er die Stadt während der französischen Besatzung.

Fils du sculpteur Peter Schwab, David gagna le Portugal à pied et s'établit à Torres Noves près de Lisbonne où il créa une fabrique d'indiennes. En 1796, la guerre l'obligea à quitter le pays et il reprit le chemin de Bienne, sa ville natale, fortune faite. Il s'y rendit acquéreur de nombreuses propriétés foncières. Conseiller financier sous l'occupation française, il rendit de précieux services à la ville grâce à ses judicieux conseils.

Son of the sculptor Peter Schwab, David walked to Portugal and settled at Torres Noves near Lisbon where he set up a calico mill. In 1796, war forced him to leave the country and he returned to Biel, his native city, having made his fortune. In Biel he bought numerous properties. As a financial adviser under the French occupation, he rendered valuable services to the city thanks to his sensible counsel.

SCHWAB FRIEDRICH
(1803-1869)

Nach einer Ausbildung am Gymnasium und einer kaufmännischen Lehre in der Bieler Indienne-Fabrik begann er sich vermehrt seinen beiden Leidenschaften zuzuwenden: Der Jagd und der Altertumskunde. Er forschte an den drei Juraseen und am Hallwiler-, Baldegger- und Bodensee nach «Pfahlbauten» und fasste seine Ergebnisse in den «Pfahlbauberichten» zusammen, mit denen er unter in- und ausländischen Prähistorikern ein breites Echo fand. 1865 schenkte er seine gesamte Sammlung archäologischer Fundstücke der Stadt Biel.

Après avoir suivi l'enseignement du gymnase, il entreprit un apprentissage de commerce à la fabrique d'indiennes de Bienne. Ses activités de loisirs, orientées vers la chasse et l'archéologie, l'incitèrent à des recherches sur les fameuses constructions lacustres sur pilotis, dans les trois lacs jurassiens ainsi que dans les lacs de Constance, de Baldegg et de Hallwil. Pionnier de la préhistoire romande, il légua cette inestimable collection à la Ville de Bienne en 1865.

After completing his high school education and serving a commercial apprenticeship at the Indienne factory in Biel, Friedrich Schwab began devoting more time to his two great passions: hunting and the study of antiquity. He conducted research into pile-dwellings at the three lakes bordering the Jura - Hallwilersee, Baldeggersee and Lake Constance - and recorded his findings in the «Pfahlbaugeschichten» («Pile-Dwelling Reports»), which were enthusiastically received by devotees of prehistory. He donated his entire collection to the city of Biel.

SESSLER JEAN
(1822-1897)

Der Sohn eines 1816 in Biel eingebürgerten Württembergers arbeitete nach einer kaufmännischen Lehre als Buchhalter in Bern. 1851 kehrte er nach Biel zurück, um zusammen mit Albert Locher die Leitung der Zigarrenfabrik Schaffter, Locher & Cie. zu übernehmen. 1855 wurde er zum Gemeinderat, später zum Gemeinderatspräsidenten gewählt. Zugleich amtierte er als Grossrat, 1873 als dessen Präsident und als Nationalrat. Er war Initiant der Neuquartier-Baugesellschaft und Mitbegründer zahlreicher grosser Unternehmungen.

Né d'un père descendant des Württemberg, élu bourgeois de Bienne en 1816, Jean Sessler reprit, en 1851, la direction de la fabrique de cigares Schaffter, Locher & Cie, à Bienne. Il siégea de 1855 à 1878 au Conseil de ville dont il assuma la présidence en même temps que celle du Grand Conseil. Il fut député pendant trois législatures et conseiller national de 1860 à 1865. Initiateur de la «Société de construction des quartiers neufs», il compta également parmi les cofondateurs de la Banque Nationale et des Chemins de fer du Jura.

The son of a citizen of Württemberg who was naturalised in Biel in 1816, Jean Sessler worked as a book-keeper in Berne following the completion of his commercial apprenticeship. In 1851 he returned to Biel and took over the management of the Schaffter, Locher & Cie. cigar factory in collaboration with Albert Locher. He became a municipal councillor in 1885 and was later elected Mayor. At the same time he was a member of the cantonal parliament of which he became president in 1873, and he was also a member of the Federal Parliament.

VERRESIUS JOHANN AUGUSTIN
(†1635)

Der Maler und Schriftsteller Johann Augustin Verresius lässt sich 1621 in Biel nieder und verschafft sich als Chronist der Stadt einen Namen. Anerkannt sind vor allem seine Stadtansichten, seine baugeschichtlichen Angaben über die Stadtkirche, seine Zeichnungen von Silberschalen und von der Beute bei der Murtenschlacht. Verresius stirbt 1635.

Verresius se vit confier, dès 1625, la charge de chroniqueur de la ville de Bienne où il s'était établi depuis 1621. Reconnu à la fois comme peintre et écrivain, il réalisa un tableau détaillant l'architecture de l'église de la ville et des dessins destinés à la décoration de coupes d'argent et des canons du butin de la bataille de Morat.

Verresius was appointed chronicler of the City of Biel where he had settled in 1621. Acknowledged both as a painter and writer, he executed a painting detailing the architecture of the city's church. He also sketched designs for decorating silver cups and canons captured at the Battle of Morat.

WALSER HERMANN
(1866-1919)

Der ältere Bruder von Robert Walser, Hermann Walser war Professor an der Universität von Bern. Er wird als einer der grössten nationalen Geographen betrachtet. Er arbeitete an mehreren Werken mit, wie zum Beispiel an einem geographischen Nachschlagewerk für die Schweiz und einem Schulatlas.

Frère aîné de Robert, il professe à l'Université de Berne. Considéré comme l'un des géographes nationaux les plus prestigieux, il participe à de nombreux ouvrages dont le «Dictionnaire géographique de la Suisse», ainsi qu'un atlas scolaire.

Elder brother of Robert, he was a professor at the University of Berne. Considered one of the most famous national geographers, he collaborated on numerous works including the «Dictionnaire géographique de la Suisse» (Geographical Dictionary of Switzerland) and a school atlas.

WALSER KARL
(1877-1943)

Der Maler, Dekorateur und Porträtist Karl Walser war der Bruder von Robert Walser und machte sich vor allem in Berlin einen Namen. Er malte zahlreiche Porträts von Persönlichkeiten, grosse Wandmalereien und Illustrationen für Publikationen (Thomas Mann, Hoffmann, Kleist). Aber auch einige Bühnenbilder und Kostüme gehörten zu seinen Arbeiten.

Frère de Robert, peintre, décorateur et portraitiste, Karl se fera un nom à Berlin où il réalisa de nombreux portraits de personnalités, de grandes peintures murales, des illustrations pour l'édition (Thomas Mann, Hoffmann, Kleist) ainsi qu'un certain nombre de décorations scéniques et de costumes.

Brother of Robert, painter, decorator and portrait artist, Karl made himself a name in Berlin where he painted numerous portraits of famous persons, large murals, illustrations for publishing (Thomas Mann, Hoffmann, Kleist) as well as a number of stage and costume decorations.

WALSER ROBERT
(1878-1956)

Manchmal bestreitet er sein Leben als Gehilfe, manchmal als Dienstbote, Schauspieler oder Vagabund. Als Schriftsteller aber ist der Bieler Robert Walser von den grössten Künstlern seiner Zeit anerkannt: Musil, Zweig und Kafka lassen sich von ihm inspirieren. Die letzten Jahre seines Lebens verbringt er in einem Heim; er stirbt im ersten Schnee des Weihnachtstages 1956.

Tour à tour commis, domestique, acteur, vagabond, cet écrivain biennois d'expression allemande fut admiré par les plus grands: Musil, Zweig, Kafka qui s'en inspira. Enfermé dans un asile au cours des dernières années de sa vie, il mourut dans la neige le jour de Noël.

In turn, clerk, servant, actor, vagabond, this German-speaking writer from Biel was admired by the greatest: Musil, Zweig and Kafka who derived inspiration from him. Shut up in an asylum in the closing years of his life, hie died in the snow on Christmas Day.

WEIDAUER—WALLENDA MARGUERITE
(1882-1972)

Bereits 1921 führt «Madame» - wie sie respektvoll genannt wurde - die Achterbahn in der Schweiz ein. Vorher filmte sie Bielerinnen und Bieler in der Strasse und zeigte die kleinen Werke in ihrer Schaubude. 1912 erhält «Madame» den ehrenvollen Auftrag vom deutschen Kaiser, die «Kaisermanöver» zu filmen. Der Streifen ist in die Geschichte der Kinematographie eingegangen. Zeit ihres Lebens bleibt Marguerite Weidauer-Wallenda die «Königin der Rummelplätze», zu ihrer Achterbahn kamen im Laufe der Jahrzehnte immer neue Vergnügungsanlagen.

Bourgeoise de Bienne depuis 1934, «Madame», comme on se plut à l'appeler, fut sacrée reine des forains et reine du grand huit, qu'elle introduisit en Suisse en 1921 déjà. Fille de forains, elle s'intéressa très jeune au cinéma naissant, filmant les Biennois dans la rue et projetant ces images dans les foires. Officiellement chargée de filmer l'empereur d'Allemagne en visite en Suisse en 1912, elle se fit connaître par ce document aujourd'hui précieusement archivé. Avec son mari, Heinrich Weidauer, elle trimbala son cinéma ambulant, lui adjoignant d'autres attractions: cabinet des raretés, Zeppelin, train fantôme, chenille et autos tamponneuses.

A citizen of Biel since 1934, «Madame», as one was wont to call her, was Queen of the Itinerants and Queen of the Great Eight which she introduced in Switzerland as early as 1921. The daughter of itinerants, she took an early interst in the newborn cinema, filming the people of Biel in the street and showing these pictures at fairs. Officially in charge of filming the German Kaiser when he paid a visit to Switzerland in 1912, she made a name for herself with this document which today is carefully preserved in the archives. She married Heinrich Weidauer and the couple trailed its travelling cinema around, adding other attractions to it: ghost trains or bumper cars.

WILDERMETH JAKOB ALEXANDER
(1715-1786)

Zuerst als Venner und später als Burgermeister bereitet sich Jakob Alexander Wildermeth für seine Karriere vor: 1772 wird er fürstbischöflicher Meier und Hofrat, dann Landvogt von Ilfingen und Oberamtmann auf dem Tessenberg. Er hinterlässt historische Arbeiten und eine wertvolle Bibliothek.

D'abord banneret puis bourgmestre, J.A. Wildermeth fut conseiller à la cour du Prince-évêque Meier avant de devenir Seigneur d'Ilfingen. Il se fit connaître par ses nombreux travaux historiques et par sa précieuse bibliothèque.

First banneret then burgomaster, J.A. Wildermeth was councillor at the court of the Prince-Bishop before becoming the Seigneur of Ilfingen. He made a name for himself through his numerous historical works and his valuable library.

WILDERMETH SIGMUND HEINRICH
(1801-1883)

Sigmund Heinrich Wildermeth ist der letzte Nachkomme des Bieler Geschlechts. Er engagiert sich im preussischen Dienst, lässt sich dann auf dem Familiengut in Pieterlen nieder und heiratet die Nidauerin Jeannette Schneider. Ihr beträchtliches Vermögen vermachen die Eheleute zur Errichtung eines nach ihnen benannten Kinderspitals, das 1903 eingeweiht werden kann.

Dernier descendant de la famille Wildermeth, il s'engagea au service de la Prusse avant de s'établir à Perles où il géra les biens de sa famille. Marié à Jeannette Schneider, de Nidau, il légua la totalité de sa fortune pour la construction d'un hôpital pour enfants qui fut inauguré en 1903.

The last descendant of the Wildermeth family, he enlisted in the service of Prussia before settling in Pieterlen where he administered his family's estate. Married to Jeannette Schneider of Nidau, he bequeathed the whole of his wealth to the building of a children's hospital which was inaugurated in 1903.

WILL EDUARD
(1854-1927)

Nach einer Lehrzeit als Graveur eröffnet Eduard Will in Nidau und später in Biel eine Eisenhandlung. Von 1887 bis 1909 gehört er dem Grossen Rat und von 1896 bis 1919 dem Nationalrat an. Auch militärisch kann er sich auszeichnen: als Kommandant der 3. Division, des 2. Armeekorps und des 3. Armeekorps. Dank seiner Initiative ist 1901 das Elektrizitätswerk Hagneck errichtet worden. Seine Persönlichkeit prägt die Berner Politik aber auch die regionale Wirtschaft und die Milizarmee.

Après un apprentissage de graveur, E. Will monta un commerce de fer à Nidau, puis à Bienne. Il fut membre du Grand Conseil de 1896 à 1909. Commandant divisionnaire, il dirigea la troisième division dès 1902, commanda le deuxième puis le troisième corps d'armée (1914-1916). La construction de l'usine hydraulique de Hagneck est due à son initiative. Sa forte personnalité a marqué la politique bernoise ainsi que l'économie régionale et l'armée de milice.

After an engraver's apprenticeship, Eduard Will set up an iron business in Nidau, then in Biel. He was a member of the Cantonal Parliament from 1896 to 1909. A Divisional Commander, he led the Third Division from 1902, commanded the Second, then the Third Army Corps (1914-1916). The construction of the Hagneck hydraulics factory is due to his initiative. His strong personality left a mark on Bernese politics as well as on the local economy and the Militia Army.

WITZ EMANUEL
(1717-1797)

Der Sohn des Apothekers Caspar Witz bildet sich in Bern zum Maler aus und zieht 1738 nach Paris und später nach Spanien. Hier porträtiert er mehrere hochgestellte Persönlichkeiten des Hofes. 1760 kehrt er nach Biel zurück und führt Bildnisse der Aebte von Bellelay und mehrere Altarbilder im Bistum aus. Er stirbt 1797 im Haus der Chemilleret in Biel.

Fils d'un pharmacien, Emanuel Witz entreprit sa formation de peintre à Berne, dans les ateliers de J.R. Huber, avant de partir pour Paris, puis pour l'Espagne. Il se vit confier la réalisation de nombreux portraits des membres de la cour espagnole. De retour à Bienne, il mit son talent au service des Abbés de Bellelay dont il fit le portrait en même temps qu'il réalisa les tableaux de l'Abbatiale. Il mourut en 1797 dans la maison du Chemilleret à Bienne.

Son of a pharmacist, Emanuel Witz studied painting in Berne, in the studios of J.R. Huber, before leaving for Paris, and then Spain. He was commissioned to paint numerous portraits of members of the Spanish Court. Back in Biel, he put his talent at the service of the Abbés de Bellelay whose portraits he painted at the same time as the paintings of the Abbey Church. He died in 1797 in the Maison du Chemilleret in Biel.

Kommunikation – Communication – The Way They Speak

BIELINGUE

▲ «Je t'aime» (ich liebe dich) sagt (sprayt) er; «i di ou» (Ich dich auch) sie. Liebe überwindet Berge, heisst es. In Biel-Bienne jedenfalls Gräben – zum mindesten den Sprachengraben zwischen Deutsch und Französisch…

▲ «Je t'aime (ich liebe dich), déclare-t-il; «i di ou» (moi aussi), *mur*mure-t-elle. L'amour soulève les montagnes, dit-on. A Biel-Bienne, en tout cas, il se joue de la barrière des langues…

▲ «Je t'aime» (I love you) he s(pr)ays. «I di ou» (And I you) is her reply. Love will find a way, says the proverb. In Biel-Bienne it can overcome divisions as well – at least the language division between French and German.

109

▲ Architektur, zweisprachig: Links Häuser in französischem Stil mit Treppeneingang und Weinkeller für die welschen *bonvivants*. Auf der rechten Strassenseite dagegen «Lauben» wie in Bern – dem Fussgänger Schutz vor dem Regen bietend. So spiegelt die Bieler Obergasse die Kommunikationsgewohnheiten der Stadt – ein im ganzen erstaunlich friedliches Nebeneinander von deutschsprachigen und französischsprachigen Einwohnern.

▲ Architecture «bilingue»: d'un côté, des maisons de style français avec escaliers d'entrée et cave à vin pour les Romands, bons vivants, alors qu'en face, des arcades – comme à Berne – protègent les passants de la pluie. La rue Haute reflète les habitudes de communication de la cité, où Romands et Alémaniques se côtoient pacifiquement.

▲ Architecture, bilingual: French-style houses witch stairway entrance and wine cellar for French-speaking «bonvivants». Opposite, on the right hand side of the right street, are «Lauben» (galleried pavements or sidewalks), like in Berne, which protect pedestrians froms rain. The Obergasse thus mirrors the communication habits of Biel – all told, a surprisingly peaceful co-existence of German speaking and French speaking inhabitants.

▲ Was andernorts zur Barriere wird, ist der heimliche Stolz der Bieler: die Zweisprachigkeit. Am ersten August, dem Nationalfeiertag, wird auf dem «Ring» in der Altstadt in beiden Sprachen Patriotismus geübt (mitunter auch von Rednerinnen). Alt und jung versucht über die Sprachgrenzen hinweg zu kommunizieren. Und wer Sinn für Situationskomik hat, dem fällt auf, dass die Kommunikation in Biel manchmal merkwürdige Kapriolen macht...

▲ Le bilinguisme – qui ailleurs devient barrière – est la fierté secrète des Biennois. Le 1er Août, jour de la fête nationale, le patriotisme se pratique en deux langues – et aussi au féminin – sur le «Ring» de la Vieille Ville. Jeunes et moins jeunes tentent de communiquer au-delà des frontières linguistiques, ce qui donne parfois lieu à des quiproquos assez comiques...

▲ What elsewhere becomes a barrier is the secret pride of the Bieler: bilingualism. On the first of August, the National Holiday, patriotism is practised in both languages (with female orators too) on the «Ring» in the old town. Old and young alike make the effort to communicate across the language frontier. And anyone with a sense of situation comedy will notice that communication in Biel can sometimes be remarkably capricious...

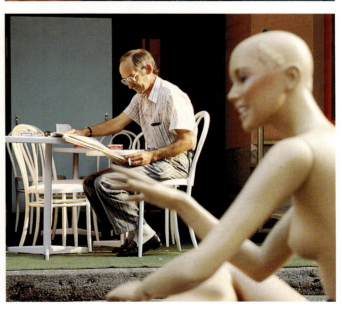

▲ Hat es mit der Mehrsprachigkeit zu tun, dass Kommunikation sich in Biel oft jenseits der Worte abspielt? Internationalen Ruf hat sich der Bieler Schauspieler Peter Wyssbrod erworben; bloss lokal berühmt, aber nicht minder einzigartig, sind die farbenprächtigen Wasserspiele des Konditors Erwin Dick; Kunst als Bild und Skulptur findet in Biel oft im öffentlichen Raum statt – als Fassadenkunst oder im Rahmen der Schweizerischen Plastikausstellung.

▲ Le fait qu'à Bienne, la communication fonctionne souvent au-delà des mots, a-t-il quelque chose à voir avec son plurilinguisme? L'acteur biennois Peter Wyssbrod s'est taillé une renommée internationale; fameux sur le plan local seulement, mais pas moins extraordinaires, les jeux d'eau et de lumière imaginés par le confiseur Erwin Dick; l'art descend souvent dans la rue, on le rencontre sur les façades ou sous forme de sculptures, par exemple lors de l'Exposition suisse de sculpture.

▲ Has it something to do with multilingualism that communication in Biel often takes non-verbal forms? The Biel actor Peter Wyssbrod has made an international reputation for himself; known only locally, but nonetheless singular, are the magnificently colourful water sculptures of the confectioner Erwin Dick; art in the form of painting and sculpture is often presented in public places in Biel – as wall painting or as part of the Swiss Plastic Art Exhibition.

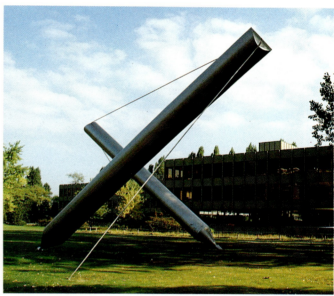

▲ Auch die Massenkommunikation hat in der Zweisprachenstadt ihre eigenen Formen entwickelt. Die Wochenzeitung für die gesamte Region erscheint zweisprachig; die beiden Tageszeitungen je in deutsch und französisch (aus demselben Haus). Das Lokalradio sendet in beiden Idiomen, oft auf einer Frequenz. Dreisprachig und national operiert das erfolgreiche Bildschirmmedium von Teletext. Werber kommen aus der ganzen Schweiz, um sich im SAWI ausbilden zu lassen. Die Bibliothek hat viel Literatur in beiden Sprachen. Äusserst beliebt sind die Kinos in Biel: die Filme werden meist in der Originalsprache abgespielt – die Untertitel sind zweisprachig. Die Deutschschweizer verfügen über ein eigenes Ensembletheater – die Welschen holen sich ihre Theater Kultur mit Gastspielen nach Biel; Musikalisches indes steht beiden Sprachgruppen offen. Selbst Filmteams wählen die Seeländer Metropole oft als Kulisse.

▲ Dans la cité bilingue, la communication de masse a aussi développé ses propres formes. L'hebdomadaire qui couvre toute la région est bilingue; les deux quotidiens paraissent en allemand et en français (ils ont le même éditeur). La radio locale émet dans les deux idiomes, souvent sur une fréquence. Le nouveau média télévisuel qu'est le Télétexte émet en trois langues avec succès sur le plan national, et ce, depuis Bienne. Des publicitaires de tout le pays viennent se perfectionner au SAWI. La Bibliothèque offre beaucoup de littérature dans les deux langues. Le cinéma a également la cote: les films sont généralement projetés en version originale, avec sous-titres bilingues. Les Alémaniques ont leur propre troupe théâtrale, les Romands profitent d'un programme complet de spectacles français; la musique, elle, s'adresse à toutes les oreilles! Des équipes de cinéma choisissent souvent la métropole seelandaise pour y tourner des films.

▲ Mass communication has also developed its own form in this bilingual town. The weekly newspaper for the whole region is bilingual; of the two daily newspapers, one is in German, the other in French (from the same publisher). The local radio station broadcasts in two languages, often on one wavelength. The successful television medium, Teletext, which is based in Biel, operates in three languages, on a national basis. Advertisers come from all over Switzerland to be trained at the SAWI. The library has a great deal of literature in two languages. The cinemas in Biel are especially popular; films are mostly shown in the original language – the sub-titles are bilingual. The Swiss Germans have their own theatre ensemble – the Romands enjoy the performances of touring companies; music, of course, is equally accessible to both language groups. The town is often chosen as a location for the shooting of films.

Kommunikation:
Ça geit's?

Sprachgrenzen sind scharfe Grenzen.

Meist trennen sie Menschen, die Rücken an Rücken zueinander stehen.

In aller Regel führen sie entlang von Flüssen, Gebirgen, Wäldern, Wüsten oder Landesgrenzen. Auf ihrer einen Seite sprechen alle die eine, auf der andern alle die andere Sprache. Wer mal «hinüber» muss, wer Grenzen überschreitet, der muss sich anpassen.

Nur selten belebt sich das Niemandsland, zerfasern die scharfen Trennlinien zu diffusen Bändern – dort, wo eine Minderheit so stark geworden ist, dass sie sich sprachlich nicht mehr anzupassen braucht.

Häufig ist ein solcher Sprachmischraum ein Konfliktherd, zumal wenn die Zone mit andern Grenzen – Grenzen der Religion, der Klasse, der Hautfarbe – zusammenfällt. Dann kämpfen da ganze Generationen verbissen um ein Menschenrecht, das seltsamerweise in keiner Charta festgeschrieben ist: das Recht auf die eigene Sprache. Kanada, Südtirol, Belgien, aber auch unzählige, auf der Nordhalbkugel weniger bekannte Regionen der Dritten Welt sind Beispiele dafür.

Auch die Schweiz kennt Sprachgrenzen. Die wichtigste – die Grenze zwischen Deutsch und Französisch – verläuft vom Rhein her in die Alpen; von Fribourg an in einem wahren Graben, den die Sense in die Landschaft und der kulturelle Gegensatz alias «Röschtigraben» zwischen den beiden Sprachgruppen in die Köpfe gefressen hat.

Manche halten «bielingue» für die richtige Schreibweise von «bilingue»

Am Jurasüdfuss macht diese Linie plötzlich einen Knick in westlicher Richtung. Mitten in diesem Knick weitet sie sich zu einer ungewöhnlich grossen Blase aus, deren Umrisse, einer Qualle gleich, in ständiger Bewegung sind: Hier liegt Biel-Bienne, die Stadt, die so stolz auf ihre Zweisprachigkeit ist, dass manche finden, die richtige Schreibweise für «bilingue» (zweisprachig) wäre eigentlich «bielingue».

Mit putzigen Beispielen belegen die Bewohner gerne, wie harmonisch welsches *savoir vivre* sich hier zu alemannischem Fleiss gesellt. «*Ici on parle tütsch und wälsch*», sagt man den Touristen, und manche rufen sich frühmorgens «*ça geit's?*» über die Sprachbarriere hinweg zu – einen Zwitter aus «*Ça va?*» und der Dialektform von «*Wie geht's?*» («Wie geits?»).

In Biel sind die Strassenschilder zweisprachig angeschrieben (deutsch stets stramm voran). Im Parlament spricht jeder seine Muttersprache (ohne Übersetzungsdienst). Im Telefon steht der «Möri» nach dem «Meury», aber der mit der deutschgeschriebenen Version des Namens kann Jean-Pierre, der Meury Kurt heissen.

Kaum ein Wohnhaus, wo nicht beide Sprachen vertreten sind. Kein einziges Quartier, das sauber einsprachig wäre (ein paar Italiener-Quartiere ausgenommen) – Volkszählungen weisen diese extreme Durchmischung seit Jahrzehnten aus.

Und wenn die Stadt mit den vielen Namen – Biel/Bienne, Biel (Bienne), Bienne-Biel; nur den amtlichen, *Biel (BE)*, findet man nirgends angeschrieben – wenn sich also Biel-Bienne seiner Toleranz rühmt, dann hat das sicher eine tiefe Wurzel im Spracherleben. Der deutsche Linguist Gottfried Kolde (die Bieler selber haben sich kaum wissenschaftlich um das Phänomen bemüht) hat es als typisch bielerische Kommunikationsform bezeichnet, dass der eine eine deutsche Frage stellt und der andere auf französisch antwortet oder umgekehrt – täglich zu beobachten im Supermarkt oder in der Boutique, im Café oder im Trolleybus.

Freilich: Häufig passt sich auch der eine dem andern an. Vorab die Deutschschweizer grasen gern am andern Sprachufer. Andernorts täten sie mit ihrem «français fédéral» manchem an Molière und Antenne 2 geschulten Ohr weh; ein alter Bieler Romand jedoch hört selbst über arge Germanizismen («*J'attends sur toi*») hinweg – gebraucht sie gar selbst: Toleranz dem Fehler des andern gegenüber ist integrierender Bestandteil des Bieler Kommunikationsverhaltens.

Man ist hier zu leger, Fehler überhaupt als Fehler zu erkennen

Man verzeiht hier Fehler leichter, ja: man ist zu leger, Fehler überhaupt als Fehler zu erkennen, solange nur der Sinn durchkommt – Verständnis lässt sich ja notfalls auch mit einer nachhakenden Frage überprüfen. *Tu veux dire que...?*

Die Kommunikationsfreudigkeit der Zweisprachenstadt drückt sich freilich auch noch auf andere Weise aus, zumal im Freizeitverhalten abseits vom Bildschirm, dem «Kulturleben» (Behördenjargon).

Die Bieler Stadtbibliothek etwa (Bestände natürlich zweisprachig) gilt als eine der bestfrequentierten der ganzen Schweiz; der Bahnhofskiosk bietet ein einmaliges Pressegemisch, Herkunft dies- und jenseits des «Grabens».

Wohl auch kein Zufall, dass die kommunikationshungrige Stadt pro Kopf der Bevökerung am meisten Kinos in der Schweiz zählt (darunter jenes mit der grössten Leinwand des Landes). Immer noch leistet sich zum mindesten die knappe Zweidrittelsmehrheit der Deutschsprachigen mit Solothurn zusammen den Luxus eines Ensembletheaters und einer veritablen, von Bass bis Piccolo professionellen Orchestergesellschaft. Die Romands allerdings holen sich Theaterluft mit Gastspieltruppen nach Biel. Dafür präsentieren in Biel die Kleinbühnen, etwa unter dem neckisch-anrüchigen Namen «Kulturtäter», seit zwanzig Jahren Avantgarde in beiden (oder ohne) Sprachen.

Nicht lange hielten es die Bieler auch mit bloss einer Zeitung aus: Als Mitte der sechziger Jahre die «Volkszeitung» verschwand und es schien, als ob der grösste lokale Verlag künftig das einzige

Zeitungspaar (Bieler Tagblatt und *Journal du Jura*) herausbringen würde, da sorgte ein Journalistenbüro zuerst auf einer ganzen Seite einer Basler Tageszeitung, später in der zweisprachigen Gratis-Wochenzeitung BIEL-BIENNE für mal komplementäre, mal konträre Information.

Nicht genug damit: Ehemalige Mitarbeiter dieses Pressebüros, das seit zwanzig Jahren Dutzende von Journalisten an die Schweizer Medienszene «geliefert» hat, gehörten zu den Mitbegründern eines dritten Informations-Kanals – im Aether: des Lokalradiosenders Radio Canal 3, der oft – bedeutende Mehrkosten hin oder her – auf derselben Welle tütsch *et français* sendet.

Dem recherchierenden Reporter ist Auskunft zu erteilen

Zur Kommunikationsfreude der Bieler gesellt sich Kommunikationsbewusstsein: Die Informationsordnung, die sich Bieler Exekutive und lokale Journalisten (zeitweise gehörten 10 Prozent der Bieler Abgeordneten diesem Berufsstand an) gegeben hat, zählt zu den fortschrittlichsten der Schweiz: Als eines der wenigen Parlamente etwa sind Biels Beamte gehalten, recherchierenden Reportern Auskunft zu erteilen – andernorts werden initiative Federfuchser oft auf Pressekonferenzen vertröstet, wo Magistraten besser abwimmeln können.

Kein Zufall sicher auch, dass Biel vor wenigen Jahren eifrig darum warb, Standort des neu zu gründenden Schweizer Medienausbildungszentrums zu werden. Biel kam zwar knapp nicht in die Kränze (ganz ohne Intrigen verlor es die Schlacht freilich nicht). Quasi «zum Trost» erhielt die Stadt 1984 aber das neue Medium «Teletext» zugesprochen. Der Kurztextverbreiter auf Fernsehschirmen hat sich wider Erwarten zum beliebtesten «Neuen Medium» der Schweiz entwickelt.

Erfolgreiche Entwicklung auch beim ältesten Pressehaus, dem Verlag Gassmann, von dem ein Vorfahre vor über hundert Jahren noch zu den ersten Stadträten des sozialistischen Grütlivereins gehörte. Heute haben sich die gutbürgerlich gewordenen Zeitungsmacher vom Stadtzentrum ins Bözingenfeld zurückgezogen – in modernste Maschinerie. Die beiden Blätter des Hauses sind dank der neuen Rotation farbig geworden; beide behaupten sich als anerkannte Informationsträger der Region und als lebendige Beweise dafür, dass Zeitungspapier für regionale Massenkommunikation noch lange ein äusserst geeignetes Transportmittel abgeben wird.

Schweizer Werbung atmet Bieler Luft

Mit Kommunikation schlagen sich seit zwei Jahrzehnten auch die Adepten des Schweizerischen Ausbildungszentrums für Marketing und Werbung (SAWI) herum. Die künftigen Kommunikatoren der Konsumwelt erlernen hier das Handwerk der heimlichen Verführung unter kundiger Instruktion durch gestandene Profis der Branche. Kaum ein Werbemensch der jüngeren Generation, der via SAWI nicht über längere Zeit Bieler Luft geschnuppert und hier vielleicht den ersten Kontakt mit echten Welschen gefunden hätte: Schweizer Werbung atmet Bieler Luft!

Biel darf sich gar ganz offiziell «Kommunikationsmodellgemeinde» nennen. Das verdankt die Stadt indes nicht den mehrkanaligen Anstrengungen auf dem Feld der mehr oder minder gekonnt gestalteten Informationsvermittlung. Den Titel hat die Zweisprachenstadt vom grössten Kommunikator des Landes erhalten – den PTT-Betrieben. Zusammen mit elf anderen Gemeinden ist Biel ausgewählt worden, nach eigenen Vorschlägen neuartige Kommunikationstechnologien auszuprobieren – von der Breitbandübermittlung ganzer Zeitungsseiten in Druckereien bis zum mobilen Kommunikationscontainer.

Und all dies, wie gesagt, stets in zwei Sprachen – genauer: in mindestens drei, wenn nicht vier, fünf oder sechs Idiomen. Denn abgesehen davon, dass Biel stets eine starke Ausländerkolonie besass und Zuzüger aus andern Kantonen sich schon nach kurzer Zeit in Biel heimisch fühlen (Überfremdungseiferer haben wenig Stammtische in Biel) – bloss *bi-lingue*, zwei-sprachig im Wortsinn, ist Biel mitnichten.

Das spüren vorab die Romands, die zwar ein einheitliches Idiom artikulieren, sich indessen mit doppelzüngigem Deutsch herumschlagen müssen: Die Deutschbieler sprechen einen Dialekt (Berndeutsch), den sie kaum schreiben, und schreiben eine Halbfremdsprache (Hochdeutsch), die sie nur sehr ungern zum Reden benutzen. Schweizerdeutschkurse für Romands, oft gefordert, nur mühsam und vereinzelt praktiziert, haben die Situation kaum verändert.

Darum sieht es für skeptische Zeitgenossen hinter der schmucken Toleranz-Fassade, die das *bielingue* Biel gern vorweist, mitunter nicht nur heiter aus. Das *Miteinander* der Sprachen macht zusehends einem *Nebeneinander* Platz – nicht zuletzt, weil heute alle Schulen bis zur Maturität getrennt in französisch und deutsch geführt werden. An Kontakten scheinen Schüler und Lehrer indes wenig interessiert; es gibt Pausenplätze mit Sprachzonen; die Bieler Zweisprachigkeit, so meinen Kritiker, sei eine Vorzeige-Zweisprachigkeit.

Immerhin: das Nebeneinander ist stets friedlich geblieben – angesichts der vielen Sprach- und Kommunikationskonflikte in der ganzen Welt doch auch nicht gerade eine Selbstverständlichkeit.

Indes ist auch Biel nicht vor der Entwicklung zum *Gegeneinander* gefeit. Die Befragung eines repräsentativen Querschnitts von Bielerinnen und Bielern hat jüngst einiges an bedenklichen Fakten ergeben: In den Chefetagen der Verwaltung und der Unternehmen sind die Romands untervertreten; nur 30 Prozent gaben an, im Alltag Kontakte über den «Röstigraben» hinweg zu pflegen; auf die Frage, ob die Welschen in Biel benachteiligt seien, antworteten 78 Prozent der Deutschschweizer selbstgefällig mit «überhaupt nicht». Nur 29 Prozent der Welschen freilich mochten die Frage verneinen...

Kommunikation mit Hand und Fuss kennt keinen Röschtigraben

Ist das vielleicht ein Grund dafür, dass Begegnung im Bieler Kulturbereich meist jenseits der Worte stattfindet – im nonverbalen Raum der bildenden, abbildenden und neubildenden Künste? Hat Biel deswegen so viele Galerien? Hat die Schweizerische Plastikausstellung, die alle fünf Jahre Biels Ortsbild stört, neckt und verändert, darum in Biel ihren richtigen Platz? Und sind Pantomime und Zirkus, die Körper-Künste ohne Worte, den Bielern deswegen so sympathisch, weil Kommunikation mit Hand und Fuss keinen «Röschtigraben» kennt?

Wie auch immer: Der krisengeprüften Stadt kann offensichtlich nichts als Geschenk gelten – nicht mal ihre Zweisprachigkeit. In Wahrheit ist auch sie nicht gottgegeben, sondern ein relativ junges Phänomen. Zwar klebt die Grenze zwischen Romanen und Alemannen seit dem 7. Jahrhundert in der Bieler Region fest; schon 1510 musste ein Bieler Stadtschreiber zweisprachig sein. Aber bis zum Revolutionsjahr 1848 war die Stadt ein Kaff mit ein paar Dutzend grossen, meist deutschsprachigen Familien – erst seit dem Zuzug von Asylanten und Uhrenmachern (oft in einer Person) hat sich der Anteil der Welschen so erhöht, dass das Bewusstsein der Eigenständigkeit wachsen konnte.

Es wird eine der grossen Aufgaben Biels fürs nächste Jahrtausend sein, Nutzen aus ihrer sprachlichen Januskopfigkeit zu ziehen und Schaden ihretwegen zu vermeiden. Auch, was einem geschenkt erscheint, muss immer wieder erarbeitet werden.

Glücklich, wer keine grösseren Probleme kennt

Anlass zur Dramatisierung besteht freilich nicht – noch nicht. Nicht zu Unrecht mag manch einer finden: glücklich, wer keine grösseren Probleme hat. Und Sympathie mag gar jener Bieler erwecken, der, wenn man ihm erzählt, anderswo würden der Sprache wegen Kriege geführt und Schädel eingeschlagen, kopfschüttelnd auflacht: «Ça geit's no?» – Geht's noch?

Communication
Ça geit's?

Les frontières linguistiques sont des frontières bien tranchées.

La plupart du temps, ceux qui vivent de part et d'autre de celles-ci s'ignorent.

En règle générale, elles suivent le cours des fleuves, les chaînes de montagnes, les forêts, les déserts ou tout simplement les frontières politiques. D'un côté, on parle une langue, alors qu'en face on s'exprime dans une autre. Quiconque franchit cette frontière doit savoir faire preuve d'adaptation.

Rarement, des no man's lands apparaissent, qui déchirent cette ligne de démarcation en lambeaux épars lorsqu'une minorité est devenue assez forte pour ne plus se soumettre à la langue dominante.

Il est fréquent qu'une telle pluralité linguistique engendre des conflits, a fortiori lorsque s'y ajoutent des questions de religion, de classe ou de couleur de peau. Ce sont alors des générations entières qui luttent avec acharnement au nom d'un droit de l'homme qui, bizarrement, n'est inscrit dans aucune charte: le droit de pouvoir s'exprimer dans sa propre langue. Le Canada, le sud du Tyrol, la Belgique et bien d'autres, ainsi que certaines régions moins connues du tiers monde, nous en fournissent la preuve.

La Suisse connaît elle aussi des frontières linguistiques. La plus importante d'entre elles sépare les parties alémanique et romande du territoire. Elle s'étend du Rhin aux Alpes et creuse, depuis Fribourg, un fossé surtout culturel, mais à première vue si infranchissable qu'il envahit l'esprit des deux communautés: la «barrière des röstis».

Au pied méridional du Jura, cette ligne de démarcation a soudain tendance à se muer en une courbe virant vers l'ouest. Au milieu de celle-ci, elle semble s'élargir pour prendre la forme d'une singulière boursouflure dont les limites, telle une méduse, sont en continuel mouvement. C'est là que se situe très exactement Biel-Bienne, ville si fière de son bilinguisme que certains sont persuadés que la véritable orthographe de bilingue (même mot dans les deux langues) est... bielingue!

Ses habitants tiennent assurément à démontrer, exemples à l'appui, à quel point l'harmonie est parfaite entre le savoir-vivre romand et l'application alémanique: «Ici on parle tütsch und wälsch», aime-t-on dire aux touristes. Et ils sont légion ceux qui, au petit matin, se saluent d'un «ça geit's?», brisant par la même occasion la barrière des langues en associant «ça va?» et «Wie geht's?»

A Bienne, le nom des rues est indiqué dans les deux langues (même si l'allemand s'approprie le premier plan). Au Parlement, chacun s'exprime dans sa langue maternelle, sans que l'on doive avoir recours aux services d'un traducteur. Et, dans l'annuaire du téléphone, un «Möri» peut se prénommer Jean-Pierre et un «Meury» avoir Kurt pour prénom.

Rares sont les maisons où l'on ne parle pas les deux langues. Si l'on excepte quelques rares îlots italiens, il n'existe aucun quartier monolingue. Les statistiques démographiques nous apprennent l'ancienneté de ce mélange particulier. Si cette ville aux appellations multiples, Biel/Bienne, Biel (Bienne), Bienne/Biel, la très officielle *Biel (BE)* étant exceptionnelle, si donc Biel-Bienne peut s'enorgueillir d'un tel esprit de tolérance, c'est à coup sûr que les racines du bilinguisme sont effectivement profondes. Le linguiste allemand Gottfried Kolde a décrit les formes de communication typiquement biennoises (dont les Biennois eux-mêmes ont à peine conscience): l'un pose les questions en allemand, l'autre répond en français ou *vice versa*. Il suffit de se rendre dans un supermarché ou dans une boutique, au Café ou dans un trolleybus pour observer la spontanéité et la fréquence de ce phénomène.

En fait, les Biennois savent s'adapter les uns aux autres. Si les Alémaniques ont, de tout temps, aimé s'exprimer dans des langues autres que la leur, il leur arrive

 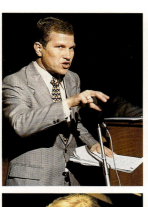         

◢ Bieler Parlamentarier in voller Aktion: Im Stadtrat der Seeländer Metropole sprechen alle Redner in ihrer Muttersprache; es gibt keine Simultanübersetzung. Das Bieler Parlament gilt als eine der lebendigsten kommunalen Legislativen der Schweiz. Vielleicht deswegen, weil neben dem gesprochenen Wort in der Zweisprachenstadt auch die Körpersprache mitunter sehr extensiv eingesetzt wird…

◢ Les parlementaires biennois en pleine action: au Conseil de ville de la métropole seelandaise, tous les orateurs s'expriment dans leur langue maternelle, il n'y a pas de traduction simultanée. Le Parlement biennois a la réputation d'être l'un des législatifs municipaux parmi les plus animés de Suisse. Peut-être est-ce parce que, dans la ville bilingue, le geste accompagne largement la parole…

◢ Biel city concillors in full flow: Each speaker uses his or her mother tongue – there is no simultaneous interpretation. Biel's City Council has a reputation as one of the liveliest local legislative bodies in Switzerland. Maybe because in addition to the spoken word in the bilingual city, body language is also used to great effect.

souvent, cependant, avec leur «français fédéral», d'écorcher les oreilles habituées à Molière ou à Antenne 2. Mais le Biennois romand ferme facilement les yeux sur certains germanismes particulièrement rudes *(«J'attends sur toi»)*. Il n'est d'ailleurs pas rare que lui-même en commette.

Ici, on n'est pas sourcilleux au point de signaler les fautes par pur plaisir

On pardonne en effet facilement les fautes et on n'est pas sourcilleux au point de signaler les erreurs par pur plaisir. A quoi servirait-il de mentionner des fautes du moment que le sens en réchappe et que la communication n'est pas interrompue? La bonne compréhension sera, en ultime recours, assurée par une simple question subsidiaire salvatrice *(«Tu veux dire que?»)*.

L'épanouissement de la communication biennoise se mesure à vrai dire de bien d'autres manières, en particulier dans tout ce qui touche aux loisirs (télévision exceptée) ou dans tout ce qui a trait à la vie culturelle: la Bibliothèque municipale (bilingue, cela va de soi) est l'une des mieux fréquentées de Suisse. Le kiosque de la gare offre un choix exceptionnel en matière de presse dans les deux langues. Le fossé culturel n'est donc pas évident...

Et cela n'a certainement rien d'un hasard: c'est dans cette ville friande de communication que l'on compte le plus de cinémas par habitant (parmi lesquels figure en outre le plus grand écran du pays). Par ailleurs, la ville de Bienne, en collaboration avec celle de Soleure, s'offre le luxe d'une troupe théâtrale et d'un orchestre professionnel. Les Romands jouissent de spectacles français (tournées). En revanche, il existe à Bienne des petits théâtres qui portent le nom quelque peu taquin et presque suspect de «Kulturtaeter», et proposent depuis vingt ans des spectacles avant-gardistes.

Les Biennois ne purent accepter durablement la disparition, au milieu des années soixante, de la «Volkszeitung». C'était laisser le champ libre à la plus grande maison d'édition locale et à ses deux journaux, le «Journal du Jura» et le «Bieler Tagblatt». C'est pourquoi un bureau de journalistes prit tout d'abord en charge une page entière d'un quotidien bâlois, avant de s'occuper plus tard d'un hebdomadaire bilingue et gratuit: BIEL-BIENNE, afin d'assurer une information tantôt complémentaire, tantôt contradictoire..

Mais ce n'était pas tout puisque quelques journalistes issus de ce bureau de presse qui, depuis près de vingt ans, «exporte» des journalistes sur la scène médiatique suisse, participèrent activement à la création de la radio locale Canal 3 qui, souvent, selon l'état de ses finances, émet sur les mêmes ondes en allemand et en français.

L'enthousiasme des Biennois s'accompagne d'une «conscience de la communication» qui s'est matérialisée par l'élaboration d'une ordonnance sur l'information parmi les plus en avance qui soient en Suisse, et qui définit les relations entre l'Exécutif et la presse locale (en certaines occasions, quelque 10% des élus biennois étaient issus de ce milieu professionnel). Résultat: le Parlement est l'un des rares du pays dans lequel les élus sont tenus de fournir des renseignements aux journalistes qui le demandent, alors qu'en d'autres lieux, de telles initiatives seraient implacablement repoussées, par quelques gratte-papier, à une conférence de presse où les autorités pourraient à loisir abuser de la langue de bois.

Si Bienne fut également si pressée, ces dernières années, de devenir le futur centre suisse en matière de formation aux médias, ce n'est pas un hasard non plus. On peut raisonnablement supposer que, sans certaines intrigues, Bienne eut pu décrocher ce gros lot. En guise de consolation peut-être: cette ville est, depuis 1984, le siège de ce nouveau média qui a pour nom «Télétexte». C'est d'ailleurs contre toute attente ou presque que ce diffuseur de courtes informations sur écran de télévision a obtenu un succès appréciable.

La plus ancienne maison de presse biennoise, les Editions Gassmann – dont un ancêtre avait été, il y a plus de cent ans, l'un des premiers conseillers biennois socialistes du «Grütliverein» – a suivi, à son tour, une évolution réussie.

Aujourd'hui, les propriétaires de cette maison de presse sont désormais solidement installés dans la bonne bourgeoisie. Ils se sont retirés du centre de la ville pour gagner la zone industrielle de Boujean et y implanter leurs installations ultramodernes. Grâce aux nouvelles rotatives, les deux organes de la maison ont pu accéder à un plus grand nombre de couleurs. Tous deux se présentent à l'opinion comme des vecteurs reconnus de l'information régionale, et sont la preuve vivante de l'importance d'un journal régional dans le domaine de la communication de masse.

La publicité suisse s'oxygène à Bienne

C'est également dans le domaine de la communication qu'évoluent les adeptes du Centre suisse d'enseignement du marketing, de la publicité et de la communication (SAWI). Les futurs gens de communication apprennent ici l'art qui consiste à persuader et à séduire, et cela sous l'égide de professionnels de la branche. Il n'est guère de publicitaires de la nouvelle génération qui, par le biais du SAWI, ne se soient imprégnés de l'atmosphère particulière de Bienne. Peut-être ont-ils eu ainsi leurs premiers contacts avec des Romands. Ce qui tendrait à prouver que la publicité suisse s'oxygène à Bienne...

Le titre très officiel de «commune-modèle pour la communication» (CMC), Bienne peut désormais le porter. Elle ne doit toutefois pas ce titre à ses efforts tous azimuts dans le domaine de la diversification de l'information. Avec onze autres communes, Bienne a en effet été choisie par la plus grande entreprise en matière de communications, les PTT, pour expérimenter les technologies de communication les plus nouvelles et les plus élaborées.

Tout est fait, on l'a dit, en deux langues, peut-être même trois, quatre, cinq ou six, car il est bon de se souvenir que Bienne a de tout temps eu recours à des colonies étrangères et bénéficie en outre, depuis peu, de l'apport d'autres

Confédérés qui se sentent particulièrement à l'aise à Bienne (il est par ailleurs vrai que les milieux xénophobes ont ici une audience assez restreinte). Au sens littéral du mot, Bienne n'est donc plus essentiellement «bilingue».

Il est d'autant plus ardu, pour les Romands qui s'expriment dans un idiome qui leur est propre, de se débattre dans une langue allemande bicéphale: les Alémaniques de Bienne parlent un dialecte (Berndeutsch) qu'ils écrivent à grand-peine, mais écrivent une langue qui leur est à moitié étrangère (Hochdeutsch) et qu'ils rechignent à parler. Quant aux cours de suisse-allemand destinés aux Romands, s'ils sont souvent souhaités, ils sont peu et péniblement suivis et ne contribuent donc guère à changer la situation.

C'est pourquoi certaines personnes sceptiques pensent que cette belle façade de tolérance mise en évidence par Bienne la bilingue n'est pas toujours aussi pure. Les deux communautés linguistiques s'efforcent toutefois de créer des terrains qui leur soient communs, et, effectivement, toutes les écoles, aujourd'hui, jusqu'à la maturité, ont des classes dans les deux langues. Pourtant, élèves et enseignants ne semblent pas très portés à établir des contacts entre eux: les cours de récréation sont toujours scindées en deux. C'est en cela que les esprits critiques pensent que le phénomène du bilinguisme n'est qu'une apparence.

Il n'empêche que cette cohabitation a toujours été sereine si l'on tient compte du fait que les conflits en matière de langues et de communication n'ont jamais été graves.

Pourtant, Bienne n'est pas totalement à l'abri d'un développement de heurts intercommunautaires. Un sondage effectué sur un échantillonnage représentatif de Biennois et de Biennoises a tout dernièrement mis en évidence des faits inquiétants: les Romands sont sous-représentés dans les hautes sphères de l'administration et de l'industrie. 30% seulement des personnes consultées se déclarent prêtes à améliorer leurs relations au-delà de la «barrière des röstis». Et lorsqu'on leur demande si les Welches sont désavantagés à Bienne, 78% des Alémaniques affirment que tel n'est pas le cas... Alors que 29% seulement des Romands sont de cet avis...

Est-ce la raison pour laquelle, dans le domaine de la culture, la communication se fait la plupart du temps dans un langage autre que celui des mots, à savoir celui des images? Est-ce pour cela que tant de galeries de peinture ont élu domicile à Bienne? Et est-ce aussi la raison pour laquelle l'Exposition suisse de sculpture, tous les cinq ans, dérange, provoque et remet en cause l'image de Bienne tout en y ayant à coup sûr bonne place? L'on peut également se demander si le succès qu'obtiennent, lors de leur passage à Bienne, tous les mimes, cirques et autres spectacles d'expression corporelle, n'est pas imputable à ce fait, à savoir qu'une communication visuelle ignore la «barrière des röstis»?

Quoi qu'il en soit, cette ville durement éprouvée par les crises n'a évidemment jamais rien reçu en cadeau. Pas même son bilinguisme. En réalité, il ne s'agit pas d'une faveur des dieux mais d'un phénomène assez récent. Il est vrai qu'au VIIe siècle déjà, dans la région, il existait une frontière entre Latins et Germains. Il est à peu près sûr qu'en 1510 environ, les écrivains publics étaient déjà bilingues. Mais jusqu'à la Révolution de 1848, Bienne n'était qu'une petite bourgade composée de quelques douzaines de (grandes) familles alémaniques. C'est avec l'arrivée de réfugiés et des premiers horlogers (qui bien souvent ne faisaient qu'une seule et même personne) que la proportion de Romands s'est accrue au point de former une véritable communauté.

Savoir tirer un bénéfice de ce pluralisme culturel et réussir à en écarter les dangers sera d'ailleurs une des priorités essentielles de Bienne au siècle prochain. Il serait imprudent de s'endormir sur ses lauriers. Certes, il n'y a aucune raison de peindre le diable sur la muraille, du moins pour le moment. Le souhait de chacun, c'est qu'aucun gros nuage ne vienne assombrir l'avenir. Et lorsqu'il apprend qu'ailleurs, la langue est source de conflits et fait parfois couler le sang, c'est avec sympathie que le Biennois demande: *«Ça geit's pas?»*

The Way They Speak
Ça geit's?

Linguistic boundaries are usually clear-cut boundaries.

Generally, they separate people who are back to back with each other.

As a rule, they follow rivers, mountain ranges, forests, deserts or national borders. On one side, everyone speaks one language, on the other – another language. Whoever crosses over the boundary has to adapt.

Only rarely is there a no-man's-land, where the sharp dividing lines become blurred, where a minority has become so strong that it no longer has to adapt itself linguistically.

Very often, such areas of linguistic confusion are hotbeds of conflict, especially when they are caught up with other boundaries – of religion, of class, of skin-colour. Then, whole generations fight bitterly over a human right which, strangely enough, is not written in any charter: the right to one's own language. Canada, the South Tyrol, Belgium, but also numerous other regions in areas of the Third World not so well known in the Northern Hemisphere, are examples of this.

Switzerland, too, has linguistic boundaries. The most important – the boundary between German and French – runs from the Rhine river to the Alps; from Fribourg on, in a real rift, which the trough in the countryside and the cultural contrast have fixed in people's minds as the «Röschtigraben» («Fried Potatoes Rift») between the two language groups.

A jellyfish in constant motion: the two-language town

At the southern foot of the Jura, this line makes a sudden curve to the west, and in the middle of this curve, broadens out into an unusually large bubble, whose contours, like those of a jellyfish, are constantly in motion. Here lies Biel-Bienne, the town which is so proud of its bilingualism that some say the right way to spell «bilingue» (bilingual) should be «bielingue».

The people of Biel love to produce droll examples as evidence of how harmoniously «welsch» (French) *savoir-vivre* joins company with Alemannic industriousness. Tourists are told *«ici on parle tütsch und wälsch»* («here we speak German und French», said in a mixture of the two languages). And some people call to each other in the morning, over the language barrier, «ça geit's?» – a mixture of «ça va?» and «*Wie geht's?*» («how's it going?»).

In Biel, the street names are written in two languages (always German first). In the city council, everyone speaks their mother-tongue (without interpretation). In the telephone book, «Möri» comes after «Meury», but the owner of the German version of the name might be called *Jean-Pierre,* and the owner of the French version might be called *Kurt.*

There is scarcely an apartment building where both languages are not represented. No single quarter which is completely monolingual (apart from a couple of Italian neighbourhoods). For decades, censuses have born witness to this extreme integration.

And it is the town with the many names – Biel/Bienne, Biel (Bienne), Bienne-Biel, (only the official «*Biel (BE)*» is nowhere to be found written) – if Biel-Bienne is proud of its tolerance, this is surely deeply rooted in the language experience. The German linguistician Gottfried Kolde (Biel itself has hardly bothered to investigate the phenomenon scientifically) has described it as a typical form of communication in Biel to ask a question in German and be answered in French or *vice versa* – something which can be observed daily in the supermarket or the boutique, in the Café or on the trolleybus.

Of course, very often one speaker will adapt to the other. Especially the Swiss-Germans like to cross over to the other side of the language frontier. Elsewhere, their «Federal French» might grate upon ears attuned to the French of Molière and French broadcasting. A good old Biel «Romand» (French speaker) will disregard even the most blatant Germanicisms («*J'attends sur toi*» a word for word translation of the German «Ich warte auf dich» – «I'm waiting for you», which in «correct» French should be «Je t'attends»), and even uses them himself. Tolerance for other people's mistakes is an integral part of communicational behaviour in Biel.

People here are too nonchalant to recognise a mistake as a mistake

One forgives mistakes here more easily; indeed, one is so nonchalant as not to recognise a mistake as a mistake so long as the meaning comes through – if need be, understanding can always be checked with an additional question. *Tu veux dire que...?*

The willingness to communicate in this bilingual city is evident in other ways too, especially in leisure time activities away from the television screen: in «cultural life» (official jargon).

The Biel Public Library (contents bilingual of course) for instance, is amongst the most used in the whole of Switzerland. And the station kiosk offers a unique assortment of newspapers and magazines, originating from both sides of the «Röschtigraben».

And it can't be a coincidence that the communication-hungry town has, per head of population, the most cinemas (including the one with the biggest screen in the country) in Switzerland. And the luxury of a theatre company and a full orchestra, professional from bass to piccolo, is still afforded at least by the just about two thirds majority of German speakers together with Solothurn. The French are satisfied with touring theatre companies. However, there are the small theatres which have been presenting the avant-garde in two languages (or without language) in Biel for twenty years, under the teasingly «disreputable» name of «cultural activists».

The people of Biel couldn't do for very long with only one newspaper either: when, in the mid-60's, the «Volkszeitung» newspaper disappeared and it looked as though the biggest local publishing company would in future bring out the only pair of newspapers (the Bieler Tagblatt and the Journal du Jura), a press bureau saw to the provision, first on a full page of a Basle daily newspaper, later in the two language, free weekly newspaper BIEL-BIENNE, of sometimes complementary, sometimes contrasting, information.

And that isn't all: former staff from this press bureau, which, over a period of twenty years, has «delivered» dozens of journalists to the Swiss media scene, were among the founders of a local radio station – Radio Channel 3 – which often broadcasts in German and French on the same wavelength, in spite of considerable additional expense.

Information is to be given to the investigative journalist

Along with the Bieler's willingness to communicate goes communication-consciousness: the information channels that the Biel executive and local journalists (for a time, 10 per cent of Biel councillors had this profession) have arranged are regarded as among the most progressive in Switzerland. Biel's representatives are one of the few councils who are ready to give information to the investigative journalist. Elsewhere, enterprising reporters are often fobbed off with press conferences, where the authorities can more easily wriggle out of explanations.

It was also surely no coincidence that a few years ago Biel enthusiastically bid to become the home of the proposed new Swiss Media Training Centre. It narrowly failed in the bid (although the battle to succeed was not without a certain amount of intrigue). But as a sort of consolation prize, in 1984, the town was promised the new media form «Teletext». The short text disseminator on the television screen has become, contrary to expectations, the most popular of the «new media» in Switzerland.

Successful development also for the oldest of the publishing houses, Gassmann, one of whose oldest ascertainable ancestors belonged, over a hundred years ago, to the first municipal councillors of the socialist Grütli association.

Today, the newspaper publishers, now more middle-class, have moved from the town centre to the outlying Bözingenfeld, with the most modern machinery. Both of the house's publications are in colour, thanks to the new rotary press printing; both claim to be acknowledged organs of information for the region and are living proof that newsprint for regional mass communication is still a major medium for conveying information.

Swiss advertising breathes Biel air

The adepts of the Swiss Training Centre for Marketing and Advertising (SAWI) also have their tussle with communication. Here, the future communicators of the consumer world learn the trade of stealthy persuasion under the expert tuition of established professionals in the field. There is hardly an advertising man of the younger generation who hasn't scented the air of Biel for quite a time, via the SAWI, and who had here, perhaps, first contact with real French Swiss. Swiss advertising breathes the air of Biel!

Biel can even officially call itself a «model municipality for communications». This is not due to the multi-channelled efforts in the field of the more or less skilful arrangement of the exchange of information. The bilingual city was given this title by the largest communications business in the land – the Swiss Posts and Telecommunications Corporation (PTT). Biel was chosen together with eleven other municipalities, on the basis of its own proposals to try out new communications technologies – from the broad-band transmission of whole newspaper pages in printing shops to a mobile communications container.

And all this, as we said, in two languages, or to be more exact, in at least three, if not four, five or six different vernaculars. Because, apart from the fact that Biel has always had a large number of foreign residents and that people moving in from other cantons feel at home in Biel after a very short time (there's little room for xenophobes here) – Biel is by no means simply, in the literal sense of the word, bilingual.

This is felt, above all, by the Romands (French Swiss), who do speak in a homogenous vernacular but have to struggle with a tongue-twisting version of German: the German speakers of Biel speak a dialect (Berne German), which they hardly ever write, and they write in a semiforeign language (High German – standard German), that they don't like speaking very much. Swiss German courses for Romands, often demanded, practised rarely and with difficulty, have scarcely altered the situation.

So, for the sceptical contemporary observer, things don't look quite so pretty behind the neat façade of tolerance that loves to show a «bielingue» Biel. The togetherness of the languages makes noticeably for a side by side coexistence, not least because, apart from the Business School, all the schools today are conducted in French and German up to matriculation. However, pupils and teachers seem to be little interested in contact: the break areas have language zones. The phenomenon of bilingualism is, say the critics, a mere show of bilingualism.

However, this coexistence has always been peaceful – which is by no means a matter of course if one considers global language and communications conflicts.

Communication by means of gestures knows no Röschtigraben

But even Biel is not immune to the development of contention. An opinion poll among a representative group of Biel people recently produced some disquieting facts: the Romands are under-represented in the top jobs of the administration and of business enterprises; only 30 per cent admitted to maintaining contact over the «Röschtigraben» in everyday life; the question of whether the French Swiss in Biel are at a disadvantage was answered by 78 per cent of Swiss Germans with «not at all» – an answer that was given by only 29 per cent of Romands...

Is that the reason why cultural encounters are often mostly non-verbal – in the fields of the visual and fine arts? Is that why Biel has so many galleries? Is that why the Swiss Plastic Arts Exhibition, which disturbs, teases and alters Biel's townscape every five years, has its rightful place in Biel? And is that why pantomime and circus, the non-verbal bodily arts, are so sympathetic to the Bielers, because communication by means of gestures knows no «Röschtigraben»?

But anyway, the crisis-tested city can obviously not count anything as a gift – not even its bilingualism, which is, actually, not God-given but a relatively recent phenomenon. The boundary between the Romand and the Alemannic has been in existence since the 7th century; as long ago as 1510, the town clerk of Biel had to be bilingual. But until the year of the revolution, 1848, it was a one-horse town with a few dozen large, mostly German-speaking families – only since the immigration of people seeking asylum and watchmakers (often one and the same) did the proportion of French speakers increase enough to enable the consciousness of independence to grow.

Happy the man who has no bigger problems

It will be one of the biggest tasks for Biel in the next millennium to make use of its linguistically two-sided personality and to avoid being damaged by it. Even that which seems to be a gift must constantly be worked for.

But there's no need to over-dramatise – yet. There are those who think, not without reason, that the man who has no bigger problems is a happy man. And sympathy is certainly aroused by the Bieler who, told that elsewhere wars are fought and heads broken over language problems, shakes his head in amusement, saying: «Ça geit's no?» («Are you crazy, or what?»).

Bildung – Formation – Education

THE SPIRIT OF BIEL-BIENNE

🔺 «The Spirit of Biel-Bienne» (der Geist von Biel) hiess das mit purer Sonnenkraft angetriebene Vehikel, das 1990 im zweiten Solarmobilrennen quer durch Australien vor dem Auto-Giganten Honda den ersten Rang eroberte. Nach dem dritten Platz 1987 bei der ersten Austragung des «World Solar Challenge» (hinter General Motors und Ford) steht für die Grossen fest: Dem Zwerg aus Biel muss neidlos ein weltweiter Spitzenplatz in der Solartechnik attestiert werden. Dabei ist die Bieler Ingenieurschule, die den Solarrenner entwickelte, bloss zur Ausbildung, nicht aber zur Forschung verpflichtet. Indes – auch das ist der Geist von Biel: Bildung soll nicht nur Altes übermitteln. Gefragt sind ebenso neue Ideen und Erfindergeist...

🔺 «The Spirit of Biel-Bienne» (l'esprit de Bienne), tel est le nom du véhicule mû à l'énergie solaire uniquement, qui a gagné, en 1990, la course d'automobiles solaires à travers l'Australie, devançant ainsi le géant de l'automobile Honda. Après qu'il fut arrivé troisième du classement lors de la première course du «World Solar Challenge» en 1987 (derrière General Motors et Ford), les «grands» doivent se rendre à l'évidence: le «petit» de Bienne a le droit de figurer parmi les meilleurs en technologie solaire. De plus, l'Ecole d'ingénieurs qui a développé le bolide solaire n'était tenue que de dispenser un enseignement et non pas de faire de la recherche. Mais – et cela aussi fait partie de l'esprit de Bienne – l'instruction ne doit pas transmettre que des valeurs anciennes; il y faut aussi une part d'idées nouvelles et de génie inventif...

🔺 «The Spirit of Biel-Bienne» is the name of the vehicle driven exclusively by solar power which in 1990 took first place in the second trans-Australia race for solar-powered vehicles ahead of the automobile giant Honda. After it came third in the first World Solar Challenge race in 1987, behind General Motors and Ford, the giants have to concede ungrudgingly that the tiny challenger from Biel holds a leding position worldwide in solar technology. And yet the Engineering College of Bienne, which developed the solar racing car, is not even committed to research but only to training. But that's also the spirit of Biel: that education should not only pass on the knowledge of the past but also encourage new ideas and inventive minds.

◢ An einem Bad in einer zweiten Landessprache kommt keiner vorbei: Die meisten Bieler Schulen werden zweisprachig geführt. Die Schilder verraten zudem, wie sehr die Bildungsstätten praxisorientiert sind. In Biel kann man rund 150 Berufe erlernen.

◢ Personne n'échappe à son bain dans une deuxième langue nationale: la plupart des écoles biennoises sont bilingues. Les panneaux indiquent à quel point les centres de formation locaux sont orientés vers la pratique. A Bienne, on peut apprendre environ 150 métiers.

◢ Nobody can avoid a plunge into the seas of a second language: most of the schools in Biel are conducted in two languages. The nameplates show just how much the educational establishments are orientated towards practical skills and knowledge. In Biel, about 150 different occupations can be learned.

▲ Eine Bieler Bildungs-Biografie (1): Andrea Roth, 28. Als die gebürtige Ostschweizerin fünf war, zogen ihre Eltern ins Seeland. Andrea Roth wuchs in Nidau auf. 1977 entschied sie sich für ein Studium am Bieler Seminar. Nach einem Sprachaufenthalt in Paris wurde sie 1982 an die Primarschule Lyss gewählt. Sie unterrichtet Dritt- und Viertklässler. Ihren Wohnsitz aber hat Andrea Roth in Biel genommen: «Ich lasse mich immer wieder vom Blick auf den See faszinieren!»

▲ Un exemple de formation biennoise (1): Andrea Roth, 28 ans. Ses parents ont quitté la Suisse orientale pour s'installer dans le Seeland quand elle avait cinq ans. Elle a grandi à Nidau et, en 1977, elle est entrée à l'Ecole normale. Après un séjour linguistique à Paris, elle a été nommée à l'école primaire de Lyss en 1982, où elle enseigne aux classes de troisième et quatrième. Mais Andrea Roth a choisi Bienne comme résidence parce que «la vue sur le lac me fascine», dit-elle.

▲ A Biel education biography (1): Andrea Roth, 28, was born in east Switzerland and her parents moved to the Seeland region when she was five. Andrea Roth grew up in Nidau. In 1977, she decided to study at the Biel Teachers' Training College. After a period of language studies in Paris, she was taken on to the staff of the Lyss Primary School in 1982. She teaches third and fourth grade pupils. But she decided to set up house in Biel: "The view of the lake never fails to fascinate me!"

...Stadt am Jurasüdfuss
...lovée au pied du Jura
...city at the foot of the Jura

INHALT   SOMMAIRE   CONTENTS

▲ DEUTSCH	▲ FRANÇAIS	▲ ENGLISH
	**4**	
Liebe Leserin, lieber Leser – die Städtische Wirtschaftsförderung stellt das Buch über DIE STADT AM SEE vor.	Chère lectrice, cher lecteur – le Développement économique de la ville de Bienne vous présente le livre intitulé LA VILLE AU BORD DU LAC.	Dear Reader – the Promotion of Economic Development of Biel has pleasure in introducing this book about THE CITY ON THE LAKE.
	6	
Ein Reigen munterer Bieler Bilder zum Einstieg – sie zeigen DYNAMIK und CHARME einer zweisprachigen Stadt.	Des photos empreintes de joie de vivre pour donner le ton – elles mettent en évidence le DYNAMISME et le CHARME d'une ville bilingue.	To whet your appetite, a series of lively photographs – illustrating the DYNAMISM and CHARM of this bilingual city.
	24	
Mehr als mancher denkt ist MADE IN BIEL-BIENNE: In diesem Kapitel stellt sich die Bieler WIRTSCHAFTSWELT vor – von Industrie und Dienstleistungsbetrieben, von mächtigen Paketen und Meisterwerken der Uhrmacherkunst ist da die Rede. Und davon, dass die als Uhrenmetropole weltbekannte Stadt auch noch viele andere Dinge produziert...	Le MADE IN BIEL-BIENNE est plus important qu'on ne le pense: ce chapitre vous propose de faire connaissance avec le MONDE ÉCONOMIQUE biennois. Il y est question des entreprises industrielles, des entreprises de services, des firmes vedette de l'art horloger. Car si Bienne est une métropole de l'horlogerie connue dans le monde entier, il s'y produit bien d'autres choses encore...	More things are MADE IN BIEL-BIENNE than many people realise. In this chapter Biel's ECONOMY takes a bow. You can read about industrial and service firms, about big consignments and masterpieces of the watchmaker's craft. And discover that although a world-famous watch-making centre, Biel also produces many other things.
	44	
Wer's genau wissen will, erfährt hier Details aus 33 PORTRÄTS VON BIELER UNTERNEHMEN.	Quiconque souhaite en savoir davantage trouvera plus d'informations dans 33 PORTRAITS D'ENTREPRISES BIENNOISES.	For further information: details are given in 33 PORTRAITS OF BIEL FIRMS.
	50	
Was wäre Biel ohne seinen SEE? Schon Jean-Jacques Rousseau schwärmte von diesem mächtigen Stück Lebensqualität.	Que serait Bienne sans son LAC? Jean-Jacques Rousseau, déjà, en faisait l'éloge.	Biel wouldn't be Biel without its LAKE. Jean-Jacques Rousseau was an early admirer of this stretch of water which adds so much to the quality of local life.
	66	
TOUT BIENNE trifft sich im Café Odeon – und erfährt mehr über das Leben und das Funktionieren der GEMEINDE und die GESCHICHTE der Stadt.	Le TOUT BIENNE se rencontre au café Odéon. Il y apprend tout ce qui a trait à la vie et au fonctionnement de la COMMUNE et à l'HISTOIRE de la ville.	TOUT BIENNE meets at the Café Odeon – and gets to know more about how the COMMUNITY lives and functions as well as about the city's HISTORY.
	92	
Auch Biel hat seine grossen Köpfe – in der historischen PROMINENTEN-GALERIE sind ihre Leistungen vermerkt.	Bienne a aussi sa GALERIE DES PERSONNALITÉS: tout ou presque sur les faits marquants grâce auxquels elles se sont distinguées.	Biel has also numbered many famous people among its citizens throughout its history. Their achievements are described in the GALLERY OF PROMINENT PEOPLE.

108

ÇA GEIT'S? ist ein Ausdruck, der wohl nur in BIEL-BIENNE zu hören ist – da mischen sich Deutsch und Welsch auf einmalige Weise. Über Hintergründe und Auswirkungen des BIELINGUISME auf Kommunikation und Kultur berichtet dieses Kapitel.

ÇA GEIT'S? est une expression que l'on n'entend guère qu'à Bienne. Il s'agit d'une contraction des deux éléments linguistiques allemand/français. Ce chapitre est consacré aux effets et aux conséquences du BILINGUISME sur la communication et sur la culture.

ÇA GEIT'S? is an expression probably heard only in Biel-Bienne – where there is a unique mixture of German and French. This chapter discusses the background and effects of BIELINGUALISM – to coin an apt word – on community and culture.

126

Im Kapitel THE SPIRIT OF BIEL-BIENNE geht es um ein merkwürdiges Gefährt, um Karrieren, um Bildungsmöglichkeiten – und eben um den GEIST VON BIEL und dessen Entwicklung...

Dans le chapitre THE SPIRIT OF BIEL-BIENNE, il est question d'un remarquable véhicule, de carrières, de possibilités de formation et de l'ESPRIT DE BIENNE et de son développement.

The chapter titled THE SPIRIT OF BIEL-BIENNE is about a very remarkable vehicle, about careers, about education and training and about THE SPIRIT OF BIEL and its development.

140

Es gibt Wörter, die könnten in Biel erfunden worden sein. SAVOIR-VIVRE gehört dazu. Kein Wunder, dass die Bieler den blauen Montag erfanden. Warum, ist in diesem Kapitel über die FREIZEIT zu erfahren.

Il y a des mots qui pourraient avoir été inventés à BIENNE. SAVOIR-VIVRE en fait partie. Pas étonnant, donc, que le «lundi bleu» soit d'inspiration purement biennoise. Pourquoi? Vous le saurez en vous reportant au chapitre LOISIRS.

Some words could have been thought up in Biel. SAVOIR-VIVRE is one of them. No wonder it was Biel people who invented what they called «Blue Monday». This chapter about LEISURE explains why.

162

Im grossen Nachschlageteil BIEL-BIENNE VON A BIS Z ist von den Telefonnummern der Notfalldienste bis zu den Ausflugsmöglichkeiten alles über das Angebot an DIENSTLEISTUNGEN und UNTERHALTUNG zu finden. Dazwischen einige INTERVIEWS mit Prominenz.

En consultant la rubrique BIENNE DE A à Z, vous trouverez non seulement les numéros de téléphone des services de secours, mais encore tout ce que la ville est à même de vous offrir en matière de SERVICES et de DIVERTISSEMENTS. Vous y trouverez aussi quelques INTERVIEWS accordées par des personnalités.

The extensive reference section BIEL-BIENNE FROM A TO Z lists everything the city has to offer in the way of SERVICES and ENTERTAINMENT, from the telephone numbers of the emergency services to excursions. In between, you will find INTERVIEWS with VIPs.

218

Eine Übersicht über Biel und seine Region bietet die KARTE VON BIEL UND UMGEBUNG.

La CARTE DE BIENNE ET DE SES ENVIRONS propose une large vue d'ensemble.

The MAP OF BIEL AND SURROUNDINGS gives an overall idea of the city and its region.

220

Das alphabetische REGISTER soll mithelfen, dieses Buch als nützliche Informationsquelle zu nutzen.

Le RÉPERTOIRE alphabétique facilite l'usage de ce livre.

The alphabetical INDEX will add to this book's value as a useful source of information.

226

Ein ganzes Team von AUTOREN hat dieses Buch geschaffen. Hier sind sie.

Présentation de l'équipe des AUTEURS de ce livre.

Here we present the team of AUTHORS responsible for this book.

229

Wer noch mehr über Biel wissen will, dem wird das LITERATUR-VERZEICHNIS helfen.

Vous désirez en savoir plus sur Bienne? La BIBLIOGRAPHIE vous y aidera.

Like to know more about Biel? The BIBLIOGRAPHY will help you.

230

Und zum Ausklang ein wenig Bieler ABENDPOESIE...

Et pour finir sur une note paisible, un peu de POÉSIE VESPÉRALE...

And, as a finale, a little bit of Biel EVENING POETRY.

Wirtschaft – Économie – Economy

Made in Biel-Bienne

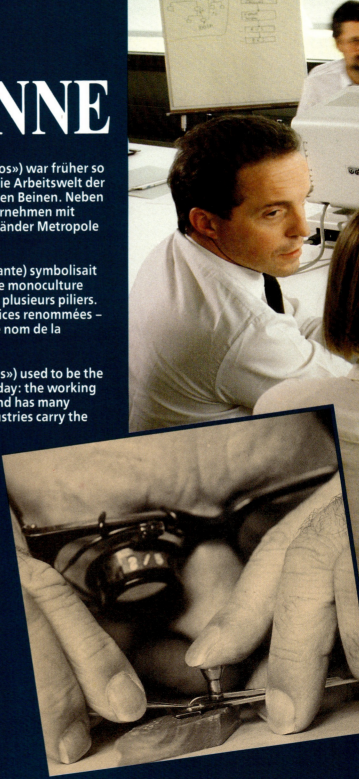

🔺 Der Uhrenmacher mit vorgeklemmter Lupe (dem «migros») war früher so etwas wie das Urbild des Bieler Arbeiters. Anders heute: Die Arbeitswelt der Uhren-Monokultur hat sich diversifiziert und steht auf vielen Beinen. Neben Uhrenfabriken tragen auch namhafte Dienstleistungsunternehmen mit High Tech und gewandtem Marketing den Namen der Seeländer Metropole in alle Welt.

🔺 Autrefois, l'horloger avec son «migros» (loupe grossissante) symbolisait le travailleur biennois. Les temps ont changé: à partir d'une monoculture horlogère, le monde du travail s'est diversifié et repose sur plusieurs piliers. En plus des fabriques d'horlogerie, des entreprises de services renommées – high tech et marketing de pointe notamment – diffusent le nom de la métropole seelandaise dans le monde entier.

🔺 The watchmaker with his magnifying glass (the «migros») used to be the typical picture of a Biel worker. But things are different today: the working world of the watch monoculture has become diversified and has many aspects. As well as watch factories, well-know service industries carry the name of Biel all over the world with high tech and skilful marketing.

◢ Biel-Bienne weltweit: Eine gigantische Uhr an einem Wolkenkratzer in Tokio kündet von der Industriestadt am Jurasüdfuss. In Hongkong hat ein Uhrenmacher seinen Laden «New Bienne» getauft. In Eldoret (Kenia) lockt ein Wecker-Flicker mit einer der bekanntesten Bieler Marken Kunden an: Beispiele dafür, dass die Uhrenindustrie sich ihren führenden Platz in der Welt wieder zurückerobert hat.

◢ Biel-Bienne dans le monde: à Tokyo, une montre géante affiche l'existence de la cité industrielle du pied du Jura sur un gratte-ciel. A Hong-kong, un horloger a baptisé son magasin «New Bienne». A Eldoret (Kenya), un réparateur de réveils attire la clientèle avec l'un des fleurons de l'horlogerie biennoise. Autant d'exemples qui prouvent que l'industrie horlogère a reconquis sa place de leader dans le monde.

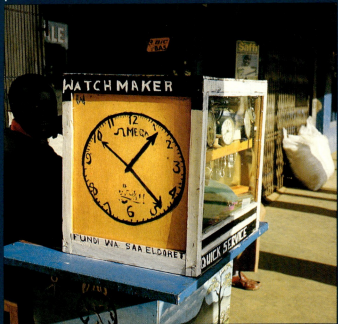

◢ Biel-Bienne worldwide: a gigantic watch on a skyscraper in Tokyo publicises the industrial city at the southern foot of the Jura. In Hong Kong, a watchmaker has named his shop «New Bienne». In Eldoret (Kenya), an alarm clock repairer attracts customers with the name of one of the best known Biel watch brands: examples which show that the watch industry has re-conquered its leading place in the world.

◢ Wer misst an Olympischen Spielen die Zeiten am präzisesten? Welcher imagebeladene Name zeugt auf Hochhauswäldern von Bieler Qualitätsgeräten? Was zieht die Blicke mehr auf sich als schlanke Mädchentaillen? Bieler Produkte hinterlassen ihre Spuren auf der ganzen Welt. Mehr noch: Selbst der Mondflieger las die irdische Zeit von einem Bieler Werkstück ab.

◢ Qui est le garde-temps le plus précis des Jeux Olympiques? Quel nom chargé de gloire orne les forêts d'immeubles et témoigne de la qualité du travail d'orfèvre réalisé ici? Qu'est-ce qui attire plus encore le regard que les tailles fines des jeunes filles? Les produits biennois s'exportent dans le monde entier. Et même plus loin! Sur la Lune, l'astronaute lit l'heure terrestre sur une montre fabriquée à Bienne.

◢ Who measures times at the Olympic Games most accurately? Which image-laden name testifies amid forest of tower blocks to Biel quality watches? What catches the eye more than the slim girls' figures? Products from Biel are known all over the world. And more: even the first man on the moon told the terrestrial time by a Biel watch.

▲ Made in Biel-Bienne: In den SBB-Werkstätten wird das Rollmaterial der Bundesbahnen auf Vordermann gebracht.
▲ Made in Biel-Bienne: le matériel roulant des Chemins de fer fédéraux est révisé dans les ateliers CFF.
▲ Made in Biel-Bienne: In the workshops of the SBB, the rolling stock of the Federal Railways is spruced up.

▲ Made in Biel-Bienne: Rund ein Drittel der Mitarbeiter der Posalux SA entwickeln und konstruieren Präzisionsmaschinen.
▲ Made in Biel-Bienne: le tiers environ des collaborateurs de Posalux SA développent et construisent des machines de précision.
▲ Made in Biel-Bienne: About a third of the employees at Posalux Co. Ltd. develop precision machinery.

▲ Made in Biel-Bienne: RMB-Kugellager verhalfen zuerst Kinderwagen zu sanftem Lauf; inzwischen waren sie auch schon auf dem Mond…
▲ Made in Biel-Bienne: les roulements à billes des RMB ont d'abord permis aux landaus de rouler en douceur. Depuis, ils sont allés sur la Lune…
▲ Made in Biel-Bienne: To start with, RMB ball-bearings helped prams to run more smoothly; in the meantime, they have been on the moon…

▲ Made in Biel-Bienne: Die Contelec fertigt Produkte für Hochleistungstechnologien – Medizin, Flugzeuge und Radaranlagen.
▲ Made in Biel-Bienne: Contelec élabore des produits de haute technologie pour la médecine, l'aviation et les installations de radars.
▲ Made in Biel-Bienne: Contelec makes products for high-performance technologies – medicine, aircraft and radar installations.

◢ Made in Biel-Bienne: Diametal ist Spezialist für Diamant- und CBN-Schleifwerkzeuge sowie für Hartmetall- und COMPACT-Werkzeuge hoher Präzision.
◢ Made in Biel-Bienne: Diametal est spécialisée dans la fabrication d'outils de rectification diamantés et au CBN, ainsi que dans celle d'outils métal dur et COMPACT de haute précision.
◢ Made in Biel-Bienne: Diametal are specialized in diamond and CBN grinding tools as well as high precision tungsten carbide and COMPACT tools.

◢ Made in Biel-Bienne: Über 600 Mitarbeiter entwickeln in der Mikron vornehmlich Werkzeugmaschinen für den Export.
◢ Made in Biel-Bienne: chez Mikron, plus de 600 collaborateurs élaborent surtout des machines-outils pour l'exportation.
◢ Made in Biel-Bienne: Over 600 employees at Mikron produce mainly machine tools for export.

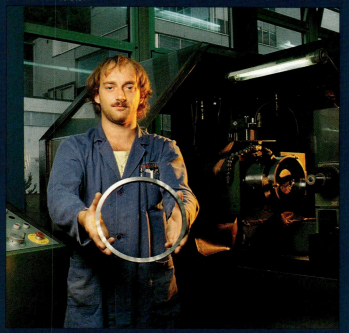

◢ Made in Biel-Bienne: Die Cendres et Métaux holt aus Fotofilmen Silber heraus – eines von 12 000 Edelmetallprodukten.
◢ Made in Biel-Bienne: Cendres et Métaux SA récupère l'argent des films photographiques – l'un des 12 000 produits tirés de métaux nobles qu'elle traite.
◢ Made in Biel-Bienne: from photographic film, Cendres et Métaux extract silver – one of 12,000 precious metal products.

◢ Made in Biel-Bienne: Die über 80jährige Eisen- und Stahlgiesserei giesst fast alles – für Kraftwerk- oder Schienenfahrzeugbau.
◢ Made in Biel-Bienne: elle a plus de 80 ans, la Fonderie de fer et d'acier qui coule presque tout – pour la construction de centrales nucléaires ou de véhicules sur rail.
◢ Made in Biel-Bienne: The 80-year-old Iron and Steel Foundry casts almost everything – for power station or railway rolling stock.

◢ Made in Biel-Bienne: Computergesteuerte Anlagen produziert die Digitron, die in Brügg 190 Arbeitnehmer beschäftigt.
◢ Made in Biel-Bienne: Digitron, qui occupe 190 personnes à Brügg, produit des installations assistées par ordinateur.
◢ Made in Biel-Bienne: Computer controlled systems are produced in Brügg by Digitron, with a work force of 190.

◢ Made in Biel-Bienne: 600 Mitarbeiter zählt die Henri Hauser AG. 9 von 10 ihrer Präzisionsmaschinen werden exportiert.
◢ Made in Biel-Bienne: Henri Hauser SA compte 600 collaborateurs. Ses machines de précision sont exportées à raison de 9 sur 10.
◢ Made in Biel-Bienne: Henri Hauser Ltd. has 600 employees. 9 out of 10 of their precision machines are exported.

◢ Made in Biel-Bienne: Bei der Lasarray SA werden Fertigungssysteme für kundenspezifische integrierte Schaltkreise schlüsselfertig entwickelt und fabriziert.
◢ Made in Biel-Bienne: Lasarray SA développe et fabrique des systèmes clefs en main pour la production de circuits intégrés spécifiques (ASICs).
◢ Made in Biel-Bienne: Lasarray SA designs and manufactures complete production systems for application-specific integrated circuits (ASICs).

◢ Made in Biel-Bienne: Die Firma Notz Holding handelt mit Stahl, Baumaschinen, Kunststoffen und Werkzeugen.
◢ Made in Biel-Bienne: la firme Notz Holding SA fait le commerce de l'acier, de machines de chantier, de matières plastiques et d'outillage.
◢ Made in Biel-Bienne: The Notz Holding Co. Ltd. deals in steel, construction machines, synthetics and tools.

▰ Eine Bieler Bildungs-Biografie (2): Max Kiener, 60. 1934 kam der Pfarrerssohn aus dem Berner Oberland nach Biel. Nach der Matura am hiesigen Gymnasium studierte Kiener an der Berner Universität Medizin. 1954 bestand er das Staatsexamen und war anschliessend als Assistenzarzt im Inselspital in Bern und im Regionalspital Biel tätig. Während der letzten dreieinhalb Jahre vor der Eröffnung einer eigenen Praxis als Internist in Biel (1965) war Max Kiener Oberarzt der medizinischen Abteilung des hiesigen Regionalspitals.

▰ Un exemple de formation biennoise (2): Max Kiener, 60 ans. En 1934, ce fils de pasteur de l'Oberland bernois est arrivé à Bienne. Après sa maturité au Gymnase, il a étudié la médecine à l'Université de Berne. Diplômé en 1954, il a exercé à titre de médecin-assistant à l'Hôpital de l'Ile à Berne et à l'Hôpital régional de Bienne. Durant trois ans et demi, Max Kiener a été médecin-chef de la division «médecine» de cette institution, avant d'ouvrir son propre cabinet de médecine interne en 1965.

▰ A Biel education biography (2): Max Kiener, 60. In 1934, this clergyman's son from the Bernese Oberland came to Biel. After his matriculation at high school here, Kiener studied medicine at Berne University. In 1954, he graduated and subsequently worked as assistant doctor at the Insel Hospital in Berne and the Regional Hospital in Biel. During the last three and a half years before opening his own practice as an internist in Biel (1965) Max Kiener was Senior Physician in the medical department of the regional Hospital here.

▲ Eine Bieler Bildungs-Biografie (3): Bernhard Burri, 41. Er ist nur 200 Meter entfernt von der Eisbahn aufgewachsen. Das hatte Folgen: Während 16 Jahren gehörte Bernhard Burri der ersten Mannschaft des Eishockey-Clubs Biel an. 1978 eroberte er mit ihr den ersten Schweizer Meistertitel. Während seiner ganzen Schulzeit lebte Burri in Biel. Zwischen 1970 und 1975 verbrachte er insgesamt zweieinhalb Jahre in Südafrika. Dort erweiterte er seine Sprachkenntnisse und leistete Entwicklungsarbeit mit dem Krummstock. Heute ist Burri stellvertretender Vorsteher des Bieler Schulamtes.

▲ Un exemple de formation biennoise (3): Bernhard Burri, 41 ans. Il a grandi à 200 mètres du Stade de glace. Ce qui n'a pas été sans conséquences: il a patiné durant 16 ans dans la première équipe du HC Bienne. Et, en 1978, il a conquis avec elle le premier titre de champion suisse. Bernhard Burri a vécu à Bienne pendant toute sa scolarité. Entre 1970 à 1975, il a séjourné deux ans et demi en Afrique du Sud, où il a perfectionné sa connaissance des langues étrangères et s'est occupé du développement du hockey sur glace. Actuellement, il est préposé-adjoint de l'Office scolaire de Bienne.

▲ A Biel education biography (3): Bernhard Burri, 41. He grew up only 220 yards from the ice rink. And this had consequences: for 16 years, Bernhard Burri played in the first team of the Biel Ice Hockey Club, and was in the team that won the Swiss Championship for the first time in 1978. Burri lived in Biel all the time he was at school. Between 1970 and 1975, he spent a total of two and a half years in South Africa, where he furthered his knowledge of languages and helped develop the sport of ice hockey there. Today Burri is deputy head of the Biel Education department.

🔹 Eine Bieler Bildungs-Biografie (4): Manuela Pflugi, 28. Sie beherrscht fünf Sprachen und arbeitet auf der Städtischen Baudirektion. Die waschechte Bielerin besuchte die regionale Weiterbildungsschule Biel und anschliessend die kaufmännische Berufsschule. Zusätzlich hat sie sich an der Sportschule in Magglingen zur Kursleiterin für Gymnastik und Tanz ausbilden lassen.

🔹 Un exemple de formation biennoise (4): Manuela Pflugi, 28 ans. Elle parle cinq langues et travaille à la Direction municipale des Travaux publics. Elle a suivi l'Ecole régionale de culture générale, puis l'Ecole commerciale. Elle a également accompli une formation de monitrice de gymnastique et de danse à l'Ecole fédérale de sport de Macolin.

🔹 A Biel education biography: (4): Manuela Pflugi, 28. She knows five languages and works for the city Building Department. Manuela, a Bieler through and through, went to the regional College of Further Education in Biel and afterwards, the School of Business Studies. She has also been trained as a course leader in gymnastics and dance at the Swiss Sports School in Magglingen.

🔹 Eine Bieler Bildungs-Biografie (5): Alain Jean-Richard, 25. Er wuchs in Biel auf und absolvierte hier alle Schulen bis zum Wirtschaftsgymnasium. 1983 ging er nach Wien und belegte dort an der Uni einen Deutsch-Sprachkurs. 1984 begann er ein anderthalbjähriges Allround-Praktikum bei der Schweizerischen Bankgesellschaft in Biel und Genf. Seit 1986 ist er im Finanzbereich als Anlageberater tätig, seit 1989 Teamleiter «Privatkundschaft».

🔹 Un exemple de formation biennoise (5): Alain Jean-Richard, 25 ans. Il a grandi à Bienne et y a suivi les écoles jusqu'au Gymnase économique. En 1983, il a étudié l'allemand à l'Université de Vienne. En 1984, il a commencé un stage pratique complet auprès de l'Union de Banques Suisses de Bienne et de Genève. Depuis 1986, il est conseiller financier en matière de placements, et depuis 1989, responsable d'un service «clientèle privée».

🔹 A Biel education biography (5): Alain Jean-Richard, aged 25. He grew up in Biel and was educated up to the Commercial High School level. In 1983 he studied German at Vienna university and in 1984 joined the Union Bank of Switzerland as a trainee in Biel and Geneva. Since 1986, he has been an investment consultant and since 1989 has been in charge of a «private customer» service.

🔹 Dreimal einmalig: Ins Sportmekka der einmalig gelegenen Eidgenössischen Sportschule in Magglingen pilgern Weltmeister und Olympiasieger wie der Regionalmatador und Kugelstösser Werner Günthör. Einmalig für Schweizer Verhältnisse: Das Jugendzentrum wird von den Jugendlichen autonom geführt – zu Strassenkrawallen ist es dank verständnisvoller Behörden in Biel nie gekommen. Einmalig auch, wenn auch nicht unumstritten: Die Stadt reservierte ihrem Gymnasium den schönsten Standort – gleich am See.

🔺 Trois fois unique: des champions du monde et des médaillés olympiques comme le matador régional Werner Günthör, lanceur de poids, viennent peaufiner leur forme à la «Mecque du sport», magnifiquement située, qu'est l'Ecole fédérale de sport de Macolin. Unique sur le plan suisse: le Centre autonome de la jeunesse (CAJ) est géré par les jeunes en toute liberté. Grâce à la compréhension des autorités, Bienne n'a jamais connu d'échauffourées. Unique également, mais controversée, la situation privilégiée du Gymnase au bord du lac.

🔹 Triple distinction: champions and Olympic winners such as the local hero and shot-putter Werner Günthör make their pilgrimage to the sports Mecca of the exceptionally situated Swiss Sports School in Magglingen. Exceptional by Swiss standards: the Youth Centre is run autonomously by the youngsters themselves – thanks to understanding authorities, there have never been violent street demonstrations in Biel. And exceptional too, though not uncontroversial: the city built its High School on the most beautiful site – right by the lake.

Bildung
Eine Stadt macht Schule

Niemand, aber auch gar niemand hatte vor dem Solarmobilrennen quer durch Australien ernsthaft damit gerechnet, dass die Ingenieurschule Biel mit ihrem aerodynamischen Flitzer in Adelaide als Sieger über die Ziellinie fahren würde. Nach dem hervorragenden dritten Platz bei der ersten Austragung des «World Solar Challenge» 1987 rechneten Optimisten höchstens mit einem fünften Rang.

Nun, es kam anders: «Spirit of Biel-Bienne II» fuhr beim härtesten Test für Solarmobile der Konkurrenz davon, knüpfte dem zweitplatzierten Honda-Team während der 3 000 Kilometer acht Stunden ab. David hatte über Goliath triumphiert.

Die Ingenieurschule Biel hat den Namen der Stadt am Jurasüdfuss in die Welt hinausgetragen. Manche behaupten mit gutem Grund, die «Operation Solar Challenge», die Forschung auf dem Gebiet der Solartechnik und die Erfolge mit dem Solarflitzer hätten mehr für das Image und den Bekanntheitsgrad Biels getan als viele Werbekampagnen!

Sicher ist: Die Ingenieurschule steht als Beispiel dafür, dass Bildung in Biel kreativ und innovativ betrieben wird. Nicht selbstverständlich: Politische und wirtschaftliche Kreise unterstützen die zukunftsorientierte, umweltfreundliche Entwicklungsarbeit. Ohne Zögern hat das Stadtparlament für eine Solarenergieanlage (25 kW) einen Investitionskredit von 637 000 Franken gesprochen, an der die Ingenieurschule ebenfalls beteiligt ist. Politiker ermöglichen so die praxisnahe Ausbildung von jungen Ingenieuren in den Bereichen Energietechnik, Leistungselektronik, Steuerungselektronik und Informatik sowie deren Förderung durch den Betrieb einer photovoltaischen Anlage.

Die Stadt Biel zeigt damit, dass sie für Neues bereit ist und dass sie im Sektor Ausbildung neben der reinen Theorie auch an der praktischen Anwendbarkeit interessiert ist. Dies mag wohl mit ein Grund dafür sein, dass sich Biel nie als Standort für eine Universität bemüht hat. Ihr theoretisches Wissen können sich Biels künftige Akademiker in Bern, Neuenburg und Freiburg holen: Mit dem Zug oder dem Auto sind diese Hochschulen schnell erreichbar. Und wer einen Hochschulabschluss auf technischem Gebiet anstrebt, dem stehen die Eidgenössische Technische Hochschule in Zürich oder – französischsprachig – die Ecole Polytechnique Fédérale in Lausanne offen (auch wenn diese Städte manchem echten Heimwehbieler wie ein Exil vorkommen).

Biel selbst bietet freilich eine äusserst reichhaltige und breitgefächerte Ausbildungspalette an: eine gewerbliche und kaufmännische Berufsschule, die Schweizerische Holzfachschule, das Konservatorium, das Seminar, die Schule für Gestaltung, das Schweizerische Ausbildungszentrum für Marketing und Werbung (SAWI) oder die Schule für mikrotechnische Berufe haben in Biel ihre Wurzeln geschlagen.

Das macht das Bildungsangebot der Stadt zwar schon im helvetischen Massstab fast exklusiv. Einzigartig ist darüber hinaus das Umfeld aller Schulen – dank der Zweisprachigkeit: Wer nach Biel zur Ausbildung kommt, der kann sich dem Bad in einer zweiten Landessprache nicht entziehen. Zwar sind die Berufsschulen nicht alle zweisprachig geführt; aber die Kursleiter müssen stets mit beiden Sprachen rechnen.

Das städtische Schulsystem selbst ist heute durchwegs in zwei sprachlich getrennten Strängen organisiert – bis und mit Gymnasium.

Bis sich die französischsprachigen Schulen in Biel freilich etablieren konnten, mussten sie einen langen Kampf ausfechten. Erst 1891 konnten die Romands ein zweisprachiges Progymnasium besuchen; bis 1956 mussten sie auf «ihr» *Gymnase français* warten. Bis zu diesem Zeitpunkt waren sie gezwungen, sich in den oberen Klassen der deutschen Unterrichtssprache zu bedienen – Muttersprachenunterricht ausgenommen.

Das 1889 gegründete Kantonale Technikum (die heutige Ingenieurschule) und die Gewerbeschule dagegen wurden von Anfang an zweisprachig geführt. 1858 wurde eine Städtische Handelsschule eröffnet, 1960 die *Ecole de commerce,* sechs Jahre später das *Gymnase économique.* Erst seit 20 Jahren hingegen bietet sich den Welschen die Möglichkeit, das Seminar zu besuchen.

Gleiches Angebot heisst indes noch nicht gleicher Schulalltag: In Grundsatzfragen haben sich die Schulen einander noch nicht vollumfänglich angepasst. Während Deutschschweizer an sechs Tagen zur Schule gehen, «dürfen» sich die Welschen mit fünf Tagen begnügen. Erst 1989 wurde in Biel (wie nun auch in allen deutschsprachigen Kantonen) für die deutschsprachigen Schüler der Spätsommerbeginn eingeführt – für die welschen Bieler und die ganze französische Schweiz seit Jahren Gewohnheit.

Für die sprachliche Minderheit in Biel bringt der einheitliche Schulbeginn einen wesentlichen Vorteil: Die Welschen können nun volle neun Jahre zur Schule gehen und müssen nicht schon im Frühling auf Lehrstellensuche, um bei der Jobsuche chancengleich zu sein. Immerhin: Offene Stellen hat es in Biel genügend. Während 1980 über die Lehrstellenbörse 172 Lehrlinge gesucht wurden, waren es 1988 bereits 650. Rund 500 Berufe können in der Schweiz erlernt werden. Bielerinnen und Bielern stehen etwa 150 zur Auswahl.

Ein ganz besonderer darunter: Sportlehrer. Hier bietet die Schulstadt Biel mit der Eidgenössischen Sportschule Magglingen (sie liegt auf Bieler Terrain) eine weitere Attraktion an. Die ESSM wurde am 1. September 1946 gegründet und vorerst dem Eidgenössischen Militärdepartement unterstellt: Sie sollte im Geiste des eben zu Ende gegangenen Weltkriegs vorab der körperlichen Ertüchtigung künftiger Wehrmänner dienen. Seit dem 1. Januar 1984 untersteht die

Sportschule dem Eidgenössischen Departement des Innern. Seit ihrer Gründung hatte die ESSM ihren Sitz oberhalb von Biel auf der Jurahöhe von Magglingen und liess auch durch ihre Forschungsarbeit immer wieder aufhorchen. Weltbekannt wurde die Sportschule aber nicht nur durch die vielen Olympiasieger und Weltmeister, die sich auf den einzigartig gelegenen Anlagen in Magglingen regelmässig auf Wettkämpfe vorbereiten – unter ihnen als Regionalmatador auch der Kugelstösser Werner Günthör. Auch die Trainerlehrgänge und Weiterbildungskurse der ESSM haben internationalen Ruf.

Doch was nützen ein breites Angebot an Ausbildungsstätten und eine gute Wirtschaftslage, wenn die Jugend nicht mitspielt? Wenn sie, statt auf der Schulbank zu sitzen, der Polizei Strassenschlachten liefert, wie das seit einem Vierteljahrhundert auch in der Schweiz in vielen grösseren Städten der Fall ist?

Erstaunlich: In Biel ist es in dieser ganzen Zeit nie zu solchen Zusammenstössen gekommen. Der Grund: die Behörden legen Wert auf Partizipation – nicht nur in der Theorie. Davon zeugt am deutlichsten die blaue Kuppel des ehemaligen Gaskessels: seit vielen Jahren hat hier das einzige funktionierende «Autonome Jugendzentrum» der Schweiz seinen Sitz und organisiert, von der Stadt subventioniert, Veranstaltungen.

Bei Problemen wird in offenen Gesprächen zwischen den Jugendlichen und der Verwaltung nach beiderseits befriedigenden Lösungen gesucht. Dabei haben die Jugendlichen die Behörden als kritischen, aber fairen Partner kennengelernt.

Freilich: von der Drogenwelle ist auch Biel nicht verschont geblieben. Seit 1970 versuchen die Bieler, mit Drop-in und andern Massnahmen mindestens die Folgen zu mildern, wenn der Kampf gegen diese vielköpfige Hydra auch Sisyphus-Ausmasse angenommen hat. Mit dem sprichwörtlichen Hang zur Toleranz dürften immerhin die Chancen gut stehen, dass in Biel selbst schwere Probleme auch künftig im Gespräch und nicht mit Gewalt gelöst werden.

Formation
Une ville qui fait école

Personne, mais alors vraiment personne n'aurait cru, avant la course d'automobiles solaires à travers l'Australie, que l'Ecole d'ingénieurs de Bienne, avec son bolide aérodynamique, passerait la ligne d'arrivée à Adélaïde en première position. Après l'excellent troisième rang lors de la première course du «World Solar Challenge» en 1987, on espérait terminer cinquième dans le meilleur des cas.

La réalité fut tout autre: «Spirit of Biel-Bienne II» distança tous ses concurrents au long des 3 000 kilomètres de la plus rude des épreuves pour automobiles solaires et termina avec une avance de huit heures sur le team de Honda classé deuxième. David avait vaincu Goliath.

L'Ecole d'ingénieurs de Bienne a propagé dans le monde entier le nom de la ville du pied du Jura. Bien des gens affirment avec raison que l'opération «Solar Challenge», les recherches dans le secteur de la technique solaire et les succès remportés avec «Spirit of Biel-Bienne» solaires ont fait davantage pour l'image et la réputation de Bienne que nombre de campagnes publicitaires.

Une chose est certaine: l'Ecole d'ingénieurs démontre qu'à Bienne, la formation s'oriente vers l'esprit créatif et innovateur. Des milieux politiques et économiques encouragent un effort de développement axé sur l'avenir et sur la défense de l'environnement. Sans hésitation, le parlement municipal a voté un crédit d'investissement de 637 000 francs, auquel l'Ecole d'ingénieurs participe également pour la réalisation d'une installation d'énergie solaire d'une puissance de 25 kW. Les politiciens facilitent ainsi une formation proche de la pratique de jeunes ingénieurs dans les domaines de la technique de l'énergie, de l'électronique de puissance et de régulation, de l'informatique, ainsi que leur mise en oeuvre par le biais d'une installation photovoltaïque.

La ville de Bienne prouve ainsi qu'elle est ouverte à l'innovation et que, dans le secteur de la formation, elle ne s'intéresse pas seulement à la théorie pure, mais aussi aux possibilités de sa mise en pratique. C'est sans doute l'une des raisons pour lesquelles Bienne n'a jamais cherché à devenir le siège d'une université. Les futurs universitaires biennois peuvent assurer leur formation théorique à Berne, à Neuchâtel ou à Fribourg: ces universités sont aisément accessibles en train ou en voiture. Et si l'on vise un titre universitaire dans le domaine technique, on dispose des Ecoles polytechniques fédérales de Zurich ou, pour les Romands, de Lausanne (encore que ces villes puissent sembler des lieux d'exil à certains Biennois).

A elle seule, Bienne offre d'ailleurs une large et riche palette de possibilités de formation: une Ecole des arts et métiers, une Ecole commerciale, l'Ecole suisse du bois, le Conservatoire de musique, l'Ecole d'arts visuels, le Centre suisse d'enseignement du marketing, de la publicité et de la communication (SAWI), l'Ecole des métiers micromécaniques, qui tous et toutes ont pris racine à Bienne.

Certes, cette multiplicité d'offres assure déjà à Bienne une quasi-exclusivité sur le plan helvétique. Mais ce qui est unique, en plus, c'est le rayonnement que le bilinguisme confère à ces établissements. Quiconque vient suivre une formation à Bienne s'imbibe nécessairement d'une seconde langue nationale. Bien sûr, les écoles professionnelles ne sont pas toutes bilingues, mais les enseignants doivent toujours tenir compte des deux langues.

Aujourd'hui, le système scolaire de la ville est organisé intégralement sur deux voies – allemand et français – jusqu'au Gymnase y compris.

Une longue lutte fut nécessaire, certes, pour que les écoles de langue française puissent occuper leur place à Bienne. C'est en 1891 seulement que les Romands purent disposer d'un progymnase de langue française; ils durent attendre «leur» Gymnase français jusqu'en 1956. Avant cette date, ils étaient obligés, dans les classes supérieures, de suivre un enseignement donné uniquement en allemand – celui de la langue maternelle excepté.

En revanche, le Technicum cantonal (l'actuelle Ecole d'ingénieurs), fondé en 1889, et l'Ecole professionnelle (l'actuelle Ecole des arts et métiers) furent bilingues dès leurs débuts. En 1858 était créée une Ecole de commerce, qui devint Gymnase commmercial en 1960, puis Gymnase économique six ans plus tard. Et c'est depuis vingt ans seulement que les Romands ont la possibilité de fréquenter l'Ecole normale.

Mêmes possibilités donc – mais pas encore de vie scolaire identique: pour certaines questions de principe, les écoles ne se sont pas encore adaptées intégralement. Alors que les Alémaniques suivent l'enseignement six jours par semaine, les Romands se contentent de cinq. C'est en 1989 seulement qu'à Bienne (comme désormais dans tous les cantons alémaniques), le début de l'année scolaire a été fixé à la fin de l'été, alors que les Biennois romands (comme toute la Suisse romande) connaissaient cette réglementation depuis de longues années.

Pour la minorité romande de Bienne, le début uniforme de l'année scolaire constitue un avantage sensible. Désormais, les Romands peuvent suivre leurs neuf ans d'école sans devoir chercher des places d'apprentissage au printemps déjà pour avoir les mêmes chances en matière d'emplois. Bienne dispose pourtant de postes d'apprentissage en nombre suffisant. Alors qu'en 1980, par l'intermédiaire de la Bourse des places d'apprentissage, on cherchait 172 apprentis, ce nombre atteignait déjà 650 en 1988. On peut apprendre un demi-millier de professions dans l'ensemble de la Suisse; Biennoises et Biennois en ont environ cent cinquante à disposition.

Il en est une qu'il convient de relever: celle de maître de sport. Ici, la ville de Bienne offre un attrait supplémentaire grâce à l'Ecole fédérale de sport de Macolin (EFSM), au-dessus de Bienne.

Cette école a été créée le 1er septembre 1946. Elle a d'abord été placée sous le contrôle du Département militaire: dans l'esprit de la Deuxième Guerre mondiale qui venait de finir, elle devait servir à la préparation physique des futurs soldats. Depuis le 1er janvier 1984, l'EFSM dépend du Département de l'Intérieur (elle a toujours eu son siège à Macolin). Elle s'est acquis une renommée mondiale dans le domaine de la recherche, de l'entraînement et de la préparation des athlètes (champions olympiques et mondiaux) ainsi que par ses cours pour entraîneurs et ses cours de perfectionnement.

Mais à quoi servent un large éventail d'établissements d'enseignement et une bonne situation économique si la jeunesse ne participe pas? Et si, au lieu de s'asseoir sagement sur les bancs d'école, elle se livre contre la police à des batailles en règle, comme c'est le cas depuis un quart de siècle, en Suisse aussi, dans nombre de villes importantes. De tels heurts ne se sont jamais produits à Bienne. La raison en est que les autorités attachent une grande importance à la participation – et cela pas seulement en théorie. Une preuve éclatante: la Coupole bleue de l'ancien gazomètre. C'est là qu'est installé depuis des années le seul «Centre autonome de la jeunesse» de Suisse fonctionnant réellement, organisant des manifestations subventionnées par la Ville. Quand des problèmes surgissent, on cherche de part et d'autre à aboutir à des solutions grâce à des conversations franches entre les jeunes et l'administration. Les jeunes ont ainsi appris à considérer les membres des autorités comme des interlocuteurs à l'esprit critique mais ouvert.

Certes, Bienne n'a pas été épargnée par le déferlement de la drogue. Depuis 1970, grâce au «Drop-in» et à d'autres mesures, les Biennois cherchent tout au moins à en atténuer les conséquences, encore que la lutte contre cette hydre à sept têtes ait pris une ampleur gigantesque. Tout de même, le proverbial esprit de tolérance de Bienne devrait augmenter ses chances de parvenir, à l'avenir aussi, à résoudre même les problèmes les plus ardus non par la violence, mais par des échanges de vues et de la bonne volonté.

Education:
A city shows the way

Before the trans-Australia race for solar-powered racing vehicles no-one remotely expected that the aerodynamic small car entered by the Engineering College of Bienne would be victorious in Adelaide. After the College had finished creditably in third place in the first World Solar Challenge in 1987, it was thought it would at best come fifth.

But things turned out differently: «The Spirit of Biel-Bienne II» led its competitors in the toughest test for solar-powered vehicles and finished eight hours ahead of its nearest rivals, the Honda team, in the 3000 kilometre race. David had triumphed over Goliath.

The College of Engineering, Bienne, has made the name of the city at the foot of the Jura mountains known throughout the world. Many people believe, with good reason, that «Operation Solar Challenge», the research in the field of solar technology and the successes with the solar vehicle have done more to enhance the image of Biel and make the city better known than a whole series of publicity campaigns.

One thing is certain: the College of Engineering, Bienne, is an example of the innovative and creative methods used in Biel's education system. And an aspect that can by no means be taken for granted is that politicians and industrialists alike support the future-orientated and environmentally acceptable development work. The City Council unhesitatingly approved a Sfr. 637,000 investment credit for a 25 kW solar energy plant in which the College of Engineering also participates.

Thus the politicians make it possible for young engineers to gain practical training in the fields of energy technology, power electronics, control electronics and information technology and the advancement of these through the operation of a photo-voltaic plant.

In this way the city of Biel demonstrates its willingness to accept new ideas and methods and the fact that in the field of training it is interested in practical applications and not just in pure theory. This could well be a reason why Biel has never pressed for a university to be founded in the city. Biel's future academics can obtain their theoretical knowledge in Berne, Neuchâtel or Fribourg, all of which have universities easily accessible by road or rail. And for those seeking university-level degrees in technical subjects the Federal Institutes of Technology in Zurich and – for French speakers – in Lausanne are available (even though many a student homestick for Biel feels an exile in these cities).

Biel itself offers an extremely wide and varied range of training facilities: a trade and commercial vocational school, the Swiss Timber Trade Technical School, the Conservatoire, the Teachers' Training College, the School of design, the Swiss Marketing and Advertising Training Centre (SAWI) and the School for Microtechnical Professions have all taken root in the city.

All this means that Biel's educational facilities are almost unique by Swiss standards. And what really is unique is the bilingual setting: anyone who comes to Biel for training is bound to become involved with a second national language. Although not all the vocational training schools operate bilingually, the instructors and lecturers must always be prepared to use both German and French.

The city's school system in now fully organised in two separate linguistic directions – up to and including high school.

It must be said that the French-speaking schools had to fight long and hard before they were able to become established in Biel. Not until 1891 were the French speakers able to attend a bilingual secondary school. They had to wait until 1956 for their own *Gymnase français*. Up to then they had to be taught in German in the upper classes – except for lessons in their mother tongue.

By contrast the Cantonal Technical College (the present-day College of Engineering), founded in 1889, and the Trade School were always bilingual. In 1858 a municipal Business School was opened, in 1960 the *Ecole de commerce* and six years later the *Gymnase économique*. But only for the last 20 years have French-speaking students been able to attend the Teachers' Training College.

But equal facilities do not yet mean the same school routine. The schools have still to come into line with each other completely in some basic matters. Whereas Swiss-Germans go to school on six days of the week, the French-Swiss school week is five days. Only in 1989 was the beginning of the school year fixed for late summer for German-speaking school children in Biel (as it now is for all the German-speaking cantons), whereas this had been the case for French-speaking Biel pupils and for all of French-speaking Switzerland for many years.

For Biel's French-speaking minority, having the school year start at the same time is a considerable advantage. They can now attend school for nine full years and do not have to start looking for apprenticeships as early as spring in order to have equal chances of finding a job. Not that there is any shortage of vacancies in Biel. Whereas in 1980 employers sought 172 apprentices through the labour exchange, the figure had already risen to 650 by 1988. In Switzerland as a whole, training is offered for about 500 different occupations. In Biel there is a choice of about 150.

One of these – a very special one – is physical training and sports teacher. With the Swiss Sports School at Magglingen (within the boundaries of Biel), the city offers a further educational attraction. This School was founded on 1st September 1946 and originally came under the Swiss Federal Defence Ministry: with the recent world war still in mind, it was initially intended to provide for the physical training of future conscripts. Since 1 January 1984 it has been under the control of the Swiss Federal Interior Ministry. The School has been based at Magglingen on the Jura heights above Biel since its foundation and its research work has also attracted attention. It has become known worldwide not only through the many Olympic winners and world champions – including shotputter Werner Günthör – who regularly use Magglingen's uniquely situated facilities for precompetition training. The School's training and further-training courses also have an international reputation.

But what is the use of a wide range of training institutions and a healthy economic situation if young people do not become involved? If, instead of attending classes and courses, they clash with the police in the streets, as has also happened in several of Switzerland's larger cities in the last 25 years or so?

Amazingly, there have been no such disturbances in Biel during this time. The reason: the authorities attach great value to participation – and not only in theory. Clearest evidence of this is the blue dome of the former gas holder. For many years this has been the home of the only «Autonomous Youth Centre» functioning in Switzerland, which organises municipally-subsidised events.

Where problems arise attempts are made, in frank discussions between the youngsters and the administration, to find mutually acceptable solutions. In this way the young people have found the authorities to be critical but fair partners.

Admittedly, Biel has not been unaffected by the drugs problem. Since 1970 attempts have been made, by means of the Drop-in and other measures, at least to mitigate the consequences, even though the fight against this many-headed Hydra has assumed Sisyphus-like proportions. However, with its proverbial preference for tolerance, Biel should have a good chance of continuing to solve even serious problems by discussions rather than by force.

Freizeit – Loisirs – Leisure

Savoir-Vivre

▲ Ein Bieler Stadt-Original schmückt sein Haupt mit Rebengrün, steigt in den Weinkeller hinunter und hebt das Glas: Bacchus lebt – am Bielersee!

▲ Un personnage biennois haut en couleur se pare du vert de la vigne, descend au cellier et porte un toast. Vive Bacchus!

▲ A Biel town-character decorates himself with vine leaves, goes down into the wine cellar and raises his glass: Bacchus lives – on the Lake of Biel!

🔺 Bauernkunst: Wenn die Seeländer ihren Gemüsegarten in der Bieler Altstadt zu Markte tragen, feiern die Farben ein Fest.

🔺 Art du terroir: les couleurs chantent quand les maraîchers seelandais viennent écouler leur récolte sur le marché de la Vieille Ville.

🔺 Rustic art: when the people of the Seeland bring their cornucopia of vegetables to market in Biel's old town, there is a veritable feast of colour.

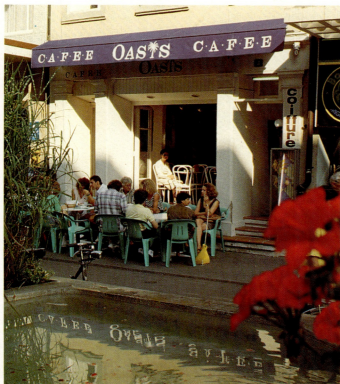

▲ In der Altstadtbeiz, im Strassencafé, im Gourmet-Tempel oder im Stammlokal: Bieler mögen geselligen Genuss.

▲ Les Biennois aiment à se retrouver dans les bistrots de la Vieille Ville, sur les terrasses, dans les temples pour gourmets ou au café du coin.

▲ In the old town pub, the street café, the gourmet temple or the corner local: Biel people enjoy good company.

Carnaval…

Bärner Trachte…

Majorettes…

Chlauser…

Altstadt-Chilbi…

Die Bieler feiern Feste nicht nur, wie sie fallen: Sie haben sich darüber hinaus ihre eigenen Feten erfunden – vorab die Braderie!

Les Biennois ne font pas seulement la fête sur commande: ils en inventent même! Par exemple la Braderie!

Biel people don't just celebrate festivals as they occur: they have even added some of their own festivals to the calendar – above all the Braderie!

Braderie!

147

▲ Genüsse der höheren Art: Biel leistet sich ein Berufsorchester und ein eigenes Theater – mit Künstlerlegenden wie Jenny Rausnitz oder Jost Meier. Das Schachfestival im Sommer gilt als Europas wichtigstes Turnier.

▲ Plaisirs de haut vol: Bienne a son orchestre professionnel et son Théâtre municipal; ses artistes de légende comme Jenny Rausnitz ou Jost Meier. Le Festival d'échecs, en été, est le plus important d'Europe.

▲ The art of higher enjoyment: Biel has a professional orchestra and its own theatre – with artistic legends like Jenny Rausnitz or Jost Meier. The chess festival in Summer is regarded as Europe's most important tournament.

▲ Savoir-vivre, früh geübt: Das Jungvolk trifft sich in der Disco, beim Afro-Konzert oder im Kino – keine Schweizer Stadt bietet so viel Leinwand an. Wer Lust zuerst im Bauch verspürt, der trifft sich bei irischem Bier oder US-Hackfleisch.

▲ La joie de vivre s'exprime tôt: la jeunesse se retrouve dans les discos, aux concerts «Afro» ou au cinéma. Sur la plan suisse, c'est à Bienne que l'on compte le plus grand nombre de salles obscures par habitant. Avant, on déguste une bière irlandaise ou un hamburger américain.

▲ Savoir-vivre, practiced early: young people meet in the disco, at an Afro concert or at the cinema – no Swiss town boasts so many cinema seats in proportion to the population. Before watching the film of their choice people sometimes meet over an Irish beer or an American hamburger.

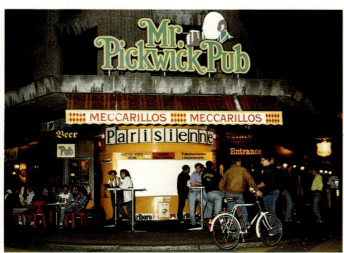

▲ Der Winter kann ganz hart zuschlagen in Biel. Dann hockt mitunter eine träge Inversionsschicht über der Stadt und sorgt für reichlich Nebel. Freilich hat der Winter auch seine vergnüglichen Seiten: Auf den Jurahöhen locken Sonne und Schnee zu Spiel und Sport; die nächsten Skiliftanlagen sind bloss 20 Minuten entfernt, und wenn sich das Quecksilber mal für eine Zeitlang unter minus zehn Grad verkriecht, kann schon mal ein Stück des Bielersees zufrieren.

▲ A Bienne, la saison froide peut être assez rigoureuse. Telle une chape, le brouillard recouvre la ville. Mais l'hiver y a aussi ses côtés plaisants. Sur les hauteurs jurassiennes toutes proches, le soleil brille et la neige est une invite au jeu et au sport. Les remonte-pentes sont à 20 minutes de voiture, et quand le thermomètre descend au-dessous de zéro, il arrive que le lac gèle.

▲ Winter can be a tough season in Biel, sometimes with thick fog. But winter also has its pleasurable side: up on the Jura sun and Snow are magnets that draw people to enjoy play and sport; the nearest skilifts can be reached within 20 minutes. And when the mercury drops to below ten degrees centigrade for a spell, part of the Lake of Biel could occasionally be frozen over.

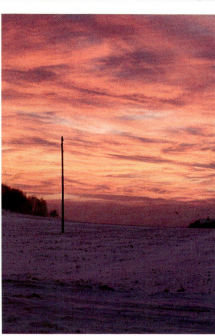

Freizeit
Die Stadt, die den blauen Montag erfand

IN BIEL GIBT ES 167 BEIZEN. Da schlemmen und geniessen die Bieler. Essen Egli-Filet aus dem Bielersee, trinken Weissen dazu, den «Twanner» oder «Schafiser» vom nahen Rebenhang. Und wem Exotik lieber ist als Lokalkolorit: Die Küchen kleinerer Gaststätten haben sich den Wünschen der Bevölkerung angepasst, servieren auch indische, türkische, jugoslawische, chinesische Gerichte.

Übers Wochenende ziehen die Bieler meist ins Freie. Erkunden Magglingen und die nahen Jurahöhen, erholen sich im Seeland, statten dem «Häftli» (dem alten Aarelauf, einem herrlichen Naturreservat) einen Besuch ab, wandern in den Rebbergen oder machen einen Ausflug auf den Bielersee und die St. Petersinsel.

Falls nicht gerade ein Fest stattfindet. Es braucht nicht die Fasnacht oder Braderie, der Chlauser oder die Altstadtchilbi zu sein. Selten ein Wochenende, wo nicht in Biel oder Umgebung eine Festhütte steht. Bieler lieben Feten; in Biel wurde der «blaue Montag» erfunden, der Tag, an dem der Kater vom Weekend ausgeschlafen wird.

Etwas feiner ausgedrückt: Die Bieler geniessen das Leben. Sie arbeiten zwar hart, aber übers Wochenende leben sie gerne in Saus und Braus. Sie sind lustiger, ausgelassener, hauen mehr über die Stränge als beispielsweise die Berner oder Solothurner. Das hat seinen geschichtlichen Ursprung.

«Biel ist anfangs dieses Jahrhunderts eine völlig neue Stadt geworden», sagt Marcel Schwander, ehemaliger Redaktor der «Seeländer Volkszeitung», heute Westschweizer-Korrespondent des Zürcher «Tages-Anzeigers». Bis ums Jahr 1900 war Biel eher gesichtslos. Mit dem Aufkommen der Uhrmacherei jedoch brach die Stadt zu neuen Ufern auf. Schwander: *«Eine Reise nach Atlantis begann, eine Reise in eine wunderbare, neue Welt.»*

Biel rutschte in eine Welle der Euphorie, wo es hiess: *«Es ist ein Fest zu leben!»* Die Bieler glaubten an die Zukunft, wähnten sich – wie die USA – im Land der unbegrenzten Möglichkeiten. Wenn dort ein Zeitungsjunge zum Direktor aufsteigen konnte, so war es dem einfachen Bieler «Büetzer» möglich, bald einmal seine eigene Uhrenbude zu gründen. Zu Recht trug Biel fortan den Namen «Zukunftsstadt», den sie bereits Jahrzehnte früher, beim Anschluss ans Eisenbahnnetz, erhalten hatte.

Das nahe Solothurn besitzt Tradition, blickt auf eine Vergangenheit mit strenger Standesordnung zurück. Die Solothurner, so spottet der Volksmund, hätten zugeschaut, wie der liebe Gott ihre Schanzen baute. Die Bieler schauten – im übertragenen Sinn – nicht zu, sondern werkelten selber (in der Uhrenbranche, an neuen Erfindungen), und Standesordnungen waren ihnen fremd und egal.

Die Berner lernten unter den gestrengen Herren, den Patriziern, gehorchen; sie wurden «dressiert». Von solchem Untertanenbewusstsein blieben die Bieler verschont. Anders als in Solothurn und Bern wuchs in Biel eine junge, lustige Gesellschaft heran – mit dem typischen Bieler, der das Leben in vollen Zügen geniesst.

★ ★ ★

Wenn das Egli nur wüsste... Was für eine grosse Anziehungskraft besitzt doch der kleine, schmackhafte Speisefisch aus dem Bielersee! Friture oder Meunière! Früher fuhr Sonntag für Sonntag der «Rote Pfeil» der SBB mit Egli-Fans nach Twann an den Bielersee. Heute sind die Parkplätze gefüllt. Feinschmecker aus der ganzen Schweiz freuen sich auf eine Portion Barsch (wie das Egli zoologisch heisst).

«Die wenigsten Gäste merkten», so spotteten die Einheimischen, *«ob das 'Bielersee-Egli' nun aus Kanada, Holland oder vom Bodensee stammte!»*

Lange Jahre war der See verschmutzt. Die zwölf übriggebliebenen Berufsfischer vom Bielersee fanden nur noch selten ein Egli in ihren Netzen. Doch seit fast jede Gemeinde eine Kläranlage besitzt, hat sich der Zustand des Bielersees merklich gebessert. *«Das Wasser ist zwar noch immer überdüngt»*, sagt ein Sprecher der kantonalen Fischzucht in Twann, *«doch der Phosphatgehalt hat sich stark gesenkt.»*

★ ★ ★

«Die Bieler», sagte schon Adrien Wettach, besser bekannt unter seinem Künstlernamen «Grock», *«die Bieler sind zwar richtige Schweizer, und doch sind sie nicht ganz wie die andern.»*

Nid mööögli? Doch, doch. Und Grock erinnert daran, dass Biel seit je die Heimat der Schweizer Schaubudenhalter war. Kunstschützen und Jongleure, die «Dicke Bertha» und «die Dame ohne Unterleib», aber auch Marguerite Weidauer-Wallenda, die Betreiberin der berühmtesten Achterbahn – sie alle stammten aus Biel. Nach Grocks Beobachtungen war die Stadt Biel für die übrigen Schweizer eine schlechte, ja schändliche Partie, eine *«Partie honteuse»*.

Wo lag der Grund? Anders als Waadtländer, Berner und Solothurner kannten die Bieler keinen «gnädigen Herrn», dem sie zu gehorchen hatten. Früher bildete die Stadt eine kleine Republik mit einem regierenden Fürsten. Nur, der Fürst liess die Bieler meist in Ruhe. So wusste das Volk nie recht, wem es zu gehorchen hatte – dem Fürsten oder den Bernern. Also machte die «Partie honteuse» der Schweiz oft, was sie wollte.

Kamen doch ausnahmsweise Befehle und Ordern aus Bern oder vom Fürsten, so antworteten die Bieler *«mit einem frechen Maul»* (Schwander). Sie spürten die Freiheit und lebten anarchistisch. Die grössten Staatsausgaben der Bieler betrafen Feste und Bankette. Kam der Fürst mal in die Stadt zu Besuch, wurde tüchtig «gefressen und gesoffen». Feste feiern, geniessen – das ist die Bieler Tradition.

⭐⭐⭐

Der Bielerseewein – fast ausschliesslich Weisswein – ist in der ganzen Schweiz unter der Bezeichnung «Twanner» und «Schafiser» bekannt. Der Rebensaft, leicht und spritzig, eignet sich vorzüglich zu Fisch. Der Leset im Herbst (*«Beeri lääse, Beeri gäh dr Wy!»*) bildet für die Bielerseegegend ein festliches Ereignis, das jedes Jahr Tausende von Besuchern anlockt.

Warum gedeiht der Wein am Bielersee so gut? Es liegt wohl an den besonderen Klimabedingungen des nördlichen Uferhangs: Die Jurakette lässt sich mit einer Spalierwand vergleichen. Sie hält die rauhen Nordwinde ab. Wegen der sanften Neigung der Seekette fallen die flachen Sonnenstrahlen im Frühling und Herbst fast senkrecht ein.

Dazu kommt, dass der Bielersee einem grossen Spiegel ähnelt: Er wirft die Strahlen der tiefliegenden Sonne auf das Ufer und die Rebhänge zurück. Und weil sich das Wasser viel langsamer abkühlt als der Boden und die Luft, spendet der Bielersee auch im Winter noch von seiner Wärme, die er im Sommer «aufgetankt» hat.

Der Bieler Stadtpfarrer Molz galt um die Wende zum 19. Jahrhundert als Weinkenner, der dem «Twanner» und «Schafiser» nicht abgeneigt war. Den Wein von den Bieler Stadtreben (die eben nicht die Milde des Seeklimas zu spüren bekamen), bezeichnete der trinkfreudige Gottesmann in seinen «Bieldytsch-Gedichten» abschätzig als «Chuttlerugger», der eher Magenschmerzen verursache, als dem Gaumen zu schmeicheln.

Funde von Traubenkernen in Pfahlbauschichten zeigen übrigens, dass schon die Urbewohner der Bielerseegegend den Rebstock zogen. Die zottigen Gesellen wussten, wo's mild und angenehm war: Zwischen 4000 und 2500 vor Christus gehörte das Nordufer des Bielersees zu den am dichtesten besiedelten Gebieten der Schweiz.

⭐⭐⭐

Die Bieler genossen und geniessen das Leben – auch während der Arbeitszeit. So stammt aus der Uhrenstadt Biel der Ausdruck «Copinage»: Der Chef war nicht einfach «der Herr Direktor», sondern ein «Copin», ein Kollege, den die Belegschaft duzte.

Aus Biel stammt aber auch der Begriff vom «blauen Montag», dem Tag, wo man «umständehalber» frei nimmt. In der Blüte der Uhrmacherei verdienten die Arbeiter gut, schufteten aber auch viel. Am Samstagmittag, später dann am Freitagabend, war Schluss. Da begannen die Bieler das Leben zu geniessen. Wenn's sein musste, wurde Samstag und Sonntag gleich weitergefestet. Zu Wochenbeginn erwachte dann mancher mit einem «sturmen» Kopf. Da war es unumgänglich, den «blauen Montag» zu beziehen – mit Einsatz und gutem Willen wurde die verpasste Arbeit wieder nachgeholt. Bis zum nächsten Wochenende...

«Bielerisches Wesen» – das heisst ungezügelt sein, den Moment geniessen und überzeugt sein, dass die Zukunft rosig aussieht. Und einen Hauch Anarchismus besitzen, fügt Biel-Kenner Marcel Schwander bei: *«Die ganze Uhrmacherei ist eine Lehre fürs Leben. Der 'Uhrengrübler' schafft mit seinen Fingern eine 'Weltordnung' im Kleinen; der Uhrmacher begreift die Welt als Uhrwerk. Beim Arbeiten, beim Grübeln, beim Nachdenken sieht er einen Weg in die Befreiung. Und diese Befreiung widerspiegelt sich im Charakter des Bielers. In der Sorgfalt bei der Arbeit wie im Anarchistisch-Ungezügelten in seinem Wesen.»* Und auch wenn's in Biel heute weniger Uhrmacher gibt als noch vor zwanzig Jahren: Die Tradition der Befreiung hat Bestand.

⭐⭐⭐

«An der Braderie», behaupten viele Bieler, *«da ist todsicher schönes Wetter. Die Organisatoren haben immer Glück!»* Nun, Ende Juni regnet es zwar in Biel nicht selten, aber es stimmt eben doch: kaum eine Braderie, die verregnet wird.

Schade wär's. Höhepunkt des dreitägigen Festes (Freitagabend, Samstag und Sonntag), das weit über 100 000 Besucher anzieht, ist der grosse Festumzug am Sonntagnachmittag mit den kunstvoll drapierten Blumenwagen. Das haben die Bieler den Romands abgeguckt. Die «rollenden Träume» mit den leichtgeschürzten Ehrendamen zuoberst auf dem Podest, das ist die Bieler Version der Blumencorsos an den Winzerfesten, den *Fêtes des vendanges*.

Die Braderie hat jedoch einen andern Ursprung. In den dreissiger Jahren, als das Bieler Gewerbe mitten in der Krise steckte, suchten die Stadtväter nach wirtschaftsfördernden Massnahmen. Ein Volksfest im Sommer mit Marktständen, Budenstadt und einem Umzug sollte helfen, den Konsum anzukurbeln.

«Brader» ist das Synonym für «vendre à bas prix», «verkaufen zu tiefen Preisen». Wer bradiert, der deckt sich für wenig Geld mit Kleidern, Schuhen und Haushaltgegenständen ein. Tüchtige Geschäftsleute holen «Ladenhüter» ans Tageslicht, wo konsumfreundliches Volk an der Braderie dem Einkauf frönt. Nützlich oder überflüssig – einerlei. Die Braderie half Bieler Geschäften aus der Absatzkrise und hilft ihnen jetzt beim Sommer-Ausverkauf – das ist die Hauptsache.

Zur Braderie gehört der Duft gegrillter Bratwürste, die Musik von den Tanzflächen, der Lärm der Budenstadt, eine abgesperrte, verkehrsfreie Innenstadt – und eben: das schöne Wetter, Sonnenschein wie an der Braderie!

Und natürlich – in Erinnerung an frühere Zeiten – der «blaue Montag»...

Loisirs

La ville où est né le lundi bleu

BIENNE COMPTE 167 BISTROTS. Les Biennois y jouissent de l'existence, se régalent de poisson du lac, boivent du blanc, le «Twanner» ou le «Schafiser» des vignobles voisins. Les cuisines de certains petits restaurants se sont même adaptées aux désirs de ceux qui préfèrent l'exotisme à la couleur locale, et servent des mets indiens, turcs, yougoslaves, chinois.

En fin de semaine, les Biennois s'évadent généralement dans la nature: ils sillonnent la région de Macolin et les hauteurs jurassiennes toutes proches, se détendent dans le Seeland, rendent visite au «Häftli» (l'ancien cours de l'Aar, magnifique réserve naturelle), font des excursions autour du lac ou sur l'île de Saint-Pierre.

Sauf s'il y a une fête! Et pas nécessairement Carnaval ou la Braderie, la Saint-Nicolas ou la Kermesse de la Vieille Ville. Elles sont rares, en effet, les fins de semaine où ne se dresse pas un pavillon de fête à Bienne ou dans les environs. Les Biennois aiment à faire la fête. C'est d'ailleurs à Bienne que fut inventé le «lundi bleu», cette journée de repos réparatrice après la «gueule de bois» du week-end...

Pour le dire plus délicatement: les Biennois jouissent de l'existence. Ils travaillent durement, mais mènent joyeuse vie en fin de semaine. Ils sont plus rieurs, plus turbulents, plus détendus que les Bernois ou les Soleurois, par exemple. Il y a à cela une origine historique.

Selon Marcel Schwander, ancien rédacteur de la «Seeländer Volksstimme», aujourd'hui correspondant romand du «Tagesanzeiger» de Zurich: *«Depuis le début du siècle, Bienne est devenue une ville entièrement nouvelle.»* Jusque vers 1900, Bienne n'avait pas de visage. Mais avec le développement de l'horlogerie, la ville s'embarqua pour de nouveaux rivages: *«Ce fut»*, dit Schwander, *«un voyage pour l'Atlantide, un voyage vers un merveilleux nouveau monde.»*

Bienne glissa dans une vague d'euphorie. La vie était une fête. Les Biennois eurent foi en l'avenir, se crurent – comme aux Etats-Unis – dans le pays des possibilités sans limites. Si, là-bas, un vendeur de journaux devenait chef d'entreprise, à Bienne, le simple ouvrier parvenait bientôt à créer sa propre affaire d'horlogerie. C'est à bon droit que Bienne se para dès lors du nom de «Ville de l'Avenir», qu'elle avait déjà reçu des dizaines d'années plus tôt, lors de son raccordement au réseau ferroviaire.

Soleure, sa voisine, s'enorgueillit de sa tradition, d'un passé où régnait une stricte division entre classes sociales. On entendait dire, pour plaisanter, que les Soleurois avaient regardé le Bon Dieu construire leurs fortifications. Les Biennois, eux, ne «regardèrent pas travailler» les autres. Ils se mirent à la tâche d'arrache-pied (dans l'horlogerie, à des inventions nouvelles). Ils ignoraient tout d'un ordre social.

Sous les patriciens, leurs sévères seigneurs et maîtres, les Bernois apprirent à obéir, ils furent dressés. Aujourd'hui encore vit en eux la notion de «sujets». Selon Schwander: *«C'est l'une des raisons pour lesquelles les Bernois sont de si bons soldats. La hiérarchie militaire ne les dérange en rien.»* Les Biennois n'ont pas connu ce sentiment de sujétion. Ils n'ont pas connu non plus cet encroûtement dans la tradition. Distincte de celles de Soleure et de Berne, il s'est développé à Bienne une jeune génération allègre de Biennois jouissant pleinement de la vie.

Si la perche savait... Ce petit poisson savoureux du lac de Bienne est réellement très recherché. En friture ou meunière! Autrefois, dimanche après dimanche, la «Flèche rouge» des CFF transportait les amateurs de perches à Douanne, au bord du lac de Bienne. Aujourd'hui, les trains spéciaux sont supprimés, mais les places de parc sont combles. Les gourmets de toute la Suisse viennent savourer leur portion de perches.

Commentaire ironique des indigènes: *«La plupart des gourmets ne savent pas si la «perche du lac de Bienne» provient du Canada, de Hollande ou du lac de Constance!»* Pendant de longues années, le lac fut pollué. Les douze derniers pêcheurs professionnels ne trouvaient que rarement des perches dans leurs filets. Mais depuis que la plupart des communes possèdent leur station d'épuration, l'état du lac de Bienne s'est nettement amélioré. Selon un responsable cantonal de Douanne, *«l'eau reste polluée, mais sa teneur en phosphates s'est fortement réduite».*

Le fameux clown Grock, Adrien Wettach, disait déjà des Biennois: *«Ce sont bien des Suisses, mais ils ne sont pas tout à fait comme les autres. Quand on dit d'un Suisse qu'il vient de Bienne, les autres font toujours preuve d'une certaine retenue, d'une certaine prudence.»*

«Sans blââgue?» Mais si, mais si. Et Grock rappelle que, de tout temps, Bienne fut la patrie des forains. Des acrobates, des jongleurs, la «Grosse Bertha» et la femme-tronc, sans oublier Marguerite Weidauer-Wallenda, la responsable du plus fameux «Grand Huit» – étaient issus de Bienne. D'après Grock, la ville de Bienne était pour les autres Suisses *«une partie honteuse».*

Pour quelle raison? A la différence des Vaudois, des Bernois et des Soleurois, les Biennois ne connaissaient pas de «nobles et gracieux seigneurs» auxquels ils devaient obéissance. Autrefois, la ville formait une petite république avec un prince régnant. Mais ce prince laissait généralement les Biennois en paix. Le peuple ne savait donc jamais exactement s'il devait obéir au prince ou aux Bernois. C'est pourquoi la «partie honteuse» de la Suisse faisait souvent ce qu'elle voulait.

Quand des instructions ou des commandements venaient tout de même de Berne ou du prince, les Biennois répondaient *«avec arrogance»* (Schwander). Ils avaient le sens de la liberté, appréciaient même une certaine anarchie. Les plus grosses dépenses publiques des Biennois concernaient des fêtes et des banquets. Quand le prince se rendait occasionnellement en visite dans sa ville, *«on faisait ripaille»*. Festoyer, jouir de la vie – une tradition biennoise.

Le vin du lac – presque exclusivement du blanc – est connu dans toute la Suisse sous les désignations de «Twanner» et de «Schafiser». Léger et pétillant, il accompagne agréablement le poisson. En automne, les vendanges constituent pour la région des festivités qui attirent chaque année des milliers de visiteurs.

On se pose souvent cette question: pourquoi le vin réussit-il si bien au bord du lac? Cela est dû aux conditions climatériques particulières de la rive. La chaîne du Jura peut se comparer à un espalier. Elle retient les rudes vents du nord. Grâce à la faible déclivité des vignobles, au printemps et en automne, ceux-ci reçoivent les rayons du soleil verticalement et ce réchauffement donne les meilleurs résultats.

Le lac de Bienne ressemble à un grand miroir: il projette sur les rives et les pentes les rayons du soleil bas. Et comme l'eau se refroidit bien plus lentement que le sol et l'air, le lac continue, en hiver, à dispenser la chaleur qu'il a «emmagasinée» en été.

Vers le fin du siècle passé, le pasteur Molz était considéré comme un connaisseur en vins, sachant apprécier le «Twanner» et le «Schafiser». Dans ses poésies en dialecte, cet ecclésiastique ami de la bouteille désignait le vin des vignes municipales, qui ne bénéficiaient pas de la douceur du climat du lac, du terme méprisant de «Chuttlerugger» (qui secoue les boyaux), estimant que ce vin dérangeait l'estomac plus qu'il ne flattait le palais.

En fouillant les terrains des lacustres, on a mis au jour des pépins de raisin, ce qui prouve que les premiers habitants de la région cultivaient déjà la vigne. Ces compagnons chevelus savaient déjà où il est doux et agréable de vivre. Entre 4000 et 2500 ans avant notre ère, la rive nord du lac de Bienne fut l'un des territoires les plus peuplés de Suisse. Des localités telles que Vigneules, Vingras, Douanne, Chavannes ou Le Landeron comptaient une ou plusieurs colonies lacustres – les premiers hameaux vignerons du lac de Bienne...

Les Biennois ont toujours su jouir de l'existence – même pendant les heures de travail. C'est ainsi que le terme de «copinage» est né dans la ville horlogère. Le chef n'était pas simplement «Monsieur le Directeur», mais un copain, un collègue que l'équipe tutoyait.

C'est aussi de Bienne que provient la notion du «lundi bleu», le jour où «étant donné les circonstances», on chômait. Pendant la période florissante de l'horlogerie, les ouvriers gagnaient bien, mais travaillaient aussi d'arrache-pied. On arrêtait le samedi à midi, et même, par la suite, le vendredi soir. C'est alors que les Biennois se mettaient à jouir de la vie. Le cas échéant, on festoyait sans interruption, le samedi et le dimanche. Alors, au début de la semaine, plus d'un se réveillait complètement tourneboulé. Il était alors inévitable d'intercaler un «lundi bleu» – on rattrapait le retard à force d'énergie et de bonne volonté – jusqu'au week-end suivant.

Avoir le «caractère biennois» signifie se laisser aller, jouir de l'instant qui passe, voir nécessairement l'avenir en rose. Il vient s'y ajouter un brin d'anarchisme, estime le «biennologue» Marcel Schwander: *«Toute l'horlogerie est un enseignement pour la vie. De ses doigts, l'horloger chercheur crée une sorte d'ordre cosmique en petit; il voit l'univers sous forme d'un mouvement d'horlogerie. Le travail, la recherche, la réflexion constituent pour lui autant de chemins vers la libération. Et cette libération se reflète dans le caractère du Biennois. Dans sa méticulosité au travail comme dans le débordement anarchiste de son tempérament.»* Et, même si Bienne compte moins d'horlogers qu'il y a vingt ans, cette tradition de liberté se maintient.

«A la Braderie», affirment nombre de Biennois, *«on est sûr d'avoir le beau temps. Les organisateurs ont toujours de la chance.»* Il est vrai qu'à la fin juin la pluie est plutôt rare, à Bienne aussi. Mais il est certain qu'à la Braderie, il ne pleut pour ainsi dire jamais.

Ce serait d'ailleurs dommage. Le point culminant de cette fête de trois jours (vendredi soir, samedi, dimanche), qui attire un nombre de curieux dépassant largement les cent mille, est le grand cortège avec ses élégants chars fleuris. Les Biennois l'ont emprunté aux Romands. Ces *«rêves roulants»* avec leurs dames d'honneur légèrement vêtues trônant au sommet, c'est la version biennoise du corso fleuri de la Fête des Vendanges.

La Braderie elle-même a d'ailleurs une autre origine: pendant les années trente, quand l'industrie et le commerce étaient plongés dans le marasme, nos édiles se mirent en quête de mesures propres à relancer l'économie. Une fête populaire en été, avec des stands, des baraques foraines et un cortège pourraient contribuer à faire redémarrer les affaires.

«Brader» signifie «vendre à bas prix». Mais pour les Biennois, «brader», c'est se procurer à bon marché des chaussures, des vêtements, des articles de ménage. Les commerçants astucieux ressortaient leurs «rossignols» pour la Braderie à l'intention des chalands en quête d'occasions. La Braderie est-elle utile ou superflue? En tout cas, elle a permis aux commerçants de surmonter la crise, et les aide actuellement lors de leurs liquidations estivales.

La Braderie, c'est aussi l'odeur des saucisses grillées, la musique des ponts de danse, la rumeur de la foire, au coeur de la Vieille Ville fermée à la circulation – et évidemment le beau temps, le soleil! Sans oublier, bien entendu, ce souvenir du passé qu'est le «lundi bleu»...

Leisure
Living it up in Biel – and that Monday morning feeling...

THERE ARE 167 PLACES TO EAT IN Biel. A feast for Biel's gourmets and epicures: fillet of perch from Lake Biel, washed down with white wine, «Twanner» or «Schafiser» from the nearby vineyards. Or, for those who prefer a more exotic touch, some of the smaller restaurants have adapted to the wishes of the population and serve Indian, Turkish, Yugoslavian, Chinese and Greek meals.

The people of Biel usually like to spend their weekends out of doors: exploring Magglingen and the nearby Jura hills, relaxing in the Seeland, visiting the «Häftli» (the old course of the Aare, now a beautiful nature reserve), wandering in the vine-covered hills or taking a trip on Lake Biel to St. Peter's Island.

That is, when there is no actual festival on. It doesn't have to be Carnival or Braderie, Chlauser or the Old Town Chilbi – there is hardly a weekend without a fête or festival of some kind somewhere in or around Biel. There's no doubt about it, the people of Biel are «festival-crazy», and it was in Biel that «Blue Monday» was invented, the day on which revellers sleep off the weekend's hangover.

To put it rather more politely, the people of Biel know how to live it up. They work hard during the week, and at weekends they like to let their hair down. They are merrier, more relaxed and more easily carried away than, for example, the Bernese or the people of Solothurn, and this trait is rooted in their history.

«*At the beginning of this century, Biel changed into a completely new city*», said Marcel Schwander, ex-editor of the «Seeländer Volkszeitung», now the Zurich «Tagesanzeiger» correspondent in western Switzerland. Until 1900, Biel was somewhat lacking in character. With the coming of the watch-and-clock industry, however, the town branched out in all directions. Schwander: «*It was the beginning of a journey to Atlantis, a journey to a wonderful new world.*»

Biel was riding on the crest of the wave of euphoria which decreed that «*It's great to be alive!*» The people of the city had faith in a wonderful future and, like the Americans, believed they were living in a land of unlimited possibilities. If it were possible for a newspaper boy to advance to the position of company director in America, then it was possible for a simple worker in Biel to found his own watch factory. Not without justification, Biel became known as the «city of the future», a name it had already been given a decade previously when it was linked to the network of the Swiss railways.

Nearby Solothurn was strongly conscious of its traditions and looked back on a past in which a strict hierarchical order prevailed. It is popularly said that the people of the town looked on and watched while God built their entrenchments. The people of Biel, on the other hand, did their own work (in the watch-and-clock trade, devising new inventions), and they did not recognise any hierarchical order.

The Bernese learned to obey under strict masters, the patricians; they were «conditioned», and there is still a remnant of subservience in the Bernese character today.

The people of Biel were spared this awareness of subservience, and this ossified, tradition-bound attitude was totally unknown to them. Unlike Berne and Solothurn, Biel developed a young, merry society made up of typical citizens of the town who knew how to enjoy life to the full.

If the perch only knew... what a power of attraction this small, tasty fish from Lake Biel possesses! Deep-fried or fried in butter! In days gone by, the Swiss Federal Railway's «Rote Pfeil» (Red Arrow) transported perch fans to Twann on Lake Biel Sunday after Sunday. Today, the special train no longer runs; instead, the parking lots are full to overflowing... Epicures from all over Switzerland look forward eagerly to a meal of perch, or «Egli» as it is known locally.

«*Hardly any of the visitors would notice if the Lake Biel Egli came from Canada, Holland or Lake Constance!*» is the well-known local joke. The lake was polluted for many years, and the twelve remaining professional fishermen from Lake Biel were rarely lucky enough to find perch in their nets. But now that almost every community has its own sewage plant the condition of the lake has noticeably improved. «*The water still contains too much fertiliser*», said a spokesman of the cantonal fish-farming authority, «*but the phosphate content is considerably lower than it was.*»

«*The people of Biel*», said Adrien Wettach, better known by his artist's name of «Grock», «*the people of Biel, although they are genuinely Swiss, are nevertheless not quite like anyone else.*»

Impossible? Not at all. And Grock also remembers that Biel was the traditional home of the proprietors of Swiss show booths. Marksmen and jugglers, «the fat lady» and the lady who regularly got sawn in half, not to mention the proprietress of the most famous roller-coaster, Marguerite Weidauer-Wallenda – they all came from Biel. According to Grock, the city of Biel was regarded as a «*bad marriage*» indeed – one much below their own station – by the rest of Switzerland.

What was the reason for this? Unlike Valais, Berne and Solothurn, the people of Biel had no «merciful lord» whom they had to obey. In days gone by, the city was a small republic ruled over by a prince. But the prince usually left the people of the town in peace, so they were never quite sure whom they should obey, the prince or the Bernese. Thus the «bad match» of Switzerland usually did just whatever it liked.

When, just occasionally, they did receive orders from Berne or the prince, the people of Biel reacted «*with the cheek of the devil*» (Schwander). They were very aware of their freedom and lived in an anarchistic fashion. Biel's biggest state expenditure was for fairs and banquets, and when the prince visited the town there was a great deal of eating, drinking and merry-making. Celebrate whenever possible and enjoy life – that is a Biel tradition.

The wine of Lake Biel – which is almost without exception white – is known all over Switzerland as «Twanner» and «Schafiser». Light and tangy, it is ideally suited to drink with fish. The «Leset» (vintage) in the Lake Biel district in autumn is a festive occasion that attracts thousands of visitors each year.

It is often asked why the grapes do so well on the shores of Lake Biel. The answer is that the climatic conditions of the slopes rising from the northern banks of the lake are particularly favourable to the vines. The Jura mountain chain can be compared to a trellis wall which holds off the raw north wind. The diagonal rays of the sun in spring and autumn strike the gently rising slopes at a right-angle and warm the vines with optimal effect.

Lake Biel can be compared to a huge mirror which reflects the rays of the sun back on to the shore and the vine-covered slopes. And since water retains its warmth much longer than the earth or the air, the lake continues to give back the warmth «stored» during the summer even during the winter months.

A Biel parson by the name of Molz was well known around the turn of the century as a connoisseur of wines, and he was far from reluctant to drink Twanner and Schafiser. In his poetry in Biel dialect, this wine-loving man of God described the wines from the Biel city vineyards (which did not have the advantage of the mild lake climate) as «Chuttlerrugger» – wine which tended to cause stomach ache rather than to tickle the palate.

Incidentally, findings of grape seeds in pile-dwellings show that the original inhabitants of the Lake Biel district planted vines. These shaggy beings apparently knew where it was mild and pleasant: between 4000 and 2500 B.C., the north banks of Lake Biel were already one of the most densely populated areas in Switzerland.

The people of Biel always enjoyed life, and they still enjoy it today, at work as well as at play. In fact, the expression «copinage» originates from the watch-and-clock-making town of Biel, for the head of a firm was not simply «Director So-and-So» but a «copin», a colleague, who was on Christian name terms with his employees.

The concept of «Blue Monday» also originated in Biel. This is the day on which people stay away from work in order to sleep off the results of the weekend's festivities. In the heyday of watchmaking, the workers worked hard and earned good money. At noon on Saturday (and subsequently on Friday evening), work was finished for the week, and the people of Biel set out to enjoy themselves. Often enough, the festivities continued over Saturday and Sunday, and at the beginning of the week many a reveller woke up with a splitting headache. It became essential to take a «Blue Monday» – with a little extra effort it would surely be possible to make up the work. Until the next weekend came round...

To have a «Bielerisches Wesen» (a «Bielish nature») means to be uninhibited, to know how to enjoy every moment and to believe in a rosy future. And to be slightly anarchistic, adds the connoisseur of Biel, Marcel Schwander: «*Watchmaking is a lesson in life. The fingers of the watchmaker create a miniature, ordered world that runs on clockwork. While working at his trade, the craftsman sees a road to freedom, and this freedom is reflected in the character of the people of Biel – in their caring, conscientious approach to work and in their anarchistict, uninhibited nature.*» And even though there are fewer watchmakers in Biel than there were twenty years ago, the tradition of freedom has remained intact.

«*On the Braderie days*», claim the inhabitants of Biel, «*the weather is sure to be fine! The people organising it are always lucky!*» And in fact, it hardly ever rains in Biel at the end of June, and a wet Braderie is very rare.

And what a shame it would be if it did rain, for the highlight of the three-day festival (Friday evening, Saturday and Sunday) which attracts well over 100,000 visitors is a grand procession with attractively decorated floats of flowers. This is something that the people of Biel picked up from the western Swiss, for the «dreams on wheels» with scantily dressed ladies of honour perched at the top of the pedestal is the Biel version of the flower procession at the *Fête des Vendanges*. The Braderie has, however, a different origin. In the 1930s, when Biel was in the middle of an economic crisis, the city fathers tried to find ways to further the economy, and it was decided that a summer festival with market stands, booths and a procession would help to boost consumption.

«Brader» is a synonym for «*vendre à bas prix*» (to sell at a low price). To «bradieren» means to buy necessary clothing, shoes and household articles at a low cost. Clever tradesmen display their «non-sellers» where they will catch the eye of the enthusiastic public. Useful or superfluous – at the Braderie it is not so important. The main thing is that the Braderie helped the tradesmen during the crisis and is helping them now with the summer sales.

The aroma of grilled sausages, the sound of music from the dance platform and the clamour of the booths in the cordoned-off, traffic-free city centre are all part and parcel of the Braderie. And naturally, fine weather – typical Braderie sunshine!

And of course – in memory of days gone by – «Blue Monday»...

Eiszeit über Biel? Was immer sich die Illustratorin Anita Hertig bei dieser Fiktion gedacht haben mag – irgendwie schwingt im Bild der vereisten Stadt auch so etwas wie Überlebenswille mit... Im übrigen: Seit der letzten «Eisgfrörni» mit komplett zugefrorenem See ist es mehr als ein Vierteljahrhundert her...

◢ Retour d'une époque glaciaire? La graphiste Anita Hertig a laissé libre cours à son imagination... Mais il émane de cette ville prise dans les glaces comme une volonté de survivre. A ce propos: un quart de siècle s'est écoulé depuis la dernière grande «glaciation»...

Biel in the grip of a new Ice Age? Whatever illustrator Anita Hertig way have had in mind with this flight of fantasy, the drawning does convey a sense of determination to survive... Incidentally it's more than a quarter of a century since the Lake of Biel was last completely frozen over...

BIEL-BIENNE
VON BIS
DE À
FROM TO
A Z

◢ Das gesamte Dienstleistungsangebot der Stadt Biel und einiges an Wissenswertem mehr sind ab Seite 164 dreisprachig dargestellt. Die einzelnen Texte erscheinen alphabetisch und sind bewusst nicht nach Sprachen getrennt – das friedliche Durch- und Nebeneinander der Sprachen vermittelt vielleicht ein bisschen Biel-Bienne-Gefühl… Zur Einstimmung vorweg: Biel in Zahlen – auf einen Blick!

Es bedeuten:
deutsch
französisch
englisch

◢ L'ensemble des services offerts par la ville de Bienne ainsi que quelques informations intéressantes sont à découvrir au fil des pages suivantes sous rubriques trilingues. L'ordre est alphabétique mais les textes ne sont pas groupés par langue. Ce pêle-mêle volontaire n'est pas sans rappeler la coexistence pacifique et peut-être un peu l'esprit qui souffle à Biel-Bienne. Et comme entrée en matière: Bienne en chiffres – d'un seul coup d'oeil!

Les langues sont indiquées ainsi:
allemand
français
anglais

◢ The following pages (164 ff) list the entire range of services available in the city of Biel, as well as additional useful information. The individual texts appear in strict alphabetical order and have deliberately not been split up into separate language sections; this peaceful linguistic co-existence will perhaps convey a little of that Biel-Bienne atmosphere… Opposite the reader will find useful figures in «Biel at a glance».

The languages are indicated as follows:
German
French
English

BIEL-BIENNE AUF EINEN BLICK
BIEL-BIENNE EN UN COUP D'OEIL
BIEL-BIENNE – AT A GLANCE

(Wo keine andern Jahreszahlen genannt sind, beziehen sich die Angaben auf das Jahr 1989)
(Lorsque l'année n'est pas mentionnée expressément, les données sont issues de 1989)
(Unless otherwise stated the figures relate to 1989)

Die Stadt / La ville / The city

Geografische Länge / Longitude / Longitude:	7°15'
Geografische Breite / Latitude / Latitude:	47°9'
Höhe über Meer / Altitude au-dessus du niveau de la mer / Altitude above sea level:	434 m
Fläche / Superficie / Area:	2 162,7 ha
Bielersee, mittlerer Wasserstand / Niveau moyen du lac de Bienne / Lake of Biel: mean water level:	428,9 m

Bevölkerung / Population / Population

Einwohner Stadt Biel-Bienne / Habitants de la ville de Bienne / Population:
1900:	29 557
1910:	32 136
1920:	34 599
1925 (nach Eingemeindungen / selon incorporations / after incorporations):	34 675
1930:	37 757
1940:	40 841
1950:	48 378
1960:	57 997
1964 (bisheriger Höchsstand / quota maximum / maximum to date):	64 848
1970:	63 084
1980:	54 682
1990:	52 185
Geschlecht, Anteil Frauen / Sexe, proportion de femmes / Proportion of females (1980):	52,1%
Anteil der 0-44jährigen / Proportion de 0-44 ans / Proportion aged up to 44:	56,5%
Anteil der über 65jährigen / Proportion de plus de 65 ans / Proportion aged over 65:	18,2%

Muttersprache / Langue maternelle / Mother tongue (1980):
● Deutsch / Allemand / German:	55,16%
● Französisch / Français / French:	29,23%
● Italienisch / Italien / Italian:	10,60%
● Romanisch / Romanche / Rhaeto-Romansch:	0,13%
● Andere / Autres / Others:	4,87%
Ausländerbestand (1990) / Etrangers résidents (1990) / Number of resident aliens (1990):	11 090

Konfession / Confessions / Religious affiliation (1980):
● Protestantisch / Protestante / Protestant:	51,6%
● Römisch-katholisch / Catholique-romaine / Roman Catholic:	35,9%
● Christkatholisch / Catholique-chrétienne / Old Catholic:	0,36%
● Israelitisch / Israélite / Jewish:	0,19%
● Andere / Autres / Others:	3,81%
● Ohne / Sans / None:	3,70%
Geburten / Naissances / Births:	449
Todesfälle / Décès / Deaths:	595
Eheschliessungen / Mariages / Marriages:	393
Scheidungen / Divorces / Divorces:	95
Scheidungen pro 1 000 Einwohner / Divorces par 1 000 hab. / Divorce rate per 1 000 inhabitants:	1,8
Scheidungen pro 1 000 Einwohner, Durchschnitt Schweizer Städte / Divorces par 1 000 habitants, moyenne autres villes suisses / Divorce per 1 000 inhabitants, average for Swiss cities:	2,2
Bevölkerung Agglomeration / Population de l'agglomération biennoise / Population of agglomeration (Biel-Bienne, Aegerten, Bellmund, Brügg, Evilard, Ipsach, Mörigen, Nidau, Orpund, Port, Safnern, Scheuren, Schwadernau, Studen, Sutz-Lattrigen, Tüscherz-Alfermée):	83 133

Wohnen / Habitat / Accommodation and construction costs:

Wohnungsbestand / Nombre de logements / Number of accommodation units:	26 423
Leerwohnungsbestand / Pourcentage de logements vides / Percentage of vacant units:	0,23%
Index der Mietpreise (Dezember 1980 = 100) / Index des loyers (Décembre 1980 = 100) / Index of rents (December 1980 = 100):	145,3
Baukostenindex nach Zürcher Baukosten (April 1977 = 100) / Indice du coût de la construction sur la base des coûts de construction à Zurich (avril 1977 = 100) / Index of construction costs on basis of Zurich construction costs (April 1977 = 100):	168,2
Verfügbare Gastbetten / Lits disponibles / Available beds for visitors:	580
Logiernächte / Nuitées / Overnight stays (1990):	98 779

Finanzen der Gemeinde / Finances de la Commune / Municipal finances

(in Millionen Fr. / en millions de francs / in millions of francs)
Rechnung / Décompte / Expenditure:	257,138
Steuerertrag / Recettes des impôts / Income from taxes:	126,000
Nettoinvestitionen / Investissements nets / Net investment:	14,289
Finanzvermögen / Fortune financière / Financial assets:	184,562
Verwaltungsvermögen / Fortune administrative / Administration's assets:	164,079
Zinsenlast pro Kopf der Bevölkerung in Fr. / Débit d'intérêt par habitant en fr. / Interest burden per capital of population in Sfr.:	126.--

Wirtschaft / Economie / Economy

(1988)
Anzahl Betriebe / Total des exploitations / Number of businesses:
	3 000
● Landwirtschaft / Agriculture / Agriculture:	30
● Industrie / Industrie / Industry:	630
● Dienstleistungen / Secteur tertiaire / Services:	2 340

Anzahl Beschäftigte / Total des personnes employées / Number of people in employment:
	38 000
● Landwirtschaft / Agriculture / Agriculture:	225
● Industrie / Industrie / Industry:	16 437
● Dienstleistungen / Secteur tertiaire / Services:	21 338

...und ausserdem / ...et encore / ...and some other statistics:

Beförderte Passagiere Trolley- und Autobus / Nombre de passagers des trolleys et autobus / Trolleybus and bus passengers carried:	15 907 846
Personenwagen / Voitures personnelles / Private cars:	19 645
Fahrleistungen der Bielersee-Schiffe (km) / Efficience kilométrique des bateaux du lac de Bienne / Distance covered by Lake of Biel vessels (km):	125 521
Gastwirtschaftsbetriebe mit Alkoholausschank / Auberges avec débits de boissons alcoolisées / Restaurants and inns licensed to sell alcohol:	131
Stromverbrauch in 1 000 kWh / Consommation en kWh / Electric power consumption in 1 000 kWh:	238 560
Hunde / Chiens / Dogs:	1 577

Aar

L'Aar, aujourd'hui, coule tranquillement dans la région d'Aarberg-Nidau-Büren. Les grosses inondations appartiennent au passé. Il y eut pourtant encore de hautes eaux en 1987, mais les répercussions ne furent pas si catastrophiques que lors des années antérieures, grâce à la correction des eaux du Jura.

Les travaux du **canal de Hagneck** débutèrent en 1868. Dix ans plus tard, l'Aar se jetait dans le lac de Bienne. La première correction des eaux du Jura transforma cette contrée marécageuse en champs fertiles. Cependant, quand il pleuvait beaucoup, la plaine pourtant asséchée du Grand Marais continuait d'être inondée. Les cinq cantons touchés décidèrent donc, en 1961, de procéder à une deuxième correction des eaux du Jura, avec l'aide de la Confédération. D'une part, on réduisit les fluctuations du niveau des lacs jurassiens et de l'Aar, et d'autre part, on creusa plus profondément le canal de Nidau à Büren. Depuis, l'Aar ne déborde plus dans le Grand Marais.

La vieille Aar: l'ancien lit de l'Aar – celui d'avant la correction des eaux du Jura – est devenu, en grande partie, une réserve naturelle. Au «Trou de Meienried» et au «Häftli», là où la Thielle et l'Aar mélangeaient leurs eaux, est née une petite oasis romantique qui agrémente très joliment le cours du fleuve. Depuis 1934, toute la région fait partie des sites protégés. On peut y observer tout à loisir **oiseaux et plantes rares.**

Aare

Die Aare in der Region Aarberg-Nidau-Büren fliesst heute ruhig vor sich hin, grosse Überschwemmungen gehören der Vergangenheit an. 1987 kam es zwar noch einmal zu einem Hochwasser, die katastrophalen Auswirkungen früherer Jahre blieben aber aus: dank den Juragewässerkorrektionen!

1868 wurde mit dem Bau des **Hagneckkanals** begonnen – zehn Jahre später floss die Aare in den Bielersee. Die erste Juragewässerkorrektion verwandelte das Moosland zu fruchtbaren Äckern. Bei Hochwasser aber wurden die entwässerten Ebenen des Grossen Mooses erneut überflutet. Deshalb beschlossen die fünf Juragewässerkantone 1961, mit Hilfe des Bundes eine zweite Korrektion durchzuführen. U.a. wurden die Niveauschwankungen der Juraseen und der Aare reduziert und der Nidau-Büren-Kanal vertieft. Seither tritt die Aare im Grossen Moos nicht mehr über die Ufer.

Die Alte Aare: Der ursprüngliche Verlauf der Aare vor den Juragewässerkorrektionen ist heute zu einem grossen Teil Naturschutzgebiet geworden. Wo vor der ersten Juragewässerkorrektion Zihl und Aare zusammenflossen, ist im Meienriedloch und im Häftli ein Stück verträumte Auenlandschaft erhalten, das zu den Kostbarkeiten des Aarelaufs gehört. Das Gebiet wurde 1934 unter Schutz gestellt. Das Gelände ist ideal für die Beobachtung der **Vogel- und Pflanzenwelt.**

Aare

Today the Aare in the region of Aarberg-Nidau-Büren is a tranquil river; major flooding is a thing of the past. The last critical high water period occurred in 1987, however without any of the catastrophic consequences previously encountered: thanks to the corrective measures completed over several decades.

In 1868 construction work on the **Hagneck-canal** commenced, 10 years later the waters of the Aare flowed into Lake Biel. The first of the corrective measures applied to the water bodies of the Jura region transformed the marshes into fertile agricultural land. Yet in times of high water the drained flatlands of the Grosses Moos remained in danger of being flooded. The five cantons of the Jura water bodies thus in 1961 decided to tackle a second set of corrective measures, with federal financial aid. Amongst other steps, the fluctuations of the Jura lakes and of the Aare were reduced and the Nidau-Büren-canal was deepened. Since then, the Aare has never flooded the Grosses Moos.

The **Old Aare:** The course of the Aare prior to correction has been designated a nature reserve. The area where Zihl and Aare merged before the first Jura waters correction is now an enchanting meadowland (Meienriedloch and Häftli), precious jewels along the course of the Aare. Declared a nature reserve in 1934, the countryside is ideal for anyone wishing to see the native **birds and plants.**

Achats

Bienne n'est pas vraiment la ville des grands magasins; en revanche, on y trouve beaucoup de commerces spécialisés. Le centre est bien délimité, de la **rue de la Gare** à la **rue de Nidau** en passant par la **rue du Marché.** On peut y trouver à peu près tout ce que l'on désire: de la montre de luxe au maillot de bain ultramoderne. Bien entendu, lors d'une visite des magasins, il vaut la peine de faire un crochet par la Vieille Ville et les quartiers extérieurs de Bienne.

Les vendeuses et les vendeurs biennois se distinguent par leur amabilité et il est évident que la plupart parlent français et allemand.

Heures d'ouverture des magasins: elles varient entre 8 heures et 10 heures du matin (la plupart des tea-rooms et boulangeries ouvrent plus tôt). Heures de fermeture: 18 heures 30, le samedi à 16 heures, le jeudi (vente du soir) à 21 heures. A midi, presque tous les commerces (à part les grands magasins) sont fermés (de 12 heures à 13 heures 30), ainsi que le lundi matin.

Administration

Elle occupe actuellement, au total (emplois temporaires compris), 1 445 personnes. Les frais de personnel atteignent 87 millions de francs en chiffre rond.

L'**administration** comprend cinq départements, dont les directeurs (conseillers municipaux permanents) sont élus par les citoyens pour une durée de quatre ans (législature actuelle: 1989-1992). La répartition des départements est fixée par l'autorité législative (Conseil de ville).

Directeur des Finances
Hans Stöckli (PS). Il est aussi le maire de Bienne.

Directeur de la Police
(et directeur des Entreprises municipales) Jean-Pierre Berthoud (PRR)

Directeur des Ecoles
Raymond Glas (PS)

Directeur des Oeuvres sociales
Otto Arnold (PS)

Directeur des Travaux publics
Hans-Rudolf Haller (PRD)

Offices auxquels chaque citoyenne, chaque citoyen devront s'adresser une fois ou l'autre:

Développement économique
14, rue du Rüschli, tél. 21 22 42

Office du logement et des locataires,
18, rue Alex.-Schöni, 3e étage, tél. 21 25 03

Office du travail
18, rue Alex.-Schöni, 1er étage, tél. 21 25 03

Office des habitants
28, rue Neuve, 1er étage: étrangers – 2e étage: Suisses, tél. 21 21 11

Office des constructions
49, place Centrale, 2e étage
tél. 21 25 61

Chancellerie municipale
5, Pont-du-Moulin, tél. 21 21 11

Administration

Biel employs a total of 1445 persons (rounded off and including temporary workers). The personnel costs amount to approximately 87 million francs.

The administration is divided between five directors (district councillors) elected by the voting public for terms of 4 years (1989-1992). The allocation of departments is determined by the legislative body (city council).

Director of finances
Mayor Hans Stöckli (SP), who also heads the presidential department.

Head of police
(and director of municipal enterprises)
Jean-Pierre Berthoud (PRR)

Education director
Raymond Glas (SP)

Public welfare director
Otto Arnold (SP)

Director of Public Works
Hans-Rudolf Haller (FDP)

Authorities for the assistance of the general public:

Promotion of Economic Development
Rüschlistrasse 14, tel. 21 22 42

Housing and rents office
Alexander-Schönistrasse 18, 3rd floor, tel. 21 25 03

Labour exchange
Alexander-Schönistrasse 18, 1st floor, tel. 21 25 22

Residents' registration office
Neuengasse 28, 1st floor for aliens, 2nd floor for Swiss, tel. 21 21 11

Building construction office
Zentralplatz 49, 2nd floor, tel. 21 25 61

Town Clerk's Office
Mühlebrücke 5, tel. 21 21 11

Advisory bodies

Biel has a relatively large number of public and private social institutions to which those in need of **help and advice** can turn. The city's Welfare Department has issued a booklet «Bieler Sozialführer» (Biel Social Guide) listing them all. It is unfortunately a little out of date, as some of the addresses have changed and some of the organisations no longer exist. For details see under «Beratungsstellen».

Aerodromes

Ten minutes away from Biel by road is **Biel-Kappelen** Aerodrome, one of the most attractive in Canton Berne. Nearly every type of instruction is available there, whether to become private or professional pilot or for parachute jumping.

On Sunday afternoons the Aviation Club Biel (which owns the aerodrome) offers regular pleasure flights, for instance over the Bernese Oberland, the Niesen or the Jungfrau. This aerodrome has a grass runway, a hangar (with 9 aircraft) and a club restaurant.
Biel-Kappelen Aerodrome, tel. 84 46 84.

Only taking the controls yourself could be more exciting is the verdict after a pleasure flight from the **Jura-Grenchen Regional Aerodrome** – accessible by car within a few minutes. It was opened in 1931, now employs about 80 people and has hangar space for about 140 aircraft.

An important branch company in Grenchen is the Horizon Air-Taxi LTD: its machines can reach more than 1,000 destinations in Europe rapidly and at reasonable rates.

Grenchen Aerodrome: management and administration (excluding pleasure flights): 065 53 11 77
Horizon Air-Taxi: 065 52 84 95
For pleasure flights: 065 52 88 44

Belpmoos Airport is just over six miles

from Berne. Accessible by taking the Gürbetal-Berne-Schwarzenburg Railway to Belp and then walking for 20 minutes or taking a taxi. Or there is a postbus service with departures times from Berne main railway station timed to connect with Dan-Air and Crossair scheduled flights. Belpmoos offers **international connections**. Crossair flies to Nice, Paris, Brussels, Florence and Frankfurt and plans to introduce a service to Munich. Dan-Air has been operating a service to London for many years.

AÉROPORTS

A dix minutes de voiture de Bienne (on peut aussi s'y rendre à vélo!) se trouve l'un des plus beaux aérodromes du canton de Berne, celui de **Bienne-Kappelen**. On peut pratiquement y acquérir toute formation, que ce soit pour devenir pilote privé ou professionnel, pilote de glaciers ou parachutiste. Régulièrement, chaque dimanche après-midi, le Club d'aviation de Bienne (propriétaire de l'aérodrome) offre des circuits aériens, par exemple dans l'Oberland bernois, au-dessus du Niesen ou de la Jungfrau. L'aérodrome est doté d'une piste de gazon, d'un hangar (contenant neuf avions) et d'un restaurant géré par le club.

Aérodrome de Bienne-Kappelen,
tél. 84 46 84.

Seul le fait de piloter soi-même doit être encore plus exaltant, affirme-t-on en se posant sur **l'aérodrome régional Jura-Granges** après un circuit aérien. Cet aérodrome se trouve à quelques minutes de voiture de Bienne.

L'aérodrome a été fondé en 1931. Il occupe actuellement 80 personnes environ et ses hangars peuvent abriter quelque 140 avions. Un des avantages importants de Granges: une succursale de Horizon Air-Taxi Ltd y a sa base. Sa flotte aérienne atteint en peu de temps et à un tarif avantageux plus de 1 000 aérodromes d'Europe.

Aérodrome de Granges, direction et administration (sauf circuits aériens): 065 53 11 77
Horizon Air-Taxi: 065 52 84 95
Pour circuits aériens: 065 52 88 44

L'aéroport de Belpmoos est situé à 10 kilomètres de Berne environ. On y accède par le train Gürbetal-Berne-Schwarzenburg jusqu'à Belp, puis à pied (20 minutes) ou en taxi. Ou encore en prenant le car des PTT dont les heures de départ (depuis la gare CFF de Berne) sont réglées selon les horaires des vols de ligne de Dan-Air et de Crossair. En plus de circuits aériens, Belpmoos offre des **vols internationaux**. La compagnie aérienne régionale Crossair transporte ses passagers à Nice, Paris, Bruxelles, Florence et Francfort (prochain objectif: Munich). Quant à la compagnie Dan-Air, elle effectue depuis toujours ses vols à destination de Londres.

AERZTE

Im Ärztlichen Bezirksverein Seeland sind rund 280 Mitglieder organisiert. Allein in Biel praktizieren rund 150 Ärzte und Ärztinnen: Die ganze Palette medizinischer Fachgebiete von der Homöopathie bis zur hochspezialisierten Chirurgie ist vertreten. Mit einer Ausnahme: der Herzchirurgie. Die Hochburgen der Herzchirurgie sind in Bern, Genf und Zürich.

Die meisten Praxen in Biel sind auf Innere Medizin (35) und auf Allgemeine Medizin (23) spezialisiert. Es gibt aber beispielsweise auch 12 Psychiatrie- und Psychotherapie-Praxen. Sogar Schönheitsoperationen können im Regionalspital und in der Privat-Klinik Linde ausgeführt werden!

Auch an Zahnärzten und Zahnärztinnen fehlt es den Bielern und Bielerinnen nicht: 50 Praxen kommen auf rund 53 000 Einwohner.

AGE

Le centre d'information de **Pro Senectute** se trouve à la rue du Collège 8 à Bienne. Les retraités AVS et leurs proches peuvent y obtenir des informations et des conseils personnels et d'ordre financier. En cas d'urgence, le centre accorde aussi des allocations et des secours provisoires. Pro Senectute propose en outre: un service de nettoyage à domicile, un service de transport, une assurance collective maladie et accidents et même un service de pédicure. Dans la plupart des cas, les frais sont adaptés aux conditions matérielles des retraités. La brochure «Guide pratique pour personnes âgées» est disponible au secrétariat de Pro Senectute (tél. 22 20 71).

Le «Golden Age Club» offre d'autres possibilités d'activité aux personnes âgées. Ce club est soutenu par divers grands magasins. Il organise des conférences, représentations théâtrales, jeux, danses et concours. A Bienne, c'est le service à la clientèle du grand magasin Loeb qui s'occupe des inscriptions (tél. 23 54 61).

Autres services à la disposition des personnes âgées:

Service d'aide ménagère pour personnes âgées et handicapées
Rue du Collège 8, tél. 22 20 70
Ce service apporte une aide aux personnes incapables de tenir seules leur ménage.

Service des infirmières de la ville
Rue du Collège 8, tél. 23 70 55
Les infirmières ou aides-infirmières se rendent au domicile des personnes âgées, malades et handicapées. Une physiothérapeute travaille également à la permanence de la rue du Collège, qui comprend des douches, des baignoires et un local de gymnastique.

Service de repas pour personnes âgées et malades
Rue du Collège 8, tél. 22 20 71
Ce service livre, régulièrement ou non, des repas adaptés aux besoins des personnes âgées, de même que des menus diététiques et pour diabétiques.

Service de placement dans les homes
Rue du Collège 8, tél. 21 26 45

Die Stadt Biel verfügt über ein reichhaltiges Angebot an Dienstleistungen für betagte Mitbürger

Ce service social municipal renseigne les personnes âgées et leurs proches sur les possibilités d'accueil dans les homes et les foyers de la ville.

AVIVO Biel-Bienne
Association pour la défense des vieillards, invalides, veuves et orphelins
Route d'Orpond 45, tél. 41 63 28

Association des amies de la jeune fille
Bureau d'accueil de la gare, tél. 22 19 01

Bel automne Bienne
Rue Heilmann 2a, tél. 22 93 44

Chaîne de l'amitié
Rue de l'Argent 32, tél. 23 34 83

Croix-Rouge suisse
rue Centrale 32 a, tél. 22 37 55
(service de veilles de nuit)

Service d'aide au ménage – ville et campagne, rue Neuve 19,
tél. 22 05 02

Société de secours aux malades et d'aides familiales Farel
Quai du Haut 12, tél. 22 45 80

ALTER

An der Collègegasse 8 in Biel unterhält die **Pro Senectute** eine Beratungsstelle. Hier können Personen im AHV-Alter und ihre Angehörigen Rat suchen, wenn sie persönliche oder finanzielle Fragen bedrücken. In Notfällen werden auch finanzielle Beiträge und Überbrückungshilfen gewährt. Pro Senectute bietet ausserdem an: einen Hausreinigungsdienst, einen Autotransportdienst, eine Kranken- und Unfallversicherung und sogar einen Pedicuredienst. Die Kosten für diese Dienstleistungen richten sich in den meisten Fällen nach den finanziellen Verhältnissen der Betagten. Auf dem Sekretariat der Pro Senectute (Tel. 22 20 71) kann die Broschüre «Ein praktischer Wegweiser für Senioren» bestellt werden. Zusätzliche Möglichkeiten für Senioren-Aktivitäten bietet der «Golden Age Club» an. Dieser Klub wird von verschiedenen Warenhaus-Gruppen unterstützt. Organisiert werden Veranstaltungen wie Vorträge, Theater, Spiele, Tanz und Wettbewerbe. Anmeldungen in Biel nimmt der Kundendienst des Warenhauses Loeb entgegen: Tel. 23 54 61.

Weitere Senioren-Dienste:

Ambulanter Stadtschwesterndienst
Collègegasse 8, Tel. 23 70 55
Dieser Dienst vermittelt Krankenschwestern und Hilfskrankenschwestern. Auf dem sogenannten «Stützpunkt» an der Collègegasse arbeitet eine Physiotherapeutin. Ausserdem besteht hier eine Einrichtung zum Duschen und Baden.

Amt für Alters- und Gesundheitspflege
Collègegasse 8, Tel. 21 26 45
Auf dieser städtischen Dienststelle erhalten Betagte und ihre Angehörigen Auskunft über freie Plätze in den städtischen Alters- und Pflegeheimen.

AVIVO Biel/Bienne
Vereinigung der Alten, Invaliden, Witwen und Waisen
Orpundstrasse 45, Tel. 41 63 28

Freundschaftsring
Silbergasse 32, Tel. 23 34 83

Hausbetreuungdienst für Stadt und Land, Neuengasse 19, Tel. 22 05 02

Haushilfedienst für Betagte und Gebrechliche
Collègegasse 8, Tel. 22 20 70
Der Haushilfedienst vermittelt Helferinnen, wenn der Haushalt nicht mehr selbst bewältigt werden kann.

Kranken- und Hauspflegeverein Farel
Oberer Quai 12, Tel. 22 45 80

Mahlzeitendienst für Betagte und Kranke
Collègegasse 8, Tel. 22 20 71
Der Mahlzeitendienst liefert Betagten und Kranken vorübergehend oder regelmässig altersgerechte Mittagessen – auch Schonkost oder Diabetikermenüs.

Schweizerisches Rotes Kreuz
Zentralstrasse 32a, Tel. 22 37 55
Vermittelt Betreuung für Nachtwachen

Sonniger Herbst
Heilmannstrasse 2a, Tel. 22 93 44

Stiftung Wohnungsfürsorge für betagte EinwohnerInnen der Stadt Biel
Verwaltung der Alterssiedlungen
Silbergasse 32, Tel. 22 42 66

Verein der Freundinnen junger Mädchen
Bahnhofstübli, Tel. 22 19 01

ALTSTADT

Biel besitzt eine wunderschöne, malerische Altstadt – eine der besterhaltenen von ganz Europa. Die meisten Altstadtgebäude stammen aus dem 16. bis 18. Jahrhundert, einzelne sogar aus dem 15. Jahrhundert. Der älteste Stadtteil umfasst den **Ring** (mit Stadtkirche), Ober- und Untergässli sowie das Kirchgässli. Die **Stadtkirche** am Ring Nr. 2 aus dem 15. Jahrhundert wurde 1864 an der West- und der Nordwestseite verändert. Um die Jahrhundertwende wurde das Chorfenster von 1457 wieder hergestellt, und 1909 wurde die Stadtkirche während vier Jahren umfassend restauriert. Der attraktive **Burgplatz** (mit Stadttheater, den total renovierten Verwaltungsgebäuden und dem Gemüsemarkt) sowie verschiedene Brunnen sind weitere Anziehungspunkte.

Heute ist die Altstadt durch die Kanalgasse – die Hauptverkehrsachse Ost-West – praktisch von der Neustadt abgeschnitten. Der alte Teil Biels ist denn auch eine Welt für sich, mit Gegensätzen und romantischen Ecken, mit renovierten Luxuswohnungen und billigen Altbaulogis. Neben vielen Geschäften und altem Handwerk befinden sich auch Verwaltungszweige der Stadt (Polizei, Lebensmittelinspektorat), der Rathaussaal (wo das Parlament einmal monatlich tagt) sowie zahlreiche Gaststätten in der Altstadt.

ANIMALS

In Biel even dogs have to pay taxes – in the 1970s there were approximately 2 000 dogs in the town, in recent years rather fewer. The large numbers of cats, guinea pigs and birds – not to mention snakes and spiders – that are kept, cared for and loved as **domestic pets** are not statistically recorded. Sick or injured animals are looked after by four **veterinary practices,** and complicated cases are passed on to the **animals' hospital** in Berne (tel. 031 23 83 83).

The **animals' home** run by the Biel-Seeland Tierschutzverein (animal protection association) in Orpund (tel. 41 85 85) takes in homeless animals and provides holiday accommodation for pets. Addresses of recommended private **animal boarding houses** can be found on notice boards in veterinary practices.

In the Biel **zoo** at Zollhausstrssee 103, many varieties of indigenous animals, even including lynxes, can be viewed from a distance. The **swan colony,** which features countless varieties of exotic birds, is located at Spitalstrasse 11a and is looked after by the municipal gardens authorities. Sporadic visitors are also fed and cared for when they settle for short periods in the swan colony on the Schüss, where graceful black whooper swans are a special attraction.

There is a spacious zoo at Büetigenstrasse 85 in Studen: the **Seeteufel,** which is not half as dangerous as its name implies (devil-fish). Children in particular will be thrilled by the monkeys, bears and lions, and even adults may experience a cold shudder at the sight of the snakes in the terrarium. Incidentally, there is a persistent rumour that a dachshund belonging to an elderly lady once fell into the pool in the Seeteufel Restaurant and was promptly consumed by a huge crocodile... The unfortunate dog's owner could have insured against such a mishap: the Epona **animal insurance** in Biel provides cover for all sorts of animals, from dangerously-living goldfish to valuable racehorses.

ANIMAUX

A Bienne, on paie aussi une taxe pour les chiens. Dans les années 70, ils étaient encore deux mille environ; leur nombre a quelque peu diminué au cours de ces dernières années. La statistique ne précise pas combien d'autres **animaux d'agrément** – chats, cochons d'Inde, oiseaux, voire serpents et araignées – sont soignés, choyés, aimés. Pour les bêtes blessées ou malades, Bienne compte quatre **vétérinaires.** Les cas compliqués sont transmis à l'**Hôpital vétérinaire de Berne** (tél. 031 23 83 83).

Au Refuge de la Société protectrice des animaux Bienne-Seeland (tél. 41 85 85), on accueille les animaux errants. Mais on y prend également des bêtes en pension. Les panneaux d'affichage des vétérinaires indiquent aussi les **pensions pour animaux** privées les plus recommandables.

Au **Parc zoologique** de Bienne, 103 de la rue de l'Octroi, on peut admirer à distance toute espèce d'animaux indigènes, et même des lynx. Il vaut aussi la peine de voir la **Colonie des Cygnes,** 11a, rue de l'Hôpital, placée sous le contrôle du Service des parcs et promenades de Bienne. Nombre d'oiseaux exotiques y vivent. Mais on y accueille aussi des «invités» venant séjourner brièvement dans cette Colonie du bord de la Suze. Une attraction particulière: les gracieux cygnes chanteurs à bec noir (cygnes sauvages).

A Studen, Büetigenstrasse 85, se trouve un vaste jardin zoologique, le **Seeteufel,** qui n'a rien de diabolique, comme son nom pourrait le laisser supposer. Les enfants surtout sont ravis de voir les singes, les ours et les lions; et même les adultes font la chair de poule face aux serpents des terrariums. Une rumeur court avec insistance: le petit chien d'une vieille dame serait un jour tombé dans le bassin du «Seeteufel» et aurait été dévoré par le plus gros des crocodiles. La dame aurait pu se faire assurer contre ces hasards malheureux: l'**Assurance Animaux Epona,** à Bienne, en conclut de tous les genres, qu'il s'agisse de poissons rouges fragiles ou de précieux chevaux de course.

ANTIQUES

A few years ago, the old town of Biel was still an El Dorado for antiques and bric-à-brac. In the meantime, some shops have closed down and others have moved to the «new» town. Today, there are still about thirteen antique shops in Biel.

Well-known all over Switzerland is the **Biel Antiques Fair,** which takes place every year on a weekend at the beginning of March in the Congress House.

In the region:

The «**Puce**» (Antiques and bric-à-brac) **in the town square of Aarberg:** every year at the end of April and August (Friday/Saturday).

The «**Brocante**» (Antiques and bric-à-brac) **in the town square of Le Landeron.** Every year on the last weekend of September.

ANTIQUITÄTEN

Noch vor einigen Jahren war die Bieler Altstadt das Dorado der Antiquitätengeschäfte (und Trödlerläden!). Einige sind inzwischen eingegangen, andere sind ausgezogen und haben sich in der «Neustadt» eingerichtet. Heute gibt es etwa noch dreizehn Antiquitäten-Geschäfte in Biel.

Bekannt in der ganzen Schweiz ist die **Bieler Antiquitätenmesse,** die jedes Jahr an einem Wochenende anfangs März im Kongresshaus stattfindet.

In der Umgebung:

Die **Puce auf dem Stadtplatz in Aarberg:** Jedes Jahr Ende April und August (Freitag/Samstag).

La Brocante auf dem Städtli-Platz in Le Landeron. Jedes Jahr am letzten Wochenende im September.

ANTIQUITÉS

Il y a quelques années encore, la Vieille Ville de Bienne était «l'El Dorado» de l'antiquité (et de la brocante). Entretemps, certains commerçants ont fermé boutique, d'autres ont déménagé dans la «ville nouvelle». Il reste aujourd'hui quelque treize boutiques d'antiquités à Bienne.

La foire d'antiquité et de brocante, «**Brocante Biel-Bienne**», est connue dans toute la Suisse. Elle a lieu chaque année, un week-end du début de mars, au Palais des Congrès.

Dans les environs:

Les Puces d'Aarberg sur la place de la petite ville seelandaise: chaque année, fin avril et fin août (vendredi et samedi).

La Fête de la Brocante au coeur de la vieille ville du **Landeron.** Une fois par an, le dernier week-end de septembre.

APOTHEKEN

In Biel gibt es 16 Apotheken. Die meisten sind sehr zentral gelegen, in alten schönen Gebäuden untergebracht und modern eingerichtet. Die Öffnungszeiten sind unterschiedlich: Die meisten sind donnerstags geschlossen, andere am Mittwoch, am Montag oder am Samstagnachmittag. Benötigt jemand ausserhalb der normalen Geschäftsöffnungszeiten notfallmässig einen Artikel aus der Apotheke, wird er über die **Telefonnummer 231 231** mit dem diensthabenden Apotheker verbunden.

ARBEIT

In den Zeiten der Hochkonjunktur hat sich Biel als **Industriestadt** profiliert und sich einen guten Ruf als **Handels- und Verkehrsstadt** geschaffen.

Heute sind in rund 3 000 Betrieben 38 000 Personen tätig. Davon sind 225 Personen in 30 landwirtschaftlichen Betrieben (Primär-Sektor) beschäftigt, 16 437 Personen in 630 Produktionsbetrieben (Sekundär-Sektor) und 21 338 Personen in 2 340 Betrieben des Dienstleistungssektors (Tertiär-Sektor).

Der **Dienstleistungssektor** ist in Biel besonders stark im Aufwind: Diese Verlagerung bringt aber auch Probleme mit sich. Für die neuen Tätigkeiten im Dienstleistungssektor – vor allem im Bereich der Informatik – werden an die Arbeitnehmer hohe Anforderungen gestellt. Nicht alle Personen, die aus dem Produktions-Sektor ausscheiden, kön-

There are almost 2 000 dogs in town...

nen problemlos in den Dienstleistungssektor überwechseln.

Die stärksten Wirtschaftsgruppen in der verarbeitenden Produktion sind **Uhren und Bijouteriewaren** mit 90 Betrieben und rund 2 600 Beschäftigten. Rund 1 800 Personen sind in 69 Betrieben der **Metallbearbeitung und -verarbeitung** tätig. Am meisten Leute (3 086), jedoch in weniger Betrieben (54), beschäftigt der **Maschinen- und Fahrzeugbau.**

Arbeiterbewegung

In der traditionellen Arbeiterstadt Biel formierte sich schon sehr früh eine starke Arbeiterbewegung. Bereits 1888 wurde die «Arbeiterunion Biel und Umgebung» gegründet, der spätere **Gewerkschaftsbund.** Die Arbeiterunion setzte sich energisch für die Bedürfnisse der Bieler Arbeiterschaft ein. Verschiedene Projekte, wie die Schaffung einer Volksküche, Beschaffung von Brennholz, Lebensmittelaktionen sowie Probleme auf eidgenössischer Ebene wie Haftpflichtversicherung, Dienstvertragsrecht und Zollgesetz waren die Hauptengagements der Arbeiterunion. Ausserdem wurden einzelne Gewerkschaften unterstützt, die mit der Arbeitgeberschaft im Konflikt standen.

Auf **Regierungsebene** wurde die rote Epoche in Biel 1921 eingeleitet: Damals gewannen die Sozialdemokraten die Gemeindewahlen. Sie erreichten im Stadt- und im Gemeinderat die absolute Mehrheit und stellten auch den Stadtpräsidenten, den Bieler Fürsprecher Dr. Hermann Kistler. Stadtpräsident Kistler erklärte aber gleich nach der Wahl, dass er sein Amt nur vorübergehend bis zum 1. November auszuüben gedenke, um es dann an Stadtschreiber Guido Müller abzutreten. Guido Müller musste in dieser Zeit seinen Wohnsitz von Nidau nach Biel verlegen. Guido Müller war über 20 Jahre lang Stadtpräsident und verkörpert im Bewusstsein der älteren Bieler noch heute das «rote Biel». Der 1875 in Bözingen als Sohn eines Eisenbahners geborene populäre Politiker starb 1963 als hoch angesehener Alt-Stadtpräsident und Alt-Nationalrat.

Seit 1980 wird Biel von einer mehrheitlich sozialdemokratischen Exekutiven regiert; im Stadtrat (Legislative) bilden die Sozialdemokraten die stärkste Fraktion und verfügen zusammen mit andern Linksparteien über die Mehrheit.

Dem Gewerkschaftsbund Biel sind heute rund 10 000 Personen, organisiert in 18 verschiedenen Verbänden, angeschlossen. Die meisten Mitglieder aus der Region Biel zählt der Schweizerische Metall- und Uhrenarbeitnehmerverband (SMUV) mit 3 315 Männern und 760 Frauen. An zweiter Stelle steht die Gewerkschaft Bau und Holz (GBH) mit 1 936 Mitgliedern. Weniger als 800 Mitglieder weisen die Gewerkschaft Druck und Papier (783) und die Union Schweizerischer Post-, Telefon- und Telegrafenbeamter (777) auf.

Architecture

En plus de la Vieille Ville, dont l'attrait touristique est reconnu dans toute la Suisse, on compte à Bienne plusieurs immeubles d'intérêt architectonique. Une des constructions les plus marquantes de la ville est le **Palais des Congrès:** une maison-tour de 16 étages encadrée d'un complexe de bâtiments doté de l'un des plus grands toits suspendus d'Europe. (Architecte: Max Schlup, construction: 1960-1966). A la rue de la Gare 11 se trouve la **Maison du Peuple,** le bâtiment biennois le plus «populaire», au vrai sens du terme, de l'époque de l'entre-deux-guerres. Ce bâtiment particulier symbolise l'accomplissement d'idéaux sociaux et politiques par la construction. La Maison du Peuple sert aujourd'hui à des fins «socioculturelles»; le Conservatoire de musique, par exemple, y a élu domicile. (Architecte: Edouard Lanz, construction: 1929-1932, rénovation: 1987-1989). Autre curiosité architectonique: le **Rockhall.** Ce bâtiment a même fait l'objet d'un petit ouvrage publié dans la série des «Guides artistiques de Suisse». Aujourd'hui propriété de l'Etat, l'ancien manoir de la famille Thellung, au faubourg du Lac 103, a hébergé diverses personnalités célèbres, entre autres Vautravers, Rousseau, Cagliostro, Hartmann et Loutherbourg. Cet édifice à deux étages dans le style des débuts du baroque abrite actuellement une partie de l'Ecole d'ingénieurs. (Architecte, maître d'oeuvre et artisans sont inconnus, construction: 1692-1694).

La «nouvelle architecture» occupe également une place importante à Bienne. Dans un guide de l'architecture biennoise des années 20 et 30, la conservatrice de musée et historienne d'art Ingrid Ehrensperger disait: «Dans la Bienne moderne, il n'y a pas d'architecture d'architectes; les grands architectes de renom et les constructions particulières innovatrices manquent.» A Bienne, les forces spirituelles de la «nouvelle architecture» étaient des politiciens, des géomètres, des ingénieurs, ainsi que la majorité de la population. Dans l'entre-deux-guerres, on construisit surtout des maisons d'habitation et de commerce. Paradoxalement, on ne bâtit que relativement peu de fabriques dans la plus grande ville industrielle du canton. L'histoire de la Bienne moderne connut son apogée en 1930. L'exemple type en est le **quartier de la gare:** la ville tenait ici à une apparence absolument homogène. (Voir «Urbanisme»).

C'est aussi de 1930 que date, par exemple, la **construction de la rue du Débarcadère.** La Ville vendit ces bandes de terrain par parcelles, sous la condition qu'il y serait bâti «dans le style de l'architecture moderne avec toits plats».

Dans les années 70, l'économie du bâtiment connut une autre période d'activité intense: on érigea, entre autres, l'**Ecole normale de Bienne,** dans le quartier du Tilleul. Cette construction sise à l'orée de la forêt comprend trois corps de bâtiments indépendants. (Architecte: Alain G. Tschumi, construction: 1973-1976).

A la même époque, on construisit le **Gymnase de Bienne,** sur un emplacement idyllique: au bord du lac! (Architecte: Max Schlup, construction 1975-1978).

Les objets et ensembles dignes d'être préservés sont spécifiés dans les deux tomes d'un livre qui peut être consulté à l'Office d'urbanisme de Bienne.

Architecture

Apart from the old town, known all over Switzerland as a place worth seeing, Biel has several architecturally important buildings. One of the best known is the **Congress House,** a 16 storey high-rise construction attached to which is a complex of buildings with one of the biggest hanging roof constructions in Europe (Architect: Max Schlup, built 1960-1966). At Bahnhofstrasse 11 is the **Volkshaus** – in every sense of the word Biel's most «popular» inter-war period building. It is regarded as the symbol of «social and cultural purposes»; the Music Academy is housed in this building. (Architect« Eduard Lanz, built 1929-1932, renovated 1987-1989). Another architecturally interesting building is the **Rockhall.** There is even a little book about this in the «Schweizerische Kunstführer» (Swiss Art Guides) series. This former country seat of the Thellung family is located at Seevorstadt 113 and a number of famous people have lived in it, including Vautravers, Rousseau, Cagliostro, Hartmann and Loutherbourg. Part of the Engineering School is now housed in this dignified two-storey early Baroque building. (Architect and craftsmen unknown, built 1692-1694.)

The «New Architecture» also plays an important part in Biel. In a guide to Biel architecture of the 1920s and 1930s, museum curator and historian Ingrid Ehrensperger writes: «Biel's modern building is not an architect's architecture; there are no famous names in architecture and no trail-blazing individual buildings.» The intellectual forces of the «New Architecture» in Biel were politicians, surveyors and engineers as well as the majority of the population. Between the wars construction work was largely limited to apartment blocks and business premises; oddly enough, few factories were built, although Biel is Canton Berne's biggest industrial city. The year 1930 is regarded as the zenith of the «New Architecture». The supreme example is the **Railway Station quarter.** Here the city aimed at achieving a completely unified appearance. (See «Town Development».)

In the 1930s, for instance, the **Ländtestrasse development** took place. The municipality bought up this strip of land plot by plot laying down that it should be used primarily for «modern designs with flat roofs.» The building industry went through another intensive period of activity in the 1970s. Among other projects, the **Biel Cantonal Teachers Training College** was planned in the Linden quarter, in the east of the city. This development on the edge of the woodland comprises three freestanding buildings. (Architect: Alain G. Tschumi, built 1973-1976.) The **Biel Grammar School** was also built during this period on a prime site overlooking the Lake. (Architekt: Max Schlup, built 1975-1978.)

The buildings and complexes worth preserving are described in a set of two books that can be requested at the Biel Town Planning Department.

Architektur

Neben der Altstadt, die in der ganzen Schweiz für ihre Sehenswürdigkeit bekannt ist, gibt es in Biel mehrere architektonisch bedeutende Gebäude. Eine der markantesten Bauten in Biel ist das **Kongresshaus:** ein 16stöckiges Hochhaus und ein angebauter Gebäudekomplex mit einer der grössten Hängedachkonstruktionen Europas. (Architekt: Max Schlup, gebaut: 1960-1966). An der Bahnhofstrasse 11 befindet sich das **Volkshaus** – das im wahrsten Sinn des Wortes «populärste» Gebäude der Zwischenkriegszeit in Biel. Der Einzelbau gilt als Symbol der Erfüllung sozialer und politischer Ideale durch das Bauen. Das Volkshaus dient heute «soziokulturellen Zwecken»; unter anderem ist die Musikschule in diesem Gebäude un-

Meine «Fünf Besten»

1. Ein Spätsommerabend im Rägiswald bei Rösti und Schinken.

2. Die tolle Aussicht geniessen auf der Terrasse der Sportschule in Magglingen.

3. Einen Einkaufsbummel in den weihnachtlich geschmückten Geschäften der Innenstadt machen.

4. Eine Segelregatta mit Freunden auf dem Bielersee bei einer steifen Brise abhalten.

5. Ein Mocca nature im Odeon trinken.

Marc Gassmann
Verleger

tergebracht. (Architekt: Eduard Lanz, gebaut 1929-1932, renoviert 1987-1989). Eine weitere architektonische Sehenswürdigkeit ist die **Rockhall**. Über dieses Gebäude gibt es sogar ein kleines Büchlein in der Reihe «Schweizerische Kunstführer». Der ehemalige Landsitz der Familie Thellung an der Seevorstadt 103 wurde von verschiedenen berühmten Persönlichkeiten bewohnt, unter anderen von Vautravers, Rousseau, Cagliostro, Hartmann und Loutherbourg. Heute ist ein Teil der Ingenieurschule in dem stattlichen, zweigeschossigen Frühbarockbau untergebracht. (Architekt, Baumeister und Handwerker sind unbekannt, gebaut: 1692-1694.)

Auch das «Neue Bauen» ist für Biel von Bedeutung. In einem Stadtführer zur Bieler Architektur der 20er und 30er Jahre schreibt die Museumskonservatorin und Historikerin Ingrid Ehrensperger: «Biels Moderne ist keine Architekten-Architektur; grosse Architektennamen und bahnbrechende Einzelbauten fehlen.» Die geistigen Kräfte des Neuen Bauens in Biel waren Politiker, Geometer und Ingenieure sowie die Mehrheit der Bevölkerung. In der Zwischenkriegszeit wurden vor allem Wohn- und Geschäftshäuser gebaut – in der grössten Industriestadt des Kantons wurden auffällig wenig Fabriken erstellt. Das Jahr 1930 gilt als Höhepunkt in der Geschichte der Bieler Moderne. Musterbeispiel ist das **Bahnhofquartier**: Die Stadt strebte hier ein absolut einheitliches Erscheinungsbild an. (vgl. «Städtebauliches».)

In den 30er Jahren entstand zum Beispiel auch die **Überbauung Ländtestrasse**. Die Stadt verkaufte diesen Terrainstreifen parzellenweise mit Auflagen, die vor allem die «moderne Bauform mit Flachdach» vorschrieben. Eine weitere intensive Periode erlebte die Bauwirtschaft in den 70er Jahren: Unter anderem wurde das **Staatliche Seminar Biel** im östlichen Lindenquartier geplant. Diese Überbauung an der Waldgrenze umfasst drei freie Baukörper. (Architekt: Alain G. Tschumi, gebaut 1973-1976). Auch das **Bieler Gymnasium** wurde in dieser Zeit erstellt: in bester Lage direkt am See! (Architekt: Max Schlup, gebaut 1975-1978.)

Die schützenswerten Objekte und Ensembles sind in einer zweibändigen Buchreihe festgehalten, die beim Bieler Stadtplanungsamt angefordert werden kann.

ART GALLERIES

(See «Galerien».)

AUBERGE DE LA JEUNESSE

L'Auberge de la jeunesse de Bienne met des chambres doubles et des dortoirs à disposition. Elle est située en bordure de forêt, au Champ de Boujean, quelque peu à la périphérie de la ville (route de Soleure 137).

AUSFLÜGE

Biel bietet ungezählte Ausflugsmöglichkeiten. **See**, **Jura** und das **Seeland** liegen in unmittelbarer Nähe.

Von der Seevorstadt aus führt das **Magglingenbähnlein** in luftige Höhen. Hier liegt dem Besucher der Jura zu Füssen, und er kann wählen zwischen einem Besuch der Sportschule, einem «Zvieri» in

Mit der Magglingenbahn in luftige Höhen

den beiden Bergrestaurants, einer Wanderung über die Jurahöhen oder durch die **Twannbachschlucht** nach Twann.

Von der Schützengasse (Altstadt) aus fährt eine Drahtseilbahn nach **Leubringen** – für viele Bielerinnen und Bieler **die** Wohnlage! An Villen vorbei gelangt man auf einen Waldweg zur **Taubenlochschlucht**. Über einen wild-romantischen Felsweg durch die Schlucht erreicht der Wanderer Bözingen.

Berühmt sind die **Rebenwege**, die am nördlichen Seeufer von Biel in Richtung Neuenburg führen, mitten durch die Traubenhaine. (Auskunft gibt die Broschüre des Bieler Verkehrsbüros.)

See- und Aareufer (von Nidau nach Solothurn) bieten ebenfalls viele Spaziermöglichkeiten. Wer jedoch See und Aare geniessen will, ohne den Weg unter die Füsse nehmen zu müssen, steigt auf eines der 11 Schiffe der Bielersee Schiffahrts-Gesellschaft.

10 Minuten von Biel entfernt lockt der **Bözingenberg** mit Wandermöglichkeiten durch Wald und Wiesen. Das Restaurant (am Sonntag ab acht Uhr, wochentags um neun Uhr geöffnet) bietet ein opulentes Frühstück mit Café complet, Rösti, Omeletten, Speck und Schinken.

Von Villeret (im St. Immer-Tal) auf den **Chasseral** führt ein steiler, abenteuerlicher Felsweg durch die Schlucht La Combe-Grède (Marschzeit zwei Stunden). Vom Gipfel des Chasserals aus wandert man entweder über die Hügel nach Magglingen (Marschzeit sieben Stunden), oder man lässt sich vom «Sesseli-Lift» gemütlich nach Nods hinunter tragen.

Einem alten Brauch zufolge offerieren viele Bauernhöfe («métairies») im Jura vorbeikommenden Spaziergängern einen ländlichen Imbiss, so zum Beispiel der Bauernhof von «Meuringue», bei Cormoret, der Bauernhof «Du Milieu de Bienne» auf dem kleinen Chasseral, die Métairies «La Cuisinière» und «Le Bois Raiguel» und jene von Prägelz und Leubringen.

Von St. Immer aus führt eine Drahtseilbahn auf den **Mont-Soleil**, von wo aus man die verschiedensten Wanderungen unternehmen kann.

Ein Paradies für Velofahrer ist das **Seeland**: flach, grün und auf Nebenpfaden ziemlich autofrei. (Velokarten gibt es beim Verkehrsbüro der Stadt Biel.)

Ausflugsziele, die sich besonders für Familien mit Kindern eignen:

Tierpark Bözingen

Seeteufel Studen (Kleiner Zoo)

Florida Studen (vor allem Vögel)

Papillorama in Marin (Schmetterlinge und exotische Pflanzen)

AUSKUNFT

Informationen geben das Verkehrsbüro Biel, Bahnhofplatz 12, Tel. 22 75 75, und der SBB-Kundendienst im Bahnhofgebäude, Tel. 23 11 33.

AUSLÄNDER

Am meisten Ausländer lebten im Jahr 1964 in Biel, nämlich 13 107 (Saisonniers, Jahresaufenthalter und Niedergelassene zusammengenommen). Da die Statistiken damals noch keine Details festhielten, kann nichts ausgesagt werden über Staatszugehörigkeit und Arbeitsort (Branche).
Im August 1990 lebten 10 594 Ausländer (20 Prozent der Bevölkerung) in Biel. Das sind 1 848 Jahresaufenthalter, 8 234 Niedergelassene und 512 Saisonniers. Von den 10 594 Personen waren 6 934 erwerbstätig.
Folgende Branchen beschäftigen am meisten Ausländer: Industrie (3 345), Dienstleistungen (2 131), Baugewerbe (1 308).
Die 10 594 Ausländer gehören folgenden Nationen an: Italien (4 882), Spanien (2 057), Jugoslawien (874), Deutschland 414, Türkei (396), Frankreich (333), Portugal (395), Österreich (168), Chile (100) und Diverse (975).
Ausser einer Agentur des Italienischen Konsulats befinden sich keine Botschaften und Konsulate in Biel: Die sind in der Bundeshauptstadt Bern zuhause.

Beratungsstellen

Kontaktstelle für Ausländer
Murtenstrasse 48, Tel. 22 08 80

Sozial- und Beratungsdienst
Missione Cattolica
Murtenstr. 50, 23 84 11

AUTO

In Biel und Umgebung kann praktisch an jeder Tankstelle **bleifreies Benzin und Diesel** getankt werden.

Adressen für Zugreisende, die in Biel oder Umgebung **ein Auto mieten** wollen:

Biel:

Amag, Vermietung und Reparaturwerkstatt, Neue Bernstrasse, Tel. 25 13 13
Avis AG, PW und Nutzfahrzeuge, Rennweg 29b, Tel. 41 44 54
Hertz AG, Bahnhofplatz 1, Tel. 22 33 43
Kehrli und Oehler AG, Orpund Garage, Orpundstr. 77a, Tel. 42 42 92

Nidau

Auto-Center AG, Hauptstr. 94, Tel. 51 56 56

Wie alle grösseren und Gross-Städte leidet auch Biel an Parkplatzmangel. Trotzdem: Auf folgenden Plätzen können Sie **Ihr Fahrzeug abstellen:**

Bahnhofplatz (Uhren)
Burgplatz (Blaue Zone)
Eisstadion, Eisfeldstrasse (frei)
Gartenstrasse (Uhren)
Kongresshaus, Silbergasse (Uhren)
Gurzelen Fussballstadion, Scheibenweg (frei)
Jelmoli Warenhaus-Parking
Neumarktplatz (Uhren)
Rosiusstrasse (Uhren/Blaue Zone)
Rüschli-Parking (Rüschlistrasse)
Wildermethmatte, zwischen Göuffistrasse und Heilmannstrasse (Uhren)

Beim See:
Schiffländte, Strandbad, Badhausstrasse, Seevorstadt, «Krautkuchen» (frei)

Seit fast zwei Jahrzehnten diskutieren politische Parteien über **die Führung der N5 (Nationalstrasse) im Raum Biel**. Zwei Varianten haben sich herauskristalisiert: JD 89 (**Nordumfahrung**) und D 89 (**Südumfahrung**). Die Bieler Behörden sprechen sich für die Nordvariante aus, während der Kanton Bern, der für den Bau zuständig ist, die N5-Südumfahrung für schneller realisierbar hält.

Fragen an Stadtpräsident Hans Stöckli über die Bieler Zukunftsperspektiven:

«Wir brauchen mehr Steuerzahler»

Questions au maire Hans Stöckli à propos des perspectives d'avenir de Bienne:

«Nous avons besoin d'un plus grand nombre de contribuables»

1990 sind Sie als Stadtpräsident zum Nachfolger von Hermann Fehr gewählt worden. Was wollen Sie in Biel langfristig verbessern?

Unsere Bevölkerung ist im Grunde genommen mit Biel zufrieden. Trotzdem wollen wir bis ins nächste Jahrhundert einiges verändern:

- Die Stadt Biel mit ihren Land- und Wohnraumreserven muss die Anzahl ihrer Bewohner und Bewohnerinnen steigern: Unsere Infrastruktur ist in vielen Bereichen unternutzt, wir brauchen mehr Steuerzahler und reduzieren so den Pendlerverkehr.

- Die Stadt Biel muss die durch den Strassen- und Schienenverkehr verursachten Barrieren zur Altstadt und zum See abbauen und das Zentrum attraktiver gestalten.

- Unser Biel wird sein Gesicht im Zentrum - aber auch in einigen Quartieren - verändern und verschönern, es wird an die Nationalstrasse in allen vier Himmelsrichtungen (hoffentlich durch einen Juratunnel) angeschlossen und zum Hauptknotenpunkt im Konzept Bahn 2000 werden.

- Die Stadt Biel muss zur anerkannten und geschätzten Metropole des Seelandes und zum Bindeglied zwischen der Deutsch- und der Westschweiz werden: im Herzen Europas.

Als wie leistungs- und ausbaufähig beurteilen Sie die Wirtschaft der Stadt Biel?

Die Bieler Wirtschaft befindet sich heute in einem guten Zustand. Sie hat sich gewaltig diversifiziert, und es konnten zukunftsträchtige Betriebe angesiedelt werden. Die verantwortlichen Manager sind weitsichtig, innovativ, international, anpassungsfähig und mehrsprachig. Viele, insbesondere junge Wirtschaftsleute haben ein offenes Ohr für soziale und ökologische Anliegen. Die Wirtschaft der Stadt Biel ist für die Zukunft gewappnet.

Was zeichnet einen «echten» Bieler aus?

Ein «echter» Bieler muss nicht in Biel geboren sein. Wer zu uns kommt, wird schnell zu einer Bielerin oder zu einem Bieler. Achtung: Bielerin oder Bieler ist man dann das ganze Leben lang. Ein «echter» Bieler steht zur Zweisprachigkeit und ist daher offen und tolerant. Natürlich kritisiert ein «echter» Bieler seine Regierung, seinen Sportverein oder sein Theater. Aber kaum hat er die Stadtgrenze verlassen, ist er stolz, Bieler zu sein. Übrigens: Viele «echte» Bieler wohnen auch in der schönen Gegend um die Stadt Biel herum.

Hans Stöckli, 1952 geboren, seit seiner Schulzeit in Biel wohnhaft, ist am 23. September 1990 zum Bieler Stadtpräsidenten gewählt worden. Er ist Bernischer Fürsprecher und amtete vor seiner am 16. Juli 1990 aufgenommenen Tätigkeit als städtischer Finanzdirektor als geschäftsleitender Gerichtspräsident von Biel. Als Sozialdemokrat gehörte er seit 1979 dem Bieler Stadtparlament an, das er 1981/82 als jüngster Präsident leitete. 1984 erfolgte seine Wahl zum nichtständigen Gemeinderat von Biel. Er ist verheiratet und Vater von 3 Kindern.

Vous avez été élu maire en 1990, succédant ainsi à Hermann Fehr. Quels sont les améliorations qui, à Bienne et à long terme, vous paraissent nécessaires?

Au fond, notre population est plutôt satisfaite de sa ville. Mais nous voulons tout de même apporter certains changements avant la fin de ce siècle:

- La ville de Bienne compte trop peu d'habitant(e)s par rapport à ses réserves de terrains et de logements; nos infrastructures sont souvent sous-utilisées: nous avons besoin d'un plus grand nombre de contribuables. Cela réduirait également le mouvement des pendulaires.

- La ville de Bienne doit supprimer les barrières du trafic routier et ferroviaire qui séparent le centre de la Vieille Ville et du lac, et le centre-ville doit être rendu plus attrayant.

- Bienne va voir son centre - mais aussi certains de ses quartiers - changer et embellir, elle sera reliée au réseau de routes nationales, espérons-le, par un tunnel du Jura, dans toutes les directions et deviendra un noeud ferroviaire de première importance dans le cadre de Rail 2000.

- La ville de Bienne doit être reconnue et appréciée comme la métropole du Seeland et comme le lien entre la Suisse alémanique et la Suisse romande: au coeur de l'Europe.

Où en est l'économie biennoise et pourrait-elle être améliorée?

L'économie biennoise actuelle va bien. Elle s'est énormément diversifiée et de nombreuses entreprises pleines d'avenir s'y sont installées. Les managers responsables voient loin, ils sont inventifs, internationaux, ont d'excellentes facultés d'adaptation et maîtrisent plusieurs langues. Un grand nombre d'entre eux, surtout de jeunes chefs d'entreprise, sont sensibles aux problèmes sociaux et écologiques. L'économie de la ville de Bienne est prête à affronter l'avenir.

A quoi reconnaît-on un «vrai» Biennois?

Un «vrai» Biennois ne doit pas être né obligatoirement à Bienne. Ceux qui viennent chez nous deviennent rapidement des Biennoises ou des Biennois. Mais attention: Biennoise ou Biennois, on le reste sa vie durant. Un «vrai» Biennois est fier de son bilinguisme, qui le rend ouvert et tolérant. Bien entendu, un «vrai» Biennois critique son gouvernement, son club sportif ou son théâtre; mais à peine a-t-il franchi les frontières de sa ville qu'il s'enorgueillit d'être un Biennois. Et puis, il y a aussi beaucoup de «vrais» Biennois qui habitent dans les environs de Bienne, dans notre belle région.

Né en 1952 et vivant à Bienne depuis sa scolarité, Hans Stöckli a été élu maire de Bienne le 23 septembre 1990. Il est avocat bernois et a officié en tant que président du tribunal de Bienne jusqu'à son entrée en fonctions, le 16 juillet 1990, à la tête de la Direction municipale des Finances. Socialiste, Hans Stöckli siège depuis 1979 au Parlement biennois dont il a été le plus jeune président en 1981/82. En 1984, il a été élu au Conseil municipal non permanent. Il est marié et père de trois enfants.

Fertiggestellt ist das Teilstück zwischen der Taubenlochschlucht in Bözingen und La Heutte. Die Westschweiz erreicht man von Biel aus auf der Autostrasse am nördlichen Seeufer entlang bis nach Neuenstadt, von dort aus fährt man auf der Autobahn nach Neuenburg.

Die Autobahn ins Mittelland erreicht man über eine Schnellstrasse in Lyss. In die Ost-Nordschweiz gelangt man auf der Autostrasse über Grenchen nach Solothurn, von dort auf der Autobahn nach Basel, Zürich oder St. Gallen.

Ein «Stück Amerika» in Biel: 1935 registrierte die Stadt Biel fast 5 000 Arbeitslose. Der Plan der General Motors Corporation (GM) in Detroit (USA), in der Schweiz ein Montagewerk zu erstellen, gab Anlass zu Hoffnungen. Die Stadt Biel stellte der General Motors 30 000 m² Gelände mit Gleisanschluss zur Verfügung und offerierte den Bau geeigneter Hallen nach Plänen von GM gegen einen Mietzins von acht Prozent der Erstellungskosten - ohne Erhebung einer Gemeindesteuer auf das Einkommen. Dieser Vorschlag galt zunächst für fünf Jahre. Bereits 1936 wurde der erste in Biel montierte Wagen – ein Buick – ausgeliefert. Während des 40jährigen Bestehens von GM Biel wurden 350 000 Autos hergestellt.

Im Jahr 1968 beschäftigte die GM etwa 1 450 Personen, an Löhnen, Steuern und Zöllen wurden rund 50 Millionen Franken ausbezahlt.

Diese vielversprechende Entwicklung fand 1975 ein jähes Ende, als die Montagewerke geschlossen werden mussten: Die GM Schweiz war wegen der hohen Zollbelastung nicht mehr konkurrenzfähig. Seither ist die GM Schweiz eine Vertriebsorganisation von PWs, Nutzfahrzeugen und Ersatzteilen. Zurzeit beschäftigt die GM gut 200 Personen in Biel und Studen.

AUTOS

A Bienne et dans les environs, presque chaque station-service vous fournira de l'**essence sans plomb** et **diesel**.

Les adresses suivantes sont destinées aux voyageurs qui arrivent à Bienne par le train et souhaitent y **louer** (ou dans les environs) **une voiture:**

Bienne:

Amag, location et atelier de réparation, Nouvelle route de Berne,
tél. 25 13 13
Avis SA, voitures de tourisme et véhicules utilitaires, Rennweg 29b,
tél. 41 44 54
Hertz SA, place de la Gare 1,
tél. 22 33 43
Kehrli + Oehler SA, Garage d'Orpond, route d'Orpond 77a, tél. 42 42 92

Nidau:

Auto-Center SA, route Principale,
tél. 51 56 56

Comme toutes les villes, grandes ou moins grandes, Bienne souffre d'un manque de places de parc. Cependant, les places suivantes sont à votre disposition pour y **garer votre voiture:**

Place de la Gare (parcomètres)
Place du Bourg (zone bleue)
Stade de glace (rue de la Patinoire) (libre)
Rue des Jardins (parcomètres)
Palais des Congrès (rue de l'Argent) (parcomètres)
Gurzelen (Stade de football) (libre)
Parking des Grands Magasins Jelmoli
Place du Marché-Neuf (parcomètres)
Rue du Rosius (parcomètres et zone bleue)
Parking du Rüschli (rue du Rüschli)
Près-Wildermeth (entre la rue Göuffi et la rue Heilmann) parcomètres

Près du lac:
Débarcadère, plage, rue des Bains, faubourg du Lac («Krautkuchen») (libre)

Depuis presque deux décennies, les partis politiques discutent du **passage de la N5 (route nationale) dans la région de Bienne.** Deux variantes ont été retenues: la JD89 (**contournement par le nord**) et la D89 (**contournement par le sud**). La préférence des autorités biennoises va à la variante JD89, tandis que le canton de Berne qui, lui, est finalement compétent pour cette construction, pense que le contournement de la N5 par le sud serait plus rapidement réalisable.

A Bienne, le tronçon d'**autoroute** entre les Gorges du Taubenloch (Boujean) et La Heutte est terminé. On atteint la Suisse romande par la route nationale qui va de Bienne à La Neuveville (rive nord du lac). Là, on prend l'autoroute pour Neuchâtel.

L'autoroute du Plateau commence à Lyss. Bienne y est reliée par voie rapide. La Suisse orientale et septentrionale est accessible par la route nationale qui, via Granges, va à Soleure d'où part l'autoroute pour Bâle, Zurich ou Saint-Gall.

Un «bout de l'Amérique» à Bienne: en 1935 la ville de Bienne recensait presque 5 000 chômeurs. Le projet de General Motors Corporation (GM) de Detroit (USA) d'établir une usine de montage en Suisse fit naître de ces espoirs. La Ville de Bienne mit un terrain de 30 000 m2, raccordé à la voie ferrée, à la disposition de General Motors, et offrit la construction de halles adéquates d'après les plans de la GM contre un prix de location représentant les 8% des frais d'établissement - sans perception d'un impôt communal sur le revenu. La validité de cette proposition fut d'abord de cinq ans. Et en 1936 déjà, la première voiture montée à Bienne - une Buick - fut livrée. Pendant les 40 ans d'existence de GM Bienne, 350 000 voitures furent produites.

En 1968 la GM occupait environ 1 450 personnes, et 50 millions furent versés sous forme de salaires, d'impôts et de droits de douane.

En 1975, les ateliers de montage durent être fermés: les charges douanières étaient devenues trop lourdes et GM Suisse ne pouvait plus soutenir la concurrence. Depuis, GM Suisse est devenue un centre de distribution de voitures de tourisme, de véhicules utilitaires et de pièces de rechange. Actuellement elle occupe 200 personnes à Bienne et à Studen.

AUTOMNE

«C'est l'automne, la saison où, sous un soleil refroidi, chacun recueille ce qu'il a semé.» (Barrès). En automne, la nature se pare de tons fauves et or. Et ce sont des jours dorés que nous font vivre les villages vignerons du versant nord du lac: presque à chaque fin de semaine un de ces villages célèbre sa Fête du vin! En automne, nombreux sont les jeunes qui complètent leur argent de poche en aidant à vendanger le raisin arrivé à maturité. Un verre de vin nouveau, frais et pétillant, une promenade dans le vignoble ensoleillé peuvent illuminer une douce après-midi d'automne. Les cueilleurs de **champignons** de la région trouveront également leur bonheur: dans les innombrables forêts du Jura et du Seeland poussent toutes les délicatesses: bolets, cornes d'abondance, morilles, chanterelles, etc. Quelques sociétés mycologiques régionales organisent en automne des «journées vol-au-vent»: durant ces week-ends ils vendent leur récolte – amassée au prix de longues marches en forêt – aux restaurants, mais aussi aux particuliers. Certains champignons affinent remarquablement une selle de chevreuil: en automne, les **spécialités de la chasse** sont à l'honneur dans la région!

Champignons de la région

AUTORITÉS

Les autorités biennoises se composent de **60 conseillers de ville** (législatif) et de **neuf conseillers municipaux** (exécutif). Une particularité: cinq conseillers municipaux sont des politiciens professionnels (permanents) et sont à la tête d'un département; les quatre autres sont «conseillers municipaux non permanents», ils exercent une profession différente, mais participent à toutes les séances de l'exécutif, avec droit de vote et fonction de conseiller.

Le Conseil de ville de Bienne siège une fois par mois, en général le jeudi soir, à l'Hôtel de Ville, dans la Vieille Ville. Depuis 1981, Bienne est dirigée par une majorité socialiste.

AUTUMN

«Season of mists and mellow fruitfulness, / Close bosom-friend of the maturing sun.»

Keats could almost have written these lines with Biel in mind. For in autumn the many **winegrowing villages** along the northern shore of the Lake are indeed fruitful; almost every weekend one or other of these villages stages its grape harvest festival. And in autumn many a youngster earns a little extra money by **picking** the ripe grapes. Young, sparkling wine and maybe a stroll along the sunny sloping vineyards can make the mild autumn days a special experience. The region is also popular with **mushroom pickers:** in the countless woodland areas in the Jura and Seeland, many kinds of mushroom – all delicacies – grow. Some mushroom clubs in the region organise «Pastetli» (vol-au-vent) days. On these weekends the results of their long walks through the woods are on the menu in the restaurants, and are also sold to take away. Some types of mushroom even add to the taste of a venison dish: **game specialities** are in great demand in autumn.

BADEN

In Biel und Umgebung hat es sieben Hallenschwimmbäder und sieben Freiluftbäder. Vor allem das **Bieler Strandbad** ist zu einem Treffpunkt für Sonnenanbeter und Wasserratten geworden. Es bietet rund 1 600 Quadratmeter Sandstrand und einen Ausblick über den See bis zur St. Petersinsel und auf die Jurakette. Auch sportliche Naturen kommen im Bieler Strandbad auf ihre Rechnung: Ein Basketballfeld, zwei Volleyballfelder, ein kleiner Fussballplatz sowie mehrere Tischtennis stehen zur Verfügung.

Der Bieler See ist bei Bade-Fans sehr beliebt. Der **Strandboden** ist vom Zentrum aus zu Fuss in einer Viertelstunde erreichbar – ein schöner Spaziergang durch stille Wohnquartiere oder der Schüss entlang. Der Strandboden bietet grosse Liegewiesen, Stufen ins Wasser und ein Park-Café.

Strandbäder am Bielersee gibt es ausserdem in Nidau, La Neuveville und Twann, **Freibäder** in Vingelz, Erlach, Ipsach, Ligerz, Tüscherz und Sutz-Lattrigen. Bei schlechtem Wetter und im Winter werden die **Hallenbäder** aktuell: im Bieler Kongresshaus, in der Stiftung Battenberg, in Twann, Worben, Orpund, Malleray-Bévilard und in St. Imier.

BAHNEN

Die SBB bieten in Biel stündlich Züge in alle grösseren Schweizer Städte an. Nach Genf beispielsweise fährt morgens der erste Zug bereits um 5.39 Uhr, der letzte um 22.30 Uhr – und meistens ist es ein modernster Intercity-Zug mit klimatisierten Wagen!

Von Biel aus fahren aber auch zwei Seilbahnen: Die Seilbahn **Biel-Magglingen** in der Seevorstadt und die Seilbahn **Biel-**

Leubringen an der Schützengasse. Beide Seilbahnen haben je eine Tal- und eine Bergstation und machen unterwegs einen Halt (Station Hohfluh und Station Beaumont).

Die moderne Vorortsbahn (**Biel-Täuffelen-Ins-Bahn** (BTI) hat seit 1975 einen direkte, unterirdische Zufahrt zum Bieler Bahnhof und verbindet Biel mit dem Seeland.

Die Talstation der **Ligerz-Tessenberg-Bahn** befindet sich hingegen etwas ausserhalb von Biel: Die Standseilbahn von Ligerz nach Prägelz stellt seit 1912 die Verbindung sicher zwischen dem Tessenberg und der SBB-Strecke am Bielersee.

Der Kluge fährt im Zuge...

BAHNHOF

Der Bieler **Hauptbahnhof** steht seit 1923 in den sogenannten «Nidaumatten». Stadtbaumeister Heinrich Huser hatte 1906 vorgeschlagen, den damaligen Bahnhof vom (heutigen) General Guisan-Platz nach Westen an den jetzigen Standort zu verlegen. Das neuklassizistische Gebäude in der Achse der Bahnhofstrasse besticht durch eine mächtige Tempelfront als Haupteingang. Dies charakterisiert den Bahnhof als neues Stadttor und zugleich als Tor zur Welt. Den Giebel schmückt ein Relief mit zwei uhrentragenden Figuren.

Im Wartesaal des Bahnhofes können Fresken von Philippe Robert bewundert werden. («Stundentanz», «Lebensstufen», «Jahreszeiten», «Zeit und Ewigkeit».)

Der Geldwechsel-Schalter im Hauptbahnhof ist täglich von 6 bis 20 Uhr geöffnet, sonntags von 8 bis 16 Uhr. Fly-Gepäck kann bis wenige Stunden vor Abreise auf dem Hauptbahnhof abgegeben werden - ausgenommen sind lediglich Passagiere von US-Fluggesellschaften, die strengere Sicherheitsvorschriften beachten müssen. Im Aussenquartier Mett gibt es einen weiteren kleinen Bahnhof; hier halten aber nur Regionalzüge an.

BAIGNADE

Bienne et ses environs disposent de sept piscines couvertes et de six piscines à ciel ouvert. La **plage de Bienne** est le lieu de rencontre privilégié des adorateurs du soleil et des fanatiques de l'eau. On y trouve 1 600 mètres carrés de plage de sable et une vue qui s'étend sur tout le lac jusqu'à l'île de Saint-Pierre et à la Chaîne du Jura. Les sportifs y trouvent aussi leur compte: un terrain de basket, deux terrains de volleyball, un petit terrain de football ainsi que plusieurs tables de ping-pong sont à disposition.

Le lac de Bienne est très apprécié des amateurs de baignade. En un quart d'heure on va à pied du centre-ville au **Strandboden**. C'est une belle promenade à faire soit en traversant des quartiers d'habitation tranquilles, soit en suivant la Suze. Le Strandboden offre de grandes pelouses, des marches d'escalier pour entrer plus facilement dans l'eau et un petit café (Café du Parc).

On trouve encore **d'autres plages** au bord du lac de Bienne: à Nidau, à La Neuveville et à Douanne. Vous pouvez aussi vous baigner à Vigneules, à Cerlier, à Ipsach, à Gléresse, à Daucher ainsi qu'à Sutz-Lattrigen. En cas de mauvais temps et en hiver, on peut se baigner dans celles du Palais des Congrès, de la Fondation Battenberg, de Douanne, de Worben, d'Orpond, de Malleray-Bévilard et celle de Saint-Imier.

BANKEN

In Biel sind alle **Grossbanken** sowie viele **Regionalbanken** vertreten: insgesamt 27 Geldinstitute mit Filialen. Öffnungszeiten: von 8 Uhr 15 bis 12 Uhr 15 und von 13 Uhr 30 bis 17 Uhr 30. Am Donnerstag, während des Abendverkaufes, sind die Banken bis 19 Uhr geöffnet.

BANKS

All **major Swiss banks** as well as numerous **regional banks** have branches in Biel. A total of 27 banks are thus at customers' disposal, from 8.15 a.m. to 12.15 p.m. and from 1.30 p.m. to 5.30 p.m.; on Thursdays, the late shopping day, till 7.00 p.m.

BANQUES

Toutes les grandes banques suisses et quelques banques régionales sont représentées à Bienne: au total 27 instituts bancaires et leurs succursales. Les heures d'ouverture vont de 8h15 à 12h15 et de 13h30 à 17h30. Jeudi, jour de la vente du soir, les banques restent ouvertes jusqu'à 19 heures.

BATHING

There are seven indoor and seven outdoor swimming pools in and near Biel. The **Strandbad** of Biel (a lakeside bathing beach) has in particular become a highly popular leisure spot for swimmers and sunbathers alike. With 1,600 square metres of beach and its stunning views over the lake to St. Peter's Island and the Jura mountain range it also offers numerous sports facilities: a basketball court, two volleyball courts, a small soccer pitch and several table-tennis tables.

Lake Biel offers other excellent bathing sports, for instance the «Strandboden», a comfortable 15 minute walk from the town centre, through tranquil residential streets or along the Schüss. The Strandboden offers large sunbathing meadows, steps leading into the water, and a park café.

Lakeside bathing beaches are also located in Nidau, La Neuveville and Twann, **open-air swimming pools** are in Vingelz, Erlach, Ipsach, Ligerz, Tüscherz and Sutz-Lattrigen. In bad weather and during the winter season the **indoor swimming pools** are well-frequented: in the Biel Kongresshaus, in the Battenberg foundation, in Twann, Worben, Orpund, Malleray-Bévilard and in St. Imier.

BEHINDERTE

Biel ist nicht behindertenfreundlicher als andere Städte in der Schweiz. So hat zum Beispiel der Bahnhof keine rollstuhlgängigen Auffahrtsrampen zu den Perrons, und achitektonische Barrieren verunmöglichen auch hier ein Leben in normalen (günstigen) Wohnungen. Positiv: Die Stadt Biel ist flach. Und: In Biel gibt es viele Selbsthilfegruppen für Behinderte.

Behindertenorganisationen:

Pro Infirmis
Florastr. 10, Tel. 23 10 33

Schweiz. Invalidenverband (SIV)
Sektion Biel und Umgebung
Erwin Lanz
Hauptstr. 3, 2572 Mörigen, Tel. 57 12 60

Schweiz. Vereinigung der Gelähmten
(SVG/ASPr)
Peter Roth
Bartholomäusweg 13b, Tel. 41 68 77

Verein zur Förderung geistig Behinderter
von Biel und Umgebung
Gerhard Rossier
Weiherweg 12, 2562 Port, Tel. 51 02 10

Schweizerische Vereinigung zugunsten
Cerebralgelähmter
Hans-Rudolf Jegerlehner
Pianostr. 65, Tel. 25 16 35

Kontaktgruppe für Multiple-Sklerose-Patienten, Pfarrer P. Zesiger
Gottfried-Ischer-Weg 11, Tel. 41 27 43

Für Hörbehinderte:

Hörmittelzentrale des Schwerhörigen-Vereins, Hugistr. 4, Tel. 23 28 68

Beltone- und Hörmittelzentrale
Silbergasse 2, Tel. 23 47 77

Für Sehbehinderte und Blinde:

Schweiz. Blinden- und Sehbehinderten-Verband
Narzissenweg 41 b
Tel. 41 49 41

Schulen:

Heilpädagogische Tagesschule
Falbringen 20, Tel. 41 53 85

Kinderheim Stern im Ried
Paul-Robert-Weg 16, Tel. 41 18 35

Arbeit:

IV-Regionalstelle Bern, Zweigstelle Biel,
Güterstr. 27, Tel. 22 63 43

Stiftung Battenberg
Eingliederungsstätte für Behinderte
Südstr. 55, Tel. 42 44 72

Stiftung Werkstatt für Behinderte Biel und Umgebung,
Dammweg 15, Tel. 22 87 40

Stiftung Invalidenwerkstätte SIV Biel
Falkenstr. 28, Tel. 42 14 64

Renten und finanzielle Unterstützung:

Gemeindeausgleichskasse
Alex-Schöni-Str. 18, Tel. 21 25 11

Freizeit und Sport:

Pfadfinder Trotz Allem (PTA Biel)
André Meier
Baumgartenweg 8, 2563 Ipsach,
Tel. 51 93 54

Sportgruppe SIV
H.W. Müller,
Lischenweg 42, Tel. 25 61 59

Behinderten-Sportgruppe
Konrad Helbling, Buchenweg 11,
3252 Worben, Tel. 84 69 62

Sportgruppe für geistig Behinderte
Gerhard Rossier
Weiherweg 12, 2562 Port, Tel. 51 02 10

Schweizerischer Verband für
Behinderten-Sport
c/o Konrad Helbling, Worben
Tel. 84 69 62

Hilfe:

Entlastungsdienst für Familien mit
Behinderten
Geyisriedweg 47, Tel. 41 02 19

Behinderten-Transporte:

Seeländ. Pflegeheim Mett
Mühlestrasse 11, Tel. 42 46 83

Urania Taxizentrale
Murtenstrasse, Tel. 22 44 44

Sekt. Biel-Seeland des SRK
Frau D. Engel
Zentralstrasse 32a, Tel. 22 37 55

Taxidienst des Schweiz.
Invalidenverbandes
Aebistrasse 92, Tel. 25 76 23

ASPr/SVG, Sektion Bern,
Grp. Seeland, Heinz Gertsch
Seevorstadt 66, Tel. 22 92 84

Behörden

Die Behörden der Stadt Biel setzen sich zusammen aus **60 Stadträten** (Legislative) und **9 Gemeinderäten** (Exekutive). Eine Besonderheit: Fünf Gemeinderäte sind Politprofis und stehen einem Departement vor; die andern vier «nichtständigen Gemeinderäte» sind in andern Berufen tätig und nehmen beratend und mit Stimmrecht an allen Sitzungen der Exekutive teil.

Mes cinq plaisirs...

1. La vue de Macolin sur la ville de Bienne et les Alpes bernoises.

2. Une promenade à travers les vignes sur la rive nord du lac de Bienne, assortie d'une visite dans une cave à vin.

3. Déguster un bon menu au restaurant «Paradisli».

4. La certitude de pouvoir, en quelques minutes, quitter mon bureau et me retrouver au bord du lac, en pleine nature.

5. Survoler la métropole seelandaise en ballon.

*Michel Jacot-Descombes
secrétaire de l'Union du commerce et de l'industrie*

Der Bieler Stadtrat tagt einmal im Monat, jeweils am Donnerstagabend, im Rathaus in der Bieler Altstadt. Seit 1981 wird Biel von einer sozialdemokratischen Mehrheit regiert. (Vgl. «Verwaltung».)

Beratungsstellen

In Biel gibt es relativ viele öffentliche und private soziale Institutionen, bei denen **Hilfe-** und **Ratsuchende** anklopfen können. Die Fürsorgedirektion Biel hat für all diese Organisationen einen Wegweiser herausgegeben: Das Büchlein «**Bieler Sozialführer**» ist aber leider bereits etwas überholt – einige Adressen stimmen nicht mehr, und einige Organisationen existieren bereits nicht mehr. Wichtige Adressen:

Adoptionen, Käsermann I.
Seevorstadt 42, Tel. 23 51 62

AIDS Hilfe Biel
Tel. 25 52 52

Akadem. Berufsberatung Biel-Seeland
Silbergasse 31, Tel. 22 37 34

Alkoholprobleme
Tel. 22 47 71

Beratungsstelle für Tbc und
langdauernde Krankheiten
Tel. 22 61 72

Berufsberatung Biel-Nidau
Berufsinfo-Zentrum BIZ
Silbergasse 31, Tel. 21 24 31

Blaues Kreuz, Beratungsstelle für
Suchtfragen, Nidaugasse 11,
Tel. 22 61 60

Drop-in Drogenberatungsstelle
Obergässli 15, Tel. 23 61 51

Elterntelefon, Tel. 51 51 55

Informations- und Beratungsstelle für
Arbeitslose
Schönistr. 18, Tel. 21 25 09

Knack Treffpunkt Beratung f. Schüler
und Jugendliche
Seevorstadt 61, Tel. 23 70 70

Konsumentinnen-Forum der Deutschen
Schweiz (Sektion Biel & Umgebung)
Tel. 23 35 05

Kontaktstelle für Ausländer
Murtenstr. 48, Tel. 22 08 80

Mütterberatungsstelle
Jakob-Rosius-Str. 3, Tel. 22 51 96

Plus Fachstelle für Sucht- und
Gesundheitsfragen
Hugistr. 5, Tel. 23 45 77

Pro Infirmis Beratungs- und
Fürsorgestelle
Florastrasse 10, Tel. 23 10 33

Psychologische Beratungsstelle
Eisengasse 9
Tel. 22 44 77

Rechtsauskunftsstelle des
Gewerkschaftsbundes
Tel. 22 48 88

Schweiz. Stiftung MPB für Mütter
Väter Kinder Fam. Beratungsstelle
Spitalstrasse 23, Tel. 23 62 77

Sozialmedizinischer Dienst
Beratungsstelle für Alkoholgefährdete
Seevorstadt 75, Tel. 22 47 71

Vereinigung zur gegenseitigen Hilfe
in Drogenfragen (ASSEDR)
Tel. 42 42 16

Ausserdem können unter der Nummer der Stadtverwaltung (21 21 11) folgende Ämter und Auskunftsstellen erreicht werden:

Amt für Alters- und Gesundheitspflege

Arbeitsamt

Fürsorgeamt

Gemeindestelle für Krankenversicherung

Jugendamt

Mietamt

Rechtsauskunftsstelle

Schulamt (Stipendienfonds)

Wohnungsamt

Berner Jura

Der Berner Jura ist nicht nur wegen seiner Pferdezuchten und Ausflugsmöglichkeiten bekannt, auch wichtige Industrien haben sich hier angesiedelt:

Die Maschinenfabriken

Kummer Frères SA in Tramelan

Wahli Frères SA in Bévilard

Tornos-Bechler SA in Moutier

LNS SA in Orvin und

Schaublin SA in Bévilard,

sowie Tavapan in Tavannes

UMS Schweizerische Metallwerke AG,
Werk Boillat, in Reconvilier,
Walzmaschinen, Drahtzieherei

Camille Bloch in Courtelary,
Schokoladefabrik

Longines Cie in St. Imier,
Uhrenfabrik (heute ETA)

Bernese Jura

The Bernese Jura is not only known for its horse breeding and possibilities for excursions – important industries have also settled here:

The Engineering works

Kummer Frères SA in Tramelan

Wahli Frères SA in Bévilard

Tornos-Bechler SA in Moutier

LNS SA in Orvin and

Schaublin SA in Bévilard,

as well as Tavapan in Tavannes

UMS Swiss Metal Works Ltd.,
Plant Boillat, Reconvilier,
rolling machines, wire-drawing mill

Camille Bloch in Courtelary,
chocolate factory

Longines Cie in St. Imier,
watch factory (now ETA)

Bibliotheken

Lesestoff für kalte oder verregnete Tage, für den Strand oder fürs Studium bietet die Bieler **Stadtbibliothek** (Dufourstrasse 26 im neuen Gebäude der Neumarkt-Post).

Weitere Bibliotheken: Farel-Bibliothek (Oberer Quai 12), Quartierbibliothek Mett (Calvinhaus, Mettstrasse 154), Altstadt-Leihbücherei (Schmiedengasse 13).

Eine in der ganzen Schweiz bekannte Fachbibliothek zum Thema Sport wurde in der Eidgenössischen Sportschule (ESSM) in Magglingen eingerichtet.

Bibliothèques

La **Bibliothèque de la ville** (rue Dufour 26 dans le nouveau bâtiment de la poste du Marché-Neuf) offre un très large choix de livres.

Autres bilbiothèques:

la bibliothèque Farel (quai du Haut 12), la bibliothèque de quartier de Mâche (Maison Calvin, route de Mâche 154), la librairie de prêt de la Vieille Ville (rue des Tanneurs 13).

Une bibliothèque spécialisée dans le domaine du sport fait autorité dans toute la Suisse: celle qui a été constituée par l'Ecole fédérale de sport (EFSM) de Macolin.

Bicyclette

Dans les années 50 et 60, Bienne, la ville plate, avait une renommée non seulement de métropole horlogère, mais aussi de ville de cyclistes. Aujourd'hui, ça n'est plus le cas, bien que chaque année, de plus en plus de vélos s'y vendent. En 1988, le peuple biennois avait autorisé un crédit-cadre de six millions de francs pour une **ville plus favorable à la bicy-**

clette. Pourtant, à part quelques lignes jaunes, une passerelle à vélos et un plan indicatif pour un chemin cyclable qui longerait la Suze entre le lac et le quartier de Boujean, aucun résultat concret n'a été atteint. En revanche, il existe à Bienne un atelier de réparation tout à fait particulier pour les amis du vélo: chez Christian Stauffer, dans la Maison Verte du chemin de Sion 44 (tél. 25 59 81), chacun peut réparer lui-même sa petite reine – l'infrastructure complète est mise à disposition gratuitement. On apporte ses pièces de rechange ou on les achète sur place: le stock de Christian Stauffer est vaste. Ceux qui ignorent tout de la technique du vélo peuvent profiter de l'aide bénévole de Christian Stauffer. Naturellement, les quelque dix commerces spécialisés de Bienne exécuteront consciencieusement toute réparation.

Des informations concernant le vélo et les pistes cyclables peuvent être obtenues auprès de la «Communauté d'intérêt pour le vélo Bienne-Seeland», chemin Seiler 56, à Bienne.

Où peut-on louer une bicyclette? A la gare CFF – 14 francs la journée ou 8 francs la demi-journée.

La plupart des magasins de vélos biennois louent – s'ils en ont à disposition – des vélos d'occasion.

Bienne n'est pas seulement une ville où l'on se sert beaucoup du vélo, mais elle en fabrique aussi depuis longtemps:

En 1893 naissait à Courfaivre, dans le Jura bernois, la première fabrique de bicyclettes de Suisse: «Condor». Une année plus tard déjà, l'ingénieur grangeois **Theodor Schild** aménageait, dans l'ancienne fabrique d'horlogerie «Seeland» à Madretsch, la **Fabrique de vélos Cosmos**. Sa marque distinctive, un globe terrestre ailé, symbolise aujourd'hui encore la vitesse par la force musculaire. Ces deux pionniers, Condor et Cosmos, avaient judicieusement reconnu une lacune dans le marché et, aujourd'hui encore, grâce à une politique commerciale à larges vues, leurs produits comptent parmi les marques les plus connues.

Ce n'est pourtant pas seulement grâce au prestige de la maison Cosmos que, dans les années trente et quarante, Bienne fut considérée à bon droit comme la métropole suisse de l'industrie du cycle. Les pièces détachées, produites et distribuées par le Biennois **Emil Baumgartner** (1884-1953), firent fureur, telles les lampes Phoebus. En 1908, il fonda le club de vélo Helvetia.

En 1934, Emil Baumgartner reprit la **Fabrique de vélos Zesar** et put dès lors produire tous les éléments de la «petite reine», du cadre à l'éclairage, du guidon au frein. A l'instar de Cosmos, Zesar SA existe encore (à Nidau).

Au cours des années quarante et cinquante, les **Cycles Wolf** s'assurèrent également la vedette en devenant l'image même de l'industrie biennoise du cycle. En 1934, **Carlo Wolf** créa son propre magasin de bicyclettes, qui devint le centre de ralliement des mordus du vélo.

Carlo Wolf était un constructeur enthousiaste de vélos de course. Ses idées furent reprises par Zesar SA. Ses coureurs, l'équipe «Cycles Wolf», prirent aussi part au Tour de Suisse vers la fin des années trente.

Biel and Berne

On February 6th 1797, Biel capitulated without a struggle to the French who marched in through the Obertor. The unification of Biel with the Franconian Republic was agreed upon, and the Consulate of 1799 which raised **Napoleon Bonaparte** to the status of sovereign ruler of France divested Biel of the rest of its self-government. The French dominion, which brought financial ruin to Biel, came to an end in 1813.

On March 20th 1815, the **Viennese Congress decreed that the town of Biel and its surroundings should be allotted to the canton of Berne.**

Bilingualism

Officially, Biel is a bilingual city – in reality, however, it is a trilingual metropolis. Two fifths of the inhabitants are «Romands», i.e. French-speaking Swiss citizens. The roughly 30,000 German-speaking citizens learn standard German at school, but customarily speak the Seeland dialect («Bernese German»). German- and French-speaking inhabitants of Biel are intermixed throughout the town; there is hardly an apartment house, and certainly no street, in which both languages are not spoken as a matter of course.

The origins of Biel's bilingual status are to be found in the history of the city. From 1213 to the end of the 18th century Biel belonged to the diocese of Basle. The period of French domination lasted from 1798 to 1813. German nevertheless remained the principal language until the middle of the 19th century. Following the collapse of the textile industry the authorities made great efforts to get watchmakers from the Jura region to pursue their profession in Biel, whereby these specialists were of course French speakers – the beginning of bilingualism. French-language primary and secondary schools as well as college classes with French as the language of instruction were established. Since then, bilingualism has become a firm tradition in Biel. A «real» citizen of Biel is «bilingue», the co-existence of French and German is a readily accepted fact of life in this Swiss city. Everything – from political and commercial life to official publications, from street names to restaurant menus – is conducted or published in both languages!

Bilinguisme

Bienne est considérée, officiellement, comme une ville bilingue. Mais en réalité, c'est une métropole trilingue. Deux cinquièmes de la population sont Romands. A l'école, les quelque 30 000 petits Alémaniques apprennent le «Schriftdeutsch» et parlent le dialecte seelandais dans la rue. Romands et Alémaniques cohabitent dans tous les quartiers, et il n'est guère de maison ou de rue où l'on ne parle pas les deux langues.

Origine historique du bilinguisme: Bienne appartient à l'Evêché de Bâle de 1213 à la fin du 18e siècle. De 1798 à 1813, elle fut sous domination française. Cependant, la langue allemande resta la langue officielle jusqu'au milieu du 19e siècle. Après la fermeture des fabriques de textile, les autorités biennoises s'efforcèrent d'attirer des horlogers jurassiens dans leur ville. Les spécialistes de cette profession parlaient français – ce fut le début du bilinguisme. Des écoles françaises primaires, secondaires, ainsi que des classes de gymnase furent ouvertes. Depuis lors, à Bienne, le bilinguisme est une tradition. Un vrai Biennois est bilingue, le bilinguisme fait partie du quotidien. On le pratique dans tous les milieux: politiques, économiques, administratifs. Du nom des rues aux menus des restaurants, tout est en deux langues.

Blasmusiken

Fast jedes Bieler Quartier besitzt eine eigene Musikgesellschaft. Dazu kommen Blasmusiken wie die Stadtmusik, die Arbeitermusik, die Blaukreuzmusik, die Brass-Band, die Tambouren und Pfeifer sowie die Jugendmusiken Mett, Bözingen, Madretsch und Biel-Stadt. Die **Städtische Musikvereinigung** präsidiert der ehemalige PTT-Generaldirektor Guido Nobel, der bei der Arbeitermusik selbst Bass spielt. Die Stadt subventioniert dreizehn Blechmusiken mit jährlichen Beiträgen.

Brass bands are very popular in Biel-Bienne

Boat trips

The people of Biel and the navigation company have a right to be proud of their fleet: **eleven boats,** which have capacities ranging from 60 to 800 passengers. They sail on the Lake of Biel, reach Solothurn on the river Aare, and, on the «Three Lakes» trip go as far as Morat and Neuchâtel.

MS St. Petersinsel, the flagship, is, with a capacity of 800 passengers, the largest boat on the Jura lakes.

MS Berna, the boat for medium to large occasions, holds 600 people and travels at up to 15 mph.

MS Stadt Biel – the boat for all occasions.

MS Chasseral – for conferences and family parties. Takes 400 passengers and has a maximum speed of 16mph.

MS Seeland, the ideal boat for wedding parties.

MS Jura, ideally suited for not too expensive special trips with smaller groups (up to 200 people).

MS Rousseau, the «philosopher's boat», is based in Erlach and can also be reserved for special trips (max. 125 people).

MS Nidau – the original boat for special trips on the Aare.

MS Büren, the boat for cosy, relaxed trips on the Aare.

MS Romandie II. This oldtimer is especially treasured by individualists (the «Romandie» is the oldest and smallest boat of the Lake of Biel Navigaton Company).

MS Stadt Solothurn, the modern and comfortable Aare river boat.

The gem of the excursion «program» is the Three Lakes trip on the Lakes of Biel, Neuchâtel and Morat. But also well-loved is the trip on the Aare with the «Romandie»: a unique river boat trip between Biel and Solothurn passing by the mediaeval small town of Büren and the famous stork colony in Altreu.

Brass bands

Almost every quarter of Biel has its own music society. There are also numerous wind bands such as the Town Band, the Worker's Band, the Blue Cross Band, the Brass-Band, the Drums and Fifes, and the youth bands of Mett, Bözingen, Madretsch and Biel-City. The **City Music Association** is presided over by former PTT director Guido Nobel, who himself plays double-bass in the Worker's Band. Biel supports 13 wind bands with annual subsidies.

Brunnen

72 Brunnen stehen in Biel, die ältesten und schönsten (weil mit Standbildern verziert) natürlich in der Altstadt:

Der Vennerbrunnen

Im Ring. Ältester Brunnen in Biel. Symbol der Wehrhaftigkeit und des Rechts auf eigene Truppen. Der Sockel stammt aus dem Jahr 1546, der Bannerträger wurde 1557 hergestellt.

Der Gerechtigkeitsbrunnen

Auf dem Burgplatz. Symbol eigener Gerichtsbarkeit. Der Brunnen wurde zwar schon 1535, nach der Vollendung des Rathauses, errichtet, der heutige Brunnenstock wurde aber erst 1650 geschaffen, die «Justitia» (1714) stammt vom französischen Emigranten Jean Boyer.

Der Engelsbrunnen

An der Obergasse. Symbol für den Schutz der menschlichen Seele vor dem Bösen durch einen Engel. Brunnenstock und Standbild sind aus dem Jahre 1563.

Aus dem 19. Jahrhundert sind in der weiteren Umgebung der Altstadt mehrere Brunnen erhalten geblieben: Walkeplatz, Marktgasse Ostseite, Brunnenplatz, Zentralplatz (1871), mehrere Brunnen im Pasquart (1866).

Das Wasser der Bieler Brunnen stammt aus der Römerquelle (vgl. «Sagen»), der Quelle in Falbringen und vom städtischen Verteilernetz. Jeder Tropfen ist Trinkwasser! Im 16. und 17. Jahrhundert galten Brunnen als heilig, wer sie verschmutzte, wurde gebüsst. Bis ins 20. Jahrhundert holten sich die Bewohner von Biel ihr Wasser aus den Brunnen.

174 Einer von vielen schönen Bieler Brunnen

Cabanes forestières

Les fêtes en plein air autour d'un joyeux barbecue jouissent d'une popularité grandisssante. Les cabanes forestières sont à disposition (afin que vous ne deviez pas renoncer à votre fête en cas d'orage). Il est toutefois indispensable de s'annoncer par téléphone (Voir «Waldhütten»).

Camping

Camping-Plätze in der Nähe der Stadt: Meinisberg, Prägelz, Sutz-Lattrigen, Erlach, Neuenstadt und Le Landeron.

Camping

Vous trouverez des places de camping à proximité de la ville: à Meinisberg, Prêles, Sutz-Lattrigen, à La Neuveville et au Landeron.

Camping

Campsites near Biel are located at Meinisberg, Prägelz, Sutz-Lattrigen, Erlach, Neuenstadt and Le Landeron.

Carfahrten

Das Bieler Kino Palace an der Wyttenbachstr. 4 ist nicht nur ein Treffpunkt für Filmfreunde – auch Ausflügler aller Art finden sich hier fast täglich ein, am Stammplatz der Bieler Carunternehmen. Egal, ob man sich auf Badeferien in Spanien oder Südfrankreich freut, auf die Wochenend-Fahrt ins Tirol oder ein Sonntagsfährtchen ins Grüne: Treffpunkt beim Kino Palace!

FUNI-CAR, Tel. 22 88 18
Marti-Car, Tel. 23 41 11
Gurtner Reisen Biel AG, Tel. 22 11 69
von Allmen Tours, Tel. 42 47 82

Chamber of Trade and Industry

The Canton Berne Chamber of Trade and Industry is an economic organisation founded in 1860. An independent body, it now has about 3,000 members, who come mainly from industry, trade and the services sector.

The Chamber represents the general interests of its members and stands for a free enterprise-orientated economic policy at regional (section), cantonal and federal levels. It strives for favourable basic conditions, especially a well-ordered political situation, low taxes, business-friendly town and country planning and transport policies and a liberal foreign trade policy.

The Biel-Seeland Section of the CTI groups about 350 firms which between them provide more than 20,000 jobs – half the total in the region.

Chamber of Trade and Industry
Biel-Seeland Section
Hugistrasse 2, Biel
Tel. 22 46 81

Chambre de commerce

La Chambre de commerce bernoise est une organisation économique faîtière, sous forme juridique de société. Elle fut fondée en 1860, est indépendante et compte aujourd'hui environ 3 000 membres. Ces membres se recrutent surtout dans l'industrie, le commerce et le secteur des prestations de services. La Chambre de commerce défend les intérêts de ses membres pour tout ce qui touche à leur branche et s'engage pour une politique économique orientée vers l'économie privée, et cela sur le plan régional (section), cantonal et fédéral. Elle lutte pour obtenir des conditions de base favorables à l'économie bernoise, et plus particulièrement pour des rapports politiques ordonnés, une charge fiscale modérée, une politique d'aménagement du terrain et des transports propices aux entreprises, ainsi que pour une politique économique extérieure libérale.

La section Bienne-Seeland de l'UCI représente 350 entreprises offrant au total plus de 20 000 emplois, soit la moitié des postes de travail de toute la région.

Chambre de commerce bernoise. Section Bienne-Seeland de l'Union du commerce et de l'industrie (UCI)
Rue Hugi 2, tél. 22 46 81

Champignons

A Bienne et dans les environs, les «champignonneurs» s'en donnent à coeur joie: ce ne sont pas moins de 5 tonnes de champignons qui passent par le Contrôle du chimiste de la ville, à la ruelle de l'Hôtel-de-Ville! «Chez nous, la cueillette des champignons est presque devenue un sport populaire», déclare le chimiste de la ville Eugen Hauser. Grâce à des livres bien illustrés et à de multiples sociétés de mycologie, de nombreux chercheurs de champignons connaissent «leurs» 10 à 15 sortes comestibles et souvent d'ailleurs, les laissent sur place. Malgré tout, le **Contrôle des champignons** doit confisquer constamment des champignons impropres à la consommation, vénéneux ou trop vieux. En 1987, par exemple, 230 kg de champignons ont été confisqués sur les 1 200 kg contrôlés. Dans notre région, spécialement dans le Jura, poussent toutes les variétés possibles de tricholomes, des vénéneux aux comestibles. Dans cette catégorie de champignons, les confusions sont fréquentes.

Le Contrôle des champignons, à la ruelle de l'Hôtel-de-Ville 3, est ouvert lu-ve de 8-9h et de 11-12h. (Office du chimiste de la ville, tél. 21 23 60)

Chemins de fer

Les CFF font partir des trains à toute heure en direction des plus grandes villes de Suisse. Le premier train pour Genève, par exemple, quitte Bienne à 5h39, et le dernier qui en vient arrive à 22h30. Ce sont le plus souvent des trains Intercity composés de wagons climatisés!

En plus, deux funiculaires partent de Bienne: celui de **Bienne-Macolin**, dont la gare de départ est au faubourg du Lac, et celui de **Bienne-Evilard** que l'on prend à la rue du Stand. Les deux funiculaires ont une station de plaine et une station de montagne et tous deux ont également un arrêt intermédiaire (la station de la Hohfluh et celle de Beaumont).

Depuis 1975, le train de banlieue, moderne, **Bienne-Täuffelen-Anet,** a un accès direct et souterrain à la Gare de Bienne. C'est lui qui relie la ville au Seeland.

En revanche, la station de plaine du funiculaire de **Gléresse-Montagne de Diesse** se trouve quelque peu en dehors de Bienne. Ce funiculaire qui conduit de Gléresse à Prêles, assure, depuis 1912, la jonction entre la Montagne de Diesse et la voie CFF des rives du lac de Bienne.

The Biel Chess Club was founded in 1901 and initially sported 10 members. Today it has 125 members. Major events such as the Chess Tournament and the **International Chess Festival** have in the meantime made Biel a renowned chess centre.

This 20 year old festival has gained a legendary reputation in Switzerland and

Fragen an Unternehmer Nicolas Hayek über den Industriestandort Biel:

«Viele Menschen in Biel sind innovativ, intelligent, bilingue und erstaunlich international!»

Questions à Nicolas Hayek à propos de Bienne, lieu d'implantation industrielle:

«Bienne fourmille de gens créatifs, intelligents, bilingues et étonnamment internationaux!»

Ist der Begriff «Provinz» ein Schimpfwort für die Industrie?

In anderen Ländern vielleicht ja, speziell früher in Frankreich, wo das Wort «provinziell» oft gleichgestellt wurde mit Rückständigkeit. Aber ganz sicher trifft das nicht für die Schweiz zu, wo wir derart ideale Bedingungen haben, dass die Provinz sogar der Grossstadt gegenüber bevorzugt wird und, wie wir in der letzten Zeit gehört haben, schneller wächst, weil die Provinz eine höhere Lebensqualität bietet.

Was macht die Qualität des Standortes Biel für ein Unternehmen aus?

Als erstes die Menschen. Viele Menschen in Biel sind innovativ, intelligent, bilingue, zugänglich für zwei Schweizer Kulturen und Eigenarten sowie erstaunlich international; ausserdem sind sie bereit, sich für eine gute Sache zu engagieren. Als zweites möchte ich die schöne Landschaft mit See, Jura etc. und gutem Freizeitangebot erwähnen, die brauchbaren Transportsysteme, die internationalen Bahnanschlüsse, die schnellen Verbindungen nach Solothurn, Bern, Neuenburg und in den Jura, die attraktiven Wohngebiete, die guten kulturellen Aktivitäten und den aktiven Gemeinderat.

Was müsste in Biel verbessert werden, damit die Stadt für Industrieunternehmen (und deren Mitarbeiter) noch attraktiver wird?

Erlauben Sie mir, mit dem unwichtigsten Vorschlag anzufangen: der Flaschenhals zwischen der Einfahrt Biel (von Solothurn herkommend) und dem See muss unter allen Umständen so rasch wie möglich beseitigt werden, und zwar aus mehreren Gründen: Der Fremde, der durchfährt, bekommt einen betrüblichen Eindruck. Was er um sich sieht, ist meistens grau und deprimierend und gibt nicht das richtige Gesicht der Stadt Biel wieder. Der Verkehr müsste durch organisatorische Massnahmen besser kanalisiert werden, die Fussgänger müssten die Strassen sicherer überqueren können, und für den durchfahrenden Schwerverkehr müsste eine Umfahrungsstrasse gebaut werden.

Nun zum wichtigeren Punkt: Die Infrastruktur (Hotels, Restaurants) und die Erholungsmöglichkeiten müssten durch den guten Standort (See, Juraberge) das beste Niveau der Schweiz erreichen. Die Altstadt sollte mehr Leben erhalten, und alle guten Seiten Biels, die ich schon oben erwähnt habe, sollten noch mehr gefördert werden, damit die Lebensqualität für die Bewohner noch mehr steigt. Es müssten mehr Wohnungen für das nötige Wachstum bereitgestellt werden, und die Behörde des Kantons müsste hier noch grössere Anstrengungen unternehmen, um die Steuerbelastung für Kader und Führungskräfte zu mindern, damit die Attraktivität des Standortes für die Industrie ein hohes Niveau erreicht.

Der in Beirut geborene, in Frankreich (mathematisch-physikalisch) ausgebildete, fast zum Pianisten gewordene und brillant mehrsprachige Sohn eines Amerikaners etablierte sich 1957 in der Schweiz. Hier, im Paradies der Unternehmensberater, gilt Hayek als Paradiesvogel, seit er neben den SBB eine ganze Zeile von Schweizer Unternehmen unter die Lupe nahm und zu neuen Erfolgen motivierte. Hayek half auch der kriselnden Bieler Uhrenindustrie aus der Patsche, indem er ihr ein bewährtes Heilmittel empfahl: Hayek.

Le terme «province» est-il ressenti comme une insulte pour l'industrie?

Dans d'autres pays oui, surtout en France où le mot «provincial» désignait souvent autrefois des contrées arriérées. Mais certainement pas en Suisse, où nous trouvons des conditions quasi idéales. La province y est même préférable aux grandes villes car, comme nous le constatons depuis quelque temps, la croissance y est plus forte et la qualité de vie meilleure. Grâce aux excellents moyens de transport et au très bon réseau routier, les avantages des grandes cités (centres de formation supérieure et de recherche, événements culturels, cliniques spécialisées) sont accessibles sans difficulté.

Quels sont les atouts de la place de Bienne aux yeux des chefs d'entreprise?

En tout premier lieu les gens. Bienne fourmille de gens créatifs, intelligents, bilingues, ouverts à deux cultures originales suisses. Ils se montrent étonnamment internationaux et sont prêts à s'engager à fond pour de bonnes choses. Deuxièmement, j'aimerais mentionner la beauté de la région, avec le lac, le Jura... Et les très bonnes possibilités de loisirs, le réseau de transports, les liaisons ferroviaires internationales, les liaisons rapides avec Soleure, Berne, Neuchâtel, l'habitat agréable, les activités culturelles et l'efficace Conseil municipal.

Quelles sont les améliorations susceptibles de rendre la ville plus attrayante encore pour les industriels et leurs travailleurs?

Permettez-moi de commencer par la moins importante des propositions: le goulet d'étranglement entre l'entrée de Bienne, depuis Soleure, et le lac doit être éliminé le plus rapidement possible. Ceci pour plusieurs raisons: le voyageur qui traverse la ville en garde une impression désagréable; tout ce qu'il découvre autour de lui est gris et déprimant et ne présente pas la ville sous son vrai jour. Le trafic devrait être mieux organisé, mieux canalisé, les piétons devraient disposer de passages protégés et le trafic de transit devrait passer par une route d'évitement, à construire.

Maintenant le point crucial: les infrastructures (hôtels, restaurants) et les lieux de détente devraient, grâce à la qualité du site (lac, pentes du Jura), pouvoir atteindre le meilleur niveau suisse. La Vieille Ville devrait être rendue plus vivante et toutes les facettes plaisantes de la ville, dont j'ai déjà fait mention, devraient être mieux mises en valeur pour élever encore la qualité de vie des habitants. Il faut davantage de logements pour favoriser la croissance. Les autorités financières cantonales devraient fournir un plus grand effort encore en vue d'abaisser la charge fiscale des cadres et des dirigeants d'entreprises afin de rendre la place de Bienne plus attrayante pour l'industrie.

Né à Beyrouth, il a fait ses études en France (mathématiques, physique), a failli devenir pianiste et – fils brillant et plurilingue d'un Américain – s'est établi en Suisse en 1957. Remarquable conseiller d'entreprises, Nicolas Hayek a étudié à la loupe, en plus des CFF, de nombreuses entreprises auxquelles il a redonné une nouvelle impulsion. Il a aussi contribué à sortir l'horlogerie biennoise de la crise en lui administrant un bon médicament: Hayek.

abroad, and is held every summer in the Biel Congress House, with top-notch contestants from all over the world.

CHILDREN

There are 30 children's playgrounds in Biel and district and even two **adventure playgrounds** – one in Mett open all year and the other, in Nidau, only available in summer. On Wednesday, Friday and Saturday afternoons, all school-age children can romp there; children under six have to be accompanied by a parent. Imagination and love of colours run riot at the **Malhaus**, Ernest-Schülerstrasse 13, (open 2 p.m. to 5 p.m. on Tuesdays, Wednesdays and Fridays), where local women artists and volunteers are ready to help children with their painting problems. Apart from being able to borrow books from the Municipal Library, children can take out games from a collection of about 700 at the **Ludothek** (Zukunftstrasse 21, Tel. 23 55 10). During the summer holidays the Education Department organises **holiday pass activities**, – giving stay-at-home holiday children a choice of about 80 things to do. The pass is obtainable from the Education Department (Tel. 21 42 12) or the Municipal Library (Tel. 22 27 61).

Meine «Fünf Besten»

1. Klein-Venedig an der Schüsspromenade.

2. Tisch und Stuhl und 2dl Twanner auf der Römergasse im Sommer.

3. Das liebenswerte «Grüessech» einer nicht mehr ganz so jungen Kiosk-Frau im Bahnhof nach einer Auslandreise.

4. Bieler Stadtpolizisten (nicht alle!) die das aller-aller letzte Mal verwarnen – ohne Bussenzettel.

5. Gnocchis bei der Familie Mala – in der Trattoria Toscana.

Prof. Peter Atteslander, Port Dozent für Soziologie an der Universität Augsburg

CHURCHES

The **Protestant Reformed** Church in Biel is administered from the Farelhaus at Oberer Quai 12. It is divided into four German-speaking and three French-speaking parishes. The city church for Swiss-Germans is in the old town (Ringplatz). French speakers go to the Eglise du Pasquart, Seevorstadt 99a. Services in German are held in:
Madretsch: Pauluskirche, Blumenrain 22
Mett: Stephankirche, Ischerweg 17, Calvinhaus, Mettstrasse 154
Bözingen: Zwinglikirche, Rochette 8
For French speakers:
Eglise de Madretsch, Eglise de Mâche and Eglise de Boujean.

The Biel Protestant Social Service is at Ring 4, Tel. 23 47 11.

The **Roman Catholic** Church in Biel is organised in three parishes:
Kirche St. Maria, Juravorstadt 47
Bruder Klaus, Aebi-Strasse 86
Christ-König, Geyisriedweg 31

In all three churches masses are said in German, French and Italian, and in the Christ-König Church in Hungarian as well.
The Catholic Social and Counselling Service is at Murtenstrasse 48, Tel. 22 30 64.
The **National Old Catholic Church** in Biel is at Quellgasse 23; the **Jewish community's synagogue** at Rüschlistrasse 3.

CINÉMAS

Huit cinémas animent la place de Bienne et totalisent 2 250 places. Hormis le cinéma Elite spécialisé dans les films classés X, toutes les salles sont équipées du système stéréo Dolby. Le cinéma Palace dispose même d'un atout supplémentaire: le plus grand écran de toute la Suisse. Avec une fierté de bon aloi, Vital Epelbaum, propriétaire de cinémas biennois et président de l'Association cinématographique de Suisse, déclare: «Pour ce qui est des installations techniques et des équipements de cinéma, Bienne est en Suisse un modèle du genre.» Les fans de cinéma viennent avec de plus en plus de plaisir aux premières - et pas seulement pour celles des «James Bond». De plus, les films français passent ici avant d'être projetés à Zurich, Bâle et Berne.

Adresses des cinémas biennois

Apollo, rue Centrale 51a
Tél. 22 61 10

Elite, rue Wyttenbach 2
Tél. 23 67 47

Lido 1 et 2, rue Centrale 32a
Tél. 23 66 55

Palace, rue Wyttenbach 4
Tél. 22 01 22

Rex 1 et 2, quai du Bas 92
Tél. 22 38 77

Studio, rue Neuve 40
Tél. 22 10 16

CINEMAS

Biel boasts eight cinemas with a total of 2,250 seats. Except for the Elite, which shows sex films, all have installed the Dolby stereo system and the Palace Cinema has the biggest screen in Switzerland. With justifiable pride, Vital Epelbaum, Biel cinema owner and President of the Swiss Cinemas Association, says: «As far as technical installations and appointments are concerned, Biel leads the whole country.» More and more films – and not just the James Bond productions – are being given their Swiss premiere in Biel. In addition, French films are screened here before they are shown in Zurich, Basle and Berne. (See «Kino».)

CLIMAT

Le **climat biennois** type n'a rien à voir avec celui des tropiques. Le parapluie et le manteau de pluie font partie de la panoplie vestimentaire de tout Biennois. De plus, pendant les mois d'hiver, le ciel est souvent couvert. Il est vrai qu'une excursion dans les montagnes du Jura offre un agréable changement à ces nuances de gris. Et, des hauteurs de Macolin ou de la Montagne de Diesse, on apprécie d'autant mieux l'astre divin qu'il nous fait découvrir une magnifique mer de brouillard juste à nos pieds.

CLIMATE

The typical **Biel weather** is not for those who enjoy a tropical climate. The Bieler is accustomed to using umbrellas and rainwear. And in winter, fog often hangs over the city. One way to escape it is a trip to the Jura hills, to appreciate the sun even more than usual from the heights of Magglingen or the Tessenberg.

CLUBS INTERNATIONAUX

De nombreux Biennois font partie d'institutions internationales telles que le Rotary, le Kiwanis, le Lion's et le Zonta. Parmi celles-ci, le groupe le plus important et le plus connu est le **Rotary**. C'est en 1928 que 18 Rotariens fondèrent le club biennois de ce mouvement international bientôt centenaire. Aujourd'hui, le Rotary compte 70 membres issus des branches professionnelles les plus diverses. Le cercle des membres actifs compte un représentant de chaque profession.

C'est dans les branches commerciales et dans la viticulture que l'on dénombre le plus de membres, ensuite vient l'industrie. Les femmes de Bienne aussi se sont groupées, par exemple dans le club **Zonta**, 34 membres, toutes «des femmes qui exercent une profession à responsabilité». Au niveau mondial, ce club enregistre 60 000 membres et il est représenté à Bienne depuis 1982. Les dames du Zonta, ainsi que les Rotariens, se retrouvent régulièrement à l'hôtel Elite.

COACH TRAVEL

Biel's Palace Cinema, Wyttenbachstrasse 4, is not only where film enthusiasts meet; it's also where Biel's coach firms park their vehicles. Whether off for seaside holidays in Spain or the south of France, a weekend in the Tirol or a Sunday trip into the countryside – the Palace Cinema is the place to make for.

CONCERTS

A Bienne, on peut écouter un concert 365 fois par an ou presque! Les organisateurs de manifestations culturelles sont unanimes: «Nous avons quasiment une surabondance de manifestations.» Il y en a pour tous les goûts: concerts d'abonnement de musique classique, concerts d'orgue, concerts de Noël, concerts de jazz, concerts funk ou rock, le choix est grand. Les organisateurs des **concerts de musique classique** (la Société d'Orchestre de Bienne, SOB), la Société de Musique et du Conservatoire de Bienne (SMCB, et Ars musica), ceux des manifestations de **jazz-rock** et **chansons** (comme Oreille-Art, les Kulturtaeter, Variété Blumenrain, ONO Kreuz Nidau, Emotions Acoustiques, le Centre autonome de la jeunesse, Pod'Ring et Grovesound) collaborent chaque année plus étroitement entre eux pour coordonner les dates de leurs manifestations respectives.

CONCERTS

Roughly 365 concerts are held every year in Biel! The organisers of cultural events in the city of Biel certainly agree on one point, namely that «a couple more and we would have too many events here»! From classical music to organ evenings, from Christmas concerts to jazz, funk and rock sessions – the spectrum is broad indeed. The organisers of **classical concerts** (e.g. the Biel Orchestra Society OGB, the Conservatory and Music Society Biel KMB and the «ars musica») as well as the promoters in the sphere of **jazz-rock-chanson** (e.g. Oreille-Art, Kulturtäter, Variété Blumenrain, ONO Kreuz Nidau, Emotions Acoustiques, the Autonomous Youth Centre, Pod'Ring and Groovesound) place great emphasis on close collaboration in compiling and coordinating the annual schedules of events.

CONGRESS HOUSE

Every year about **500 events** are held in the Congress House – now also known as the Congress and Leisure Centre. With many thousands of people going in and out every year, it resembles a human ant heap. But these «ants» hold discussions, attend meetings, lectures and press conferences, visit exhibitions and film and theatre presentations, meet at entertainment shows and official celebrations, enjoy dances and sporting events and play bingo. Among the host of things going on, the following five special events stand out:

February: The carnival balls (Guild Ball, Fools' Congress, Apache Ball)
March: Biel Second-Hand Fair
July: International Chess Festival
November: International Old Time Jazz Meeting
Vinifera Wine Fair

CONSULTATIONS

Il existe à Bienne un nombre relativement élevé d'institutions sociales publiques et privées qui dispensent **aide et conseils**. La Direction des Oeuvres sociales de Bienne a édité un guide mentionnant toutes ces organisations: **«Bienne dépanne».** Ce dernier est malheureusement déjà quelque peu dépassé: certaines adresses ne sont plus valables, d'autres organisations n'existent plus. (Voir «Beratungsstellen»).

COURSES

Bienne est un haut lieu de la course sportive. Des milliers de coureurs (hommes et femmes) viennent «en pèlerinage» dans la métropole seelandaise pour participer à l'une des sept manifestations les plus importantes de la région. La course dite des **100 km de Bienne** est la plus ancienne, la plus connue, celle qui rassemble près de 4 000 participants. Depuis trente ans, elle est la source de beaux succès pour les coureurs de tous pays (mais aussi d'ampoules aux pieds!). La course des 100 km a lieu chaque année en juin et est devenue, dans la région, un petit spectacle médiatique engendrant d'innombrables reportages «sur le vif».

Les 100 km de Bienne

La course la plus populaire de la région est la **RUBI** (RUnd um den BIelersee / tour du lac de Bienne). Plus de 2 000 sportifs et amateurs de jogging y courent ou y marchent chaque année, à fin septembre. Au printemps, les sportifs bien entraînés sont déjà suffisamment en forme pour rivaliser de zèle avec les autres concurrents lors du **Marathon biennois**. Ils doivent tenir bon durant exactement 42,195 km. Plus de 400 coureurs enthousiastes suivent, selon les cas, la **course des 25 km** Bienne-Büren et retour via Mâche par Studen et Port, et à la fin de l'été, le **demi-marathon** de plus de 21,1 km le long du lac, de Nidau à Sutz-Lattrigen, avec retour à Nidau. La **Course de la Vieille Ville** et la **Course de montagne Bienne-Macolin** sont d'autres points culminants de cette discipline sportive.

CRÈCHES

Les crèches municipales et privées de Bienne accueillent des enfants de langue maternelle différente et fixent leurs tarifs selon le revenu des parents. La pouponnière et home d'enfants «Etoile du Ried» (tél. 41 18 35) s'occupe d'enfants qui ont besoin de soins médicaux et sociaux particuliers. L'Association «Parents de jour Bienne et environs» (tél. 25 90 25) procure des parents de jour appropriés aux membres de l'association. On peut obtenir une place dans les institutions biennoises externes telles que le Home de vacances de Grindelwald ou celui de Gstaad en s'adressant à l'Office de la jeunesse et au bureau-conseil de l'éducation. En outre, Bienne soutient et encourage les **«grandes familles»** de la région. Par exemple, la grande famille Schleiffer à Brügg, la grande famille Gerber à Diessbach (tél. 81 23 40) ou encore la maison des enfants de Büetigen (tél. 84 25 35). Les «grandes familles» sont des communautés.

Crèche municipale, rue de l'Avenir, tél. 22 18 82

Crèche municipale, chemin de Safnern, tél. 41 44 64

Crèche de Bienne, rue Bubenberg, tél. 42 35 76

CYCLING

Biel, the town on the level, was known in the 50's and 60's not only as a watchmaking town but also as a cyclist's town. Today, this is not quite the case anymore, although more bicycles are sold every year: in 1988, the people of Biel gave their approval to six million francs in credit for a **more bicycle-friendly town** – but apart from some yellow road markings, a bicycle bridge and a recommended plan for a bicycle path along the river Schüss between the lake and the quarter of Bözingen, there have been no concrete results. However, there is in Biel a very special repair workshop for cyclists: at Christian Stauffer's, in the «Grünes Haus» (Green House) at Zionsweg 44 (tel. 25 59 81), anyone who wants can tinker with their own bicycle – the whole infrastructure is offered free of charge. You can bring spare parts with you or buy them from Stauffer's large selection. Stauffer is there to help (free of charge) any beginners with bicycle repairs. Of course, the 10 or so specialist shops also do all repairs reliably.

Information about bicycling and bicycle paths can be obtained from the Bicycle Interest Group (Interessengemeinschaft Velo) Biel-Seeland, Seilerweg 56, Biel.

Where to hire a bike? At the main station (SBB) - for 14 francs per day or 8 francs for half a day.

Most of the cycle shops in Biel rent out second-hand bikes, if available.

In Courfaivre in the French-speaking part of Canton Jura, the first bicycle factory, Condor Bicycles, was founded in 1893. Only one year later, an engineer from Grenchen called Theodor Schild established the **Cosmos Bicycle Factory** in the disused «Seeland» watch-and-clock factory in Madretsch. Its trademark, a winged globe, still denotes speed through muscle power even today. The two pioneering founders of Condor and Cosmos had assessed the gap in the market correctly and, thanks to their far-seeing business policy, their bicycles are still among the leaders in the field.

It was not, however, due exclusively to the prestige of the Cosmos company that Biel was justifiably regarded as the metropolis of the Swiss bicycle industry in the 1930s and 40s. The spare parts and accessories for bicycles which the Biel-born **Emil Baumgartner** manufactured and brought onto the market also causes something of a sensation, for example Phoebus lights. In 1908 he founded the Helvetic Bicycle Club.

In 1934, Baumgartner took over the **Zesar Bicycle Factory,** and from then on he was able to manufacture everything from the frame to the lights, and from the handle-bars to the brakes. Like Cosmos, the firm of Zesar AG still exists (in Nidau).

In the 1940s and 50s **Wolf Cycles** became a well-known name in the Biel bicycle industry. In 1934 **Carlo Wolf** opened his own bicycle business which soon became a meeting point for fans. Wolf himself was an enthusiastic racing-cycle constructor, and the Zesar factory realised his ideas. His «Cycles Wolf» racing team took part in the Tour de Suisse in the late 1930s.

DAY NURSERIES

Most of the municipal and private day nurseries in Biel accept children of various mother tongues and scale their charges according to parents' income. The «Stern im Ried» Infants' and Children's Home (Tel. 41 18 35) takes in children needing special medical and social care. The «Biel and District Day Parents» Association (Tel. 25 90 25) finds suitable **day parents** for members. The Youth Department and the Child Guidance authorities arrange places in the external Biel Institutions Grindelwald Holiday Home and Gstaad Children's Convalescent Home.

Biel also supports **Grossfamilien** – «big families», a type of commune – in the region such as the Grossfamilie Schleiffer in Brügg, the Grossfamilie Gerber in Diessbach (Tel. 81 23 40) or the «Chinderhus» in Büetigen (Tel. 84 25 35).

Municipal Day Nursery
Zukunftsstrasse, Tel. 22 18 82

Municipal Day Nursery
Safnerweg, Tel. 41 44 64

Biel Day Nursery
Bubenbergstrasse, Tel. 42 35 76.

DEMOGRAFIE

1880 lebten in Biel 16 597 Menschen. Die Zahl der Einwohner stieg bis 1970 auf 64 333. Während der Rezession in den 70er Jahren zogen über zehntausend Personen (Arbeitslose und ihre Angehörigen) aus Biel fort.

Bei der Volkszählung 1980 waren es noch 53 793 (und diese Zahl hat sich bis heute kaum verändert), 25 598 Männer und 28 195 Frauen, 69 Prozent zwischen 15- und 64jährig. 16,2 Prozent älter als 65.

DÉMOGRAPHIE

Bienne comptait 16 597 habitants en 1880. Ce chiffre s'élevait, en 1970, à 64 333 habitants. Pendant la récession des années septante, plus de dix mille personnes (chômeurs et familles) quittèrent Bienne. Lors du recensement de 1980, on dénombrait encore 53 793 habitants (et ce chiffre n'a pour ainsi dire pas changé jusqu'à ce jour): 25 598 hommes et 28 195 femmes, 69% entre 15 et 64 ans, 16,2% au-delà de 65 ans.

DÉVELOPPEMENT ÉCONOMIQUE

La récession enregistrée dans les années septante a obligé les autorités municipales de Bienne à prendre des mesures d'encouragement à l'économie et de garantie de l'emploi.

En 1977, le Conseil municipal a créé une commission et un Office de développement économique. Des offices semblables existent au niveau cantonal.

L'Office municipal de développement économique, qui dépend de la Direction des finances, **soutient l'économie par les moyens suivants:**
● Prêts d'investissements (en général limités à 100 000 fr., durée du prêt: 10 ans).
● Allégements fiscaux.

● Intervention en matière de terrains et d'immeubles.
● Etablissements de contacts avec les autorités, les offices administratifs et les partenaires économiques.
● Soutien dans des procédures de demandes d'autorisation lors d'achats de biens immobiliers par des personnes établies à l'étranger, et de demandes d'autorisation de travailler et de séjourner.
● Renseignements et documentation sur l'espace économique de Bienne.

Adresses:
Ville: 14, rue du Rüschli, tél. 21 22 42
Canton: 20, rue de l'Hôpital, tél. 23 10 14

DOCTORS

The Seeland District Medical Association has about 280 members and some 150 doctors practice in Biel alone. They represent the entire range of medical treatment, from homoeopathic medicine to highly specialised surgery, with one exception. This is heart surgery, for which the centres are Berne, Geneva and Zurich.

Most of the doctors in Biel practice internal medicine (35) or are general practitioners (23). But there are also 12 psychiatry and psychotherapy practices. Even cosmetic surgery is available in the regional hospital and in the Linde private clinic.

Dental treatment is also near at hand: there are 50 dentists' surgeries for a population of about 53,000.

DRINKING WATER

Biel's tap water comes from three different sources:
● Spring water from the Jura
● The groundwater works at Gimmiz
● The lake water processing plant at Ipsach

The water from these three sources is fed into the mains supply system, so the tap water is «mixed».

Located on the heights above Biel are ten reservoirs. The drinking water, regularly checked by the City Chemist, is perfectly clean, even of «very good quality» according to the City Chemist's 1988 annual report. Per head daily requirement is abut 450 litres (99 gallons) which can rise to 600 litres (132 gallons) at peak periods. In 1967 the city of Biel joined with the Lyss local authority and the Seeland Water Supply Local Authorities Association to form the Seeland Water Federation Ltd.

EATING OUT

People from all over the world live together in Biel – luckily for those who appreciate foreign speciality dishes. For in what other small city could you eat Chinese, Indian, Indonesian, Yugoslav, Turkish, Italian and Provençal dishes? Vegetarians are also provided for.

Fresh on the table or out of the lake and into the frying pan: the restaurants around the Lake of Biel are known countrywide. Many of them specialise in the preparation of local fish dishes (perch, whitefish, trout). (See «Feinschmekker».)

EAU POTABLE

Trois «sources» différentes approvisionnent les robinets biennois:
● l'eau de source du Jura
● le château d'eau de Gimmiz
● la station de conditionnement d'eau du lac, à Ipsach

L'eau de ces trois «sources» est acheminée vers le réseau de distribution. Ainsi, l'eau qui coule de nos robinets est en fait un «mélange».
Sur les hauteurs, tout autour de Bienne, sont répartis dix réservoirs où l'eau est stockée. L'eau potable, contrôlée régulièrement par le chimiste municipal, est irréprochable et même qualifiée de «très bonne» (rapport annuel 1988 du chimiste municipal). Les Biennois utilisent, par jour et par tête, environ 450 litres d'eau; en période de forte consommation, cela peut atteindre 600 litres. En 1967, la Ville de Bienne s'est associée avec la commune de Lyss et l'Association des communes seelandaises pour l'approvisionnement d'eau, afin de fonder la Communauté des eaux du Seeland SA.

ÉCHECS

Le Club d'échecs de Bienne a été fondé en 1901. Il comptait alors dix membres. Son effectif actuel est de 125 membres. Des manifestations importantes telles que le Tournoi d'échecs et le Festival international d'échecs ont fait de Bienne le haut lieu des échecs.

Le légendaire Festival d'échecs, connu dans le pays entier et à l'étranger, se déroule chaque été au Palais des Congrès et ses participants sont toujours des joueurs de haute valeur.

Le Festival d'échecs au Palais des Congrès

ECOLES

A Bienne il y a 18 jardins d'enfants (de langues allemande et française), 13 écoles primaires (dont quatre comprenant des classes de langue françaises), 15 écoles secondaires (dont trois comprenant des classes de langue française), deux gymnases (classes françaises et allemandes), une école professionnelle et une école commerciale avec des classes françaises et allemandes, ainsi que 15 garderies d'enfants (français et allemand).

Autres écoles et institutions
Ecole régionale de culture générale
rue de l'Argent 31, tél. 21 24 24

Année transitoire et pratique
rue Dufour 18, tél. 23 21 97

Ecole de pédagogie curative de la ville de Bienne
Falbringen 20, tél. 41 53 85

Conservatoire de musique
rue de la Gare 11
tél. 22 84 74

Ecole d'ingénieurs de Bienne
rue de la Source 21, tél. 27 31 11

Ecole cantonale d'Administration et des Transports
faubourg du Lac 49, tél. 23 17 11

Ecole cantonale d'arts visuels
rue du Wasen 5, tél. 41 02 34

Ecole suisse du bois
route de Soleure 102, tél. 41 42 96

Ecole normale
chemin de la Ciblerie 45, tél. 25 88 11

Il y a lieu d'ajouter à cette liste quelque 15 écoles privées – de l'école pour aides médicales à l'Ecole Rudolf Steiner en passant par des écoles de langues.

A Bienne même, il n'y a pas d'université, mais les cités universitaires de Berne, de Neuchâtel et de Fribourg sont à proximité: environ une demi-heure en voiture ou en train; une heure pour Fribourg.

EGLISES

L'ensemble des **paroisses réformées** biennoises est administré par la Maison Farel, sise au quai du Bas 12. Elle est divisée en quatre paroisses de langue allemande et trois de langue française. Le Temple allemand se trouve à la Vieille Ville (place du Ring). Les Romands fréquentent l'église du Pasquart, au 99a du faubourg du Lac. Les services religieux en suisse-allemand ont lieu à:

Madretsch: Maison de Paroisse St-Paul, Crêt-des-fleurs 22

Mâche: Stefanskirche, Ischerweg 17
Maison de Paroisse Calvin, route de Mâche 154

Boujean: Eglise Zwingli, Rochette 8

Pour les Romands:
église de Madretsch, église de Mâche et église de Boujean.

Le service social des églises réformées de Bienne travaille au Ring 4,
Tél. 23 47 11

Les **paroisses catholiques-romaines** de Bienne disposent de trois églises:

Sainte-Marie, faubourg du Jura 47

Saint-Nicolas, rue Aebi 86

Christ-Roi, ch. Geyisried 31

Dans ces trois églises, les messes sont dites en allemand, en français et en italien. A la paroisse du Christ-Roi, elles sont également dites en langue hongroise.

Le service social et de conseils pour les catholiques est situé à la rue de Morat 48, no de tél. 22 30 64.

La paroisse **catholique-chrétienne** se trouve à la rue de la Source 23, et la synagogue de la communauté **israélite** de Bienne à la rue du Rüschli 3.

EHC BIEL

Im Jahre 1939 gründete der aus dem Bündnerland stammende Heinrich Plüss den EHC Biel. Bis zu diesem Zeitpunkt war das Eishockey vor allem in den Winterkurorten als attraktives Spiel bekannt. Als sich 1947 eine Fusion mit dem ebenfalls in Biel beheimateten EHC Tornados abzeichnet, ändert sich der Stellenwert des Eishockeys in der Seeländer Metropole. 1955 wird der Verleger **Willy Gassmann** zum Präsidenten gewählt. Damit erhält das Bieler Eishockey einen Sponsoren, der den Aufstieg vom Provinzclub zum Meister-Team ermöglicht.

● 1958 erhält der EHC «seine» Kunsteisbahn.
● In der Saison 1963/64 wird Biel NLB-Gruppensieger.
● Mit dem Bau einer Halle wird der

EHC 1973 salonfähig in der Nationalliga.
● 1975 steigt Biel in die NLA auf und macht gleich von sich reden: **Vize-Schweizermeister** der Saison 75/76. Aus der gleichen Saison datiert auch der Zuschauerrekord im Eisstadion. Für das Spiel EHC Biel – SC Bern (Aufsteiger gegen Meister) strömen 9 411 Fans ins Eisstadion.
● Mit einem 4:1 Erfolg über Kloten schafft der EHC 1977/78 das Husarenstück und wird **erstmals Schweizermeister.**
● Was im Jubiläumsjahr 1979 nicht gelang, schaffen die Seeländer zwei Jahre später mit dem **zweiten Gewinn der Meisterschaft.**

Ende der Saison 81/82 geht die Aera Gassmann zu Ende, doch auch unter seinem Nachfolger Jean Gräppi wird Biel **1983 erneut Meister.** Damit ist der EHC die erfolgreichste Clubmannschaft in der Regon Biel/Seeland. Auch im 50. Jahr seines Bestehens gehört der EHC Biel noch immer zu den Spitzenklubs im Schweizer Eishockey.

EINKAUFEN

Biel ist nicht unbedingt die Stadt der grossen Warenhäuser, dafür gibt es hier umso mehr Spezialgeschäfte. Das Einkaufszentrum ist überblickbar, von der **Bahnhofstrasse** über die **Nidaugasse** bis in die **Marktgasse** findet man so ziemlich alles, was das Herz begehrt: von der Luxusuhr bis zum ultramodischen Badekleid. Natürlich lohnt sich für einen Einkaufsbummel auch ein Abstecher in die Altstadt und Biels Aussenquartiere.

Biels Verkäuferinnen und Verkäufer sind bekannt für ihre Freundlichkeit, und dass die meisten deutsch und französisch sprechen, versteht sich von selbst.

Die **Öffnungszeiten** bewegen sich zwischen acht und zehn Uhr (Tea-Rooms und Bäckereien zum Teil früher), Ladenschluss ist überall 18 Uhr 30, am Samstag um 16 Uhr, Donnerstag (Abendverkauf) um 21 Uhr. Über Mittag bleiben die meisten Geschäfte (ausser Warenhäuser) geschlossen (12 Uhr bis 13 Uhr 30), ebenso am Montag morgen (auch Warenhäuser).

EMERGENCY SERVICES

117
Police emergency number
(Nearest police station)

118
Fire emergency number
(Nearest fire service station)

144
Emergency ambulance number

(01) 383 11 11
Helicopter rescue service

22 33 33
Medical and dental emergency service (Strictly for emergency cases and only when usual doctor cannot be reached at surgery or at home)

24 24 24
Biel Regional Hospital

22 44 11 / 42 06 61
Wildermeth Children's Hospital

(01) 251 51 51
Emergency poisoning cases
(Swiss Toxological Centre)

140
Vehicle breakdown service
(TCS breakdown service. Otherwise ring up a garage.)

112
Telephone faults service

143
Die dargebotene Hand («The outstretched hand»): Callers remain anonymous and can count on the absolute discretion of the contact person. The problems dealt with by the largely honorary staff of this private telephone service cover educational questions, material difficulties, human relationship fears, unbearable loneliness and thoughts of suicide.

25 44 44 / 41 83 27
AA: Alcoholics Anonymous (contact telephone)

23 61 51
Drop-in drugs counselling service at Obergässli 15 in the old town, primarily for heroin addicts. The Drop-in counsellors give advice to fixers, their parents and teachers about therapy possibilities. They also work to see that addicts are not made outcasts but find work and accommodation wherever possible. This service is free and confidential.

23 12 31
Emergency pharmacist (Tape recording giving name of pharmacist on emergency duty)

23 70 70
KNACK problems telephone service (for Biel youngsters at the end of their tether, afraid to turn to an advisory service, but still wanting to talk their problems over with someone. Advice by Municipal Youth Advisory Service on how to master their difficulties).

22 10 66
SOS for expectant mothers (available night and day)

22 55 77
Lake of Biel Rescue Service

21 23 85
Ambulance

95 22 22
Lake police

41 85 85
Biel-Seeland Society for Prevention of Cruelty to Animals

Veterinary Emergency Service
Ring telephone number of any of the four Biel veterinary surgeons for tape recording giving name of the one on Sunday emergency duty.

ENFANTS

Uniquement à Bienne et dans les environs, on dénombre pas moins de 30 **places de jeu!** Sans compter les deux **jardins Robinson** qui invitent à l'aventure: celui de Mâche dont une surveillance est assurée tout au long de l'année, et celui de Nidau, qui n'est en revanche gardé qu'en été. Là, tous les mercredis, vendredis et samedis après-midi, les enfants en âge de scolarité peuvent s'en donner à coeur joie. Dans ces jardins Robinson, les chérubins de moins de six ans doivent être accompagnés d'une adulte. A la **Maison de la peinture,** l'accent est mis sur l'imagination et le plaisir des couleurs: rue Ernest-Schüler 13, des artistes biennoises et des bénévoles sont à portée de main des enfants lorsqu'un problème de pinceaux se présente. La Maison de la peinture est ouverte tous les mardis, mercredis et vendredis de 14 à 17 heures. Le fait que les enfants puissent emprunter des livres à la Bibliothèque municipale n'étonnera personne. Mais saviez-vous qu'ils ont également la possibilité d'emprunter des jeux, à Bienne? La **Ludothèque** ne possède pas moins de 700 jeux différents! Elle est située à la rue de l'Avenir 21, tél. 23 55 10. Durant les vacances scolaires, l'Office scolaire municipal organise des **activités «passeport-vacances».** Les enfants qui restent à la maison peuvent choisir parmi plus de 80 activités celle qui leur tient le plus à coeur! Le passeport-vacances peut être retiré soit à l'Office scolaire (tél. 21 24 12) soit à la Bibliothèque municipale (tél. 22 27 61).

Strandboden

Groupes d'activités ludiques

Colibri, rue Dufour 44
Tél. 41 98 97

Puzzle, rue de l'Industrie 3
Tél. 22 01 81

Ecole joyeuse, place du Ring 8
Tél. 23 49 26

Madretsch

Rugeli, Mugeli und Ballönli
Rue Crêt 43
Tél. 25 72 50

Sunnehüsli, route de Brügg 29
Tél. 25 24 65

Tous les mercredis après-midi, à la route de Madretsch 67, le rideau se lève tout spécialement pour les enfants: le «Theater für di Chlyne» présente des spectacles de poupées et marionnettes pour enfants à partir de quatre ans. Réservations indispensables au no de tél. 82 36 77.

Education musicale pour les tout petits, Ruelle de l'Industrie 3
Tél. 22 01 81

Service de garde à domicile pour les enfants malades – Croix-Rouge suisse, rue des Pins 15
Tél. 25 29 95

ENVIRONMENTAL PROTECTION

As in all other towns, **garbage** is collected in Biel four times a week (by the municipal authorities).

From 1990 on, bulky goods will be collected with the household garbage. Special collections by arrangement only.

Glass, aluminium and metal can also be put out on the street for collection on specific weekdays. Bottle-banks are provided at a number of large shopping centres.

Batteries and neon strips should be returned to the shop where they were purchased.

Texaid and second-hand shops (for example the Brockenhaus) are glad of old **clothes** in good condition.

Paper should be kept for the paper collections (details of the day and time are published in the Stadtanzeiger).

Car tyres can be taken to a garage or straight to a garbage incineration plant.

The authority responsible for garbage incineration and water purification is **Müra** in Brügg, an association to which 17 communities around Biel belong. The amount of garbage incinerated in 1988 was approximately 43,000 tons. In addition, Müra deals with or passes on specific garbage such as glass, aluminium, old iron, building rubble, tyres etc.

An average of 72.3 cubic meters of sludge are produced daily in the Müra's water purification plant.

Sovag, which deals with the disposal of special waste, was built in Brügg in 1983. This is where all dangerous and special waste, fluids harmful to water and toxic substances are received, sorted, checked and passed on to the appropriate waste management plants in Switzerland and abroad.

Air hygiene

In mid-1988 the municipal chemistry

office set up a mobile measuring unit which measures the Biel air without interruption and issues a report on the values every half an hour. In addition, a stationary measuring station was set up at Wasenstrasse 5 (Gewerbeschule) at the beginning of 1989. Sulphur dioxide, nitrogen dioxide and ozone values are published in the daily press and broadcast by the local radio station. They can also be heard over the telephone – No. 22 73 21 (tape recording). Further details are available from: Stadtchemikeramt Biel, Rathausgässli 3, tel. 21 23 60.

Water hygiene

All drinking water plants contain measuring equipment which constantly check and report on the composition of the water and raise the alarm immediately in the case of contamination. Lake water requires the most control and ground water the least.
The Biel municipal waterworks is responsible for water control, and the cantonal and city chemists and the University of Berne also take regular samples for checking. Water is the most carefully protected of all vital resources – for without clean water everything would come to a standstill.

Essen

In Biel leben Menschen aus aller Welt zusammen – zum Glück für Liebhaber ausländischer Spezialitäten! Denn in welcher anderen Kleinstadt kann man chinesisch, indisch, indonesisch, jugoslawisch, türkisch, italienisch und provenzalisch essen? Selbstverständlich ist auch für Vegetarier gesorgt.

Frisch auf den Tisch, oder aus dem See gleich in die Pfanne: In der ganzen Schweiz bekannt sind auch die Restaurants rund um den Bielersee, die sich vor allem auf die Zubereitung einheimischer Fischgerichte (Egli, Felchen, Forellen) spezialisiert haben. (Siehe «Feinschmekker».)

Été

Pendant les chaudes soirées d'été, il n'est pas rare que de gros nuages noirs provenant du Jura ou de l'ouest s'accumulent en orages tumultueux. Le lendemain, le soleil luit comme si rien ne s'était passé.

Le vin du lac de Bienne mûrit doucement sur la rive nord, les voiliers glissent sur les ondes et la flotte de la Société de navigation ne connaît pas de trêve. Pour beaucoup, le lac est synonyme d'été: véliplanchistes, baigneurs, propriétaires de bateaux et chiens s'ébattent dans l'eau et sur les rives. A la plage et au petit Café du Parc, les vendeurs de glaces travaillent sans relâche. Les restaurateurs du bord du lac ont dressé tables et parasols multicolores sur les terrasses. On y mange et on y boit jusque tard dans la soirée. Avant les vacances, en général le dernier week-end de juin, le coeur de la ville est envahi par la foule: la Braderie, traditionnelle fête estivale, attire jusqu'à 100 000 personnes.

Le 1er Août, date de commémoration de la fondation de la Confédération, tout Bienne se rend au bord du lac pour assister à un feu d'artifice grandiose.

A Bienne, en été, «on se la coule douce». Une réminiscence de l'ère de l'horlogerie. En effet, autrefois, les horlogers ne faisaient tout simplement rien pendant trois semaines et profitaient de leurs vacances horlogères bien méritées. Bien que les horlogers d'alors eussent disparu, pour la plupart, le «dolce farniente» demeure. Il n'y a donc pas lieu de s'alarmer si, en été, on se trouve parfois devant une porte close: même l'Odéon, au centre de la ville, ferme boutique pour quatre longues semaines!

Étrangers

C'est en 1964 que vécurent à Bienne le plus grand nombre d'étrangers: 13 107 personnes (en comptant les saisonniers, les bénéficiaires d'un permis B à l'année et d'un permis C de résidents). Les statistiques de l'époque ne donnant aucun détail, on ne possède pas d'information au sujet de leurs nationalités et de leurs types d'emplois (branches).

En août 1990, 10 594 étrangers vivaient à Bienne (20% de la population). Cela représente 1 848 permis annuels (dont 1 122 porteurs exercent une activité lucrative), 8 234 bénéficient d'un permis d'établissement et 512 sont saisonniers. Parmi ces 10 594 personnes, 6 934 exercent une activité économique. Ce sont les branches suivantes qui occupent le plus d'étrangers: industrie (3 345), bâtiment (1 308), prestations de services (2 131). Ces 10 594 étrangers viennent des pays suivants: Italie (4 882), Espagne (2 057), Yougoslavie (874), Allemagne 414, Turquie (396), France (333), Portugal (395), Autriche (168), Chili (100) et divers (975). Hormis une agence du Consulat italien, il n'y a pas d'ambassades ni de consulats à Bienne. Ceux-ci se trouvent dans la capitale fédérale, à Berne.

Bureaux de consultation

Service pour les étrangers
Rue de Morat 48,
Tél. 22 08 80

Service social et de consultation
Missione Cattolica
Rue de Morat 50, 23 84 11

Excursions

Bienne offre d'innombrables possibilités d'excursions. Le **lac**, le **Jura** et le **Seeland** sont à deux pas. Du faubourg du Lac, le **funiculaire de Macolin** conduira le visiteur sur les hauteurs, d'où il jouira d'une vue splendide. Il pourra alors choisir entre une visite à l'Ecole fédérale de sport, un goûter dans l'un des deux restaurants de montagne, une promenade sur les crêtes du Jura ou une descente sur Douanne en passant par les **Gorges de Douanne.**

Un autre funiculaire part de la rue du Stand (Vieille Ville) et conduit à **Evilard**, lieu d'habitation privilégié pour de nombreux Biennois. Après être passé devant

Taubenloch

quelques villas, le promeneur empruntera un chemin forestier qui le conduira aux **Gorges du Taubenloch.** Un chemin pierreux, à la fois sauvage et romantique, lui permettra d'atteindre Boujean.

Une autre belle promenade est celle qu'offrent les **chemins des vignes** qui serpentent le long de la rive nord du lac en direction de Neuchâtel (la brochure éditée par l'Office du tourisme donne tous renseignements).

Les rives du lac et de l'Aar (de Nidau à Soleure) proposent également de belles excursions. Quiconque souhaite profiter du **lac** et de l'**Aar** sans avoir à marcher montera à bord de l'une des onze unités de la Société de navigation du lac de Bienne.

La Montagne de Boujean (à 10 minutes de Bienne), sa forêt, ses prairies, voilà encore un agréable but de promenade, sans oublier le restaurant qui comble ses hôtes avec un petit déjeuner copieux fait de café complet, de röstis, d'omelette, de lard et de jambon.

Si vous souhaitez aller de Villeret (vallon de Saint-Imier) au **Chasseral**, vous emprunterez le sentier raide et aventureux de la Combe-Grède (temps de marche: 2 heures). Une fois au sommet du Chasseral, vous aurez le choix entre une randonnée le long de la crête en direction de Macolin (7 heures), ou une descente tranquille en télésiège sur Nods.

Selon une vieille coutume, de nombreuses métairies du Jura offrent une collation campagnarde aux promeneurs. C'est le cas entre autres de la métairie de «Meuringue» près de Cormoret, de celle «du Milieu de Bienne» au Petit Chasseral, des métairies «Cuisinière» et «Bois Raiguel» ainsi que celles de Prêles et d'Evilard.

Saint-Imier aussi a son funiculaire qui conduit au **Mont-Soleil** d'où on peut entreprendre les excursions les plus variées.

Le **Seeland** est le paradis des cyclistes: plat, vert, avec des chemins presque totalement libres de trafic automobile (des cartes d'excursions à vélo sont à disposi-

tion à l'Office du tourisme de la ville de Bienne).

La région offre encore quelques buts d'excursions qui conviennent particulièrement aux familles avec enfants:
le Parc zoologique de Boujean
le Seeteufel de Studen (petit zoo)
le Florida de Studen (surtout des oiseaux)
le Papillorama de Marin (papillons vivants et plantes exotiques)

Excursions

Biel is the ideal starting point for innumerable excursions to the nearby Lake Biel, Jura and Seeland regions.

Starting off from Seevorstadt, the **Magglingen cable railway** provides easy ascent to the Jura mountains, where visitors may choose to visit the Sports School, to have a meal in one of the mountain restaurants, to walk over the Jura heights or through the **Twannbach gorge** to Twann.

A funicular service connects the Old Town of Biel (Schützengasse) and **Leubringen,** a favourite residential area for people working in Biel. A small road leads past houses and villas, through the woods and to the **Taubenloch gorge,** through which a wild and romantic hiking trail leads to Bözingen.

The **Rebenwege** are well-known vineyard trails leading from Biel through the vineyards along the northern shores of Lake Biel towards Neuchâtel. Detailed information is provided in a special brochure published by the Biel Tourist Office.

Numerous attractive walking excursions can be made along the shores of Lake Biel and the Aare (from Nidau to Solothurn), although anyone wishing to enjoy **the lake** and the **Aare** in a more restful manner is of course free to board one of the 11 ships run by the Lake Biel shipping company.

Situated 10 minutes from Biel, the **Bözingenberg** also offers stimulating walks through meadows and forests. The restaurant (open at 8 a.m. Sundays, 9 a.m. weekdays) serves a sumptuous breakfast with café complet, rösti (fried shredded potato), omelettes, bacon and ham.

A steep and adventurous mountain track leads from Villeret (in the St. Imier valley) to the **Chasseral**, through the La Combe-Grède gorge (hiking time two hours). Once on the Chasseral peak, hikers may either take the ridge trail to Magglingen (a 7 hour walk) or, more comfortably, the chair lift down to Nods. Many farms («métairies») in the Jura region observe an old custom and offer passers-by a rustic snack, thus for example the «Meuringe» farm near Cormoret, the «Du Milieu de Bienne» farm on Little Chasseral, the «La Cuisinière» and «Le Bois Raiguel» farms and the farms of Prêles and Evilard.

A funicular service takes hikers from St. Imier to **Mont-Soleil**, a starting point for the most varied walking tours.

Flat, green and with few cars off the main roads: the **Seeland** is a cyclist's paradise. Cycling maps are available from the Biel Tourist Office.

Excursions particularly suited to families with children:
Bözingen zoo
Seeteufel Studen (a small zoo)
Florida Studen (birds in particular)
Papillorama in Marin (butterflies and exotic flora)

FAHRRAD

Biel, die flache Stadt, war in den 50er und 60er Jahren nicht nur als Uhren-, sondern auch als **Radfahrerstadt** ein Begriff. Heute trifft das nicht mehr zu, obwohl auch hier jedes Jahr mehr Velos verkauft werden: Das Bieler Volk hatte 1988 einen Rahmenkredit von sechs Millionen Franken für eine **velofreundlichere Stadt** bewilligt – doch abgesehen von einigen gelben Streifen, einem «Velobrüggli» und einem Richtplan für einen Radweg zwischen See und Bözingenquartier entlang der Schüss liegen noch keine konkreten Ergebnisse vor. Dafür gibt es in Biel eine ganz besondere Reparaturwerkstätte für Velofreunde: Bei Christian Stauffer, im Grünen Haus am Zionsweg 44 (Tel. 25 59 81), kann jeder sein Stahlross selber flicken – die gesamte Infrastruktur wird gratis zur Verfügung gestellt. Ersatzteile bringt man selber mit oder kauft sie aus Stauffers grossem Sortiment. Greenhorns der Fahrrad-Technik steht Stauffer hilfreich und unentgeltlich zur Seite. Natürlich führen auch die rund 10 Spezialgeschäfte jede Reparatur zuverlässig aus.

Informationen rund ums Velo und Velowege bekommt man bei der Interessengemeinschaft (IG) Velo Biel-Seeland, Seilerweg 56 in Biel.

Wo kann man ein Velo mieten? Beim Bahnhof SBB – für 14 Franken pro Tag oder für acht für den halben.

Die meisten Bieler Fahrradgeschäfte vermieten – falls vorhanden – Occasionsvelos.

Nicht nur im «Gebrauch», auch in der Fabrikation von Fahrrädern war Biel lange Zeit führend: 1893 wurde in Courfaivre, im welschen Jura, die erste Zweiradfabrik der Schweiz gegründet, die Condor Velos. Nur ein Jahr später richtete der Grenchner Ingenieur **Theodor Schild** in der ehemaligen Uhrenfabrik «Seeland» in Madretsch die **Velofabrik Cosmos** ein. Ihr Signet, die geflügelte Weltkugel, steht noch heute für Geschwindigkeit durch Muskelkraft.

Die beiden Pioniere Condor und Cosmos hatten die Marktlücke richtig erkannt, und ihre Produkte gehören dank weitsichtiger Geschäftspolitik auch heute noch zu den führenden Marken.

Es ist jedoch nicht ausschliesslich dem Prestige der Firma Cosmos zu verdanken, dass Biel in den 30er und 40er Jahren dieses Jahrhunderts zu Recht als die Metropole der schweizerischen Zweiradindustrie galt. Auch die Fahrradbestandteile, die der Bieler **Emil Baumgartner** (1884–1953) immer wieder heraustüftelte und auf den Markt brachte, sorgten für Furore, so zum Beispiel die Fahrradbeleuchtung Phoebus. 1908 gründete er den Veloclub Helvetic.

1934 konnte Baumgartner die **Fahrradfabrik Zesar** übernehmen – alles, vom Rahmen bis zur Beleuchtung, vom Lenker bis zur Bremse, stellte er nun selber her. Wie die Cosmos existiert auch die Zesar AG heute noch (in Nidau).

In den 40er- und 50er-Jahren wurden die **Cycles Wolf** zum Begriff und ein attraktives Aushängeschild für die Bieler Zweiradindustrie. **Carlo Wolf** eröffnete 1934 ein eigenes Fahrradgeschäft, das zum Treffpunkt für Velofans wurde. Wolf war ein begeisterter Rennradkonstrukteur, dessen Ideen bei der Zesar AG realisiert wurden. Seine Rennfahrer-Equipe «Cycles Wolf» startete in den späten 30er-Jahren auch an der Tour de Suisse.

FANFARES

Tous les quartiers biennois ou presque possèdent leur propre fanfare. Auxquelles il faut ajouter la Musique de la Ville, la Fanfare ouvrière, la Fanfare de la Croix-Bleue, le Brass-Band, les Fifres et Tambours ainsi que la Musique des Jeunes de Mâche, de Boujean, de Madretsch et de Bienne-Ville. **L'Association des musiques de la ville** est présidée par l'ancien directeur des PTT, Guido Nobel, qui joue lui-même du basson dans la Fanfare ouvrière. La Municipalité soutient treize fanfares par le versement de cotisations annuelles.

FC BIEL-BIENNE

Wer vor 40 Jahren an einem Sonntagnachmittag im Spätherbst einem Heimspiel des FC Biel beiwohnte, dem wurde es kaum langweilig: Für nur 30 Franken Gage pro Spiel wirbelten die Spieler in ihren halblangen Hosen, was das Zeug hielt. Und das häufig vor über 10 000 Zuschauern. Der FC Biel, damals Aushängeschild der Seeländer Metropole, hat grosse Zeiten erlebt: **1946/47** wurden die Uhrenstädter **Schweizermeister, 1961** folgte ein weiterer Höhepunkt – die Teilnahme am **Schweizer Cupfinal** in Bern. Namen wie Jupp Derwall, der spätere Trainer der deutschen Fussball-Weltmeister, sowie Gilbert Facchinetti, heutiger Präsident von «Xamax» Neuenburg, gehörten beim FC Biel anfangs der 60er Jahre zu den eigentlichen «Cracks» und waren stadtbekannt. 1896 gegründet, zählt der FC Biel zu den ältesten Clubs der Schweiz. In Biel ist er mit nahezu 200 aktiven Mitgliedern noch heute der grösste Sportklub überhaupt. Trotzdem: Heute ist den Bielern finanziell und spielerisch der Schnauf ausgegangen: Seit 1989 müssen die Zukunftsstädter erstmals in der 1. Liga spielen.

FC BIEL-BIENNE

Il y a 40 ans, lors d'un beau dimanche après-midi d'automne, quiconque assistait à un match à domicile du FC Bienne ne s'ennuyait sûrement pas: pour 30 francs seulement de gage par match, les joueurs en cuissettes mi-longues se dépensaient sans compter sur le terrain. Et cela bien souvent devant plus de 10 000 spectateurs. Le FC Bienne, alors carte de visite de la métropole seelandaise, a connu de grands moments: en **1946/47**, l'équipe biennoise est devenue **champiionne suisse**; en **1961**, nouvel événement de taille: la participation à la Finale de la Coupe suisse à Berne. Des hommes tels que Jupp Derwall – devenu par la suite entraîneur des champions du monde de football allemands – ou Gilbert Facchinetti – président actuel de «Xamax» Neuchâtel – faisaient partie des vrais «cracks» du FC Bienne au début des années 60 et étaient célèbres dans toute la ville. Fondé en 1896, le FC Bienne est une des plus anciens clubs de Suisse. Avec ses 200 membres actifs environ, le FC Bienne est actuellement encore le club sportif le plus important de Bienne. Et pourtant, aujourd'hui, les Biennois sont à bout de souffle, financièrement et sur le terrain: depuis 1989 et pour la première fois, les joueurs de la Ville de l'avenir doivent évoluer en première ligue.

FC BIEL-BIENNE

Anyone who attended, 40 years ago on a Sunday afternoon in late autumn, an FC Biel home match, could hardly have been bored: for only 30 francs pay per match the football players, in their knee-length shorts, would storm around the pitch for all they were worth. And often in front of a crowd of 10,000. FC Biel, at that time a figurehead for the town, has had its moments of greatness: in 1946/47 the «watchtowners» were **Swiss Champions** and in 1961 came another great moment – participation in the Swiss Cup Final in Berne. Players like Jupp Derwall, later trainer of the West German World Cup winners, or Gilbert Facchinetti, today President of «Xamax» (Neuchâtel football club), belonged to the crack players of FC Biel in the early 60's and were known by everyone in town. Founded in 1896, FC Biel is one of the oldest clubs in Switzerland. In Biel, it is, with almost 200 active members, still the biggest sports club. However, today the wind has gone out of the club's sails financially and on the pitch: since 1989, the players of the «city of the future» have had to play for the first time in the third division.

FEINSCHMECKER

Jedes Jahr gibt die Wochenzeitung «BIEL-BIENNE» einen **Gourmet-Test** heraus. Fünf Testesser beurteilen Restaurants in Biel und Umgebung nach der Küche, Ambiance und dem Service. So sah die Rangliste 1990 aus:

1. Rathaus, Aarberg, Tel. 82 12 39
2. Post, Lyss, Tel. 84 13 91
3. Elite, Biel-Bienne, Tel. 22 54 41
   Rebstock, Tschugg, Tel. 88 11 61
5. Du Pont, Nidau, Tel. 51 99 61
6. Commerce, Aarberg, Tel. 82 45 45
   Kreuz, Gals, Tel. 88 24 14
   Hirschen, Lyss, Tel. 84 13 08
9. Worbenbad, Worben, Tel. 84 67 67
10. Waldschenke, St. Niklaus, Tel. 80 12 17
11. Palace, Biel-Bienne, Tel. 22 14 66
12. Drei Fische, Lüscherz, Tel. 88 12 21
13. Paradisli, Biel-Bienne, Tel. 22 28 60
14. Brücke, Aarberg, Tel. 82 11 45
    Krone, Aarberg, Tel. 82 25 88
    Bauleuten, Büren, Tel. 81 25 03
17. Vert Bois, Mont-Crosin, Tel. 039 44 14 65
18. Bellevue, Magglingen, Tel. 22 99 33

Mes cinq plaisirs...

1. Rentrer chez moi, à Bienne, le soir.

2. Jouer au HC Bienne.

3. Faire du vélo en famille autour de Bienne.

4. Avoir la surprise de me réveiller avec le soleil un matin d'hiver.

5. Faire un bon repas entre copains au restaurant «Zukunft».

*Olivier Anken
gardien HC Bienne*

Fragen an Bundespräsident Flavio Cotti über den Sprachengraben in der Schweiz:

«Es beunruhigt mich, dass ab und zu Schweizer nicht mehr in einer ihrer Landessprachen miteinander verkehren!»

Wenn Sie versuchen würden, Ihr späteres Leben als eine Art «Sprachbiographie» zu beschreiben – was wären dessen wichtigste Stationen?

In der Schule lernte ich Französisch und Deutsch. Die Matura habe ich im Kollegium in Sarnen (OW) auf deutsch gemacht, studiert habe ich dann in Freiburg auf französisch! Ich habe diese Sprachen sowohl sprechen wie schreiben gelernt, denn ich musste ja in den jeweiligen Sprachen arbeiten. Ich habe auch Englisch gelernt, aber weniger gut als die beiden anderen schweizerischen Amtssprachen. Ich sage immer: Die italienische Schweiz ist wohl der einzige Winkel auf dieser Erde, wo das Englische erst an vierter Stelle kommt!

Wächst der Graben zwischen den Sprachgruppen in der Schweiz?

Eine gewisse Entfremdung zwischen den verschiedenen Sprachregionen ist sicher festzustellen. Die Schweiz ist aber glücklicherweise ein Land, in dem es gelungen ist, die Minderheiten – auch die sprachlichen – sehr gut einzugliedern. Man darf den Stellenwert dieses Problems deshalb überhaupt nicht dramatisieren. Umgekehrt beunruhigt es mich doch, dass die jungen Schweizer oft nicht mehr in einer der Landessprachen miteinander verkehren.

Das Englische ist heute zur Weltsprache Nummer 1 geworden, und es ist absolut verständlich, dass der junge Schweizer, der sich der Welt öffnen will, sich diese Sprache aneignet. Soweit kommen natürlich auch der junge Deutsche, der junge Franzose, der junge Italiener. Wir aber, die wir in einem mehrsprachigen Land leben, haben einfach eine Verpflichtung, die über das Englische hinausgeht, nämlich diejenige, dass man die anderen Sprachen des Landes lernt.

Diese Verpflichtung bringt beim ersten Blick grössere Anforderungen an die Schweizer Jugend als diejenigen, die der Jugend eines einsprachigen Landes gestellt werden. Folgt man aber dieser Verpflichtung, dann bringt das zusätzliche Opfer ein grosse persönliche Bereicherung.

Ausser im Tessin nimmt die «Wanderung» von einem Sprachgebiet ins andere seit den sechziger Jahren ab. Der Schweizer reist offenbar lieber ins Ausland als in eine andere Sprachregion. Man kennt die andere Sprachregion schlechter. Sollte man hier Gegensteuer geben?

Was früher selbstverständlich war – Welschlandaufenthalt, Studienaufenthalt an einer anderssprachigen Universität – ist heute nur noch eine Ausnahme. Man muss allgemein vermehrt Anstrengungen machen, um die existierenden Möglichkeiten des kulturellen Kontaktes besser auszuschöpfen. Es ist zu denken an Schüleraustausch, Austausch von Sendungen, von Medienschaffenden etc.

Kann ein Staat überhaupt Sprachenpolitik betreiben, die auf die Lenkung von Sprachgewohnheiten abzielt? Müsste eine Sprachenpolitik nicht vielmehr eine grösstmögliche Erziehung zur Toleranz, vielleicht sogar zur Mehrsprachigkeit, beinhalten?

Die Möglichkeiten unseres föderalistisch aufgebauten Staates sind beschränkt. Die Schule, als wichtigstes Instrument, fällt in den Kompetenzbereich der Kantone. Das schliesst aber in keiner Weise die Kantone von der Verantwortung aus, die Kenntnisse der Landessprache zu fördern. Das ist ein sehr wichtiges Problem. Im Verfassungs- und Gesetzgebungsbereich sind die Möglichkeiten beschränkt. Immerhin können die laufenden Revisionsarbeiten am Artikel 116, dem «Sprachenartikel» in der Bundesverfassung, einige neue Impulse geben. Die Diskussion dreht sich hier um die Grundsätze einer Sprachenpolitik in einem mehrsprachigen Staat. Die breitangelegten und intensiv geführten Gespräche mit Vertretern aller Sprachregionen können das allgemeine Klima sicher positiv beeinflussen.

Was für ein Verhältnis haben Sie zu den schweizerdeutschen Dialekten?

Ich empfinde die Vielfalt der Schweizer Dialekte als wertvolles kulturelles Erbe, zu dem wir Sorge tragen müssen. Dabei hat jeder Dialekt seine Schönheit. Allerdings sollten wir uns der Problematik bewusst sein, dass wir neben den Dialekten auch die deutsche Hochsprache pflegen, die zur Kommunikation über die Sprachgrenzen der Dialekte hinaus wichtig ist. Die Tatsache, dass in der heutigen Zeit immer weniger Deutschschweizer die Hochsprache gut beherrschen und sich bei jeder Gelegenheit des Dialekts bedienen, gefährdet die Möglichkeit einer mühelosen Kommunikation zwischen den Bewohnern der verschiedenen Sprachregionen.

Flavio Cotti wurde 1939 in Muralto bei Locarno geboren. Schon in der Schule interessierte er sich für die Politik. Mit 36 Jahren wurde er in die Tessiner Kantonsregierung gewählt, 1983 gelangte er in das eidgenössische Parlament. Ende 1986 wählte ihn das Parlament in Bern in die Landesregierung, wo er das Departement des Innern übernahm.

Questions au président de la Confédération Flavio Cotti à propos des barrières linguistiques en Suisse:

«Je m'inquiète en voyant que des Suisses renoncent parfois à communiquer entre eux dans l'une de leurs langues nationales»

Si vous deviez tenter d'établir votre «biographie linguistique», quelles en seraient les principales étapes?

J'ai appris le français et l'allemand à l'école. J'ai passé ma maturité en allemand, au Collège de Sarnen (OW), avant de poursuivre mes études en français à l'Université de Fribourg. J'ai appris à parler ainsi qu'à écrire ces deux langues car elles devaient devenir mes instruments de travail. J'ai étudié l'anglais également, mais moins en profondeur; j'ai mis d'abord l'accent sur les deux autres langues nationales suisses. Comme je le dis toujours: la Suisse italienne est sans doute le seul coin de la Terre où la langue anglaise n'occupe que le quatrième rang!

Le fossé s'élargit-il entre les différents groupes linguistiques suisses?

On constate assurément une certaine aliénation entre les différents groupes. Fort heureusement cependant, la Suisse est un pays dans lequel les minorités - également linguistiques - sont très bien intégrées. C'est pourquoi ce problème ne doit surtout pas être dramatisé. Malgré tout, je m'inquiète en voyant que des Suisses renoncent parfois à communiquer entre eux dans l'une de leurs langues nationales.

L'anglais est aujourd'hui la langue mondiale numéro 1 et je comprends fort bien qu'un jeune Suisse soucieux de s'ouvrir au monde cherche à se familiariser avec ce langage. C'est également le cas, évidemment, du jeune Allemand, du jeune Français, du jeune Italien. Mais nous, qui vivons dans un pays où l'on parle plusieurs langues, devons donner la priorité à la connaissance des autres langues nationales avant l'apprentissage de l'anglais.

A première vue, cet engagement impose de plus grandes exigences aux jeunes Suisses qu'à ceux habitant un pays monolingue. Mais son respect représente un sacrifice extrêmement enrichissant.

Depuis les années soixante, excepté au Tessin, les «pèlerinages» d'une région linguistique à une autre n'ont cessé de diminuer. Apparemment, le Suisse préfère voyager à l'étranger. De manière générale, on connaît mal les autres régions de Suisse. Ne devrait-on pas engager ici une contre-offensive?

Ce qui, autrefois, allait de soi - séjours en Suisse romande, études universitaires en d'autres langues - est aujourd'hui l'exception. Il faut multiplier les efforts en vue de recourir plus largement aux possibilités de contacts culturels. Penser par exemple aux échanges d'élèves, aux échanges d'émissions, de conférenciers, etc.

Mais un Etat peut-il mener une politique autoritaire tendant à régenter les habitudes linguistiques? Une politique linguistique ne devrait-elle pas viser essentiellement à développer un esprit de tolérance, peut-être même à encourager le pluriliguisme?

La marge de manoeuvre de notre Etat fédératif est limitée. Notre principal instrument, l'école, est de la compétence des cantons. Mais cela ne libère en aucune façon les cantons de leur obligation de promouvoir la connaissance des langues nationales. C'est là un très important problème.

Les possibilités offertes par les lois et la Constitution sont également limitées. Les travaux actuels de révision de l'article 116 de la Constitution fédérale, l'article «langues», pourraient cependant apporter de nouvelles impulsions. La discussion porte ici sur les principes d'une politique linguistique dans un pays plurilingue. Les entretiens intensifs engagés maintenant avec toutes les régions linguistiques devraient influencer favorablement le climat général.

Quelle attitude adoptez-vous à l'égard des dialectes alémaniques?

Je considère leur multiplicité comme un héritage culturel de grande valeur, sur lequel nous devons veiller. D'ailleurs, chaque dialecte possède ses beautés propres. Mais nous devons rester conscients de la problématique qui en résulte et veiller également au développement de la langue allemande, très importante pour la communication au-delà des frontières des dialectes. Le fait que, de nos jours, un nombre toujours plus restreint d'Alémaniques maîtrisent bien le «Hochdeutsch» et que la plupart d'entre eux recourent autant que possible au dialecte compromet une communication aisée entre les habitants des différentes régions linguistiques.

Flavio Cotti est né en 1939 à Muralto, près de Locarno. A l'école déjà, il s'intéresse à la politique. A 36 ans, il siège au Conseil d'Etat tessinois et fait son entrée au Conseil national en 1983. Le Parlement le nomme conseiller fédéral en 1986. Il dirige à ce titre le Département de l'Intérieur.

Feste

Bieler Messe
Sie findet alle zwei Jahre auf dem Strandboden an prächtiger Lage am Bielersee statt und zieht jeweils «Tout Bienne» in ihren Bann: die Bieler Messe. Von der Leistungsschau der heimischen Wirtschaft lassen sich immer über 100 000 Besucherinnen und Besucher begeistern.

Fasnacht
Sobald am «schmutzigen Donnerstag» die schaurig-schönen «Guggemusig»-Klänge den Schnitzelbank-Abend bereichern, weiss jede Bielerin und jeder Bieler, dass wieder einmal die Narren los sind, und zwar genau fünf Tage lang. Höhepunkt sind die Maskenbälle (siehe «Kongresshaus») und der sonntägliche Umzug.

Treberwurstessen
Was den St. Gallern ihre Bratwurst, ist den Seeländern die Treberwurst: Die Treberwurst, eine Rarität mit Marc-Aroma, wird am Bielersee bis Ende Februar aufgetischt, und zwar in Ligerz, Twann und Wingreis.

Nidauer Stedtlifest
Ende Mai offenbart Nidau seine Schönheit, am Stedtlifest nämlich, wenn die Autos aus der Hauptstrasse verschwinden und Marktstände, Darbietungen aller Art, Handwerker und viele mehr den Platz vor den alten Fassaden säumen.

Pod'Ring
Eine anti-kommerzielle Freiluftveranstaltung mit Folklore, Lieder- und Musikmachern, Kinderplauschnachmittagen, offener Bühne und Openair-Cinema. Im Juni, Juli und August auf mehrere Wochenenden verteilt.

Bieler Braderie
Einst zur Krisenzeit ins Leben gerufen, damit die Geschäfte ihren «Ramsch» vor den Sommerferien los wurden, hat sich die Braderie längst zum sommerlichen Volksfest entwickelt: Bis zu 100 000 Leute «bradieren» in der Innenstadt; Jubel, Trubel, Heiterkeit sind Trumpf; am Sonntag bewegt sich der grosse Blumenkorso durch die Strassen.

Schachfestival
Jedes Jahr, in der zweiten Julihälfte bis anfangs August, wird Biel zur berühmtesten Stadt der Welt – jedenfalls für Schachspieler und -freunde. Zum Internationalen Schachfestival treffen sich Koryphäen aus aller Welt seit 20 Jahren im Kongresshaus.

Altstadtchilbi
Jährlich, am dritten Wochenende im August, darf man fast alles: trinken, kaufen, essen, tanzen, fröhlich sein – es ist die Nacht ohne Ende in der Bieler Altstadt.

Schweizerische Plastikausstellung
Alle fünf Jahre ein monumentales Ereignis, jedesmal an einem andern Ort in der Stadt, aber immer mit Schweizer Künstlern. Die nächste Plastikausstellung findet 1991 im Rahmen der 700-Jahr-Feier der Eidgenossenschaft statt.

Gemütliches Flanieren an der Bieler Messe

Lesesonntage
Geniessen, wofür man ein Jahr lang hart gearbeitet hat: Im Oktober feiern die Weinbauern rund um den Bielersee ihre Ernte, trinken die alten Fässer leer und stecken alle an mit ihrer Fröhlichkeit!

Vinifera
Jeden Herbst treffen sich Weinhändler und Degustierende zum Einkauf und Verkauf von feinen Seeländer Weinen (im Kongresshaus).

Old Time Jazz Meeting
Jedes Jahr, anfangs November, ziehen fetzige Rhythmen durch die verschiedenen Säle des Kongresshauses, wenn sich bekannte Jazzer aus aller Welt treffen.

Samichlaus
Einer früheren Überschwemmungskatastrophe wegen eigenwilligerweise am zweiten Dienstag im Dezember und nicht wie üblich am 6. Dezember kommt in Biel der St. Nikolaus. In der Altstadt findet dabei jeweils der traditionelle Chlausermarkt statt.

Festivals

Biel Fair
This is held every two years in a prime position by the shores of the Lake of Biel and captivates «Tout-Bienne». The Fair is a trade exhibition featuring the products of local industry and attracts more than 100,000 visitors.

Carnival
As soon as the discordant strains of the «Guggemusig» are heard at the «Schnitzelbank» (satirical verses) evening on «Schmutziger Donnerstag», every man, woman and child in Biel knows that the madcaps are on the loose again for exactly five days. Climaxing it all are the masked balls (see «Congress House») and the parade on Sunday.

Treberwurst
What the Bratwurst – a special kind of sausage – is to the people of St. Gallen, the Treberwurst is to Seeland inhabitants. It is a rare sausage with the aroma of marc, served at Ligerz, Twann and Wingreis – localities along the Lake of Biel – until the end of February.

Nidau «Stedtlifest»
At the end of May Nidau reveals its full beauty at the «Stedtlifest». Traffic is banished from the main street and market stalls, entertainment of every kind, craftsmen and many other attractions line the square in front of the wonderful ancient façades.

Pod'Ring
An anti-commercial open-air event with folklore, songs and musicians, afternoon fun for the children, open-air stage and cinema. Spread over several week-ends in June, July and August.

Biel Braderie
Originally created for the shops to get rid of their leftovers before the summer holidays, the Braderie long ago turned into a summer festival of the people: it attracts up to 100,000 participants in the city centre; it's a time to make merry and – on Sunday – to watch the big floral parade through the streets.

Chess Festival
Every year in the second half of July Biel becomes the world's best known city – at least for chess lovers. For 20 years top players have been meeting each other across the chessboard at the Congress House.

Altstadtchilbi
On the third weekend in August every year almost everything goes: drinking, buying, eating, dancing, having a good time generally; the night never seems to end in Biel's old town.

Exhibition of sculpture
This is a monumental event held every five years in a different part of the city – but always featuring Swiss artists. The next exhibition of sculpture will take place in 1991.

Lesesonntage
The winegrowers around the Lake of Biel enjoy what they have worked all year for in October, when they celebrate their grape harvest, drink the old barrels dry and infect everyone with their jollity.

Vinifera
Every year wine merchants and tasters meet to buy and sell fine Seeland wines in the Congress House.

Old Time Jazz Meeting
At the beginning of November each year snazzy rhythms drift through the rooms of the Congress House as well-known jazz musicians from all over the world come together.

Samichlaus
Showing he has his own ideas, Samichlaus – Santa Claus – comes to Biel on the second Tuesday in December not on 6 December as elsewhere. At the same time the traditional «Chlausermarkt» takes place in the old town.

Fêtes

Foire de Bienne
Elle a lieu tous les deux ans, dans le cadre magnifique du «Strandboden», au bord du lac de Bienne, et attire régulièrement le «Tout-Bienne»: la foire de Bienne. Cette présentation des produits de l'économie régionale suscite chaque fois l'enthousiasme de plus de 100 000 visiteurs.

Carnaval
Dès que, un certain jeudi («Schmutzige Donnerstag»), les sons à la fois beaux et sinistres des «Guggemusig» (cliques de Carnaval) annoncent la soirée des «Schnitzelbank», tous les Biennois savent que les fous sont lâchés une nouvelle fois, et cela pour cinq jours. Les moments forts du Carnaval sont les bals masqués (voir «Palais des Congrès») et le cortège du dimanche.

Dégustation de saucisse au marc
La saucisse au marc est aux Seelandais ce que la saucisse à rôtir est aux Saint-Gallois. Rare délicatesse parfumée au marc, cette saucisse est servie au bord du lac de Bienne jusqu'à fin février, et cela à Gléresse, Douanne et Vingras.

Fête de Nidau
Fin mai, Nidau se montre sous son meilleur jour à l'occasion de sa «Stedtlifest». En effet, le long de la rue Principale, les voitures font place aux stands des marchands, aux représentations en tout genre, aux artisans et autres, dans le cadre pittoresque des merveilleuses vieilles façades.

Pod'Ring
Une manifestation de plein air, non commerciale, avec du folklore, des chansons, de la musique et des après-midi d'animation pour les enfants. Tréteaux libres et cinéma à ciel ouvert. Répartie sur plusieurs week-ends en juin, juillet et août.

Braderie biennoise
Organisée à l'origine pour permettre aux

magasins de se débarrasser de leurs soldes avant les vacances d'été, la Braderie est devenue bien vite une fête populaire estivale. Pas moins de 100 000 personnes «bradent» dans le centre de la ville. Allégresse, animation et rires sont à l'ordre du jour. Le dimanche: grand corso fleuri.

Festival d'échecs
Chaque année, de la deuxième moitié de juillet au début d'août, Bienne devient la ville la plus célèbre au monde – du moins pour les joueurs et amateurs d'échecs. Lors de ce festival international, les génies de l'échiquier du monde entier se rencontrent au Palais des Congrès, et cela depuis 20 ans.

Kermesse de la Vieille Ville
Un fois par année, le troisième week-end d'août, tout est (quasiment) permis: boire, acheter, manger, danser, donner libre cours à sa joie – c'est la nuit sans fin dans la Vieille Ville de Bienne.

Exposition suisse de sculpture
Un événement monumental qui a lieu tous les cinq ans, chaque fois dans un endroit différent de la ville, mais toujours avec les oeuvres de sculpteurs suisses. La prochaine Exposition de sculpture est prévue pour 1991 dans le cadre des manifestations du 700e anniversaire de la Confédération.

Vendanges
Récolte des fruits du dur labeur de toute une année: en octobre, les vignerons du bord du lac de Bienne fêtent leurs vendanges, boivent le fond des vieux fûts et communiquent leur joie à tout un chacun!

Vinifera
Chaque automne, marchands de vin et dégustateurs se retrouvent pour vendre et acheter des **vins fins du Seeland** (au Palais des Congrès).

Old Time Jazz Meeting
Chaque année, début novembre, les différentes salles du Palais des Congrès résonnent de rythmes endiablés, ceux de groupes de jazz célèbres venus du monde entier.

Saint-Nicolas
Pour rompre avec les traditions, Saint-Nicolas fait son apparition à Bienne le deuxième mardi de décembre et non le 6 de ce mois comme partout ailleurs. A cette occasion, un marché de la Saint-Nicolas se tient au coeur de la Vieille Ville.

FLUGPLÄTZE

Zehn Autominuten von Biel entfernt (man kann aber auch mit dem Velo hinfahren) liegt eines der schönsten Fluggelände des Kantons Bern: der **Flugplatz Biel-Kappelen.**

Hier wird fast jede Ausbildung angeboten: Sei es zum Privat- und Berufspiloten, zum Gletscherpiloten oder zum Fallschirmspringer. Regelmässig jeden Sonntagnachmittag offeriert die Motorfluggruppe Biel (Besitzerin des Flugplatzes) Rundflüge – zum Beispiel ins Berner Oberland über den Niesen oder die Jungfrau. Zum Flugplatz gehören eine Graspiste, ein Hangar (mit 9 Flugzeugen) und ein Restaurant mit Clubbetrieb.

Flugplatz Biel-Kappelen Tel. 84 46 84

Nur selber fliegen ist schöner, heisst es auch nach einem Rundflug vom **Regionalflugplatz Jura-Grenchen** aus, der in wenigen Minuten mit dem Auto zu erreichen ist.

Der Flugplatz wurde 1931 gegründet, beschäftigt heute ca. 80 Personen und bringt in seinen Hangaren etwa 140 Flugzeuge unter.

Ein wichtiger Zweigbetrieb in Grenchen ist die Horizon Air-Taxi Ltd.: Über 1 000 Flugplätze in Europa erreicht die Luftflotte in kurzer Zeit und zu günstigen Preisen.

Flughafen Grenchen, Direktion und Verwaltung (ohne Rundflüge): 065 53 11 77
Horizon Air-Taxi: 065 52 84 95
Für Rundflüge: 065 52 88 44

Der **Flughafen Belpmoos** liegt rund 10 Kilometer von Bern entfernt. Man erreicht ihn mit der Gürbetal-Bern-Schwarzenburg-Bahn nach Belp und von dort aus zu Fuss (20 Minuten) oder per Taxi. Oder mit einem PTT-Bus, dessen Abfahrtszeiten (vom Bahnhof Bern SBB) sich nach dem Fahrplan der Linienflüge von Dan-Air und Crossair richten. Neben Rundflügen werden im Belpmoos auch **internationale Flüge** angeboten. Die Regionalfluggesellschaft Crossair bringt Reiselustige nach Nizza, Paris, Brüssel, Florenz und Frankfurt (München ist bereits anvisiert). Die Dan-Air fliegt seit eh und je nach London.

FONTAINES

Bienne est dotée de 72 fontaines. Les plus anciennes et les plus belles (ornées de statues) se trouvent à la Vieille Ville:

La fontaine du Banneret
Sur le Ring. La fontaine la plus ancienne de Bienne. Symbole de la vaillance et du droit à posséder ses propres troupes. Le socle date de l'an 1546, le banneret a été réalisé en 1557.

La fontaine de la Justice
Sur la place du Bourg. Symbole d'une juridiction spécifique. En réalité, la fontaine fut érigée en 1535 déjà, après l'achèvement de l'Hôtel de ville. Le pied actuel de la fontaine fut cependant construit en 1650 seulement, la statue de la Justice (1714) provient de l'émigrant français Jean Boyer.

La fontaine de l'Ange
A la rue Haute. Symbole de la protection de l'âme humaine, par un ange, contre le Malin. Le pied et la statue de la fontaine datent de l'an 1563.

Dans les environs de la Vieille Ville, plusieurs fontaines du 19e siècle ont été conservées: Walkeplatz, rue du Marché côté est, place de la Fontaine, place Centrale (1871), plusieurs fontaines le long du Pasquart ((1866).

L'eau des fontaines biennoises provient de la source romaine (voir aussi «Légendes»), de la source de Falbringen et du réseau de distribution communal. Chaque goutte en est potable! Aux 16e et 17e siècles, les fontaines étaient sacrées et qui les polluait se voyait puni. Jusqu'au début du 20e siècle, les habitants de Bienne ont puisé leur eau dans les fontaines.

FOREIGNERS

The peak figure of 13,107 foreigners (seasonal workers, annual permit holders and permanent resident permit holders together) was recorded in Biel in 1964. The statistics do not, however, give details about nationality or type of job.

In August 1990, 10,594 foreigners (of whom 6,934 were gainfully employed) – 20 per cent of the population – were living in Biel. They comprised 1,848 annual permit holders, 8,234 permanent resident permit holders and 512 seasonal workers.

The following are the main employers of foreigners: industry (3,345), services (2,131) and building (1,308).

The 10,594 foreigners come from the following countries: Italy (4,882), Spain (2,057), Yugoslavia (874), Germanies (414), Turkey (396), France (333), Portugal (395), Austria (168), Chile (100) and others (975). Except for an agency of the Italian Consulate, Biel has no embassies or consulates. These are based in the federal capital, Berne.

FOREST HUTS

Grilling meat and holding parties in the open air are becoming increasingly popular. The forest huts – so that you can go indoors if there's a rainstorm – are available. But telephoning in advance is essential. (See «Waldhütten».)

FORMATION COMPLÉMENTAIRE

Même celui qui exerce un métier qui lui plaît n'échappe pas à l'obligation de se perfectionner continuellement.

Adresses:

Centre de formation à l'audio-visuel
Libruda SA, rue du Milieu 3
tél. 41 14 15
Langues étrangères, branches commerciales et techniques

Ecole Bergmann
Rue du Canal 3, tél. 23 22 66/23 78 05
Ecole de langues

Centre scolaire Feusi
Ecole Bénédict

Ecole secondaire et de commerce
Rue de l'Avenir 56
tél. 25 10 11

Freie Schule Biel (école privée d'expression allemande)
(école secondaire, orientation professionnelle, école de commerce)
Rue de l'Avenir 44, tél. 23 32 62

Ecole Panorama SA
Ecole d'assistantes et de secrétaires médicales
Rue de la Gare 50, tél. 23 58 48

Université populaire Bienne et environs
Rue de l'Argent 31, tél. 23 13 43
L'Université populaire dispense – pour un écolage modique – des cours dans presque toutes les branches scientifiques. Quelques semaines avant le début d'un cours, le programme en est publié dans les journaux régionaux.

Ecole Club Migros
Rue de l'Union 13, tél. 22 88 33
Grande diversité de cours de formation complémentaire

Cercle d'étude des problèmes de notre temps
Quai du Haut 12, tél. 22 36 91
Ce forum de la formation d'opinion sur les questions touchant la politique, l'économie, la religion et la culture invite régulièrement le public à ses conférences et cours à la salle Farel (consulter la presse quotidienne).

Centre suisse d'enseignement de la publicité et de la communication (SAWI)
Rue Ernest-Schüler 12, tél. 23 46 83
Cette école de publicité, reconnue et de renommée internationale est - bien que privée – la fierté de la ville de Bienne

Bourses

Quiconque désire poursuivre une formation, mais ne dispose pas des moyens financiers nécessaires, ne doit pas y renoncer pour autant. Les adresses suivantes donnent des informations sur l'obtention de bourses:

Aide cantonale:
Service des bourses d'études
Sulgeneckstr. 70, Berne
tél. 031 46 85 11

Aide communale:
Office scolaire de la ville de Bienne
Fonds de bourses
tél. 21 21 11

Le service municipal pour adultes donne des renseignements au no 21 25 42.

FOUNTAINS

There are 72 fountains in Biel. The oldest and most attractive (because they have statues) are, of course, in the old town.

The «Ensign» Fountain

Situated in the Ring, this is Biel's most

ancient fountain and symbolises fighting ability and right to maintain own troops. The base dates from 1546 and the banner carrier from 1557.

The «Justice» Fountain

Erected in the Burgplatz as symbol of own jurisdiction in 1535, after completion of the town hall. However, the present base was not made until 1650. The figure of Justice (1714) is the work of a French emigrant, Jean Boyer.

The «Angel» Fountain

Situated in the Obergasse, this symbolises protection of the human soul against evil by an angel. Base and statue date from 1563.

Several fountains dating from the 19th century around the old town have been preserved: in the Walkeplatz, Marktgasse (eastern side), Brunnenplatz, Zentralplatz (1871) and a number of fountains in the Pasquart (1866).

The water for the Biel fountains comes from the Roman Spring (see «Legends»), the spring in Falbringen and from the municipal distribution network. Every drop is fit to drink. In the 16th and 17th centuries fountains were considered to be sacred and anyone who polluted them was fined. The people of Biel were still taking their water from the fountains at the beginning of the 20th century.

FRAUEN-INSTITUTIONEN

Im Verband Bieler Frauenvereine sind rund 30 Vereine zusammengeschlossen, die sich für die Verbesserung der Stellung der Frau in unserer Gesellschaft engagieren. Präsidentin des Verbandes Bieler Frauenvereine ist Pia Fehr, Schwadernauweg 9, Tel. 42 42 52.

In Biel kämpfen die Frauen seit einigen Jahren für die öffentliche Unterstützung einer Anlaufstelle für Frauen. Das Büro «F-Info» ist bis jetzt aber noch nicht ständig besetzt. An der Obergasse 4 untehält die Organisation aber ein teilweise besetztes Büro mit freiwilligen Helferinnen.

Die Stiftung Mutter und Kind, Seevorstadt 46, Tel. 22 69 11, vermietet preisgünstige Wohnungen an alleinstehende Mütter mit Kindern.

Verein Freundinnen junger Mädchen, Evilard, Tel. 22 69 88; an diese Stelle können sich junge Mädchen wenden, die im In- oder Ausland eine Au-pair-Stelle in einer Familie suchen.

Frauennotwohnungen, Murtenstrasse 65, Tel. 23 62 77: Unter dieser Nummer finden vor allem geschlagene Frauen Hilfeleistungen und vorübergehende Aufnahme.

Arbeitskreis für Zeitfragen
Verena Naegeli.
Oberer Quai 12.
Tel. 22 36 91.

FRÜHLING

Der Frühling in Biel ist ein ganz besonderes Fest. Da löst sich die dichte Hochnebelschicht auf, da beginnt aber auch die heissgeliebte **Spargelsaison.** In den meisten Restaurants der Stadt und der Region werden ab April die herrlichen Delikatessen (meist aus seeländischem Boden) angeboten.

Die **Stadtgärtnerei** setzt Blumen an allen Ecken und Enden, der See wird wärmer und mit Schiffen belebt, und die Fischer dürfen nach der Winterpause ihre Angel wieder auswerfen. Jugendliche und Junggebliebene treffen sich am Seeufer, auf Rollschuhen, Rollbrettern, Töfflis und Fahrrädern...

Ein Fest für sich sind die **Kastanienbäume** an der Schüsspromenade und Seevorstadt: Jetzt breiten sie wieder ihre Blätter aus und bezaubern mit roten und weissen Blüten Spaziergänger, Velofahrer und Verliebte.

Frühling im Seeland...

FUNDBÜRO

Er habe schon alles gesehen, meint der Fundbüro-Beamte: «Aes git nüt, wo's nid git!» Schlüssel (die werden am meisten verloren), Portemonnaies, Regenschirme, Handschuhe, Gebisse, Büstenhalter und – sogar ein Korsett! (Heutzutage...?)

Das Städtische Fundbüro befindet sich an der Burggasse 21, Tel. 21 23 90.

Das Fundbüro der Städtischen Verkehrsbetriebe: Bozingenstr. 78, Tel. 41 12 92.

SBB-Fundbüro (im Bahnhof):
Tel. 22 61 31.

FURTHER EDUCATION AND TRAINING

Even qualified people who enjoy their work have to supplement their skills and knowledge.

Addresses:

Audio Visuelles Ausbildungszentrum
Libruda AG, Mittelstr. 3
Tel. 41 14 15
Foreign languages, commercial and technical subjects

Bergman-School
Kanalgasse 3, Tel. 23 22 66/23 78 05
School of languages

Feusi Schulzentrum Biel Ecole Bénédict
Secondary School
Commercial School
Zukunftsstr. 56, Tel. 25 10 11

Freie Schule Biel
Secondary and Careers Choice School
Seeland Commercial School
Zukunftsstr. 44, Tel. 23 32 62

Panorama Schule AG
School for Doctors' Assistants
Bahnhofstrasse 50, Tel. 23 58 48

Adult Education Centre
Biel and District
For small fees the Adult Education Centre provides courses in practically all branches of knowledge. The programme is published in the daily newspapers a few weeks before the courses start.
Tel. 23 13 43

Migros Klubschule
Unionsgasse 13, Tel. 22 88 33
Wide choice of further education and training courses

Study Group for Contemporary Questions
Oberer Quai 12, Tel. 22 36 91
This forum for opinion-forming on questions of politics, economy, religion and culture regularly extends invitations to lectures and courses in the Farelsaal, (See daily newspapers).

SAWI: Swiss Training Centre for Marketing, Advertising and Information
Ernst-Schülerstr. 12, Tel. 23 46 83
This internationally known and recognised Advertising School is – although private – the pride of the city of Biel.

Grants

Those wishing to go in for further education or training but do not have the necessary financial means may still be able to do so. The following offices provide information about grants:

Cantonal Contributions
Official Grants Office
Sulgeneckstr. 70, Berne
Tel. 031 46 85 11

Local authority contributions:
City of Biel Education Department
Grant Fund
Tel. 21 21 11

The Municipal Office for Adult Education gives information by telephone: 21 25 42.

GALERIEN

Aquarelle
Beaumontweg 48, Tel. 23 10 57

Max Flury
Zentralstr. 12, Tel. 22 45 05

Galerie 57 (Silvia Steiner)
Seevorstadt 57, Tel. 23 46 56

Galerie Schürer
Bahnhofstr. 54, Tel. 22 19 47

Galerie Kalos
Dufourstr. 47, Tel. 42 12 55

Kunsthauskeller
Ring 10, Tel. 22 37 16

Photoforum Pasquart
Seevorstadt 56, Tel. 22 44 82

Rendez-vous Passe-Partout
Neumarktstr. 24

Galerie Muck
Jurastr. 41, Tel. 42 01 64

Michel Lotti
Pianostr. 51, Tel. 25 05 93

Altstadt-Atelier
Gerbergasse 35 / Untergasse 54,
Tel. 23 66 12

Zur Alten Krone
Römergasse

GALERIES

(Voir «Galerien»)

GARE

La **gare principale** de Bienne se situe depuis 1923 au lieu dit «les Champs de Nidau». En 1906, l'architecte municipal d'alors, Heinrich Huser, suggéra de déplacer la gare existante (à l'actuelle place du Général-Guisan) vers l'ouest, c'est-à-dire à son emplacement d'aujourd'hui. Cette construction néoclassique placée dans l'axe de la rue de la Gare se distingue par une entrée principale de style «front de temple» aux proportions impressionnantes, qui caractérise la gare à la fois comme «nouvelle porte» de la ville et «porte d'accès au vaste monde». Le fronton est orné de deux personnages en relief portant une horloge.

Dans la salle d'attente on peut admirer des fresques de Philippe Robert («La Ronde des heures», «Les Ages de l'homme», «Les Saisons», «Temps et éternité»).

Le guichet de change de la gare principale est ouvert les jours ouvrables de 6h à 20h, le dimanche de 8h à 16h. Les bagages «Fly-bagage» peuvent être déposés à la gare principale quelques heures avant le départ de l'avion – sauf pour les passagers de compagnies aériennes américaines qui doivent observer des règles de sécurité plus strictes.

Dans le quartier extérieur de Mâche, il y a une autre petite gare où ne s'arrêtent que les trains régionaux.

GERICHTSBARKEIT

Im Amtsbezirk Biel (mit Magglingen und Leubringen) amten fünf von der Bevölkerung gewählte, ordentliche Gerichtspräsidenten. Das stark belastete Bieler Gericht beantragte eine sechste Richterstelle – das Gesuch ist noch hängig. Zur Überbrückung helfen zwei zusätzliche Richter zu je 50 Prozent aus. In Biel werden zwar nicht mehr Delikte als in anderen vergleichbaren Schweizer Städten begangen. Die Verfahren werden aber bereits durch die Mehrsprachigkeit komplizierter.

Die **fünf Richterämter** sind unterteilt in ein **Zivilrichteramt**, ein **Strafrichteramt**, ein **Untersuchungsrichteramt** und zwei **kombinierte Richterämter** (Strafrichter-/Untersuchungsrichteramt und Zivilrichteramt und einzelrichterliche Strafsachen).

Die Verhandlungen werden entweder von einem Präsidenten und vier Amtsrichtern oder von einem Einzelrichter geführt. In Biel gibt es insgesamt 8 ordentliche Amtsrichter und 4 Supplenten. Wenn ein Kriminalfall von grosser Bedeutung vorliegt (Strafmass ab 5 Jahren und kein Geständnis), muss ein Geschworenengericht mit 3 Juristen und 8 Geschworenen tagen.

Im Geschworenenbezirk Seeland (mit Nidau, Büren, Aarberg, Erlach, Laufen und Biel) können insgesamt 106 Geschworene aufgeboten werden, die von den Parteien in einer stillen Wahl bestimmt werden.

Allein im **Amtsbezirk Biel** sind es 36 Männer und Frauen, die immer für 3 Jahre als Geschworene gewählt sind.

Am häufigsten müssen sich die Bieler Richter mit **Verkehrsregel-Übertretungen** befassen. An zweiter Stelle stehen die **Drogen- und Vermögensdelikte**. Aber auch die Zivilrichterämter haben einiges zu tun: Zum Beispiel wird in Biel jede dritte Ehe wieder geschieden!

GOURMETS

Chaque année, l'hebdomadaire «BIEL-BIENNE» publie un **test gastronomique**. Cinq dégustateurs jugent les restaurants de Bienne et des environs sur les mets, l'atmosphère et le service.(Palmarès 1990 voir «Feinschmecker»).

GOURMETS

Every year the weekly newspaper «BIEL-BIENNE» publishes the results of a **gourmet test.** Five people test restaurants in Biel and district, assessing cuisine, ambiance and service. (See under «Feinschmecker» for 1990 results.)

HABITAT

Bienne propose une **bonne qualité d'habitat** à des conditions relativement avantageuses. Espaces verts, lac et Jura sont à notre portée en quelques minutes, aussi bien en partant de la Vieille Ville (libre, en partie, de toute circulation) qu'en quittant les nouveaux quartiers résidentiels. La construction de logements regroupés en sociétés coopératives, qui était déjà bien amorcée dans la «Bienne rouge» de l'entre-deux-guerres, est de nos jours encore un facteur important: environ 25 sociétés coopératives gèrent actuellement 4 000 logements avantageux. Suite à la crise horlogère des années septante, Bienne s'est forgé une réputation de «paradis du locataire» (aux loyers bon marché) mais, entretemps, les choses ont changé. La spéculation foncière et la crise du logement gagnent aussi la métropole seelandaise. Il est possible d'obtenir gratuitement les listes des appartements disponibles à l'adresse suivante:

Office du logement et des locations
Rue Alexander-Schoeni 18
Tél. 21 25 03

HALLS

There are many different halls of all sizes in and around Biel available for every kind of concert or congress (also in hotels). The Kongresshaus (Congress House) in particular has made Biel into a centre of the congress business. The Kongresshaus offers for hire a concert hall, an assembly hall, a lecture room, the foyer and several smaller rooms. The management of the Biel Congress and Recreation facilities are in charge of the Volkshaus and the Hirschensaal halls as well as the Kongresshaus.

HANDELS- UND INDUSTRIEVEREIN

Der Kantonal-Bernische Handels- und Industrieverein (HIV) ist eine Wirtschaftsspitzenorganisation in der Rechtsform eines Vereins. Er wurde 1860 gegründet, ist staatlich unabhängig und zählt heute etwa 3 000 Mitglieder. Die Mitglieder stammen vornehmlich aus Industrie, Handel und dem Dienstleistungssektor.

und für eine privatwirtschaftlich orientierte Wirtschaftspolitik auf regionaler (Sektion), kantonaler und eidgenössischer Ebene ein. Er bemüht sich um günstige Rahmenbedingungen für die bernische Wirtschaft, insbesondere um geordnete politische Verhältnisse, eine niedrige Steuerbelastung, eine unternehmensfreundliche Raumplanungs- und Verkehrspolitik sowie eine liberale Aussenwirtschaftspolitik.

Die Sektion Biel-Seeland des HIV vertritt rund 350 Unternehmen, die gesamthaft mehr als 20 000 Arbeitsplätze aufweisen, was der Hälfte aller Arbeitsplätze der Region entspricht.

Handels- und Industrieverein
Sektion Biel-Seeland
Hugistrasse 2, Biel, Tel. 22 46 81

HANDICAPÉS

Bienne n'est ni plus ni moins accueillante qu'une autre ville suisse à l'égard des personnes handicapées. A la gare, par exemple, il n'y a pas de rampes d'accès aux perrons pour les fauteuils roulants. Des barrières architecturales empêchent également les handicapés de vivre dans des appartements classiques (à loyers avantageux). Points positifs: la ville de Bienne est plate et les groupes d'entraide pour handicapés sont nombreux. (Voir «Behinderte»).

HANDICAPPED PEOPLE

Biel does not make better provision for the handicapped than other Swiss cities. There are no wheelchair-accessible ramps to the railway platforms, for instance, and the design of buildings does not help disabled people to live normally in (reasonably priced) apartments. A positive feature is that Biel is not a hilly city. And there are also many self-help groups for handicapped people. (See «Behinderte».)

HC BIENNE

C'est en 1939 que Heinrich Plüss, venu des Grisons, fonda le Hockey Club de Bienne. Jusqu'à cette date, le hockey sur glace se pratiquait surtout dans les stations de villégiature d'hiver. Lorsque, en 1947, le HC Bienne fusionna avec un autre club de Bienne, le HC Tornados, le hockey sur glace prit immédiatement beaucoup plus d'ampleur dans la métropole seelandaise. En 1955, l'éditeur **Willy Gassmann** fut élu président et le Club de Hockey de Bienne gagna en lui un commanditaire qui lui permit de passer de l'état de club de province à celui d'une équipe maîtresse.

● 1958: le HC Bienne obtient «sa» patinoire artificielle.
● Durant la saison 1963/64, l'équipe biennoise est championne de LNB.
● Grâce à la construction d'une halle en 1973, le HC Bienne fait bonne figure pour entrer dans l'équipe nationale.
● En 1975, le HC Bienne «monte» en ligue nationale A et fait déjà parler de lui: il termine la saison en qualité de vice-champion de la saison 75/76. C'est au cours de la même saison que tous les records d'affluence à la patinoire sont enregistrés. 9 411 fans assistèrent à la rencontre entre le HC Bienne et le SC Berne.
● Avec un résultat de 4:1 contre Kloten, le HC Bienne réussit l'exploit de devenir, pour la première fois, champion suisse pour 1977/78.
● Ce que les Seelandais ne réussirent pas à refaire en 1979, année anniversaire, mais qu'ils réitérèrent deux ans plus tard avec un deuxième titre de champion suisse.

L'ère Gassmann prit fin après la saison 81/82 et le HC Bienne devint à nouveau champion en **1983 sous la houlette de Jean Gräppi**. Le HC Bienne est l'équipe de la région de Bienne/Seeland qui a connu le plus de succès. En l'année de son jubilé, le HC Bienne continue de faire partie des équipes de pointe du hockey sur glace suisse.

Meine «Fünf Besten»

1. Einmal im Jahr locker rund um den Bielersee traben – der Septemberhit nennt sich RUBI und ist 45 Kilometer lang.

2. Einmal im Monat dem Stadtparlament zuhören – die Spannweite zwischen Profipolitik und Laientheater ist faszinierend.

3. Ein paar Runden Bocciaspielen mit guten Freunden – das Bözinger Bocciadrom erspart eine Fahrt ins Tessin.

4. Wenn sich in einer kalten Sternennacht die Cliquen zum Charivari im Ring treffen – dann ist die Fasnacht am schönsten.

5. Ein paar Tage und Nächte zu zweit im Hotel St. Petersinsel – Wand an Wand mit Jean-Jacques Rousseau, als ob die Zeit stillgestanden wäre.

Martin Bühler
Chefredaktor «Bieler Tagblatt»

Heime

Zwar leidet auch Biel an einem chronischen Mangel an Pflegeplätzen – dafür sind die ambulanten Dienste um so besser ausgebaut. Immer mehr **ältere Leute** bleiben so lange als möglich zuhause und möchten später auch zuhause gepflegt werden. «Die Entwicklung im Gesundheitswesen zeigt uns, dass wir auf SPITEX (Spital-externe Pflege) setzen müssen», erklärt der Bieler Amtsvorsteher für Alters- und Gesundheitspflege, Jean-Pierre Vallotton. Im Moment stehen in Biel und im Seeland rund 35 Heime zur Verfügung, und weitere sind geplant.

Hier die wichtigsten:

Altersheim «La Lisière», Leubringen (ab 1990)

Alters- und Pflegeheim Le Manoir, Gampelen
Tel. 83 16 83

Alters- und Pflegeheim Oberes Ried
Tel. 41 15 64

Alters- und Pflegeheim Pasquart
Tel. 23 55 33

Alters- und Pflegeheim Redernweg
Tel. 42 48 71

Alters- und Pflegeheim Unterer Quai, Biel
Tel. 22 82 05

Alters- und Pflegeheim Unteres Ried
Tel. 41 16 61

Alters- und Pflegeheim V. Geissbühler, Arch
Tel. 065 69 35 03

Alterswohnheim Cristal
Tel. 25 53 11

Betagtenpflegeverein Biel
Tel. 23 41 42

Burgerheim Favorita, Biel
Tel. 22 73 20

Familie Burkhart, Erlach
Tel. 88 13 12

Familie Stoll, Kappelen
Tel. 82 36 26

Frau Köster, Bahnhofstrasse 9, Busswil
Tel. 84 20 76

Heim Waldhof, Dotzigen
Tel. 81 50 75

Heim Kristallina, Vinelz
Tel. 88 15 63

Heim Salem, Biel
Tel. 42 37 19

Heim Storchen, Diessbach
Tel. 81 44 88

Kinderheim Stern im Ried, Biel
Tel. 41 18 35

Männerheim Anker, Biel
Tel. 25 63 10

Mutter- und Kind-Wohnheim, Biel
Tel. 22 69 11

Privataltersheim Bernadette, Lyss
Tel. 84 63 32

Schlössliheim Pieterlen
Tel. 87 11 11

Seelandheim Worben
Tel. 84 33 44

Seeländisches Pflegeheim Mett, Biel
Tel. 42 46 83

Stiftung Dessaules, Biel
Tel. 23 17 65

Übergangswohnheim Felsenburg, Evilard
Tel. 22 83 97

Wohnheim Löhre
Tel. 41 00 76

Wohn- und Werksiedlung St. Michael, Sutz
Tel. 57 16 31

Herbst

«Der Nebel steigt, es fällt das Laub, schenk ein den Wein, den holden – wir wollen uns den Tag vergolden, ja vergolden!» Es scheint, als habe Theodor Storm diesen Text speziell für Biel gedichtet. Im Herbst vergolden uns die vielen **Winzerdörfer** längs des nördlichen Seeufers den Tag: Fast jedes Wochenende feiert eines der Dörfer sein Weinfest!

Winzers Freude

Und in der Herbstzeit verdienen sich viele Jugendliche einen zusätzlichen Batzen beim «**Leset**» der reifen Trauben. Junge, spritzige Weine und vielleicht noch ein kleiner Spaziergang durch die sonnigen Rebhänge können die milden Herbsttage zu einem besonderen Erlebnis machen.

Die Region ist auch bei **Pilzsammlern** beliebt: In den unzähligen Waldgebieten im Jura und im Seeland wachsen von Steinpilzen über Totentrompeten bis zu Rotfüsslern alle Delikatessen. Einige Pilzvereine in der Region organisieren im Herbst «**Pastetlitage**»: An diesen Wochenenden werden die Ernten der langen Waldmärsche in den Restaurants aber auch «über die Gasse» verkauft.

Einige Pilze verfeinern sogar einen Rehrücken: Im Herbst haben in der Region **Wild-Spezialitäten** Hochsaison!

Histoire

Bienne s'est aussi fait un nom dans le domaine de la recherche préhistorique grâce à la **collection d'objets de la période lacustre** réunie par **Friedrich Schwab,** fondateur du musée qui porte son nom. Avant l'an 1854 déjà, date de la découverte à Meilen, près du lac de Zurich, des fameux vestiges préhistoriques, Friedrich Schwab avait opéré des recherches systématiques en bordure du lac de Bienne, en quête de vestiges du néolithique et de l'âge du bronze, notant les lieux de ses découvertes sur une carte spéciale. Ce sont avant tout ses rapports, devenus classiques, sur les constructions lacustres (entre autres celles de Douanne) qui valurent à Friedrich Schwab une réputation internationale.

Les fouilles effectuées lors des travaux préliminaires de construction de la N5 à Douanne, de 1974 à 1976, ont apporté de nouveaux éléments. Elles ont prouvé que les rives du lac de Bienne étaient déjà habitées il y a 6 000 ans.

Période romaine

De l'an 58 avant notre ère jusqu'au milieu du Ve siècle, la Suisse fut occupée par les Romains qui, pour des raisons stratégiques, y aménagèrent des fortifications, des campements pour leurs légionnaires, des marchés et un réseau routier judicieusement conçu. C'est à cette époque aussi que la station préromaine de **Petinesca**, au pied de la montagne de Jens, près de la localité actuelle de Studen, devint un important noeud routier. Conduisant à travers le Grand Marais, la route romaine Avenches-Soleure fut dotée, à Petinesca, d'une déviation en direction du Jura. Des fouilles importantes y furent effectuées de 1898 à 1904 et de 1937 à 1939 (les résultats de ces fouilles sont exposés au **Musée Schwab,** faubourg du Lac).

Bienne a été fondée aux environs de l'an 1220 après JC par l'Evêque de Bâle. Son nom viendrait de Bélénos (Belenus), dieu gaulois des sources que les Romains identifiaient à Apollon.

History

Thanks to the **pile-dwelling collection** of **museum founder Friedrich Schwab,** Biel has made a name for itself in the field of prehistoric research. Even before the famous and important finds of pile-dwellings were made in Meilen on Lake Zurich in 1854, Schwab systematically searched Lake Biel for neolithic (Stone Age) and bronze objects and recorded the finding places on a special map. Above all, the now classic pile-dwelling reports (among them some from settlements in Twann) brought international recognition to the name of Schwab.

New findings then brought the digging work to Twann for the excavation work in connection with the construction of the N5 motorway from 1974 to 1976. The findings showed that the banks of the Lake of Biel had already been inhabited about 6,000 years ago.

Roman times

From 58 B.C. until the middle of the 5th century A.D., Switzerland was occupied by the Romans who constructed fortifications, legion camps, market towns and a good network of roads in accordance with their military objectives. Around the same time, the pre-Roman station of **Petinesca** at Jensburg, near today's town **Studen,** was developed into an important road junction. In Petinesca, there is a fork in the direction of the Jura off the Roman road which leads through the Grosses Moos from Avenches to Solothurn. Important excavations took place between 1898 and 1904, and between 1937 and 1939. (The finds are now in the **Museum Schwab** in the Seevorstadt).

Biel was founded in about the year 1220 A.D. by the Prince Bishop of Basle, and its name probably originates from Belenus, the Gallic or Celtic Deity of Poetry.

Hiver

Lorsqu'on vit à Bienne, on doit s'habituer à la couche de brouillard. Mais comme les plus belles régions de détente sont à deux pas, ce n'est pas trop difficile à supporter. Le lac: quand il fait très froid, il gèle et on peut y patiner ou même s'y faire tirer sur une luge! (C'est en 1963 que le lac a fortement gelé pour la dernière fois). Le Jura: aux Prés-d'Orvin, on ne rencontre pas de brouillard, le soleil est chaud et il y a de la neige en masse! Le Chasseral et sa région skiable sont accessibles depuis Bienne via Saint-Imier en car. On peut aussi se rendre à Tramelan qui n'est pas seulement un paradis pour les amis des chevaux, mais également pour les skieurs de fond qui y trouveront des itinéraires magnifiques. Et pour ceux qui ne veulent pas faire une longue route: possibilité de s'ébattre sur la patinoire de Bienne, de luger à Macolin ou à la Montagne de Boujean.

Homes

Il est vrai que Bienne souffre d'un manque chronique de places de soins – en revanche, les services de soins ambulatoires sont très bien organisés. De plus en plus de **personnes âgées** veulent vivre le plus longtemps que possible à la maison et désirent également être soignées à domicile. «Le développement dans le domaine de la santé nous montre que nous devons investir nos efforts dans Spitex (soins ambulatoires)», déclare Jean-Pierre Vallotton, préposé de l'Office municipal de la santé publique et des homes pour personnes âgées. Actuellement, il y a 35 homes à disposition, à Bienne et dans le Seeland, et d'autres sont prévus. (Voir «Heime» et «Spitex»).

Homes

Biel is one of the places that has a chronic shortage of beds for the sick but this is alleviated by well-organised out-patient and home visiting services.
More and more **elderly people** want to live at home as long as possible and also

Fragen an den Schriftsteller Jörg Steiner über Bieler Klischees:

«Meine Vision wird ein Traum bleiben»

Questions à l'écrivain Jörg Steiner à propos des clichés biennois:

«Ma vision restera un rêve»

Biel sei eine Kulturprovinz, hört man etwa. Meint man damit, dass in Biel eine kulturelle Entwicklung gar nicht möglich ist, dass diese – aus welchen Gründen auch immer – den Grossstädten vorbehalten bleibt? Dass Künstler in Biel auf einem steinigen Boden darben?

Wissen Sie, steiniger Boden bringt eine ganz eigene Vegetation hervor: Denken Sie nur an das Naturschutzgebiet der Felslandschaft beim Pavillon! Kultur, glaube ich, hat etwas mit Wachstum zu tun: Sie ist erst dann provinziell, wenn sie ihre Eigenart verleugnet. Nun ist aber alles Gewachsene in seiner Anlage so vielschichtig, dass es in unserer rasant eindimensionalen Weltentwicklung keine Überlebens-Chance hat. Es stört den Fortschritt, und es wird vernichtet werden. Meine Vision, Biel könnte seine Identität in der Kultur – und die Kultur als Leben – begreifen, wird ein Traum bleiben.

Immer wieder wird gesagt, der Bieler sei besonders tolerant. Tolerant den Minderheiten gegenüber, tolerant der andern Sprachkultur gegenüber, tolerant zu Fremden, zu Gastarbeitern. Stimmt das?

Toleranz als besondere Bieler Eigenart: Das kann ich mir nicht vorstellen. Wahr ist, dass jeder Bieler für sich selbst eine besondere Toleranz erwartet. Wir leben in einer Stadt der ständig wechselnden Minderheiten, und diese neigen dazu, sich gegenseitig zu neutralisieren. Minderheiten machen die Erfahrung des Fremdseins oft in der eigenen Stadt: Sie leben und erleben alle Vor- und Nachteile der hier traditionellen Traditionslosigkeit.

Biel, die Stadt am See. So heisst es in der Tourismus-Werbung. Für Sie aber liegt Biel nicht am See, sondern ist «die Stadt am Kanal» – dem Schüss-Kanal. Wie erklären Sie das?

Der Seezugang ist stark verbaut, die Seeufer gehören einigen wenigen Privilegierten. Wie kann da jemand behaupten, Biel liege am See? Unsere Stadt ist eine Stadt am Kanal. Der Kanal ist ihr Rückgrat. Er allein macht sie unverwechselbar.

Jörg Steiner wurde 1930 geboren. Er arbeitet in Nidau bei Biel – als Lehrer, wie viele Schweizer Schriftsteller. Er hat zahlreiche literarische Werke publiziert, die mit vielen Preisen bedacht worden sind. Zu seinen bekanntesten Büchern gehören «Strafarbeit» (1963), «Ein Messer für den ehrlichen Finder» (1966) und die Kinderbücher, die er zusammen mit dem Illustrator Jörg Müller gestaltet hat. Jörg Steiner ist in Biel als kritischer Geist auch der Stadt gegenüber bekannt, in der er seit vielen Jahren lebt.

La culture biennoise serait provinciale, à en croire la rumeur. Entend-on par là qu'aucun développement culturel n'est possible à Bienne, que cette ville, pour une raison ou pour une autre, est condamnée à végéter à l'ombre des grandes cités? Que les artistes s'y épuisent à tenter de fertiliser une roche inculte?

Vous savez, les sols rocailleux abritent une végétation qui leur est propre: pensez seulement à la réserve naturelle, sur le site rocheux, près du Pavillon. La culture est, je crois, comparable à la végétation: elle ne devient provinciale que si on la transplante hors de son milieu originel. Mais, comme les plantes également, elle croit en cherchant à s'épanouir dans l'espace et l'évolution unidimensionnelle effrénée du monde moderne ne lui laisse aucune chance de survie. Elle vient gêner le progrès, alors on y renonce. Ma vision de Bienne avec sa propre identité culturelle – intégrée à la vie de la cité – restera un rêve.

Le Biennois passe pour particulièrement tolérant. Tolérant envers les minorités, tolérant envers les autres cultures linguistiques, tolérant envers les immigrés, les travailleurs étrangers. Mérite-t-il cette réputation?

La tolérance comme qualité essentielle du Biennois? Sûrement pas. Ce qui est vrai, c'est que chaque Biennois attend des autres une tolérance particulière. Nous vivons dans une constante instabilité des minorités, lesquelles tendent plutôt à se neutraliser les unes les autres. Les minorités se sentent souvent en pays étranger dans leur propre ville: elles connaissent les avantages et les inconvénients d'une ville traditionnellement sans tradition.

Bienne, la cité lacustre. Ainsi en parlent les prospectus touristiques. Mais pour vous, Bienne est plutôt «le long du canal» («Die Stadt am Kanal») – le canal de la Suze – qu'au bord du lac. Comment expliquez-vous cela?

L'accès au lac est très encombré, les rives appartiennent à quelques très rares privilégiés. Comment, dès lors, peut-on prétendre que Bienne est située au bord du lac? Notre ville est une ville au bord d'un canal. Le canal est son épine dorsale. Il lui donne son caractère spécifique.

Jörg Steiner est né en 1930. Il est enseignant – comme c'est le cas en Suisse pour beaucoup d'écrivains – à Nidau. Il a publié de très nombreux ouvrages littéraires, récompensés par plusieurs prix. Parmi ses oeuvres les plus connues: «Strafarbeit» (1963), «Ein Messer für den ehrlichen Finder» (1966), ainsi que des livres pour enfants illustrés par Jörg Müller. Jörg Steiner affiche un esprit critique, également envers la ville dans laquelle il vit depuis de nombreuses années.

want to be given medical treatment at home later. «Developments in the health sector show us that we must go in for out-patient care.» says Biel's director of Health and Aged Care Services, Jean-Pierre Vallotton. At present 35 residential homes are available in Biel and the Seeland region and more are planned. (Details: see «Heime».)

HÔPITAUX

Hôpital régional de Bienne
Chante-Merle 84,
tél. 24 24 24

Hôpital des enfants Wildermeth
Chemin du Clos 22,
tél. 22 44 11 / 42 06 61

Clinique des Tilleuls
Crêt-des-Fleurs 105,
tél. 21 91 11

Clinique Seeland
Rue Molz 6,
tél. 22 45 22

HORSERIDING

Horse lovers can cultivate their interest in Biel, whether they have their own horse or not:

Ranch Orpund Riding Hall
Ernst Schafroth
Holzmatt, Tel. 42 45 46

Riding School
Hermann von Siebenthal
Lindenhofstrasse 5, Tel. 41 85 33

Riding School
Eva Ernst,
Ranchweg-Fenchern
Kappelen, Tel. 84 55 88

As well as riding lessons by qualified instructors, these three riding schools also offer board for horses.

A boarding home for horses of a very special kind is the Pferdepension zum Taubenloch, located in the middle of woods at the entrance to the fabled Taubenloch Gorge:

Pferdepension zum Taubenloch
Auberge zum Taubenloch
Taubenloch 4, Frinvillier ob Biel
Mrs. Jennifer Fries, Tel. 58 11 32

HOSPITALS

Biel Regional Hospital
Vogelsang 84, Tel. 24 24 24

Wildermeth Children's Hospital
Kloosweg 22, Tel. 22 44 11/42 06 61

Linde Clinic
Blumenrain 105, Tel. 21 91 11

Seeland Clinic
Molzgasse 6, Tel. 22 45 22

HOTELS

Biel bietet 15 Hotels in allen Kategorien (* bis *****) an (707 Betten). Die meisten sind komfortabel eingerichtet mit Bad, Dusche und WC. Beim Verkehrsverein Tel. 22 75 75 kann ein Führer für Bieler Hotels bezogen werden. Die Preise und die Besonderheiten eines jeden einzelnen Hotels sind darin aufgeführt. Weitere Unterkunftsmöglichkeiten gibt es längs des nördlichen Seeufers.

HÔTELS

Nous avons à Bienne 15 hôtels de toutes catégories (* jusqu'à *****) (707 lits). La plupart d'entre eux sont confortablement équipés (bain, douche, WC). L'Office du tourisme (tél. 22 75 75) vous donnera volontiers un petit guide des hôtels biennois, lequel vous renseignera sur les prix et les particularités de chacun d'eux. D'autres possibilités de logement existent le long de la rive nord du lac.

HOTELS

Biel offers 15 hotels of all categories (* to *****, a total of 707 beds). Most are comfortably appointed, with bath/shower and WC. The Biel Tourist Office (tel. 22 75 75) publishes a guide to these hotels, individually listing rates and special features. Further accommodation possibilities are to be found along the northern shore of Lake Biel.

ICE HOCKEY: EHC BIEL

In 1939 Heinrich Plüss from the Grisons founded the Biel ice hockey club. Up to then, this attractive sport had been played mainly in the winter sports resorts. In 1947 the two Biel clubs – EHC Biel and EHC Tornados – decided to merge; this was the initial and perhaps decisive step in the development of ice hockey in this town. In 1955 **Willy Gassmann**, a publisher, was appointed president of the club, an enthusiastic sponsor who subsequently paved the way for Biel's steady ascent within the Swiss ice hockey hierarchy.

● 1958 – the club gets its artificially frozen rink.
● 1963/64 – Biel finishes first in its B-league group.
● 1973 – a covered rink is built, a vital prerequisite to top-level ice hockey.
● 1975 – Biel wins promotion to the top Swiss league and finishes the 75/76 season in second place!
● The record attendance was also recorded in the 75/76 season: 9,411 spectators at the EHC Biel – SC Bern game (promoted team vs. champions).
● 1977/78 – in the decisive game of the season EHC Biel beats Kloten 4:1 and wins the Swiss championship, to the astonishment of many a Swiss ice hockey fan!
● 1979 – an anniversary but not a championship season. However, 2 years later: EHC Biel wins the Swiss championship for the second time.

The Gassmann era ends with the close of the 1981/82 season. However, the team of EHC Biel **wins the 1983 championship** under the management of Jean Gräppi. EHC Biel is thus the most successful club team in the Biel/Seeland region, and in its 50th year remains one of the top Swiss ice hockey teams.

INFORMATION

Information is provided by the Tourist Office Biel, Bahnhofplatz 12, tel. 22 75 75, and the SBB (Swiss railways) customer service office in the station itself, tel. 23 11 33.

INSTITUTIONS FÉMININES

L'Association des sociétés féminines biennoises groupe environ 30 institutions qui luttent pour l'amélioration de la condition de la femme dans notre société.

La présidente de l'Association des sociétés féminines biennoises est Pia Fehr, chemin de Schwadernau 9, tél. 42 42 52.

Depuis quelques années déjà, les femmes de Bienne luttent pour obtenir un soutien officiel pour un bureau régional de la condition féminine. Le bureau «F-Info», rue Haute 4, ne fonctionne pas à plein temps pour l'instant.

La Fondation «Mère et enfant» (faubourg du Lac 46, tél. 22 69 11), loue des logements avantageux aux mères seules avec enfants.

Association des Amies de la jeune fille, Evilard (tél. 22 69 88): un service auquel les jeunes filles peuvent s'adresser pour trouver une place au pair dans une famille, en Suisse ou à l'étranger.

Appartements d'urgence pour femmes, rue de Morat 65, tél. 23 62 77.
A cette adresse, ce sont surtout les femmes battues qui trouveront de l'aide et un logement provisoire.

Cercle d'études des problèmes de notre temps, Verena Naegeli, maison Farel, quai du Haut 12, tél. 22 36 91.

JEUNESSE

Depuis plusieurs années, Bienne mène une politique active de la jeunesse. C'est dans cet esprit que fut créé en 1983 un poste de secrétaire à la jeunesse qui fait office d'intermédiaire et soutient les projets des jeunes auprès des autorités. Les institutions et locaux suivants sont à disposition des jeunes pour leurs manifestations et activités:

Centre autonome de la jeunesse (CAJ) et Coupole (ancienne usine à gaz), Villa Fantaisie, rue Alex-Schöni 26
Le CAJ (au demeurant le premier centre de jeunesse administré de façon autonome qui fut fondé en Suisse) offre de la place pour toutes sortes de manifestations. C'est une assemblée ouverte composée des habitués du centre, ainsi que de divers groupes de travail qui décident des programmes.

Knack
Faubourg du Lac 61, tél. 23 70 70
Ce centre d'animation met à disposition – en plus d'un service d'assistance – des ateliers, un laboratoire de photo, un équipement vidéo et une salle pour les «boums». Chaque mercredi: «portes ouvertes» de 17h à 22h.

Villa Ritter
Faubourg du Jura 36, tél. 23 89 55
Centre d'animation pour jeunes

Qui veut en savoir encore plus recevra toutes les informations détaillées au sujet des manifestations intéressant les jeunes au
Centre Info Jeunesse
Quai du Bas 106, tél. 22 03 77

Et s'il y a des problèmes...

Office de la jeunesse
Rue Centrale 49, tél. 21 24 92
Problèmes entre jeunes et parents? L'Office de la jeunesse conseille gratuitement sur les questions d'assistance et de droit.

Service de consultations psychologiques
Rue du Fer 9, tél. 22 44 77
Comme à l'Office de la jeunesse, on peut ici trouver aide et conseils, contre une rémunération souple.

JUGEND

Biel betreibt seit Jahren eine aktive **Jugendpolitik.** So wurde 1983 eigens die Stelle eines Jugendsekretärs geschaffen, der die Jugendlichen bei ihren Projekten als Vermittler zu den Behörden unterstützt.

Folgende Lokale und Institutionen stehen den Jugendlichen für Veranstaltungen und Aktivitäten zur Verfügung:

Autonomes Jugendzentrum (AJZ)
Villa Fantasie und Gaskessel
Alexander Schöni-Strasse 26
Das AJZ (übrigens das erste autonom verwaltete Jugendzentrum, das in der Schweiz entstanden ist) bietet Raum für alle möglichen Veranstaltungen. Hier bestimmen die offene Benützerversammlung und verschiedene Arbeitsgruppen, was geschehen soll.

Knack
Seevorstadt 61, Tel. 23 70 70
Dieses Animationszentrum stellt nebst Betreuung auch Ateliers, Fotolabor, Videoausrüstung und Partyraum zur Verfügung. Open House ist jeden Mittwoch 17.00 bis 22.00.

Villa Ritter
Juravorstadt 36, Tel. 23 89 55
Animationszentrum für Jugendliche

Wem das noch nicht genügt, der findet

weitere, detaillierte Angaben über Angebote und Veranstaltungen für Jugendliche im
Jugend Info Center
Unterer Quai 106, Tel. 22 03 77

Und wenn es Schwierigkeiten gibt...

Städtisches Jugendamt
Zentralstrasse 49, Tel. 21 24 92
Probleme zwischen Jugendlichen und Eltern? Das Jugendamt bietet kostenlos fürsorgerische und rechtliche Beratung.

Psychologische Beratungsstelle
Eisengasse 9, Tel. 22 44 77
Ähnlich wie auf dem Jugendamt kann man sich hier – gegen ein flexibles Entgelt – beraten und helfen lassen.

Animierte Jugend

JUGENDHERBERGE

Am Waldrand, im Bözingenfeld, etwas ausserhalb der Stadt (Solothurnstrasse 137), bietet die Bieler Jugendherberge Doppelzimmer und Massenlager an.

JURA BERNOIS

Le Jura bernois ne doit pas uniquement sa renommée à l'élevage de chevaux et aux possibilités d'excursions multiples qu'il offre. De nombreuses industries importantes s'y sont implantées également:

les fabriques de machines

Kummer Frères SA à Tramelan

Wahli Frères SA à Bévilard

Tornos-Bechler SA à Moutier

LNS SA à Orvin et

Schaublin SA à Bévilard

ainsi que Tavapan à Tavannes

UMS Usines Métallurgiques Suisses SA, Usine Boillat SA, Reconvilier

Camille Bloch à Courtelary, fabrique de chocolats

Longines Cie à Saint-Imier, fabrique d'horlogerie (aujourd'hui ETA)

JURIDICTION

Dans le district de Bienne (Macolin et Evilard inclus), cinq juges ordinaires du tribunal (élus par la population) sont en fonction. Le tribunal biennois devant faire face à de lourdes charges, il a revendiqué un sixième poste de juge. La requête est encore en suspens. Transitoirement, deux juges suppléants apportent leur aide à 50%. A Bienne, on ne juge pourtant ni plus ni moins de délits que dans une autre ville de Suisse. Les procédures en sont cependant plus compliquées qu'ailleurs, à cause du plurilinguisme.

Les cinq magistratures sont réparties comme suit: un juge civil, un juge pénal, un juge d'instruction et deux fonctions combinées (juge pénal/juge d'instruction et juge civil/juge pénal unique).

Les audiences sont menées par un président et quatre juges ou par un juge seul auprès du tribunal d'instance. A Bienne, il y a huit juges ordinaires auprès du tribunal d'instance et quatre suppléants. Lorsque se présente un cas de haute criminalité (passible de plus de cinq ans de peine et sans aveux) on doit faire appel à un jury composés de trois juristes et de huit jurés.

Dans le district de juridiction du Seeland (comprenant Nidau, Büren, Aarberg, Cerlier, Laufen et Bienne), un total de 106 jurés peuvent être appelés à délibérer. Ces jurés ont été désignés par vote tacite dans les partis. Pour le seul district de Bienne, on compte 36 hommes et femmes jurés qui sont toujours élus dans leur fonction pour trois ans.

Les juges biennois doivent s'occuper le plus fréquemment d'infraction aux règles de la circulation. En deuxième position viennent les délits de drogues et de biens. Mais le tribunal civil n'est pas totalement désœuvré: par exemple, à Bienne, un couple marié sur trois aboutit au divorce!

KANTONS-ZUGEHÖRIGKEIT

Am 6. Februar 1797 ergab sich Biel ganz ohne Gegenwehr den durch das Obertor einziehenden Franzosen. Die Vereinigung Biels mit der fränkischen Republik wurde beschlossen. Die Konsulverfassung von 1799, die **Napoleon Bonaparte** zum unumschränkten Herrscher über Frankreich machte, raubte Biel noch den letzten Rest seiner Selbstverwaltung. Die französische Herrschaft, die Biel in den finanziellen Ruin stürzte, fand 1813 ein Ende.

Am 20. März 1815 bestimmte der **Wiener Kongress,** dass die Stadt Biel mit ihrem Gebiet dem **Kanton Bern** zugesprochen werden sollte.

KINDER

In Biel und Umgebung möchten rund 30 **Spielplätze** von Kindern entdeckt werden! Sogar zwei **Robinsonspielplätze** locken zu Abenteuern: In Mett das ganze Jahr – der Robinsonspielplatz in Nidau dagegen wird nur im Sommer betreut. Jeweils am Mittwoch-, Freitag- und Samstagnachmittag können sich alle schulpflichtigen Kinder dort austoben. Kinder unter 6 Jahren dürfen auf dem Robinsonspielplatz in Begleitung von Erwachsenen spielen. Phantasie und Lust auf Farben ist im **Malhaus** Trumpf: An der Ernst-Schülerstrasse 13 stehen Bieler Künstlerinnen und freiwillige Helferinnen den Kindern zur Seite, wenn Pinsel-Probleme auftauchen. Das Malhaus ist dienstags, mittwochs und freitags von 14 bis 17 Uhr geöffnet. Dass Kinder in der Stadtbibliothek Bücher ausleihen können, ist ja bekannt. In Biel können sie aber sogar Spiele ausleihen: Die **Ludothek** hat eine Auswahl von rund 700 verschiedenen Spielen! Der Spielverleih befindet sich an der Zukunftstrasse 21, Tel 23 55 10. Während der Sommerferien organisiert das städtische Schulamt **Ferienpass-Aktivitäten.** Daheimgebliebene Kinder können aus rund 80 Aktivitäten ihre Lieblingsbeschäftigung auswählen! Der Ferienpass kann beim Schulamt (Tel. 21 24 12) oder in der Stadtbibliothek (Tel. 22 27 61) bezogen werden.

Spielgruppen

Colibri, Dufourstrasse 44
Tel. 41 98 97

Puzzle, Industriegasse 3
Tel. 22 01 81

Ecole Joyeuse, Ringplatz 8
Tel. 23 49 26

Madretsch:

Rugeli, Mugeli und Ballönli,
Rainstrasse 43
Tel. 25 72 50

Sunnehüsli, Brüggstrasse 29
Tel. 25 24 65

Jeden Mittwoch nachmittag geht an der Madretschstrasse 67 der Vorhang speziell für Kinder auf: Das «Theater für di Chlyne» zeigt Puppen- und Marionettenspiele für Kinder ab 4 Jahren. Reservationen sind obligatorisch:
Tel. 82 36 77

Musikalische Früherziehung,
Industriegasse 3, Tel. 22 01 81

Haushütedienst für kranke Kinder
des SRK, Dählenweg 15
Tel. 25 29 95

KINO

In Biel gibt's acht Kinos mit insgesamt 2250 Plätzen. Ausser dem Sexkino Elite sind alle Lichtspielhäuser mit dem Dolby-Stereo-System ausgerüstet, das Kino Palace verfügt zudem über die grösste Kinoleinwand der Schweiz. «Was technische Einrichtung und Ausstattung der Kinos betrifft, ist Biel in der ganzen Schweiz führend», meint Vital Epelbaum, Bieler Kinobesitzer und Präsident des Schweizerischen Kino-Verbandes stolz und mit Recht. Filmfans kommen in Biel immer mehr in den Genuss von Schweizer Premieren – und nicht nur bei Bond-Filmen! Französische Filme werden hier zudem vor Zürich, Basel und Bern gespielt.

Adressen der Bieler Kinos:

Apollo, Zentralstrasse 51a
Tel. 22 61 10

Elite, Wyttenbachstrasse 2
Tel. 23 67 47

Lido 1 und 2, Zentralstrasse 32a
Tel. 23 66 55

Palace, Wyttenbachstrasse 4
Tel. 22 01 22

Rex 1 und 2, Unterer Quai 92
Tel. 22 38 77

Studio, Neuengasse 40
Tel. 22 10 16

KIRCHEN

Die **evangelisch-reformierte** Gesamtkirche Biel wird vom Farelhaus am Oberen Quai 12 aus verwaltet. Sie ist aufgeteilt in vier deutschsprachige und drei welsche Kirchgemeinden. Die Stadtkirche für Deutschschweizer befindet sich in der Altstadt (Ringplatz), Welschsprachige besuchen die Eglise Pasquart an der Seevorstadt 99a.

Deutschsprachige Gottesdienste werden gelesen in:

Madretsch: Pauluskirche, Blumenrain 22

Mett: Stephanskirche, Ischerweg 17
Calvinhaus, Mettstrasse 154

Bözingen: Zwinglikirche, Rochette 8

Für die Französischsprachigen:
Eglise de Madretsch, Eglise de Mâche und Eglise de Boujean.

Der reformierte Sozialdienst Biel arbeitet im Ring 4, Tel. 23 47 11.

Die **römisch-katholische** Kirche Biel teilt sich in drei Pfarrämter auf:

Kirche St. Maria, Juravorstadt 47

Bruder Klaus, Aebi-Strasse 86

Christ-König, Geyisriedweg 31

In allen drei Kirchen werden die Messen in deutsch, französisch und italienisch gelesen. In der Christ-König-Kirche auch ungarisch.

Der Sozial- und Beratungsdienst der Katholiken befindet sich an der Murtenstrasse 48, Tel. 22 30 64.

Die **christ-katholische** Landeskirche Biel befindet sich an der Quellgasse 23, die Synagoge der **Israelitischen Gemeinde** Biel an der Rüschlistrasse 3.

KLIMA

Das typische **Bieler Wetter** ist nichts für Freunde eines tropischen Klimas. Regenschirm und -anzug gehören in jede Garderobe. Zudem ist der Himmel in den Wintermonaten oft von einer Nebelschicht verhängt... Einen Ausweg bietet ein Ausflug auf die Jura-Hügel, und ab Magglingen oder vom Tessenberg aus geniesst man die Sonne umso mehr – mit Blick auf ein herrliches Nebelmeer.

Klima: Schönwetterlage über Biel

KONGRESSHAUS

Im Kongresshaus – neuerdings auch Kongress- und Freizeitbetriebe genannt – werden jedes Jahr rund **500 Veranstaltungen** durchgeführt! Wenn man die zigtausend Menschen, die hier jährlich durch die Glastüren ein- und ausgehen, filmen und den Streifen gerafft ablaufen lassen würde – das Kongresshaus wäre ein menschlicher Ameisenhaufen! Ameisen, die an Tagungen diskutieren, an Versammlungen teilnehmen, bei Vorträgen und Pressekonferenzen zuhören, durch Ausstellungen schlendern, Konzerte, Theater und Filmvorführungen besuchen, sich bei Unterhaltungsabenden und offiziellen Feiern treffen, Tanz- und Sportveranstaltungen nicht verpassen und bei Lottomatchs mitspielen. Neben all diesen namenlosen Veranstaltungen seien hier fünf spezielle Anlässe erwähnt:

Februar: Die Fasnachtsbälle (Zunftball, Narrenkongress, Apachenball)

März: Bieler Brocante

Juli: Internationales Schachfestival

November: Internationales Old Time Jazz Meeting
Internationale Weinausstellung Vinifera

KONZERTE

Rund 365 mal im Jahr kann man in Biel ein Konzert besuchen! «Wir haben fast ein Überangebot an Veranstaltungen», meinen die Organisatoren von kulturellen Anlässen einstimmig. Von klassischen Abonnementskonzerten über Orgelkonzerte, Weihnachtskonzerte bis hin zu Jazz-, Funk- und Rockkonzerten wird alles angeboten. Die Organisatoren der **klassischen Konzerte** (wie die Orchestergesellschaft Biel, OGB, die Konservatoriums- und Musikgesellschaft Biel, KMB, und die ars musica) sowie die Organisatoren der Sparte **Jazz-Rock-Chanson** (wie Oreille-Art, Kulturtäter, Variété Blumenrain, ONO Kreuz Nidau, Emotions Acoustiques, Autonomes Jugendzentrum, Pod'Ring und Groovesound) arbeiten von Jahr zu Jahr enger zusammen und koordinieren die Daten ihrer Anlässe.

KRIPPEN

Die meisten städtischen und privaten Krippen in Biel nehmen Kinder verschiedener Muttersprachen auf und richten ihre Tarife nach dem Einkommen der Eltern. Das Säuglings- und Kinderheim «Stern im Ried» (Tel. 41 18 35) nimmt Kinder auf, die besondere medizinische und soziale Betreuung brauchen. Der Verein «Tageseltern Biel und Umgebung» (Tel. 25 90 25) vermittelt für Vereinsmitglieder geeignete **Tageseltern.** Plätze in den externen Bieler Institutionen Ferienheim Grindelwald und Kindererholungsheim Gstaad vermittelt das Jugendamt und die Erziehungsberatung.

Biel unterstützt und fördert ausserdem **Grossfamilien** in der Region wie beispielsweise die Grossfamilie Schleiffer in Brügg, die Grossfamilie Gerber in Diessbach (Tel. 81 23 40) oder das Chinderhus in Büetigen (Tel. 84 25 35). Die Grossfamilien bilden eine Wohn- und Lebensgemeinschaft.

Städtische Kinderkrippe, Zukunftsstrasse, Tel. 22 18 82

Städtische Kinderkrippe, Safnernweg, Tel. 41 44 64

Kinderkrippe Biel, Bubenbergstrasse, Tel. 42 35 76

LAC

Le lac de Bienne offre non seulement d'innombrables possibilités d'excursions, mais aussi maintes attractions pour les amateurs de sports nautiques. Le vent qui se lève régulièrement en fin d'après-midi attire irrésistiblement les mordus de **planche et de bateau à voile.** Ceux qui désirent s'adonner aux joies du **bateau à rames ou à moteur** ne sont pas laissés pour compte: ils disposent d'environ 40 kilomètres carrés de surface aquatique. De plus, les **pêcheurs** peuvent tenter leur chance (sans permis de pêche) depuis les berges du lac, sauf, bien sûr, dans les zones d'interdiction marquées. C'est **la Police du lac à Douanne** (tél. 95 22 22) qui est chargée de l'ordre. Au départ de Douanne, une équipe de sept hommes surveille l'ensemble du lac de Bienne, ainsi que l'Aar jusqu'à Soleure, la Thielle, le canal de Hagneck et la baie de Gampelen. Les opérations de sauvetage, cependant, sont également assurées par le **Service de sauvetage du lac de Bienne,** service privé qui a sa base près de la plage (tél. 22 55 77).

Autres adresses pour les sports nautiques:

Location de bateaux

Bateaux à rames / pédalos
Neptune SA
tél. 22 23 97

Ecoles de voile:

Ecole de voile (Olympic)
tél. 22 65 79

Ecole de voile du lac de Bienne
F. Wernli, Bienne
tél. 41 72 41

Ecole de voile et de bateau à moteur
Albatros, Erlach (Cerlier)
tél. 88 11 71

Ecole de voile de Vigneules,
J. Brack
tél. 23 51 42

Ski nautique

Club de ski nautique, Bienne
tél. 51 90 50

Planche à voile

Vaucher Sport, rue Dufour 8
tél. 22 16 19

Piranha, case postale 385

LAGE

Biel ist nach der Bundeshauptstadt die zweitgrösste Stadt des Kantons Bern. Die Stadt liegt auf den Koordinaten 7° östliche Länge und 47° nördliche Breite auf 434 Meter über Meer.

LAKE

As well as endless excursion possibilities, the Lake of Biel offers attractions for water sports enthusiasts. The regular local breeze in the late afternoon entices **surfers and sailing enthusiasts** to the Lake. The 15 square mile sheet of water is also a fine place for **rowing and motor boats.** In addition, **anglers** need no licence to fish from the lake shore, except in the signposted fishery protection areas. Order is kept by the **Twann Lake Police** (Tel. 85 22 22). From there the seven-man team supervises the entire Lake of Biel and the River Aare as far as Solothurn, as well as the Zihl and Hagneck Canals and Gampelen Bay. The «**Lake of Biel Rescue Service,** near the lido, a private organisation, can also be called in: Tel. 22 55 77.

Other addresses for water sports:

Boat hire

Neptun AG rowing boats/pedalos
Tel. 22 23 97

Sailing

Sailing School (Olympic)
Tel. 22 65 79

Lake of Biel Sailing School. F. Wernli, Biel, Tel. 41 72 41

Albatros Sailing and Motorboat School
Erlach, Tel. 88 11 71

Vingelz Sailing School, J. Brack,
Tel. 23 51 42

Water skiing

Biel Water Skiing Club
Tel. 51 90 50

Windsurfing

Vaucher Sport, Dufourstrasse 8
Tel. 22 16 19

Piranha, P.O. Box 385

Laufsport

Biel ist eine Hochburg des Laufsportes. Regelmässig pilgern Tausende von Läuferinnen und Läufern in die Seeländer Metropole, um an einer der sieben grösseren Veranstaltungen in der Region teilzunehmen. Der älteste, bekannteste und mit rund 4 000 Teilnehmern grösste Lauf ist der **Bieler 100-km-Lauf.** Seit 30 Jahren bringt dieser Wettkampf einer internationalen Teilnehmerschaft Erfolgserlebnisse, aber auch Blasen. Der «Hunderter» findet jedes Jahr im Juni statt und ist in der Region zu einem kleinen Medienspektakel mit unzähligen Live-Reportagen geworden.

Der populärste Lauf der Region ist der **RUBI** – **RU**nd um den **BI**elersee. Über 2 000 Sportler und Hobby-Jogger laufen oder marschieren jedes Jahr Ende September bei diesem Wettkampf mit. Im Frühling sind die Guttrainierten bereits wieder fit genug, um am **Bieler Marathon** mitzueifern. Genau 42,195 Kilometer müssen sie durchstehen. Über 400 Laufbegeisterte bewältigen jeweils die Strecke von Biel über Mett nach Büren und wieder zurück nach Studen, Port, Nidau bis zum Bieler Kongresshaus.

Ebenfalls im Frühling ist ein **25-km-Lauf** von Nidau nach Büren und zurück aktuell und im Spätsommer der **Halbmarathon** über 21,1 Kilometer von Nidau dem See entlang über Sutz-Lattrigen und zurück nach Nidau.

Weitere Laufsport-Höhepunkte sind der **Altstadtlauf** und der **Berglauf Biel-Magglingen.**

Law courts

In the administrative district of Biel (with Magglingen and Leubringen) five presiding judges in ordinary, elected by the voters, are in office. The Biel Court, with a heavy backlog of work, has asked for a sixth judge to be appointed, and its application is still pending. In the meantime, two additional judges, each working half time, are helping out. Biel does not have more crime than other comparable Swiss cities, but the very fact that more than one language is spoken complicates the judicial process.

The five **judgeships** comprise one **civil court judgeship,** one **criminal court judgeship,** one **investigating judgeship** and two **combined judgeships** (criminal and investigating judgeship and civil judgeship and criminal petty sessions judgeship).

The proceedings are conducted either by a presiding judge and four magistrates or by a judge alone. Biel has eight magistrates in ordinary and four surrogates. A serious criminal case (crime subject to sentence of five years or more and not-guilty plea), must be heard by a court with three jurists and eight jurors.

In the jury district of Seeland (comprising Nidau, Büren, Aarberg, Erlach, Laufen and Biel) a total of 106 jurors are liable to be called for service. They are agreed on by the parties in an uncontested election.

In the **Biel administrative district** alone, there are 36 men and women jurors, elected for a three-year period.

The most frequent cases before Biel's judges are those of road traffic offences. Second come drug offences and offences against property. But the civil courts also have plenty of work: for example, one in three marriages in Biel ends in divorce.

Légendes

A Bienne, on raconte depuis toujours deux légendes qui sont parties intégrantes de la ville et de la région: il paraîtrait que les promeneurs qui suivent le sentier des **Gorges du Taubenloch** entendent parfois des sanglots et que certains aperçoivent même une mystérieuse et blanche colombe qui vole entre les rochers... Gauthier, un jeune meunier de Boujean, aimait Béatrice, une jeune fille de Vauffelin. Les tourtereaux décidèrent de se marier. Mais il advint qu'Enguerrand, le cruel seigneur de Rondchâtel, fut pris du désir de posséder la jeune fille. Il tenta de l'enlever mais celle-ci préféra se jeter dans les gorges où elle disparut sous la forme d'une colombe blanche. Peu de temps après, le château de Rondchâtel fut attaqué et brûlé, et Enguerrand tué.

L'autre légende, celle de la **Source romaine,** raconte comment Bienne acquit son célèbre charme français: à l'époque où Bienne était occupée par les Français, les femmes lavaient leur linge dans le ruisseau. Un jour, un soldat français tomba dans ce ruisseau, près de la Source romaine, et fut emporté par les flots. Les femmes retirèrent ce pauvre soldat de l'eau, le soignèrent et le cajolèrent jusqu'à ce qu'il fût rétabli et vaillant. Le soldat remercia à sa manière, en bon Français... Et depuis lors – selon la légende – un certain charme français serait l'une des qualités de Bienne.

La Source romaine porte son nom depuis qu'on y a trouvé, en 1846, des pièces de monnaie romaines à l'effigie du dieu des sources Bélénos (Belenus), que les Romains identifiaient à Apollon. Il semble que Bélénos ait aussi donné son nom à la ville de Bienne.

The «Amthaus» houses the Law Courts

Legends

Since time immemorial the people of Biel have passed on two legends that have become just as much a part of the town as the lake:

Hikers in the **Taubenlochschlucht** («Pigeonhole Gorge») have been known to hear lamenting and sobbing, some even report seeing a mysterious white pigeon flying between the rocks...

Walter, a young miller from Bözingen, was in love with a girl from Flüglistal (Vauffelin). They wished to marry, unfortunately against the will of Ingelram von Rondchâtel, a regrettably evil knight. On the day the marriage was to take place he ambushed the bridal procession, killed Walter, and attempted to abduct the bride. She in turn threw herself into the gorge, disappearing into the abyss, half-floating like a white dove. Some time later Rondchâtel was attacked and destroyed, and Ingelram met a well-deserved end.

The legend of the **Römerquelle** («Roman Springs») tells of how Biel obtained its famous French charm: During the period of French occupation the womenfolk still attended to their washing in the town river. One day a French soldier fell into the river near the Roman Springs, and was swept away. The women found this unfortunate man half-dead in the water, rescued him, and nursed and pampered him until he was again fit and well. The soldier expressed his gratitude in the true French manner... and thus planted the seeds of French-Swiss charm in Biel!

By the way, the Roman Springs were thus named in 1846, the year in which coins offered to Belenus, the Roman god of springs, were found. Belenus is also said to be the origin of the name «Biel».

Libraries

Biel's **Municipal Library** (Dufourstrasse 26 in the new Neumarkt post office building) stocks reading matter to suit all tastes and occasions – whether for a cold and rainy day, lazing on the beach or for study purposes.

Other libraries: Farel Library (Oberer Quai 12), Mett District Library (Calvinhaus, Mettstrasse 154), Altstadt Lending Library (Schmiedengasse 13).

The Swiss Sports School at Magglingen possesses a nationally-known specialized library on sport.

Mes cinq plaisirs...

1. **Prendre l'apéro, le samedi matin, à la terrasse du Freieck (rue du Marché), en croquant un rouleau de printemps cuisiné au stand du Vietnamien.**

2. **Une certaine ambiance, tôt, les matins de septembre, lorsque le brouillard commence à se traîner le long de la montagne. La luminosité sur les toits de la Vieille Ville annonce déjà la paisible journée d'un bel automne.**

3. **Les matinées ensoleillées, lorsque le marché de la place du Bourg se pare de ses plus belles couleurs, de ses odeurs enivrantes. Les terrasses de bistrots animées où chacun savoure croissants chauds et petits cafés: un coup au coeur!**

4. **Une visite hebdomadaire à la Glaneuse ou chaque quinzaine aux puces de la place du Ring, et le suspense du trésor à découvrir, à bon compte.**

5. **La dégustation du menu du gourmet concocté par Madeleine Hoffmann au restaurant «Bielstube» dans le seul vraiment bel endroit de Bienne: la Vieille Ville.**

*Marlise Etienne
directrice de l'édition
BIEL-BIENNE*

Lieux de rencontre

Abraxas
Rue Centrale 54
Discothèque sans alcool pour les très jeunes. Le soir, près de l'entrée, le trottoir est aussi très animé. Attention: il y a une installation d'arrosage sur les marches de l'escalier!

Buffet de la Gare
Place de la Gare 4
Un buffet 1ère classe bien conservé dans le style ancien.

Le bar de l'Elite
Rue de la Gare 14
Bar chic avec une terrasse d'où l'on peut observer le trafic tout autour de la place Guisan.

Le bar Maxim's
Rue Wyttenbach 2
Ambiance anglaise raffinée pour le bar le plus distingué de la ville, au «Palace Club Hôtel».

Haudenschild
Rue du Canal 8
L'un des plus anciens restaurants de Bienne encore en exploitation. Aujourd'hui lieu de rencontre des gens sociables et de bon ton. Restauration soignée dans une atmosphère d'aujourd'hui.

Le Jean Bar
Rue du Canal 30
Après la fermeture des autres établissements, on trouve ici un public très varié. Occasionnellement, des musiciens de bar s'y produisent.

Mc Donald's
Rue de Nidau 43-45
Point de ralliement des teenagers... sur la rue également.

Odéon Bar
Rue de la Gare 31
Dans les folles années 60, c'était le rendez-vous des gens de plume, des artistes et de tous ceux qui voulaient le devenir. Aujourd'hui, on y rencontre aussi des hommes d'affaires, des ménagères, des «Yuppies» et des étudiants. Ce qui n'a pas changé à l'Odéon: la tenue des serveurs et le style «bistrot français».

Pubs
Mr. Pickwick
Rue du Canal 17 et
Rue d'Aarberg 123

Nelson
Rue Centrale 57

Big Ben
Rue de la Gare 20
Pubs classiques de style anglais.

Rotonde
(Maison du Peuple)
Rue de la Gare 11
De type brasserie-bistrot, la clientèle en est cosmopolite.

St-Gervais
Rue Basse 21
Bistrot légendaire de la Vieille Ville. Beaucoup de cachet et une belle terrasse en été.

Bar Chambord
Rue de la Gare 14
A l'hôtel Elite. Ouvert après la fermeture réglementaire des autres établissements, il est généralement animé par des musiciens.

Living

Biel can offer good **housing conditions** and reasonably-priced **accommodation**. From the old town – some of it traffic free – and from the newer residential parts, green open spaces, the lake and the Jura are all easily accessible. **Co-operative housing schemes,** already pushed ahead in «red Biel» of the inter-war years, are still an important factor. About 4,000 low-rent apartments are at present run by 25 co-operatives. But although – in the wake of the watchmaking crisis of the 1970s – Biel gained a reputation as a low-rent paradise, the situation has since changed. Land speculation and shortage of accommodation are also affecting the city.

Lists of vacant apartments are obtainable free from:
Municipal Housing Office
Alexander Schöni-Strasse 18
Tel. 21 25 03

Local authority

The Biel municipal local authority consists of **60 city councillors** (legislative body) and **a nine-member executive.** Unusual is the fact that five executive members are full-time politicians, and each is in charge of a department. The remaining four are part-timers with other jobs and they take part in all meetings of the executive with the right to vote.

The Biel City Council meets on a Thursday evening once a month in the Town Hall in the city's old quarter. Since 1981 the city has been run by a Social-Democratic majority. (See «Administration».)

Lost property

The lost property office man says he's already seen everything. «There's nothing new under the sun!» Keys (the item most frequently lost), purses, umbrellas, gloves, dentures, brassieres – and even a corset (They still exist?)

The municipal lost property office is at Burggasse 21, Tel. 21 93 90

The municipal transport undertaking's lost property office; Bözingenstrasse 78, Tel. 41 12 92

Swiss Federal Railways lost property office (in station): Tel. 22 61 31

Macolin

Macolin se situe sur le versant le plus méridional de la chaîne montagneuse du Jura, au-dessus de Bienne, à environ 1 000 mètres d'altitude. En partant de Bienne, on y accède facilement par le funiculaire, en mountain bike ou en voiture. Une excursion à Macolin permet de connaître des sites naturels variés et quelques bons restaurants. Au lieu dit «La Fin du Monde», s'ébattent régulièrement de nombreux sportifs. C'est ici en effet que se trouve **l'Ecole fédérale de sport de Macolin (EFSM)** qui, au cours des 40 dernières années, s'est développée au point de devenir le plus grand centre sportif de Suisse.

L'EFSM est une institution d'Etat placée sous l'autorité du Département fédéral de l'Intérieur. Elle se compose de trois disciplines: formation – service administratif sportif – recherche.

L'EFSM assure avant tout la formation de maîtres de sport et d'entraîneurs. De plus, l'école prête des livres et des films, mais conseille également les communes lors de la construction d'un complexe sportif. A Macolin, de nombreuses installations sportives sont à la libre disposition du public. Selon la saison, les amateurs de «fitness» peuvent essayer la piste finlandaise ou la piste de ski de fond, ou encore disputer un match de football ou de handball sur l'un des terrains de jeu.

Sportanlage in Magglingen

Magglingen

Auf dem südlichsten Jurahügelzug über Biel, auf rund 1 000 m über Meer, liegt Magglingen, von Biel aus bequem mit der Drahtseilbahn, per Mountain-Bike oder per Auto erreichbar. Das Ausflugsziel Magglingen bietet eine vielfältige Naturlandschaft und einige gute Restaurants an. Am sogenannten «End der Welt» tummeln sich auch immer unzählige Sportler. Magglingen ist Sitz der bekannten **Eidg. Sportschule Magglingen (ESSM),** die sich in den letzten 40 Jahren zum grössten Sportzentrum der Schweiz entwickelt hat. Die ESSM ist eine staatliche Institution, untersteht dem Eidg. Departement des Innern und gliedert sich in drei Teile: Ausbildung – Amtsstelle – Forschung.

Die ESSM bildet vor allem Sportlehrer und Trainer aus. Ausserdem leiht die Schule Bücher und Filme aus und berät die Gemeinden beim Bau ihrer Sportanlagen. Viele der Sportanlagen in Magglingen stehen der Öffentlichkeit zur freien Verfügung: Je nach Saison können Fitnessbewusste die Finnenbahn oder die Langlaufloipe ausprobieren oder auf einem der Spielfelder einen Fussball- oder einen Handball-Match austragen.

Magglingen

On the most southerly promontory of the Jura foothills above Biel, 3280ft. above sea level, lies Magglingen. Easily reached from Biel by funicular railway, mountain bike or car. As a place of excursion, Magglingen offers a widely varied countryside and a number of good restaurants. And there are always plenty of sportspeople to be seen at the so-called «end of the world». Magglingen is the home of the well-known **Swiss Sports School Magglingen (SSSM),** which, in the last 40 years, has developed into the biggest sports centre in Switzerland. The SSSM is a state institution, controlled by the Federal Interior Ministry and is composed of three sections: Education – Administrative service – Research.

Above all, the SSSM trains sports teachers and trainers. It also lends out books and films and advises local authorities on the building of sports facilities. Many of the sports facilities in Magglingen are open to the public, free of charge: according to the season, the fitness-minded can try the Finnish running track or the cross-country ski trail or play a football or handball match.

Marchés

En semaine, de gros producteurs mais aussi de modestes paysans et paysannes offrent leurs fruits et légumes sur les **marchés** de Bienne. Seule la foire aux bestiaux n'existe plus. La place du Marché-Neuf, sur laquelle elle se tenait, est devenue une place de parc pour voitures. Mais chaque année, durant tout un samedi d'octobre, c'est là que s'installe le **«marché aux oignons et aux fruits de qualité»**, offrant ses magnifiques tresses d'oignons et ses pommes et poires appétissantes. (Pendant la saison des **cerises**, c'est sur cette même place qu'une dizaine de petits étalages offrent leurs beaux fruits rouges).

Le deuxième mardi de décembre, sur la place du Bourg, se tient le **marché de la Saint-Nicolas**. Des bonshommes en pâte et autres douceurs, ainsi que de petits travaux manuels, sont mis en vente. Quelques jours avant Noël, c'est le traditionnel **marché aux sapins de Noël** sur la place du Ring, où chacun trouve son bonheur car le choix et grand.

Les marchés réguliers sont:

marché aux légumes: chaque mardi, jeudi et samedi, toute la matinée jusqu'à midi

marché du samedi: chaque samedi, des forains ou autres vendent leurs marchandises à la rue du Marché jusqu'à 16 heures.

foire mensuelle: elle a lieu le deuxième jeudi du mois le long des rues du Marché, de Nidau et du Collège.

marché aux Puces: le deuxième samedi du mois, de mai à octobre. Il dure jusqu'à 16 heures et se trouve sur la place du Ring, la ruelle du Haut et la ruelle de l'Eglise.

On peut encore ajouter: les marchés de Carnaval, ceux de la Braderie et ceux de la Kermesse de la Vieille Ville (voir «fêtes»).

Markets

Big agricultural producers as well as small farmers and rosy-cheeked farmers' wives still sell their fruit and vegetables regularly at the Biel **weekly markets**.
Only cows and horses are missing; the former cattle market has become the Neumarktplatz and has been largely turned into a car park. But on a Saturday in November this square is still the venue

Le marché aux puces à la Vieille Ville

of the colourful autumn **«Onion and Quality Fruit Market.»** Also, during the season about ten small stands around the Neumarktplatz sell **fresh cherries** – as long as supplies last.

A few months later it is time for the Christmas Markets. Every second Tuesday in December traditional good things to eat as well as handicraft products are on sale at the **«Chlausermärit»** in the Burgplatz. A few days before Christmas the **Christmas Tree Market** in the Ring offers a wide choice of sizes to suit every household.

The regular markets are:

Vegetable market: Every Tuesday, Thursday and Saturday until midday

Saturday market: Every Saturday local dealers sell their wares in the Marktgasse until 4 p.m.

Monthly market: Every second Thursday of the month there is a goods market in the Marktgasse, Nidaugasse and Collègegasse

Flea Market: From May to October every second Saturday in the month until 4 p.m. in the Ring, Obergässli and on the Kirchterrasse

And also: Carnival Market, Braderie Market, Old Town Fair (See «Festivals».)

Märkte

Landwirtschaftliche Grossproduzenten, aber auch einfache Bauern und rotwangige Bäuerinnen verkaufen ihr Obst und Gemüse noch regelmässig auf den Bieler **Wochenmärkten**. Nur Kühe und Pferde werden heute nicht mehr auf dem Markt angeboten; der ehemalige Viehmarkt ist zum Neumarktplatz und damit in erster Linie zu einem Autoparkplatz umfunktioniert worden. Jedes Jahr an einem Samstag im Oktober wird auf dem Neumarktplatz aber doch noch gehandelt: Der herbstliche **«Zwiebel- und Qualitätsobstmarkt»** bietet fantasievolle Zwiebelgestecke und farbenfrohe Obstauslagen an. Während der Kirschensaison werden auf dem Neumarktplatz ausserdem täglich **frische Kirschen** verkauft: Rund zehn kleine Stände am Rande des Platzes bieten ihre saftigen Früchte an - solange der Vorrat reicht!
Ein paar Monate später beginnen die **Weihnachtsmärkte**. Jeden zweiten Dienstag im Dezember werden am **«Chlausermärit»** auf dem Burgplatz «Grittibänze» und andere Köstlichkeiten, aber auch Bastelarbeiten verkauft. Ein paar Tage vor dem Weihnachtsfest heisst es dann wieder: «Oh Tannenbaum, oh Tannenbaum...» Auf dem **«Christbaummarkt»** im Ring gibt es eine riesige Auswahl - vom kleinsten Zierbaum bis zur grössten Weihnachtstanne.

Die regelmässigen Märkte:

Gemüsemarkt: Jeden Dienstag, Donnerstag und Samstag jeweils bis Mittag auf dem Burgplatz (Altstadt) und Brunnenplatz.

Samstagmärit: Jeden Samstag verkaufen einheimische Marktfahrer ihre Waren an der Marktgasse jeweils bis 16 Uhr.

Monatsmärit: Jeden zweiten Donnerstag im Monat ist Warenmarkt in der Marktgasse, Nidaugasse und Collègegasse.

Flohmärit: Von Mai bis Oktober jeweils jeden zweiten Samstag bis 16 Uhr im Ring, Obergässli und auf der Kirchterrasse.

Ausserdem: Fasnachtsmärit, Braderie-Markt, Altstadt-Chilbi (siehe «Feste»).

Médecins

L'Association des médecins du Seeland regroupe environ 280 membres. Quelque 150 médecins pratiquent à Bienne. On y trouve toute la palette des spécialisations médicales, de l'homéopathie à la chirurgie. A une exception près: la chirurgie cardiaque. Les citadelles de la chirurgie cardiaque se trouvent à Berne, Genève et Zurich.

A Bienne, la plupart des cabinets médicaux sont voués à la médecine interne (35) et à la médecine générale (23). Mais il y a aussi, par exemple, 12 cabinets spécialisés en psychiatrie et en psychothérapie. La chirurgie plastique et reconstructive se pratique également à l'Hôpital régional et à la Clinique privée des Tilleuls.

La ville ne manque pas non plus de dentistes avec 50 cabinets dentaires pour environ 53 000 habitants.

Media

News is an important economic factor for the bilingual city of Biel: around 1,200 people earn their living in handling it, compared with, for instance, only 700 employed in banks.

The most senior publication is the **Bieler Tagblatt** (circulation: 35 000), run by publishers W. Gassmann (Tel. 21 61 11). This daily newspaper appeared as early as 1850 as the «Seeländer Bote». The same company has been publishing the «**Journal du Jura**» (circulation: 16 000) - the French-language equivalent of the «Bieler Tagblatt» – since 1864.

Since 1978 a free bilingual weekly newspaper has been distributed in Biel and district called **«BIEL-BIENNE»** (Tel. 22 09 11). It is the biggest newspaper in the region, with a circulation of about 86,000. Biel is also served by a local radio station, the bilingual Channel 3 (Tel. 22 22 44). This covers an area with 150,000 potential listeners. In addition, there is a French-speaking local radio, **Radio Jura bernois** (Tel. 91 49 14).

The tri-lingual programme of the **Schweizerische Teletext AG** (Tel. 21 41 11) is edited in Biel. This young media firm subscribes to the major news agencies. News from all over the world pours in daily to be put into shape by the teletext sub-editors and fed into the TV programme. With the aid of special decoders the Teletext messages can be received by viewers on any television set in Switzerland, via all three transmitters in the appropriate language.

Switzerland's biggest press and film bureau, the **Büro Cortesi**, (Tel. 22 09 11) is also based in Biel. It was founded in 1965 by four pioneers and now employs around 50 people.

Médias

Pour la Bienne bilingue, les médias sont un facteur économique puissant: selon la chronique statistique, environ 1 200 personnes gagnent leur pain quotidien dans cette branche! En comparaison, par exemple, on ne compte que 700 personnes travaillant dans des banques!

La publication la plus ancienne est le **Bieler Tagblatt (tirage: 35 000)** des éditions W. Gassmann (tél. 21 61 11). Ce quotidien était publié en 1850 déjà sous le titre de «Seeländer Bote». La même maison d'édition produit depuis 1864 le pendant romand du Bieler Tagblatt, le **Journal du Jura** (tirage: 16 000).

Depuis 1978, un hebdomadaire bilingue et gratuit est distribué à Bienne et dans les environs: **BIEL-BIENNE** (tél. 22 09 11). Avec un tirage d'environ 86 000 exemplaires, c'est le plus grand journal de la région.

Bienne jouit également d'une radio locale bilingue: **«Canal 3»** (tél. 22 22 44). Sa zone d'émission atteint à peu près 150 000 auditrices et auditeurs potentiels. A Tavannes, il y a d'autre part une radio locale de langue française uniquement, **radio Jura bernois** (tél. 91 49 14).

C'est à Bienne également qu'est rédigé en trois langues le programme de **Teletext Suisse SA** (tél. 21 41 11). Cette jeune entreprise de média est abonnée au fichier de toutes les agences de presse importantes. Les nouvelles du monde entier y affluent quotidiennement, sont traitées par les rédacteurs du Télétexte, pour être ensuite introduites dans les programmes TV. Les bulletins du Télétexte peuvent être captés en Suisse sur chaque écran de télévision au moyen de décodeurs spéciaux, et cela sur les trois chaînes, dans les langues respectives.

A Bienne toujours est implanté le plus grand bureau indépendant de presse et de réalisation de films de Suisse: le **Bureau Cortesi** (tél. 22 09 11). Fondée par quatre pionniers en 1965, cette entreprise occupe aujourd'hui 50 personnes environ.

MEDIEN

«News» sind für die zweisprachige Stadt Biel ein starker wirtschaftlicher Faktor: Laut statistischer Chronik verdienen rund 1 200 Personen mit der Nachrichtenübermittlung ihre Brötchen. Im Vergleich dazu arbeiten beispielsweise bei Banken nur gerade 700 Personen!
Die älteste Publikation ist das **Bieler Tagblatt** (Auflage: 35 000) vom Verlag W. Gassmann (Tel. 21 61 11): Als Seeländer Bote erschien diese Tageszeitung bereits 1850. Im gleichen Verlag wird seit 1864 das welsche Pendant zum Bieler Tagblatt – das **Journal du Jura** (Auflage: 16 000) – gedruckt.
Seit 1978 wird in Biel und Umgebung eine zweisprachige Gratiswochenzeitung verteilt: **BIEL-BIENNE** (Tel. 22 09 11) ist mit einer Auflage von rund 86 000 Exemplaren die grösste Zeitung der Region.
Biel wird auch von einem Lokalradio bedient: Das zweisprachige **«Canal 3»** (Tel. 22 22 44) erreicht ein Sendegebiet mit rund 150 000 potentiellen Hörerinnen und Hörern. In Tavannes ist ausserdem ein rein französisch-sprachiges Lokalradio, das **radio Jura bernois** (Tel. 91 49 14), zuhause.
Von Biel aus wird das dreisprachige Programm der **Schweizerischen Teletext AG** (Tel. 21 41 11) redigiert. Dieses junge Medienunternehmen hat alle wichtigen Nachrichtenagenturen abonniert: Täglich treffen «News» aus der ganzen Welt ein, die von Teletext-Redaktoren bearbeitet und ins TV-Programm eingespiesen werden. Mit speziellen Decodern können auf jedem Fernseh-Gerät in der Schweiz die Teletext-Schrifttafeln empfangen werden. Und zwar auf allen drei Schweizer-Sendern in der entsprechenden Sprache.
Das grösste unabhängige Presse- und Filmbüro der Schweiz, **Büro Cortesi** (Tel. 22 09 11), ist ebenfalls in Biel angesiedelt. 1965 gründeten vier Pioniere dieses Unternehmen, das inzwischen rund 50 Personen beschäftigt.

MEETING PLACES

Abraxas
Zentralstrasse 54
Non-alcoholic disco for the very young. Plenty of life in the street and round the entrance in the evening. Watch out: there's a sprinkler system on the stairs!

Bahnhofbuffet
Bahnhofplatz 4
Beautifully-maintained 1st class old-style railway buffet

Elite Bar
Bahnhofstrasse 14
Smart bar where people can also sit outside and watch the traffic around the Guisan-Platz.

Maxim's Bar
T. Wyttenbachstrasse 2
The most refined bar in town in the «Palace Club Hotel» with dignified English atmosphere.

Haudenschild
Kanalgasse 8
One of the city's oldest restaurants still operating. Now social meeting place for the smart set. Stylish restaurant with contemporary atmosphere.

Le Jean Bar
Kanalgasse 30
A very varied public crowds in here after closing time for other places. Bar musicians occasionally found here.

MacDonald's
Nidaugasse 43-45
Where the kids hang out – in the street outside, too.

Odéon Bar
Bahnhofstrasse 31
In the «swinging sixties» this was the regular place for real and would-be literary people and artists. Today's customers are business people, housewives, yuppies and schoolkids. The liveried waiters and French bistro style have stayed the same.

Pubs
Mr. Pickwick
Kanalgasse 17 and Aarbergstrasse 123
Nelson
Zentralstrasse 57
Big Ben
Bahnhofstrasse 20
Classic British-style pubs.

Rotonde
(in the Volkshaus)

Bahnhofstrasse 11
Bar, restaurant and bistro all in one – and the guests are a mixed bunch, too.

St. Gervais
Untergasse 21
Legendary old town pub with lots of atmosphere and an attractive terrace in summertime.

Chambord Bar
Bahnhofstrasse 14
In Hotel Elite, open after normal regulation licensing hours, generally with bar musicians.

MICRO-ELECTRONICS

The Engineering College of Bienne has for several years trained HTL engineers in electrical engineering as well as in technical informatics and business informatics. On the other hand, the School for Microtechnical Professions, founded in 1872, has concentrated more on microelectronics which is used in watchmaking. The very first degrees for electronics engineers will be awarded by the School in 1990.

Numerous firms that have specialized in the area of microinformatics and microprocessor plans for production and components suppliers, are also to be found in Biel. Further particulars can be obtained from the Ingenieur-Schule, Quellgasse, in Biel, tel. 27 31 11, or from the Schule für mikrotechnische Berufe, Bözingenstrasse, tel. 42 14 11.

MIKRO-ELEKTRONIK

Die Ingenieurschule Biel bildet seit mehreren Jahren HTL-Ingenieure in Elektrotechnik und in technischer Informatik und Wirtschaftsinformatik aus. Die 1872 gegründete Schule für mikrotechnische Berufe widmet sich hingegen mehr der Mikroelektronik, die in der Uhrenbranche angewendet wird. Die allerersten Diplome für Elektroniker wird die Schule 1990 verteilen.

In Biel sind auch zahlreiche Unternehmen zu finden, die sich auf den Gebieten Mikroinformatik und Mikroprozessorpläne für die Produktion und für Bestandteillieferanten spezialisiert haben. Genauere Informationen gibt die Ingenieurschule an der Quellgasse in Biel, Tel. 27 31 11 oder die Schule für mikrotechnische Berufe an der Bözingenstrasse, Tel. 42 14 11.

MICRO-ÉLECTRONIQUE

L'Ecole d'ingénieurs de Bienne forme depuis plusieurs années des ingénieurs ETS en électrotechnique et en informatique technique et de gestion, tandis que l'Ecole des métiers microtechniques, fondée en 1872 et s'intéressant surtout à la microtechnique utilisée en formation horlogère, distribuera ses tout premiers diplômes d'électronicien en mars 1990.

Bienne compte également de nombreuses entreprises actives dans le secteur de la micro-informatique, du dessin de microprocesseurs inédits à la production et à la sous-traitance de composantes. Renseignements plus détaillés auprès de l'Ecole d'ingénieurs, rue de la Source 21, 2502 Bienne, tél. 032 27 31 11, ou de l'Ecole des métiers microtechniques, route de Boujean 31, 2502 Bienne.

MOTORING

Virtually every service station in and around Biel sells **unleaded and diesel fuels.**

Addresses for travellers arriving by train and wishing to **rent a car** in Biel and surroundings:

Biel:
Amag, car rental and repair services, Neue Bernstrasse, tel. 032/25 13 13
Avis AG cars and commercial vehicles, Rennweg 29b, tel. 032/41 44 54
Hertz AG, Bahnhofplatz 1, tel. 032/22 33 43
Kehrli und Oehler AG, Orpund Garage, Orpundstr. 77a, tel. 032/42 42 92.

Nidau:
Auto-Center AG, Hauptstr. 94, tel. 032/51 56 56.

Like all large towns and cities, Biel has a parking problem. This is where you are most likely to find a **parking space:**
Bahnhofplatz (metered)
Burgplatz (blue zone)
Ice stadium (Eisfeldstrasse, free)
Gartenstrasse (metered)
Kongresshaus (Silbergasse, metered)
Gurzelen football grounds (Scheibenweg, free)
Jelmoli department store parking facilities
Neumarktplatz (metered)
Rosiusstrasse (metered/blue zone)
Rüschli-Parking (Rüschlistrasse)
Wildermethmatte (between Göuffi strasse and Heilmannstrasse, metered).

Lakeside parking:
Schiffländte (wharf)
Strandbad (public beach)
Badhausstrasse
Seevorstadt («Krautkuchen», free)

The routing of the **N5 («National Highway 5»)** in the Biel region has been the subject of political discussion for almost the past two decades. Two possible routes have emerged over the years: JD89 **(northern bypass)** and D89 **(southern bypass).** The Biel authorities prefer the northerly solution, whilst the canton Berne (which is responsible for the project) views the N5 southern bypass as being more rapidly realisable.

In Biel one **motorway feeder** between Taubenlochschlucht Bözingen and La Heutte is completed. Access to western Switzerland from Biel is best via the main road on the north lakeside to Neuenstadt, and from there on the motorway to Neuchâtel.

The motorway to the Swiss midlands begins in Lyss. To travel to the eastern

Fragen an den Kabarettisten Emil Steinberger über das Bieler Publikum:

«Man merkt, dass Biel nicht die Kantonshauptstadt ist...»

Questions au fantaisiste Emil Steinberger à propos du public biennois:

«On voit que Bienne n'est pas la capitale du canton...»

Sie waren mit dem Zirkus Knie auch in Biel zu Gast. Erinnerungen?

Als Eisverkäufer oder Tierwärter im Circus Knie ist die Zweisprachigkeit tatsächlich ein grosses Problem! Als ich 1977 mit Knie in Biel gastierte, bestimmte die Zirkusleitung manchmal: «Heute abend spielen wir französisch!» Soviel ich weiss, schreibt der Zirkus dies aber nicht ins Inserat. Also ist man als Zuschauer unzufrieden, wenn man in der «falschen» Vorstellung sitzt. Es hagelt dann auch nachher Vorwürfe. Wieso habe ich damals nicht jeden Abend jeden Satz in beiden Sprachen gesprochen? Die Mimik wäre ja die gleiche geblieben, ich hätte sie einfach über beide Sätze hinweg aushalten müssen! Die Bewegungen wären entweder doppelt so lang geworden, das Eis, das ich ins Publikum warf, hätte länger fliegen müssen, damit ich den Satz zweimal hätte plazieren können. Aber die zehn Kinder, die ich als Tierwärter dressierte in der Manege, gehorchten alle, obwohl sie bestimmt verschiedensprachig waren. Was halt so eine Peitsche ausmacht...

Eine lustige Stadt?

Ob ich im Zirkus, im Stadttheater oder damals noch im Capitol spielte – gelacht wurde in Biel immer. Man merkt beim Lachen der Bielerinnen und Bieler, dass Biel nicht der Kantonshauptort ist, dadurch ist der Bieler unbelasteter, fühlt sich unkontrollierter, unabhängiger, spontaner (soll ich weiterfahren?), fantasiereicher, ungehemmter...

Biel-Bienne – ist das für sie Deutsch oder Welsch?

Steht Biel für eine normale Durchschnittsstadt, oder ist Bienne die Stadt, die man lobt, die Charme hat? Oder ist es gerade umgekehrt? Als Deutschschweizer müsste ich jetzt sagen: Biel ist dort, wo man die Stadt touchiert, wenn man von Grenchen kommend nach Neuenburg weiterfahren will, wo viel orange Farbe ins Auge springt, (Politessen, Trolley, Migros Markt, Coop), und Bienne erlebt man dort, wo man abhebt, in die Altstadt eintaucht, wo der Polizeiposten neben dem Theater ist, wo Kleinhandwerk und Ateliers Platz haben. Wobei ich die breite Strasse, die vom Bahnhof zur Innenstadt führt, auch eher als französisch empfinde. An einer Seitenstrasse entdecke ich das Amtsgebäude, entdecke ich neue Wandmalereien, mutige sogar. Das ist für mich der Bindestrich zwischen Biel-Bienne. Das hält zusammen. Die Grünanlagen am See und der Wanderberg Magglingen unterstreichen, dass ein Wort für eine solche Stadt nicht genügt.

*1933. War vorerst 9 Jahre Postbeamter, besuchte anschliessend während 5 Jahren die Schule für Gestaltung in Luzern und war 3 Jahre als selbständiger Grafiker tätig. 1964 startet der Hobby-Kabarettist mit einem ersten Einmann-Programm in Luzern. Der «Emil» wird in den folgenden 25 Jahren zur erfolgreichsten Schweizer Kabarettfigur. Weitere Höhepunkte im Schaffen des bekanntesten Schweizer Kabarettisten und Volksschauspielers: Sein neunmonatiges Gastspiel beim Zirkus Knie (1977) und seine Hauptrolle im Film «Die Schweizermacher» (1978). Nach grossen Tourneen in Deutschland und in der Westschweiz (auf französisch) nimmt er 1987 mit seinem letzten Programm «Feuerabend» Abschied von seiner Emil-Figur.

Vous avez déjà fait escale à Bienne avec le Cirque Knie. Des souvenirs?

Comme vendeur de glaces ou comme gardien d'animaux au Cirque Knie, le bilinguisme est effectivement un gros problème. Quand je suis venu à Bienne avec Knie, en 1977, on disait: «Ce soir, nous jouons en français!» Mais, pour autant que je sache, le Cirque ne le signalait pas dans ses annonces. Alors, quand ils se retrouvaient à la «mauvaise» représentation, les gens n'étaient pas contents. Après, les reproches pleuvaient. Pourquoi, à l'époque, n'ai-je pas dit chaque phrase dans les deux langues? La mimique serait restée la même, mais j'aurais dû pouvoir la garder pendant les deux phrases! Les mouvements auraient simplement duré deux fois plus longtemps; les glaces que je lance dans le public auraient dû voler plus loin pour que je puisse placer des deux versions... Mais les dix enfants que je «dressais» comme gardiens d'animaux sur la piste m'obéissaient au doigt et à l'œil, même s'ils parlaient des langues différentes. Ah, les vertus d'un fouet...

Bienne est-elle une ville gaie?

On a toujours ri lorsque je me suis produit au Cirque, au Théâtre municipal ou, autrefois, au Capitole. A travers les rires des Biennoises et des Biennois, on voit que Bienne n'est pas la capitale du canton... De ce fait, le Biennois est plus détendu. Il se sent plus libre, plus indépendant, plus spontané (dois-je poursuivre?), plus fantasque, plus libre, moins coincé...

Biel-Bienne est-elle, pour vous, alémanique ou romande?

Parle-t-on de Bienne, ville normale de moyenne importance, ou de Bienne, ville à encenser pour son charme? Ou est-ce l'inverse? En Alémanique, je devrais dire: Bienne est là où on touche la ville, quand on arrive de Granges pour rejoindre Neuchâtel au plus vite. Elle est là où la couleur orange saute aux yeux: hôtesses de police, trolleys, marchés Migros et Coop. Bienne se vit quand on s'y arrête; le temps de pénétrer dans sa Vieille Ville. Le poste de police y côtoie le théâtre, mais aussi les petits artisans et les artistes. La large rue qui mène de la gare au centre, je la ressens plutôt comme française. Dans l'une des rues adjacentes, j'ai découvert la Préfecture, de nouveaux graffiti, courageux parfois. Pour moi, c'est le trait d'union entre Biel et Bienne. C'est du ciment. Les espaces verts du bord du lac et le paradis de la marche de Macolin soulignent qu'un mot ne suffit pas pour décrire une telle ville.

Né en 1933. Il a été fonctionnaire postal pendant neuf ans, a suivi l'Ecole des arts visuels de Lucerne durant cinq ans et a exercé la profession de graphiste indépendant pendant trois ans. En 1964, il a commencé sa carrière de fantaisiste avec un premier one-man-show à Lucerne, et pendant 25 ans, «Emil» a assis sa réputation de fantaisiste suisse à succès. Points forts de sa carrière: le remarquable numéro qu'il a présenté au Cirque Knie (neuf mois, en 1977) et le rôle principal du film «Les faiseurs de Suisses» (1978). Après de grandes tournées en Allemagne et en Suisse romande (en français), il a abandonné le personnage d'«Emil» lors de son dernier spectacle («Feuerabend» - 1987).

parts of north Switzerland, take the main road via Grenchen to Solothurn, onto the motorway to Basle, Zurich or St. Gallen.

A «piece of America» in Biel: In 1935 close to 5,000 unemployed persons were registered in Biel. Plans issued by General Motors Corporation, Detroit USA, for an assembly plant in Switzerland were thus welcome food for hope. Biel subsequently placed 30,000m2 land with spur track at GM's disposal, and offered to build the relevant factory halls according to GM plans for a rental fee of 8% of the construction costs – and with exemption from local taxes on proceeds. This proposal was to be valid for an initial term of 5 years. Already in 1936 the first automobile assembled in Biel – a Buick – was delivered. 350,000 vehicles were built in the 40 years of GM activities in Biel.

In 1968 GM employed roughly 1,450 people, approximately 50 million Swiss francs were paid out in form of wages, taxes and customs duties.

These promising developments came to an abrupt end in 1975. The assembly lines had to be shut down, due to the fact that, as a result of the high customs duties imposed, GM Switzerland was no longer competitive. Since then GM has become a marketing organisation for passenger cars, utility vehicles and spare parts. Currently the GM workforce amounts to just over 200 persons, in Biel and Studen.

Meine «Fünf Besten»

1. Im Herbst mit den Kindern auf dem Bieler Strandboden Drachenfliegen.

2. Im Garten des «Raffaele» ein italienisches Menu geniessen.

3. Mit dem Velo dem Seeufer entlang auf die St. Petersinsel radeln, dort sich vergnügen und hernach mit dem Schiff nach Biel zurückfahren.

4. Von den schönsten Ferien wieder nach Biel-Bienne zurückkehren.

5. Ohne bestimmtes Ziel und ohne Termine durch die Innenstadt spazieren und hier und dort mit Bielerinnen und Bielern diskutieren.

Hans Stöckli
Stadtpräsident und Finanzdirektor

MOUVEMENT OUVRIER

A Bienne, ville de tradition ouvrière, il se forma très tôt un mouvement ouvrier puissant. C'est en 1888 déjà que fut fondée l'Union des ouvriers de Bienne et des environs, devenue plus tard l'**Union syndicale.** Cette union ouvrière s'engagea énergiquement pour défendre les intérêts des travailleurs biennois. Plusieurs objectifs importants firent partie du cahier des charges de l'Union syndicale: la mise sur pied d'une cuisine populaire, l'approvisionnement en bois de chauffage, des distributions de denrées alimentaires, ainsi que les problèmes fédéraux d'assurance responsabilité civile, de droit au contrat de travail et de loi douanière. En outre, elle soutenait les syndicats individuels dans leurs conflits avec le patronat.

A Bienne, l'époque rouge débuta en 1921, lorsque les socialistes gagnèrent les élections municipales. Ils remportèrent la majorité absolue tant au Législatif qu'à l'Exécutif et ils placèrent également l'un des leurs, le juriste biennois Hermann Kistler, dans le fauteuil de la mairie. Mais, juste après son élection, Hermann Kistler annonça qu'il ne souhaitait pas exercer sa fonction au-delà du 1er novembre, date à laquelle il se désisterait au profit du chancelier Guido Müller. Qui, dans l'intervalle, devait transférer son domicile de Nidau à Bienne.

Maire pendant plus de 20 ans, Guido Müller représente aujourd'hui encore, dans l'esprit des vieux Biennois, la «Bienne rouge». Né en 1875 à Boujean, Guido Müller était fils de cheminot. Ce politicien populaire, ancien maire et conseiller national fort estimé est décédé en 1963. Depuis 1980, Bienne est gérée par un Exécutif à majorité socialiste. Au conseil de ville (Législatif), les socialistes forment la «fraction» la plus forte et jouissent, avec les autres partis de gauche, de la majorité.

L'Union syndicale de Bienne groupe aujourd'hui quelque 10 000 personnes, lesquelles sont réparties dans 18 organisations différentes. Celle qui compte le plus grand nombre de membres de la région de Bienne est la FTMH, la Fédération suisse des travailleurs de la métallurgie et de l'horlogerie, avec 3 315 hommes et 760 femmes. En deuxième position vient la Fédération suisse des ouvriers du bois et du bâtiment (FOBB) avec 1 936 membres. Un peu moins de 800 membres sont inscrits au Syndicat du livre et du papier (783) et à l'Union des fonctionnaires PTT (777).

En 1991 sera célébré à Bienne le centenaire de la fête du travail du 1er Mai. Pourtant, ces dernières années, ouvrières et ouvriers ont été de moins en moins nombreux à participer à cette manifestation.

MUSEEN

Ein Besuch in Biels Museen muss nicht unbedingt an einem Regentag stattfinden. Die Häuser sind zum Teil schon von aussen eine Augenweide (so zum Beispiel das Museum Neuhaus an der Schüsspromenade) und haben – auch bei strahlendem Sonnenschein – eine magische Anziehungskraft: Mal schauen, was dahinter steckt!

Museum Schwab
Seevorstadt 50, Tel. 22 76 03

Spezialmuseum für Ur- und Frühgeschichte, neolothische und bronzezeitliche Funde aus den Ufersiedlungen des Bieler-, Murten- und Neuenburgersees.

Museum Neuhaus
Schüsspromenade 26, Tel. 22 55 83

Wohnen und Haushalten im 19. Jahrhundert. Das Museum Neuhaus befindet sich zur Zeit im Ausbau.

Museum Robert
Schüsspromenade 26, Tel. 22 86 89

Pflanzen und Tiere

Omega Uhrenmuseum
Jakob-Stämpflistr. 96

Ein spannender Überblick über die Uhr-Zeit. Telefonische Anmeldung nötig: Frau Apothéloz, 42 92 11.

Rebbaumuseum

Wie kommt der edle Saft in die Flasche? Alles über Traube, Ernte und Wein im Hof-Museum in Ligerz am Bielersee, 95 21 31

Sammlung Piasio

In naher Zukunft wird in Biel auch eine Sammlung zur frühen Filmgeschichte zu besichtigen sein: Die von der Stadt angekaufte Sammlung Piasio wird im Museum Neuhaus eingerichtet.

Uhrenmuseum La Chaux-de-Fonds

Nur wenige Auto- und Zugsminuten von Biel entfernt befindet sich das bekannte «Musée international d'horlogerie», rue des Musées 29, 039 23 62 63 oder 23 62 64.

Rebhaus Wingreis bei Twann

Museum für Wohnkultur im 17./18. Jahrhundert, Tel. 95 10 42; für Degustationen im Winzerkeller Tel. 95 15 40.

Kunsthaus

Biel hat zwar noch kein Kunsthaus, doch es ist einiges im Tun! Ab Herbst 1990 wird im ehemaligen Pasquart-Spital an der Seevorstadt 71 ein erster Ausstellungsbetrieb zu erwarten sein.

Geplant ist ebenfalls eine Altstadt-geschichtliche Sammlung in den ehemaligen Räumen des Konservatoriums, am Ringplatz 10 in der Bieler Altstadt.

MUSÉES

La visite des musées biennois ne doit pas nécessairement être réservée aux jours de pluie. Certaines des maisons elles-mêmes sont un régal pour les yeux (par exemple le Musée Neuhaus à la promenade de la Suze) et exercent une attirance magique. Même sous un soleil rayonnant, on éprouve le besoin de savoir ce qu'elles nous cachent! (Voir détails sous «Museen»)

MUSEUMS

No need to wait for a rainy day to visit Biel's museums. Some of them – such as the Museum Neuhaus on the Schüsspromenade – are attractive to the eye even from the outside, especially on a sunny day – and tempt the visitor to go inside. (For details see «Museen»:)

MUSHROOMS

Many people in Biel and district are keen mushroomers. In a good year they bring up to five tons a year to the City Chemist's office in the Rathausgässli to be checked. «Mushroom picking has become almost a popular sport around here.» says City Chemist Eugen Hauser. Thanks to well-illustrated reference books and many mushroomers' clubs, a large number of pickers know «their» 10 to 15 species and leave the others alone. Despite this, the **mushroom checking service** continually has to confiscate inedible, poisonous or putrid mushrooms – this was the fate of 230 kilos out of 1,200 kilos checked in 1987. In the Biel region, especially in the Jura, various types of the genus Trichonoma grow, varying from poisonous to edible and mistakes are frequent.
The mushroom control service, Rathausgässli 3 is open from 8 a.m. to 9 a.m. and from 11 a.m. to 12 noon from Monday to Friday. (Tel. 21 23 60)

NACHTLEBEN

In Biel und im benachbarten Nidau gibt es verschiedene **Discos** und **Nightclubs** wie das «Abraxas», das «Domino» und das «Memphis» (alle drei für Junge und Ganzjunge), sodann das «Astoria», das «Roxy» und das «Moonlight». Die **Prostitution** wurde von Biels Strassen verbannt; die Damen des ältesten Gewerbes bieten sich den Interessenten allwöchentlich unter der Rubrik «Bonsoir» in der Zeitung BIEL-BIENNE an.

NAVIGATION

C'est avec raison que les Biennoises et les Biennois, ainsi que la Société de navigation, sont fiers de leur flotte: **onze bateaux** qui peuvent transporter entre 50 et 800 passagers! Ils naviguent sur le lac de Bienne, sur l'Aar jusqu'à Soleure, et vont jusqu'à Morat et Neuchâtel lors du Tour des trois lacs.

MS Ile de St-Pierre. Avec une capacité de 800 passagers, ce bateau est le plus grand bâtiment des trois lacs.

MS Berna. Un bateau pour les grandes et moyennes occasions. Peut transporter 600 personnes et atteindre une vitesse de 24 kilomètres à l'heure.

MS Ville de Bienne. Un bateau qui convient à toutes sortes d'occasions.

MS Chasseral. Pour des conférences et des fêtes de famille. Il peut accueillir 400 personnes à bord. Sa vitesse maximale est de 26 km/h.

MS Seeland. Le bateau idéal pour les mariages.

MS Jura. D'un prix particulièrement avantageux pour des courses spéciales en petits groupes (jusqu'à 200 personnes).

MS Rousseau. Ce bateau est ancré à Cerlier. Peut également être réservé pour des courses spéciales (max. 125 personnes).

MS Nidau. Un bateau original, réservé aux courses spéciales sur l'Aar.

MS Büren. Le bateau des promenades agréables et détendues sur l'Aar.

MS Romandie II. Ce vétéran est plus particulièrement apprécié des individualistes (le «Romandie» est le plus ancien et le plus petit bateau de la Société de navigation du lac de Bienne).

MS Ville de Soleure. Le bateau de l'Aar, moderne et confortable.

La perle des excursions, c'est la course des Trois lacs (lacs de Bienne, de Neuchâtel et de Morat). La remontée de l'Aar sur le «Romandie» est une course qui plaît également: une promenade fluviale unique entre Bienne et Soleure en passant par la petite ville médiévale de Büren et la fameuse colonie de cigognes d'Altreu.

Bateaux pour deux à 800 personnes

NIGHTLIFE

There are a number of **discos** and **nightclubs** in Biel and nearby Nidau, such as the «Abraxas», the «Domino» and the «Memphis» (all three for the young and the very young), the «Astoria», the «Roxy», and the «Moonlight». **Prostitution** has been cleared off the streets of Biel; however, the ladies of the night nevertheless offer their services in a weekly column («Bonsoir») of the BIEL-BIENNE newspaper.

NOTFÄLLE

117
Polizeinotruf
(Nächstgelegener Polizeiposten)

118
Feuerwehrnotruf
(Nächstgelegene Feuerwehr)

144
Sanitätsnotruf

(01) 383 11 11
Rettung mit Helikopter

22 33 33
Ärztlicher und Zahnärztlicher Notfalldienst (nur für Notfälle und nur, wenn der behandelnde Arzt weder in der Praxis noch zuhause erreichbar ist)

24 24 24
Regionalspital Biel

22 44 11 / 42 06 61
Kinderspital Wildermeth

(01) 251 51 51
Vergiftungsnotfälle
(Schweiz. Tox-Zentrum)

140
Strassenhilfe
(TCS Pannendienst. Sonst Nummer einer Garage wählen.)

112
Störungsdienst

143
Die dargebotene Hand (Wer 143 anruft, bleibt anonym und kann mit der absoluten Verschwiegenheit der Kontaktperson rechnen. Die Palette von Problemen, mit denen die grösstenteils ehrenamtlichen Mitarbeiter dieses privaten Telefondienstes konfrontiert werden, reicht von Erziehungsfragen, materiellen Schwierigkeiten, Beziehungsängsten, unerträglichen Einsamkeitsgefühlen bis zum Gedanken an Selbstmord).

25 44 44 / 41 83 27
AA Anonyme Alkoholiker
(Kontakttelefon)

23 61 51
Drop-in (Drogenberatungsstelle am Obergässli 15 in der Altstadt, vor allem für Heroinsüchtige. Die Drop-in-Berater informieren Fixer, deren Eltern und Lehrer über Behandlungs- und Therapiemöglichkeiten. Sie setzen sich auch dafür ein, dass Abhängige nicht zu Aussenseitern werden, sondern, wo immer möglich, Arbeit und Wohnung finden. Die Hilfe ist gratis und diskret).

23 12 31
Notfall-Apotheke (Über diese Nummer gibt ein Tonband Auskunft darüber, welche Apotheke Notfalldienst hat).

23 70 70
Sorgentelefon KNACK (Bieler Jugendliche, die nicht mehr weiter wissen, Angst davor haben, eine Beratungsstelle aufzusuchen, aber doch mit jemandem über ihre Probleme reden möchten, wählen diese Nummer. Das Sorgentelefon der Städtischen Jugendberatung weiss, wie man mit seinen Schwierigkeiten am besten fertig wird).

22 10 66
SOS für werdende Mütter (antwortet Tag und Nacht)

22 55 77
Rettungsdienst Bielersee

21 23 85
Ambulanz

95 22 22
Seepolizei

41 85 85
Tierschutzverein Biel-Seeland

Tierärztlicher Notfalldienst:
Über die Telefonnummer der vier Bieler Tierärzte erhält man (über Band) Auskunft, welcher Tierarzt am jeweiligen Sonntag Notfalldienst hat.

Pikettdienste:

21 27 53 (während der Arbeitszeit)
Pikettdienst Gas- und Wasserwerk der Stadt Biel
Pikettdienst Wasser: nur für die Gemeinde Biel

21 27 27 (ausserhalb der Arbeitszeit)
Pikettdienst Gas: für die Gemeinden Biel, Nidau, Brügg, Leubringen, Magglingen, Ipsach, Port

42 55 51 (während der Arbeitszeit)
Pikettdienst Elektrizitätswerk der Stadt Biel. Nur für die Stadt Biel

42 35 69 (ausserhalb der Arbeitszeit)

41 28 04
Fischer Electric (für Biel und umliegende Gemeinden)

25 69 67 / 25 53 77
Schloss- und Schlüsselservice
M. Eschmann

41 24 33
Glaserei: Metglas, Peter Büchler

23 31 11
TCS

22 33 88
Verbandsnotfalldienst Spenglermeister- und Installateurverband SIV (auch für Heizungen)

55 20 46
Rohr-Reinigungen B. Kruse, Safnern

53 12 14 / 23 26 60
Evard und Rediffusion haben einen Pikettdienst für Kabelfernseh-Anlagen. Für gewöhnlichen Fernsehreparaturen kommt Sonntag kein Monteur ins Haus...

OBJETS TROUVÉS

«On voit de tout», prétend le fonctionnaire du bureau des objets trouvés! Des clés (elles se perdent souvent), des portemonnaie, des parapluies, des gants, des dentiers, des soutiens-gorge et même... un corset!

Le Bureau municipal des objets trouvés est situé à la rue du Bourg 21, tél. 21 93 90

Bureau des objets trouvés de l'Entreprise municipale des transports: route de Boujean 78, tél. 41 12 92

Bureau des objets trouvés des CFF (à la gare): tél. 22 61 31

ÖFFENTLICHER VERKEHR

Vier **Trolleybuslinien** und neun **Autobuslinien** erschliessen die Stadt Biel und Umgebung. Billette können im Bus gelöst werden – die Billett-Automaten der Verkehrsbetriebe geben auch Restgeld zurück! Auf dem ganzen Stadtnetz Biel/Nidau kostet die Einzelfahrt Fr. 1.20. Das Überland-Netz ist in fünf Tarif-Zonen eingeteilt. Am Überland-Netz angeschlossen sind die Gemeinden Tüscherz-Alfermée, Brügg, Aegerten, Studen, Worben, Port, Bellmund und Jens.

Es war einmal, da verkehrten in Biel auch noch die rot-weissen ratternden **Trämli**. 1948 mussten sie aber dem neuen Zeitgeist der Zukunftsstadt Biel weichen – die Trolleybusse übernahmen das Zepter. «Use mit de Schiene!» forderten damals die «Fortgeschrittenen». Heute zeugen nur noch wenige Aufnahmen aus dieser Zeit von der Pferdebahn und der elektrischen Strassenbahn Biel. Die 1874 gegründete Pferde-Eisenbahn Bözingen-Biel-Nidau war übrigens eine amerikanische Erfindung und wurde auch Bieler «Tramways» genannt. Ausser im Kanton Genf war dieses Betriebsmittel damals nirgends in der Schweiz zu finden. Die 18 Bieler Trampferde frassen aber zuviel Heu; die Ausgaben waren höher als die Einnahmen. Die Besitzerin der Pferdebahn, die Compagnie Générale des Tramways Suisses, Genf, verkaufte das unrentable Unternehmen 1901 der Gemeinde Biel. Noch im selben Jahr beschlossen die Bieler Behörden, die Pferdebahn auf den elektrischen Betrieb umzustellen. Die Strecke wurde ausgebaut und den neuen Bedürfnissen angepasst. 46 Jahre lang dienten die Strassenbahnen der Bieler Bevölkerung. Dann wurde der Verkehrsbetrieb auf Trolleybusse umgestellt. An einem Mittwochabend im Dezember 1948 nahm eine «Unmenge von Neugierigen» Abschied vom letzten Bieler Tram, wie das «Bieler Tagblatt» damals schrieb. (vgl. «Bahnen», «Seilbahnen», «Schiffahrt»).

OLD TOWN

Biel has a wonderful, picturesque old town – one of the best preserved in the whole of Europe. Most of the buildings preserved in the old quarter date from the

16th to the 18th centuries, but some are as old as the 15th century. The most ancient part of the city includes the **Ring** (with town church), Obergässli and Untergässli. Other attractions are the interesting **Burgplatz** (with Municipal Theatre, the completely renovated administrative buildings and the Vegetable Market) and several fountains.

Nowadays the Kanalgasse - the main East-West traffic artery - practically cuts the old town off from the new. This makes the old quarter of Biel a world in itself, with contrasts and romantic corners, renovated luxury apartments and cheap lodgings in old buildings. In addition to many businesses and ancient handicrafts, the old town contains branches of the city administration (police, foodstuffs inspectorate), the Rathaussaal (where the city council meets monthly) as well as many cafés and restaurants.

Ouvert le dimanche

A Bienne, on peut faire certains achats urgents le dimanche également.

Si vous cherchez des fleurs:
Gare principale de Bienne, 8-19h
Batschelet, fleuriste, route de Brügg 64, 9-12h
Aebi, fleuriste, Gurnigelstrasse 21, Nidau, 9-12h
Gantenbein, fleuriste, Knettnauweg 9, Nidau, 10-12h

Meine «Fünf Besten»

1. Der Jutzhubel, wenn die Iris blühen.

2. Biel zur Zeit der Plastikausstellung.

3. Der Flohmarkt im Ring.

4. Bielern den «Römergraben» zeigen.

5. Die Schüsspromenade mit dem dort geplanten Museumszentrum.

*Dr. Ingrid Ehrensperger
Kunsthistorikerin*

200

Näf, fleuriste, Hauptstrasse 182, Orpond, 10-12h

Si vous cherchez des friandises pour le dessert du dimanche:
Vous avez le choix entre Progin (8 -18h), Schraner (7h30-18h) ou Konzelmann (8-17h45), tous à la rue de la Gare. Mais encore, pour vos envies impérieuses de salé ou de sucré: Winkler (8-18h30) à la rue Centrale, Aeschbacher (9-12h) au chemin Geyisried, Hebeisen (8-14h) à la route de Boujean, Cusumano (8-14h) à la rue Dufour, Etoile (8 -18h) à la rue de Morat.

Si vous cherchez de l'essence:
Dimanche et plus une goutte d'essence dans votre réservoir, ni de billet de 10 ou 20 francs, ni de carte Eurochèque pour le distributeur automatique? Gardez votre sang-froid! Aux stations d'essence suivantes, on vous servira personnellement, même le dimanche: Urania, place de la Gare 1, Station BP (7-22h), Garage Progress, route de Port 32 (7-20h) et Garage du Jura, rue Göuffi 18 (8-19h).

Si vous cherchez un kiosque:
Route d'Aegerten 34, 10-12h15
Gare, 5h45-22h30
Place de la Gare, 10-13h
Route de Boujean 131, 10-13h
Rue du Büttenberg 4, 10-13h
Rue Dufour 24, 10-13h
Rue du Moulin 58, 10-13h
Pont-du-Moulin 11, 10-13h
Chante-Merle, 11-16h

Un petit tuyau secret pour vos emplettes dominicales: le magasin self-service du Camping de Sutz-Lattrigen, tél. 57 13 45.

Pour le trafic postal du dimanche:
Au guichet des **urgences de la Poste principale de Bienne** vous pouvez consigner - en plus de vos lettres «Exprès» - vos colis. Cependant, un supplément de 50 centimes vous sera compté. Vous pourrez y acheter en petites quantités des timbres et des «postpacs». Ces petits emballages cartonnés tout prêts coûtent entre un franc cinquante et trois francs. Les heures d'ouverture du guichet des urgences: samedi 6-7h30, 11-12h30 et 14-18h; dimanche 8-11h et 18-21h.

L'Office des Télégraphes de Bienne (téléphone, télégramme, télex, téléfax) est ouvert le samedi de 7 à 21h30, le dimanche de 8 à 13h et de 17 à 20h30. Durant ces heures, vous pouvez aussi y faire des photocopies.

Palais des Congrès

Le Palais des Congrès - appelé depuis peu centre de congrès et de loisirs - abrite annuellement quelque **500 manifestations**. Si on filmait les milliers de personnes qui, chaque année, franchissent les portes vitrées, et que l'on passe ensuite le film à grande vitesse, le Palais des Congrès se transformerait en une fourmilière humaine! Fourmis discutant pendant un séminaire, participant à des manifestations, écoutant exposés et conférences de presse, flânant à travers des expositions,

visitant concerts, représentations théâtrales ou présentations de films, se rencontrant à l'occasion de soirées récréatives ou de fêtes officielles, ne voulant manquer ni rencontres sportives ni matches au loto. A côté de toutes ces manifestations sans appellation, il faut en nommer cinq, qui toutes sont particulières:

février/mars:	les bals de Carnaval (le bal de la Guilde, le Congrès des fous, le bal des Apaches)
mars:	la Brocante biennoise
juin:	le Festival international d'échecs
novembre:	le Meeting international Old Time Jazz
	L'exposition vinicole internationale Vinifera.

Parcs

Les alentours immédiats de Bienne sont largement dotés de forêts et de végétation. Et en ville même, **zones vertes, pelouses** et **places de jeu** sont nombreuses. Les plus importantes sont:
● le Parc municipal
● la Promenade du lac (Pasquart) avec le Strandboden et le «Häfeli» (petit port)
● l'île du Moulin
● le Parc zoologique de Boujean
● la Promenade de la Suze (avec la Colonie des cygnes).

Pärke sind die grünen Lungen der Stadt

Parkanlagen

Von Biel aus ist man zwar schnell im Grünen draussen - doch auch in der Stadt selber gibt es zahlreiche **Grünzonen, Wiesen** und **Spielplätze**. Die wichtigsten:

● der Stadtpark
● die Seepromenade mit dem Strandboden und dem «Häfeli»
● die Mühleinsel
● der Tierpark in Bözingen
● die Schüsspromenade (mit Schwanenkolonie).

Parks

Although Biel is well and truly surrounded by attractive countryside, there are numerous **green zones, meadows and playgrounds** in the town itself. The most important facilities for leisure and relaxation are:

● the municipal park
● the lakeside promenade with Strandboden and «Häfeli»
● Mühle island
● Bözingen zoo
● the Schüss promenade (with swan colony).

Partis politiques

Le Conseil de ville de Bienne est composé des représentants des douze partis suivants pour la période de législature 1989-1992: (entre parenthèses: le pourcentage des voies obtenues par les partis, lors des élections municipales 1988 pour le Conseil de ville)

Parti radical alémanique (PRD; 16,8)

Union démocratique du centre (UDC; 5,7)

Parti socialiste (PS; 30,5)

Parti socialiste romand (PSR; 11,7)

Parti radical romand (PRR; 11,7)

Alliance des Indépendants (AdI; 2,9)

Parti démocrate-chrétien (PDC; 3,0)

Parti évangélique populaire (PEP; 1,9)

Union démocratique fédérale (UDF; 1,2)

Parti des automobilistes (PA; 5,7)

Liste libre (LL; 2,7)

Alliance verte et sociale (AVES; 6,1)

PFERDESPORT

Pferdenarren – mit eigenem Pferd oder ohne – können auch in Biel ihrer Leidenschaft frönen:

Reithalle Ranch Orpund
Ernst Schafroth, Holzmatt, 42 45 46

Reitschule
Hermann von Siebenthal,
Lindenhofstr. 5, 41 85 33

Reitschule
Eva Ernst, Ranchweg-Fenchern,
Kappelen, 84 55 88

Neben Reitunterricht mit diplomierten Reitlehrern bieten die drei Reitschulen auch Pferdepensionen an.

Eine Pension besonderer Art ist die Pferdepension zum Taubenloch, mitten im Wald gelegen, am Eingang zur sagenumwobenen Taubenlochschlucht:

Pferdepension zum Taubenloch
Auberge zum Taubenloch
Taubenloch 4, Frinvillier ob Biel
Jennifer Fries, 58 11 32

PHARMACIES

Biel has 16 pharmacies, most of which are centrally located, in beautiful, old buildings, yet of modern appointment. Opening times vary: most pharmacies are closed all day on Thursdays, others remain shut on Wednesdays, Mondays or Saturday afternoons. In urgent cases **telephone 231 231** will put you through to the duty pharmacy.

PHARMACIES

Bienne compte 16 pharmacies. La plupart d'entre elles se trouvent au centre, dans de beaux immeubles anciens, mais leur agencement est des plus modernes. Les heures d'ouverture varient: presque toutes sont fermées le jeudi, mais d'autres le sont le mercredi, le lundi ou encore le samedi après-midi. En cas d'urgence, on peut s'adresser au **numéro de téléphone 231 231,** qui indiquera le nom de la pharmacie de service.

PILZE

In Biel und Umgebung wird eifrig «gschwümmlet»: Bis zu 5 Tonnen Pilze werden in einem guten Jahr dem Stadtchemikeramt am Rathausgässli zur Kontrolle gebracht! «Pilzlen ist bei uns fast zum Volkssport geworden», meint der Stadtchemiker Eugen Hauser. Dank den gut illustrierten Pilzbüchern und zahlreichen Pilzvereinen kennen viele Pilzsucher «ihre» 10 bis 15 guten Sorten und lassen die übrigen stehen. Trotzdem muss die **Pilzkontrolle** immer wieder ungeniessbare, giftige oder verdorbene Pilze beschlagnahmen. 1987 wurden zum Beispiel von 1 200 kg kontrollierten Pilzen 230 kg beschlagnahmt. In unserer Gegend, vor allem im Jura, wachsen die verschiedensten Arten des Ritterlings – von giftigen bis essbaren. Bei dieser Pilzart kommt es immer wieder zu Verwechslungen.
Die Pilzkontrolle am Rathausgässli 3 ist Mo-Fr von 8-9 Uhr und von 11-12 Uhr geöffnet. (Stadtchemikeramt Tel. 21 23 60)

POLICE

En l'an 1815, lorsque Bienne ne comptait que 2 200 habitants, la sous-préfecture d'alors décida de fonder une garde, formée de deux hommes en uniforme, pour veiller à l'ordre et à la sécurité.
Ce n'est qu'en 1902 que fut constitué un véritable corps, organisé militairement, composé de onze hommes.

La **Police municipale de Bienne** compte aujourd'hui 114 employés, répartis en officiers, sous-officiers, policiers et hôtesses de police. Les tâches sont distribuées à différents commissariats: commissariat de l'industrie et de l'artisanat, de la circulation, de l'ordre et de la sécurité. Il y a en outre la police civile et de quartier, ainsi que la police de l'urbanisme. En plus de la Police municipale, la **Police cantonale bernoise** est chargée de «l'ordre et de la sûreté». (Sa responsabilité s'étend de la recherche de vélos volés à la confrontation de cambrioleurs et de meurtriers en passant par la lutte anti-drogue.)

Police municipale,
Poste de police
Rue du Bourg 21,
tél. 21 23 85 (en cas d'urgence 117)

Police cantonale
Rue de l'Hôpital 22
tél. 27 17 17

POLICE

In 1815, when Biel had 2,200 inhabitants, the authorities of the time decided upon the foundation of a two-man strong uniformed guard, which should keep the peace. It wasn't until 1902 that a proper force, a militarily organised eleven man team, was constituted.

The **police force of the city** of Biel today numbers 114, composed of senior officers, sergeants, policemen and policewomen. The duties of the police are divided amongst different departments: industry and trade, traffic, law and order. Then there are plain-clothes police, district police and building inspection officers. As well as the municipal police, the **Bernese cantonal police** also, naturally, take care of law and order. Their duties range from looking for stolen bicycles to combating drugs-related crime to the transport of burglars and murderers.

Police

Municipal Police, Polizeihauptwache (main police station),
Burggasse 21,
Tel. 21 23 85 (emergency number 117)

Cantonal Police,
Spitalstrasse 22,
Tel. 27 17 17

POLITICAL PARTIES

For the 1989-1992 legislative period, the following 12 parties are represented in the Biel City Council (in brackets the percentage of votes for the elections 1988):

Radical-Democratic Party (FDP; 16,8)

Swiss People's Party (SVP; 5,7)

Social-Democratic Party (SP; 30,5)

Romand Socialist Party (PSR; 11,7)

Romand Radical Party (PRR; 11,7)

Independents' Party (LdU; 2,9)

Christian-Democratic People's Party (CVP; 3,0)

Protestant People's Party (EVP; 1,9)

Federal Democratic Union (EDU; 1,2)

Automobile Party (BEAP; 5,7)

Free List (FL; 2,7)

Green Alliance (GB; 6,1)

POLITISCHE PARTEIEN

Im Bieler Stadtrat sitzen in der Legislative 1989-1992 die Vertreter folgender 12 Parteien (in Klammer die Wähleranteile der Parteien in Prozenten anlässlich der Gemeindewahlen 1988 für den Stadtrat):

Partei

Freisinnig-demokratische Partei (FDP; 16,8)

Schweizerische Volkspartei (SVP; 5,7)

Sozialdemokratische Partei (SP) und Gewerkschaften (30,5)

Parti socialiste romand (PSR; 11,7)

Parti radical romand (PRR; 11,7)

Landesring der Unabhängigen (LdU; 2,9)

Christlich-demokratische Volkspartei (CVP; 3,0)

Evangelische Volkspartei (EVP; 1,9)

Eidg. Demokratische Union (EDU; 1,2)

Autopartei (BEAP; 5,7)

Freie Liste (FL; 2,7)

Grünes Bündnis (GB; 6,1)

POLIZEI

Im Jahr 1815, als Biel noch 2 200 Einwohner zählte, beschloss der damalige Landrat die Gründung einer zwei Mann starken uniformierten Wache, die für Sicherheit und Ordnung sorgen sollte.
Erst im Jahr 1902 konstituierte sich ein eigentliches Korps, eine militärisch organisierte, elfköpfige Mannschaft.

Die Bieler **Stadtpolizei** beschäftigt heute **114 Angestellte**, aufgeteilt in Offiziere, Unteroffiziere, Polizisten und Polizeihostessen. Die Aufgaben der Polizei sind in Kommissariate gegliedert: Kommissariat Industrie und Gewerbe, Verkehr, Ordnung und Sicherheit. Dazu kommen Zivil- und Quartierpolizei und Baupolizei. Neben der Stadtpolizei sorgt natürlich auch die Berner **Kantonspolizei** für «Sicherheit und Ordnung». Ihre Aufgaben reichen von der Suche nach gestohlenen Fahrrädern über die Bekämpfung der Drogenkriminalität bis zur Überführung von Einbrechern und Mördern.

Polizei

Städtische Polizei,
Polizeihauptwache
Burggasse 21,
Tel. 21 23 85 (in dringenden Fällen 117)

Kantonspolizei
Spitalstrasse 22
Tel. 27 17 17

POPULATION

In 1880 16,597 people lived in Biel. The number of inhabitants had risen to 64,333 by 1970. Over ten thousand people (unemployed and their families) left Biel in the seventies.

At the 1980 census, there were still 53,793 (and this number has hardly changed up to the present day), 25,598 men and 28,195 women, 69 percent between 15 and 64 and 16,2 percent over 65.

POSITION

Biel is the second biggest city in Canton Berne after the federal capital, Berne. Geographical position: Longitude, 7°; Latitude, 47°; Altitude: 1,424 ft. above sea level.

PRINTEMPS

A Bienne, on se réjouit tout particulièrement lorsque le printemps s'annonce. C'est aussi le début de la saison des asperges dont on raffole ici. Dès avril, on peut déguster cette savoureuse délicatesse (généralement en provenance du sol seelandais) dans la plupart des restaurants de Bienne et des environs.

Le jardinier de la ville plante ses fleurs dans tous les coins et recoins; le lac se réchauffe et s'égaye de bateaux, les pêcheurs peuvent à nouveau taquiner le goujon après la longue pause hivernale. Les jeunes et ceux qui le sont restés se retrouvent au bord du lac, avec leurs patins et planches à roulettes, leurs vélos et vélomoteurs...

Une fête en soi, ce sont les marronniers

de la promenade de la Suze et du faubourg du Lac: ils déploient leurs feuilles vert tendre et leurs fleurs roses ou blanches, enchantant promeneurs, cyclistes et amoureux.

PROMOTION OF ECONOMIC DEVELOPMENT

The recession experienced in the seventies prompted the Biel municipal authorities to initiate additional measures aimed at promoting local trade and industry and to thus secure employment for the citizens of Biel and surroundings.

In 1977 the city council established a commission and a bureau for the promotion of economic development. Furthermore, there is also a cantonal agency pursuing similar objectives.

These municipal organisations (controlled by the finance department) apply the following **promotion measures**:
● Investment loans (as a rule with a ceiling of 100,000 Swiss francs, over a term of 10 years).
● Tax relief.
● Assistance in finding suitable building ground and real estate.
● Provision of contacts with authorities, administrative departments and partners in trade and industry.
● Support in obtaining permits for foreign-based persons desiring to purchase land and/or facilities; help in obtaining work and residence permits.
● Information and documentations on the Biel region as a commercial base.

Adresses:
Canton: Spitalstrasse 20, tel. 23 10 14.
City: Rüschlistrasse 14, tel. 21 22 42.

PROTECTION DE L'ENVIRONNEMENT

Comme toutes les autres villes, Bienne procède quatre fois par semaine (deux fois par quartiers) au **ramassage des ordures** (conduit par l'Inspection municipale de la voirie).

A partir de 1990, les **objets encombrants** seront enlevés en même temps que les ordures ménagères. Ramassage spéciaux sur commande seulement.

Le verre, l'aluminium et les métaux peuvent également être déposés dans la rue un certain jour de la semaine. De nombreux centres d'achat ont installé leurs propres conteneurs pour le verre.

Les **piles** et les **tubes au néon** doivent être rapportés dans les commerces spécialisés.

Les brocantes (Texaid, Glaneuse et autres boutiques de seconde main) reprendront volontiers vos **vieux habits** encore en bon état. Ces brocantes reprennent aussi les vieux **meubles** et la **vaisselle**.

Le **papier** doit être réservé aux collectes de papier, qui sont régulièrement annoncées dans la Feuille officielle.

Rapporter les **pneus usés** au garagiste ou directement à la **Mura**.

La Mura, à Brügg, assure l'incinération des ordures et l'épuration des eaux usées; c'est une association dont font partie dix-sept communes de la région biennoise. En 1988, environ 43 000 tonnes de déchets y ont été brûlés. En outre, des déchets spéciaux tels que verre, aluminium, ferraille, gravats, pneus, etc., y sont traités ou transférés.

Quant à la **Station d'épuration**, on y produit en moyenne 72,3 mètres cubes de boues par jour.

La **Sovag**, station destinée au traitement des déchets spéciaux, déchets dangereux, liquides polluants, matières toxiques, a été construite à Brügg en 1983. Tous les produits en question y sont pris en charge, triés, contrôlés et transmis aux installations de traitement respectives, en Suisse et à l'étranger.

Hygiène de l'air

Vers le milieu de l'année 1988, l'**Office du chimiste municipal** a mis en service un véhicule de mesure qui contrôle en permanence l'air de Bienne et en indique les normes toutes les demi-heures. Au début de 1989, on y a ajouté une station de mesure fixe, 5, rue du Wasen (Ecole professionnelle). Les valeurs de dioxyde de soufre, de dioxyde d'azote et d'ozone sont publiées dans les quotidiens et à la radio locale, mais on peut aussi en prendre connaissance en formant le numéro 22 73 21 (répondeur téléphonique).

Pour tous renseignements complémentaires, s'adresser au chimiste municipal, 3, ruelle de l'Hôtel-de-Ville, tél. 21 23 60.

Hygiène de l'eau

Toute installation d'eau potable comporte plusieurs appareils de mesure qui relèvent en permanence la teneur de l'eau et donnent aussitôt l'alerte en cas de pollution. L'eau du lac exige un maximum de contrôle; les eaux souterraines n'en exigent qu'un minimum.
C'est le Service municipal du gaz et des eaux qui est responsable du contrôle de l'eau; mais le chimiste cantonal, le chimiste municipal et l'Université de Berne procèdent régulièrement à des contrôles de l'eau potable. On peut dire que l'eau est la denrée alimentaire la mieux protégée. Que ferions-nous sans eau propre?

PUBLIC TRANSPORT

Four **trolleybus routes** and nine **bus routes** cover the city of Biel and district. Tickets can be obtained in the buses from automatic dispensers which also give change. A single journey costs Fr. 1.20 on the entire Biel/Nidau city urban network. The inter-urban is divided into five fare stages and covers the communes of Tuscherz-Alfermée, Brügg, Aegerten, Studen, Worben, Port, Bellmund and Jens. (See «Railways».)

Once upon a time the rattling red and white **trams** ran in Biel. But in 1948 they had to give way to the new spirit of the times in the future-looking city and the trolleybuses took over. «Get rid of the tramlines» was the cry of the «progressives» at that time. Today only a few photographs bear witness to the age of the horse-drawn and electric tram. The Bözingen-Biel-Nidau horse-drawn line was established in 1874 and was, incidentally an American invention, also known as Biel Tramways. Apart from in Canton Geneva this form of transport was unique in Switzerland. But the 18 Biel tram horses ate too much fodder and the costs outstripped income. The owners, the Compagnie Générale des Tramways Suisses, Geneva, sold the unprofitable undertaking to the municipality of Biel in 1901, and in the same year it was decided to change over from horses to electricity. The route network was extended and brought into line with new needs. The trams served the city's population for 46 years before being replaced by trolleybuses. The newspaper «Bieler Tagblatt» reported that on a Wednesday evening in December 1948 a «large crowd of onlookers» bade farewell to Biel's last tram.

RAILWAY STATION

Biel's **main railway station** has been located in the so-called «Nidaumatten» since 1923. In 1906 the City Architect, Heinrich Huser, proposed moving the railway station from what is now the General Guisan-Platz westwards to its present site. The neo-classical building in the axis of the Bahnhofstrasse is notable for a huge temple-like front to the main entrance. This characterises the station as the new city gate and at the same time as a gateway to the world. A relief with two clock-carrying figures decorates the pediment.

In the waiting room, murals by Philippe Robert («Dance of the Hours», «Ages of Man», «The Seasons», «Time and Eternity»») can be admired.

The foreign currency exchange counter at the main railway station is open daily from 6 a.m. to 8 p.m. on weekdays and from 8 a.m. to 4 p.m. on sundays. Air passengers can hand fly-baggage in at the main station up to a few hours before departure, except for passengers of US airlines, who are subject to stricter security regulations. There is a smaller station in the suburb of Mett but this is for local train services only.

RAILWAYS

The **SBB** (Swiss federal railways) run hourly services from Biel to all larger Swiss towns. Thus, for example, the first service to Geneva leaves Biel already at 5.39 a.m., the last at 10.30 p.m. – mostly highly modern Intercity trains with air-conditioned carriages!

Two funicular car systems connect Biel with higher-situated regions: the **Biel-Magglingen** service in Seevorstadt and the **Biel-Leubringen** service in Schützengasse. Both have a valley and a mountain station, and both make one stop on the way (Hohfluh and Beaumont).

Since 1975 the modern commuter train **Biel-Täuffelen-Ins-Bahn BTI** has had direct underground access to Biel station. This service connects Biel with the Seeland.

The valley station of the **Ligerz-Tessenberg-Bahn** is located on the outskirts of Biel. Since 1912 this funicular service from Ligerz to Prägelz has provided access to and from Tessenberg and the SBB Lake Biel line.

RATTACHEMENT AU CANTON

Le 6 février 1797, Bienne se soumit sans résistance aux troupes françaises, qui entrèrent dans la ville par la Haute Porte. La Constitution de 1799, qui fut faite par **Napoléon Bonaparte** le maître absolu de la France, priva aussi les Biennois des derniers reliquats de leur autonomie. La domination française, qui ruina Bienne financièrement, prit fin en 1813.

Le 20 mars 1815, le Congrès de Vienne décida que la ville de Bienne et son territoire seraient attribués au **canton de Berne**.

RELIGION

Gemäss Volkszählung von 1980 leben in Biel:

30 958 Protestanten

18 496 Katholiken

194 Christkatholiken

103 Juden

4 042 andere

Die römisch-katholische Kirchgemeinde beschäftigt in ihren drei Pfarreien 6 Pfarrer, einen Priester (Aushilfe) und einen Spitalpfarrer. In der Missione cattolica italiana arbeiten zwei Pfarrer, in der Mision catolica espanola ein Pfarrer.
In den vier evangelisch-reformierten Kirchgemeinden Biel, Bözingen, Madretsch, Mett sind 13 Pfarrerinnen und Pfarrer tätig.

RELIGION

Selon le recensement de 1980, Bienne compte:

30 958 protestants

18 496 catholiques

194 catholiques-chrétiens

103 israélites

4 042 personnes d'autres religions.

Dans ses trois paroisses, l'Eglise catholique romaine occupe six curés, un abbé et un aumônier. Deux prêtres exercent leur activité à la Missione cattolica italiana, la Mission catolica espanola n'en compte qu'un.

Treize pasteurs et femmes-pasteurs se partagent les quatre paroisses évangéliques-réformées de Bienne, Boujean, Madretsch et Mâche.

RELIGION

According to the 1980 census of population there live in Biel:

30, 958 Protestants

18,496 Catholics

194 Old Catholics

103 Jews

4,042 others

The Roman-Catholic Church, in its three parishes, has six priests, one auxiliary priest and a hospital chaplain. Two priests work in the Missione cattolica italiana and one in the Mission catolica espanola.

In the four Protestant Reformed Church parishes of Biel, Bözingen, Madretsch and Mett, there are 13 ministers, both male and female.

RENSEIGNEMENTS

On peut se renseigner auprès de l'Office régional du tourisme de Bienne, place de la Gare 12, tél. 22 75 75, et auprès du Service à la clientèle des CFF, dans le bâtiment de la Gare, tél. 23 11 33.

RESTAURATION

A Bienne, des gens venus du monde entier cohabitent - pour le plus grand bonheur des amateurs de cuisine exotique! Car, dans quelle autre petite ville peut-on déguster des spécialités chinoises, indiennes, indonésiennes, yougoslaves, turques, italiennes et provençales? Et même les végétariens y trouvent leur compte.

Les restaurants du lac de Bienne sont renommés dans toute la Suisse, car ils se sont spécialisés dans la préparation de mets de poissons indigènes (perche, féra, truite). (Voir «Gourmets»). Des produits de première fraîcheur, «du lac à la poêle».

RUNNING

Biel is a stronghold of running for sport. Thousands of runners of both sexes go there to take part in one or other of the seven major events in the region. The oldest, best-known and, with 4,000 participants, biggest is the **Biel 100-km Run.** For 30 years this competition has been bringing an international field of participants success in some cases and blisters in others. It takes place annually in June and has become a media event and the subject of many live outside broadcasts.

The region's most popular run is the **RUBI - RU**nd um den **BI**elersee («Round the Lake of Biel»). In this contest more than 2,000 sportsmen and women and joggers run or walk at the end of September every year. In spring well-trained sports enthusiasts are again fit enough to go in for the **Lake of Biel Marathon,** which is exactly 42.195 kilometres long. A field of over 400 covers the route from Biel via Mett to Büren and back to Studen, Port and Nidau, finishing at the Biel Congress House.

Another spring event is the **25-km Run** from Nidau to Büren and back and in late summer comes the **Semi-Marathon** over 21.1 kilometres from Nidau along the Lake, through Sutz-Lattrigen and back to Nidau.

Other major events are the **Old Town Run** and the **Biel-Magglingen Mountain Run.**

SAGEN

In Biel erzählt man sich seit jeher zwei Sagen, die zur Stadt gehören wie der See: Spaziergänger in der **Taubenlochschlucht,** so erzählt die Schlucht-Sage, sollen hin und wieder ein Wehklagen und Schluchzen hören, manche sehen sogar eine geheimnisvolle weisse Taube zwischen den Felsen schweben...

Walter, ein junger Müller aus Bözingen, liebte ein Mädchen aus Füglistal (Vauffelin). Die beiden wollten heiraten, doch das passte dem bösen Ritter Ingelram von Rondchâtel ganz und gar nicht: Am Hochzeitstag überfiel er den Brautzug, tötete Walter und versuchte, das Mädchen zu entführen. Doch das stürzte sich lieber in die Schlucht - und entschwand, halb schwebend, als weisse Taube in der Tiefe. Wenige Zeit später wurde Ronchâtel überfallen und zerstört, Ingelram getötet.

Wie Biel zu seinem berühmten französischen Charme kam, erzählt die Sage der **Römerquelle:** In der Zeit, als Biel von den Franzosen besetzt war, wuschen die Frauen ihre Wäsche noch im Stadtbach. Eines Tages fiel ein französischer Soldat bei der Römerquelle in den Bach und wurde von den Fluten fortgeschwemmt. Die Frauen sahen den armen Soldaten im Wasser liegen, zogen ihn heraus, pflegten und hätschelten ihn, bis er wieder gesund und munter war. Der Soldat bedankte sich als echter Franzose auf seine Art gebührend... Seither, so will es die Sage, blüht in Biel der welsche Charme.

Die Römerquelle heisst übrigens so, weil dort 1846 Münzen gefunden wurden, die der römischen Quellengottheit Belenus geopfert worden waren. Belenus soll auch der Namensgeber der Stadt Biel gewesen sein.

SÄLE

Für jegliche Art von Konzerten und Kongressen stehen in Biel und Umgebung (u.a. auch in Hotels) zahlreiche Säle in den verschiedensten Grössen zur Verfügung. Besonders mit dem Kongresshaus prädestinierte sich die Seeländer Metropole für den Kongress-Tourismus. Das Kongresshaus bietet einen Konzertsaal, einen Vereinssaal, einen Vortragssaal, das Foyer und mehrere kleinere Räume zur Vermietung an. Die Direktion der Kongress- und Freizeitbetriebe Biel verwaltet neben den Kongresshaus-Sälen auch den Volkshaus- und den Hirschensaal.

SALLES

Bienne et ses environs peuvent abriter toutes sortes de concerts et de congrès: en effet, de nombreuses salles de dimensions très diverses sont à disposition (dans les hôtels également). Evidemment, avec son Palais des Congrès, la métropole seelandaise est prédestinée à attirer un tourisme de congrès. Au Palais des Congrès, on peut louer une salle de concert, une salle de société, une salle de conférence, le foyer et plusieurs petits locaux. La direction des Congrès et loisirs de Bienne gère, en plus du Palais des Congrès, la Maison du Peuple et la salle du Hirschen.

SCHACH

Der Bieler Schachclub wurde 1901 mit 10 Mitgliedern gegründet. Heute zählt der Club bereits 125 Mitglieder. Wichtige Anlässe wie das Schachturnier und das **Internationale Schachfestival** liessen Biel zur Hochburg des Schachsports werden.

Das seit zwei Jahrzehnten im In- und Ausland legendäre Schachfestival findet jeweils im Sommer im Kongresshaus statt, die Besetzung ist immer hochkarätig.

SCHIFFAHRT

Zu Recht sind die Bieler und Bielerinnen und die Schiffahrts-Gesellschaft stolz auf ihre Flotte: **elf Schiffe,** die zwischen 60 und 800 Passagieren Platz bieten. Sie verkehren auf dem Bielersee, erreichen auf der Aare Solothurn und gelangen auf der Dreiseen-Fahrt bis nach Murten und Neuenburg.

MS St. Petersinsel, das Flaggschiff, ist mit einem Fassungsvermögen von 800 Personen das grösste Schiff auf den Juraseen.

MS Berna, das Schiff für mittlere und grössere Anlässe, fasst 600 Personen und legt bis zu 24 Kilometer in der Stunde zurück.

MS Stadt Biel - das Schiff, das sich für alles verwenden lässt.

MS Chasseral - für Konferenzen und Familienfeste. Nimmt 400 Personen auf, maximale Geschwindigkeit 26 km/h.

MS Seeland, das ideale Hochzeitsschiff.

MS Jura, gibt sich besonders preisgünstig für Extrafahrten mit kleineren Gruppen (bis zu 200 Personen).

MS Rousseau, das philosophische Schiff, ist in Erlach stationiert; kann auch für Extrafahrten (mit max. 125 Personen) reserviert werden.

MS Nidau - das originelle Schiff für Extrafahrten auf der Aare.

MS Büren, das Schiff für gemütliche, unbeschwerte Aarefahrten.

MS Romandie II. Dieser Oldtimer wird besonders von Individualisten geschätzt (die «Romandie» ist das älteste und kleinste Schiff der Bielersee-Schiffahrts-Gesellschaft).

MS Stadt Solothurn, das moderne Aareschiff mit Komfort.

Die Perle im Ausflugs-Angebot ist die Drei-Seen-Fahrt auf dem Bieler-, Neuenburger- und Murtensee. Beliebt ist auch die Aarefahrt auf der «Romandie»: eine einzigartige Fluss-Schiffahrt zwischen Biel und Solothurn.

Mes cinq plaisirs...

1. Lire le journal un lundi suivant les élections et constater que les radicaux ont gagné des sièges.

2. Faire une promenade avec ma chienne au bord de l'Aar et de la Thielle.

3. Faire un bon gueleton arrosé de bon vin avec des gens que j'aime.

4. Etre assis à la terrasse de l'Odéon, à la belle saison, et voir passer les jolies filles en tenue légère.

5. Faire du lèche-vitrines le long de la rue de Nidau et de la rue de la Gare.

*Roland Katz
publicitaire-conseil*

Schools

In Biel there are 18 kindergartens (German and French speaking), 13 primary schools (in four of which classes are conducted in French), 15 secondary schoools (in three of which classes are conducted in French), 2 pre-university schools – called «gymnasiums» – (French and German classes), one trade college and one commercial college with German and French classes and 15 children's day-homes (German and French).

Das Seminar bildet Lehrer und Lehrerinnen aus

Other schools and institutes:

Regional College of Further Education
Silbergasse 31, tel. 21 21 24

Werkjahr (transitory year of work)
Dufour-West,
Dufourstrasse 18, tel. 23 21 97

Orthopedagogical day-school of the city of Biel,
Falbringen 20, tel. 41 53 85

Music Conservatory
tel. 22 84 74

Engineering College of Bienne
Quellgasse 21, tel. 27 31 11

Cantonal Traffic and Administration School,
Seevorstadt 49, tel.23 17 11

Cantonal School of Artistic Design
Wasenstrasse 5, tel. 41 02 34

Swiss Timber Trade College
Solothurnstrasse 102, tel. 41 42 96

State Teacher's Training College
Scheibenweg 45, tel. 25 88 11

In addition, there are about 15 private schools, from the doctors' assistants school and the language schools to the Rudolf Steiner School.

In Biel itself there is no university, but the university towns of Berne and Neuchâtel can be reached by car or train in only half an hour, Fribourg in one hour.

Schulen

In Biel hat es 18 Kindergärten (deutsch- und französischsprachig), 13 Primarschulhäuser (in vier davon werden auch französische Klassen geführt), 15 Sekundarschulhäuser (in drei davon werden ebenfalls französische Klassen geführt), 2 Gymnasien (französische und deutsche Klassen), eine gewerbliche und eine kaufmännische Berufsschule mit deutschen und welschen Klassen und 15 Kinderhorte (deutsch und welsch).

Andere Schulen und Dienststellen:

Regionale Weiterbildungsschule
Silbergasse 31, Tel. 21 24 24

Werkjahr, Dufour-West,
Dufourstrasse 18, Tel. 23 21 97

Heilpädagogische Tagesschule der Stadt Biel
Falbringen 20, Tel. 41 53 85

Konservatorium für Musik
Bahnhofstrasse 11, Tel. 22 84 74

Ingenieurschule Biel
Quellgasse 21, Tel. 27 31 11

Kantonale Verkehrs- und Verwaltungsschule
Seevorstadt 49, Tel. 23 17 11

Kantonale Schule für Gestaltung
Wasenstrasse 5, Tel. 41 02 34

Schweiz. Holzfachschule
Solothurnstrasse 102, Tel. 41 42 96

Staatliches Seminar
Scheibenweg 45, Tel. 25 88 11

Dazu kommen etwa 15 Privatschulen – von der Arztgehilfinnen- über die Sprachschule bis zur Rudolf Steiner-Schule.

In Biel selber gibt's keine Hochschule, doch sind die Universitäts-Städte Bern und Neuenburg mit Zug oder Auto in einer knappen halben Stunde zu erreichen, Freiburg in einer Stunde.

Schüss

Die Schüss fliesst vom jurassischen St. Immertal durch die Taubenlochschlucht nach Biel, teilt sich in drei Arme (Schüss-Kanal, Biel-Schüss und Madretsch-Schüss) und mündet im See. Sie wurde in den Jahren 1825 bis 1827 kanalisiert – man hoffte, so den periodischen Überschwemmungen bei Hochwasser ein Ende zu bereiten. 1839 bis 1843 wurde die Kanalgasse ausgebaut und die Schüss teilweise überdeckt, die Mühlebrücke wandelte sich dabei mehr und mehr zu einer reinen Durchgangsstrasse (von Solothurn nach Neuenburg).

In der Fischersaison werfen Kinder, Hobby- und Berufsfischer ihre Angel aus; schon manche «Forelle blau» wurde aus der Schüss gezogen.

Viele Bielerinnen und Bieler träumen davon, an der Schüss zu wohnen, sei es am Unteren Quai, wo das Flüsschen für eine idyllische Stimmung sorgt, oder im Osten der Stadt (Mühleinsel), wo teilweise romantisch-wilde Ufer die Schüss säumen. Den meisten bleibt aber nur der Spaziergang dem Fluss entlang, vor allem der Weg durch die Schüsspromenade ist abwechslungsreich: Bekannte und seltene Enten haben hier ihr Zuhause – ein kleines Paradies.

Schüss

The Schüss flows from the St. Imier Valley in the Jura through the Taubenloch Gorge to Biel, then splits into three arms – Schüss Canal, Biel-Schüss and Madretsch-Schüss – and empties into the Lake. Between 1825 and 1827 it was canalised with the aim of ending the periodic flooding. From 1839 to 1843 the Kanalgasse was extended and the Schüss partly covered, while the Mühlebrücke became increasingly just a through road from Solothurn to Neuchâtel. In the fishing season, children and amateur and professional anglers try their luck and many a «poached trout» has been taken from the Schüss. It is the dream of many local people to live by the Schüss, either on the Unterer Quai, with its idyllic atmosphere or in the eastern part of the city (Mühleinsel) where the river banks are wild and romantic in places. The most that the majority can manage, however, is a riverside stroll, which is also not devoid of charm and atmosphere, especially the way through the Schüsspromenade, where familiar and rare types of duck live: a minor paradise.

See

Der Bielersee bietet neben seinen unerschöpflichen Ausflugsmöglichkeiten Attraktionen für die Liebhaber aller Wassersportarten. Der regelmässige Lokalwind am Spätnachmittag lockt **Surf- und Segelbegeisterte** immer wieder an den Bielersee. Aber auch für **Ruder- und Motorbootfahrer** bietet das rund 40 Quadratkilometer grosse Gewässer einiges. Ausserdem können **Fischer** vom Seeufer aus ohne Patent ihr Glück versuchen – ausgenommen in den markierten Fischerei-Schongebieten. Für Ordnung sorgt übrigens die **Seepolizei Twann** (Tel. 95 22 22): Von hier aus überwacht die 7 Mann starke Truppe den ganzen Bielersee und die Aare bis nach Solothurn, sowie den Zihl- und Hagneck-Kanal und die Gampelerbucht. Rettungsdienst-Aufgaben übernimmt aber auch der private «**Rettungsdienst Bielersee**» beim Strandbad, Tel. 22 55 77.

Weitere sportliche See-Adressen:

Bootsvermietung

Ruderboote / Pedalos Neptun AG
Tel. 22 23 97
Segelschule Bielersee, F. Wernli, Biel
Tel. 41 72 41

Segeln

Segelschule (Olympic)
Tel. 22 65 79
Segelschule Bielersee, F. Wernli, Biel
Tel. 41 72 41
Segel- und Motorbootschule Albatros, Erlach, Tel. 88 11 71
Segelschule Vingelz, J. Brack
Tel. 23 51 42

Wasserski

Wasserski-Club, Biel
Tel. 51 90 50

Windsurfing

Vaucher Sport, Dufourstrasse 8
Tel. 22 16 19
Piranha, Postfach 385

Seeland

Das Seeland mit dem Grossen Moos ist der älteste und zugleich der **grösste Gemüsegarten** der Schweiz. Auf rund 1 500 Hektaren bauen gegen 1 000 Familienbetriebe über **60 verschiedene Gemüsearten** an; in diesem Gebiet wird jedes vierte Kilo Inlandgemüse produziert. Der Gemüseanbau dient vielen Betrieben als Nebeneinkommen zur allgemeinen Landwirtschaft. Etwa 300 Betriebe haben sich ausschliesslich auf den Gemüsebau spezialisiert.

Die durchschnittliche Jahrestemperatur im Seeland liegt bei 7 bis 9 Grad, und über das ganze Jahr verteilt fallen etwa 1 000 Millimeter Niederschläge. Der Gemüseanbau im Freiland und unter Plastikfolien beginnt anfangs März und dauert bis Ende November.

30 private und genossenschaftliche Handelsbetriebe beliefern mit ihren Kühllastzügen täglich jede grössere Ortschaft in der Schweiz mit Seeländergemüse.

Im Seeland, in Gimmiz/Walperswil, ist auch das für 14 Millionen Franken erstellte **Grundwasserwerk** zuhause. Der Bau dieser Grundwasseraufbereitungs- und -verteilanlage Ende der 60er Jahre war das erste gemeinsame «Werk» der 1967 gegründeten Wasserverbund Seeland AG. (vgl. «Trinkwasser»)

Das Seeland ist nicht nur als «Chabis- und Spargelland» bekannt – fast jeder hielt schon mal ein Päckchen **Aarberger Zucker** in der Hand.

Von unseren Vorfahren als «süsses» Salz bezeichnet, war Zucker jahrhundertlang ein ausgesprochenes Luxusgut; es wurde ausschliesslich aus Zuckerrohr in tropischen Ländern gewonnen. Mitte des 18. Jahrhunderts entdeckte man den Zucker in der Runkelrübe und züchtete diese weiter zur Zuckerrübe. Seit Beginn des 20. Jahrhunderts wird die Zuckerrübe auch in der Schweiz mit Erfolg angebaut.

Die 1912 gegründete Zuckerfabrik und Raffinerie Aarberg AG (ZRA) verarbeitet zusammen mit der Zuckerfabrik Frauenfeld alle in der Schweiz angebauten Zuckerrüben. Die ZRA beschäftigt durchschnittlich 250 Personen und verarbeitet während der Kampagne im Herbst täglich 7 000 Tonnen Zuckerrüben.

Seeland

Le Seeland, avec le Grand Marais, est le **jardin potager** le plus ancien, mais également le plus vaste de Suisse. Sur environ 1 500 hectares, quelque 1 000 exploitations familiales cultivent plus de **60 sortes de légumes**; un kilo de légumes du pays sur quatre provient de cette région. La culture maraîchère représente un revenu accessoire pour de nombreuses exploitations qui pratiquent l'agriculture en général. Néanmoins, 300 entreprises se sont spécialisées uniquement dans la culture des légumes.

La température annuelle moyenne du Seeland se situe entre 7 et 9 degrés, et les précipitations atteignent environ 1 000 millimètres répartis sur toute l'année. La culture maraîchère de plein air et sous protection de plastique commence au début de mars et dure jusqu'à fin novembre.

Avec leurs trains routiers frigorifiques, 30 entreprises commerciales privées et coopératives livrent journellement des légumes du Seeland dans chaque localité importante de Suisse.

Dans le Seeland, à Gimmiz / Walperswil, se trouve également le château d'eau. Sa construction a coûté 14 millions de francs. La réalisation, à la fin des années 60, de ce château d'eau, est la première «oeuvre» de la Communauté des eaux du Seeland SA, fondée en 1967 (voir «Eau potable»).

Le Seeland n'est pas uniquement le pays du chou et de l'asperge! Qui n'a eu en main un paquet de **sucre d'Aarberg**?

Appelé «sel sucré» par nos ancêtres, le sucre fut pendant des siècles un véritable luxe. Il était extrait de la canne à sucre issue de pays tropicaux. Au milieu du 18e siècle, on découvrit que la betterave fourragère contenait du sucre et on la cultiva dès lors comme betterave sucrière. Depuis le début du 20 siècle, la betterave sucrière pousse avec succès en Suisse également.

La Sucrerie d'Aarberg, fondée en 1912, traite, avec la Sucrerie de Frauenfeld, toutes les betteraves sucrières extraites du sol suisse. La Sucrerie d'Aarberg occupe en moyenne 250 personnes et traite, pendant la saison d'automne, 7 000 tonnes de betteraves par jour.

Seeland

The area of Seeland with its expanses of moorland is the oldest and also the largest **vegetable garden** of Switzerland. In an area of some 3 700 acres, about 1 000 family-run businesses cultivate over 60 different sorts of vegetables. Every fourth pound of vegetables grown in Switzerland comes from this area. Vegetable growing is, for many farmers, a means of income additional to general agriculture. About 300 businesses specialise only in vegetable cultivation.

The average yearly temperature in Seeland is between 7° and 9°C, and the yearly average precipitation is about 40 inches. Vegetable cultivation in the open and under plastic covers starts at the beginning of March and goes on till the end of November.

30 private and co-operative trading concerns make daily deliveries of Seeland vegetables to every large town in Switzerland with their refrigerated lorries.

Gimmiz/Walperswil in Seeland is the home of the 14 million franc **groundwater works**. The building of this ground-water preparation and distribution plant at the end of the 60's was the first joint project of the Seeland Water Federation Ltd., founded in 1967. (See «Drinking Water».)

Seeland is not only well-known as «the land of cabbage and asparagus» – nearly everyone has had a packet of **Aarberger Sugar** in their hand at some time or another.

Described by our forebears as «sweet» salt, sugar was, for hundreds of years, a luxury product, only obtained from sugar cane in tropical lands. In the middle of the 18th. century it was discovered that beetroot contained sugar and the sugar-beet was bred. Since the beginning of the 20th. century, sugar-beet has also been cultivated successfully in Switzerland.

The Aarberg Sugar Factory and Refinery AG (ZRA), founded in 1912, together with the Frauenfeld Sugar Factory, processes all the sugar-beet grown in Switzerland. The ZRA employs an average of 250 people and during the autumn season processes 7,000 tons of sugar-beet daily.

Senior Citizens

The **Pro Senectute** organisation runs an advice centre at Collègegasse 8 in Biel. This is where pensioners and their relatives can go for guidance if they have personal or financial worries. In emergencies cash grants are made and interim financial aid given. Pro Senectute also provides a house cleaning service, a car transportation service, a sickness and accident insurance scheme and even a chiropody service. Usually the costs of these facilities are based on the financial situation of the persons concerned. A booklet «Ein praktischer Wegweiser für Senioren» («Practical Guide for Senior Citizens») is obtainable from the Pro Senectute secretariat (Tel. 22 20 71). Further facilities for the elderly are available at the Golden Age Club, which is supported by various department store groups. Activities such as talks, theatre, games, dancing and competitions are organised. In Biel applications and bookings are accepted by the customer service at the Loeb department store, Tel. 23 54 61. (For more details see «Age» or «Alter».)

Service Clubs

International associations such as Rotary, Kiwanis, Lions and Zonta have members in Biel, too. The largest and best-known group is the **Rotary Club Biel**. In 1928 18 citizens of this town established the Biel chapter of this world-embracing society that is fast approaching its 100th anniversary. Today the Biel Rotary Club has more than 70 members of the various sectors of business and the professions. Active membership is held by one member of each business and profession. Most members come from the trades and from viticulture, followed by the industries.

Women, too, have formed service societies in Biel: e.g. the **Zonta Club Biel** has 34 members, without exception women «pursuing a profession of responsibility». Worldwide membership in this society numbers 60,000; the Biel branch was established in 1982. Like the Rotarians, the Zontas hold regular meetings in the Hotel Elite.

Service-Klubs

Internationale Vereinigungen wie Rotary, Kiwanis, Lions und Zonta haben auch in Biel Mitglieder gefunden. Die grösste und bekannteste Gruppe ist der **Rotary Club Biel**. 18 Bieler Rotarier gründeten 1928 den Bieler Club dieser weltumfassenden, bald 100jährigen internationalen Bewegung. Heute zählt der Bieler Rotary Club über 70 Mitglieder aus verschiedenen Berufssparten. Aktivmitglieder sind je ein Vertreter aus jedem Beruf: Die Sparte Gewerbe und Rebbau zählt am meisten Mitglieder, dann folgt die Industrie.

Aber auch Frauen haben sich in Biel zusammengeschlossen: Beispielsweise im Service-Klub **Zonta Club Biel**. Er zählt 34 Mitglieder – alles «Frauen, die einen Beruf mit Verantwortung» ausüben. Der Club hat weltweit rund 60 000 Mitglieder und ist seit 1982 auch in Biel vertreten. Die Zontas treffen sich – wie die Rotarier - regelmässig im Hotel Elite.

Shopping

Biel cannot be described as a city of big department stores, but this is more than made up for by the number of specialised shops. The shopping centre is a fairly compact area; from the **Bahnhofstrasse** via the **Nidaugasse** into the **Marktgasse** practically everything can be found, from luxury watches to the latest fashion in bathing costumes. When shopping, a stroll into the old town and the city's suburbs is also worthwhile.

Biel's shop assistants are known for their friendliness, and of course most of them can serve customers in both German and French.

Opening times vary between 8 a.m. and 10 a.m. (some teashops and bakers' shops earlier). General closing time is 6.30 p.m. (4 p.m. on Saturdays) but shops stay open until 9 p.m. on Thursdays. Shops, except for the big stores, normally close between 12 noon and 1.30 p.m. and all, without exception, close on Monday morning.

Situation

Bienne figure en deuxième place, après la capitale, parmi les plus grandes villes du canton de Berne. Les coordonnées de la ville sont les suivantes: 7° est de longitude, 47° nord de latitude, et 434 mètres au-dessus du niveau de la mer.

Dans le jardin potager le plus vaste de Suisse

Sommer

Im Sommer ziehen abends oft grosse Gewitterwolken vom Jura oder vom Westen her über den See, entladen sich in stürmischen Gewittern – am nächsten Tag scheint wieder die Sonne, als wäre nichts geschehen.
Der Bielerseewein reift am nördlichen Ufer, Segler flitzen über die Wellen, die Flotte der Schiffahrts-Gesellschaft ist dauernd unterwegs. Übrigens: Der See ist für viele Synonym für Sommer: Surfer, Badende, Bootsbesitzer und Hunde tummeln sich im oder am Wasser, im Strandbad und im Parc-Café arbeiten die Glacéverkäufer im Akkord. Die Wirte rund um den See haben längst die Tische auf die Terrassen gestellt und die bunten Schirme geöffnet. Da wird nun bis in die späte Nacht gegessen und getrunken. Vor den Ferien, meist am letzten Wochenende im Juni, ist die Innenstadt überflutet. Am traditionellen Sommerfest, der «Braderie», nehmen bis zu 100 000 Leute teil. Am 1. August drängt sich «Tout Bienne» am See: Wenn zur Feier der Gründung der Eidgenossenschaft ein prächtiges Feuerwerk auf einer Barke gezündet wird.
Im Sommer schiebt man in Biel gerne eine ruhige Kugel – ein Erbe der Uhrmacher. Denn diese taten drei Wochen lang ganz einfach nichts und genossen ihre wohlverdienten Uhrmacherferien. Die einstigen Uhrmacher sind zwar grösstenteils verschwunden – das Nichtstun blieb. Also nicht verwundert sein, wenn man im Sommer ab und zu vor geschlossenen Türen steht: Sogar das «Odeon» mitten in der Stadt macht vier Wochen lang den Laden dicht.

Sonntags Geöffnet

Auch am Sonntag können in Biel dringende Einkäufe erledigt werden.

Hier kriegen Sie Blumen:

Hauptbahnhof Biel, 8-19 Uhr
Blumengeschäft Batschelet, Brüggstrasse 64, 9-12 Uhr
Blumengeschäft Aebi, Gurnigelstrasse 21, Nidau, 9-12 Uhr
Blumengeschäft Gantenbein, Knettnauweg 9, Nidau, 10-12 Uhr
Blumengeschäft Näf, Hauptstrasse 182, Orpund, 10-12 Uhr

Hier kriegen Sie Leckeres für die Sonntagstafel:

Zum Beispiel bei Progin (8-18 Uhr), Schraner (7.30-18 Uhr) oder Konzelmann (8-17.45 Uhr) an der Bahnhofstrasse. Weitere Stationen für süsse oder salzige Notfälle sind: Winkler (8-18.30 Uhr) an der Zentralstrasse, Aeschbacher (9-12 Uhr) am Geyisriedweg, Hebeisen (8-14 Uhr) an der Bözingenstrasse, Cusumano (8-14 Uhr) an der Dufourstrasse und Etoile (8-18 Uhr) an der Murtenstrasse.

Hier kriegen Sie Benzin:

Sonntag und kein Benzin mehr im Tank, kein 10er- oder 20er-Nötli im Sack für den Benzin-Automaten? Ruhig Blut, lassen Sie den Tiger im Tank; denn an diesen Tankstellen werden Sie auch sonntags persönlich bedient: Urania, Bahnhofplatz 1, BP-Tankstelle (7-22 Uhr), Progress Garage, Portstrasse 32, (7-20 Uhr) und Garage Jura, Göuffistrasse 18 (8-19 Uhr).

Und ausserdem... für Sonntagskioskbenützer:

Aegertenstr. 34, 10.00-12.15 Uhr
Bahnhof, 05.45-22.30 Uhr
Bahnhofplatz, 10.00-13.00 Uhr
Bahnhofstrasse 22, 10.00-13.00 Uhr
Bözingenstr. 131, 10.00-13.00 Uhr
Büttenbergstr. 4, 10.00-13.00 Uhr
Dufourstr. 24, 10.00-13.00 Uhr
Mühlestr. 58, 10.00-13.00 Uhr
Mühlebrücke 11, 10.00-13.00 Uhr
Vogelsang, 11.00-16.00 Uhr

Ein kleiner Geheimtip für Einkäufe am Sonntag ist der Selbstbedienungsladen auf dem Camping-Platz Sutz-Lattrigen, Tel. 57 13 45.

Für sonntägliche Postgänge:

Am **Dringlichkeitsschalter in der Hauptpost Biel** können Sie neben (Express-) Briefen auch Pakete aufgeben. Allerdings wird ein Zuschlag von 50 Rappen verrechnet. Verkauft werden zudem kleine Mengen an Briefmarken und Postpacs. Diese fixfertigen Päckliverpackungen kosten zwischen anderthalb und drei Franken. Die Öffnungszeiten des Dringlichkeitsschalters: Samstag 6-7.30 Uhr, 11-12.30 Uhr und 14-18 Uhr. Sonntag 9-11 Uhr und 18-21 Uhr.

Das **Telegrafenamt Biel** (Telefon, Telegramme, Telex, Telefax) ist samstags von 7-21.30 Uhr, sonntags von 8-13 Uhr und 17-20.30 Uhr geöffnet. Zu diesen Zeiten können Sie dort auch fotokopieren.

Spitäler

Regionalspital Biel
Vogelsang 84, Tel. 24 24 24

Kinderspital Wildermeth
Klooseweg 22, Tel. 22 44 11 / 42 06 61

Klinik Linde
Blumenrain 105, Tel. 21 91 11

Klinik Seeland
Molzgasse 6, Tel. 22 45 22

Spitex

Wie andernorts besteht auch bei den betagten Bielerinnen und Bielern die Tendenz, so lange wie möglich in den eigenen vier Wänden zu wohnen und bei leichter bis mittlerer Pflegebedürftigkeit die **ambulanten, spitalexternen Dienste** in Anspruch zu nehmen. Für Spitex gibt es in Biel seit dem 1. September 1989 eine zentrale Stelle.

Spitex

Comme ailleurs, les Biennoises et les Biennois âgés préfèrent vivre chez eux le plus longtemps possible et faire appel, en cas de handicap léger ou moyen, aux soins infirmiers et sanitaires extra-hospitaliers (SPITEX). Bienne dispose depuis le 1er septembre 1989 d'un secrétariat central.

Spitex

As elsewhere, there is a tendency among the older citizens of Biel to live within their own four walls as long as possible and if a slight to average need for medical care arises, to make use of outpatient services, outside the hospital. There has been a Spitex central office since 1st September 1989.

Sport

A Bienne, les installations sportives sont nombreuses: **29 halles de gymnastique et 22 terrains de sport**. Environ **150 sociétés** vous proposent les activités sportives les plus variées: arts martiaux, sports d'équipes (ballon), sports d'hiver et sports nautiques, sports individuels ou de groupe. Selon l'EFS de Macolin (voir «Macolin»), la Gurzelen est l'installation sportive la plus vaste de la région. A la Gurzelen s'entraînent avant tout le FC Bienne (voir «FC Bienne») et le Club d'escrime de Bienne (dans les locaux des tribunes).

Le Stade de glace de Bienne est ouvert de mi-juillet à mi-mars pour le patinage. Pendant l'entre-saison (avril-juillet), il est utilisé pour les manifestations culturelles et sportives. La halle de curling, à la rue de la Patinoire, offre cinq pistes de jeu. La Société de Curling de Bienne est très populaire et s'efforce d'assurer la relève chez les jeunes.

Autres installations sportives:

Parachutisme (voir «Aéroports»)

Deltaplane
Montagne de Boujean
tél. 81 28 51

Karting
Kappelen, tél. 82 22 33

Minigolf
Studen, tél. 53 19 44
Kolibri, Lyss, tél. 84 66 67

Equitation
Anet, tél. 83 12 91

Piscine de plein air
Lyss, tél. 84 23 34
Granges, tél. 065 53 09 07
Aarberg, tél. 82 23 84
Büren s.A., tél. 81 23 41
Douanne, tél. 95 21 53
Bienne, tél. 22 40 82
Nidau, tél. 51 74 34

Squash
Büren s.A., tél. 81 38 88
Brügg, tél. 53 17 47
Longeau, tél. 065 53 05 95, 065 52 33 44
Nidau, tél. 51 88 78
Lyss, tél. 84 66 67

Tennis
(Voir «Sportanlagen»)

Ski alpin
Savagnières, tél. 039 41 16 12
Nods, tél. 038 51 13 62
Tramelan, tél. 97 52 66, 97 40 81
Prés-d'Orvin, tél. 22 00 97, 91 10 80

Parcours Vita
Dans la forêt de Madretsch, départ à l'angle sud-ouest du stade du Tilleul

Piste finlandaise
A Macolin. Départ en face de la halle de sport de l'EFSM.

Sportanlagen

Allein in Biel gibt es **29 Turnhallen** und **22 Sportfelder**. Etwa **150 Vereine** bieten die verschiedensten Sportarten an: Kampfdisziplinen, Ball-, Winter- und Wassersport, Einzel- oder Gruppentätigkeiten. Nach der ESSM in Magglingen (siehe «Magglingen») ist die **Gurzelen** die grösste Sportanlage in der Umgebung. Auf der Gurzelen trainiert vor allem der FC Biel (siehe «FC Biel») und in den Tribünenräumen der Bieler Fechtclub.

Die Bieler **Kunsteisbahn** ist für den Eislaufsport von Mitte Juli bis Mitte März geöffnet. In der Zwischensaison (April bis Juli) wird sie für kulturelle und sportliche Veranstaltungen benutzt. Die **Curlinghalle** an der Eisfeldstrasse bietet Platz für fünf Spielfelder. Die Curling-Gesellschaft Biel ist sehr populär und fördert gezielt den Nachwuchs.

Weitere Sportanlagen:

Fallschirmspringen (siehe «Flugplätze»)

Deltafliegen
Bözingenberg, Tel. 81 28 51

Karting
Kappelen, Tel. 82 22 33

Minigolf
Studen, Tel. 53 19 44
Kolibri, Lyss, Tel. 84 66 67

Reiten
Ins, Tel. 83 12 91

Freibäder
Lyss, Tel. 84 23 34
Grenchen, Tel. 065 53 09 07
Aarberg, Tel. 82 23 84
Büren a.A., Tel. 81 23 41
Twann, Tel. 95 21 53
Biel, Tel. 22 40 82
Nidau, Tel. 51 74 34

Squash
Büren a.A., Tel. 81 38 88
Brügg, Tel. 53 17 47
Lengnau, Tel. 065 53 05 95, 065 52 33 44
Nidau, Tel. 51 88 78
Lyss, Tel. 84 66 67

Tennis
TC Aarberg, Tel. 82 21 59
TC Biel, Tel. 41 16 41
TC Büren, Tel. 81 38 88
TC Dufour, Tel. 51 85 80
TC Schlossmatte, Tel. 51 62 10
TC Erlach (Clubhaus), Tel. 88 15 80
TC Evilard, Tel. 23 55 39
TC PUMA Lengnau, Tel. 065 52 88 02

TC Lengnau, Tel. 065 52 95 92
TC Lyss, Tel. 84 12 80
TC Magglingen, Tel. 22 56 44
TC Malleray-Bévilard, Tel. 92 10 94
TC Moutier, Tel. 93 42 89
TC La Neuveville, Tel. 038 51 20 98
Tennishalle Zihl AG Nidau, Tel. 51 00 98
TC Nods (Pierre Grise), Tel. 038 51 33 79
Tennis-Zentrum Scheuren, Tel. 55 10 86
TC Tavannes, Tel. 91 34 94
TC Worbenbad, Tel. 84 51 98
Tennis- und Squash-Center Brügg, Industriestrasse 18, Tel. 53 17 47
Tennis-Squash-Center Racine AG, Riesenmattstrasse 20, Büren a.d.Aare Tel. 81 38 88
Freizeitzentrum Kolibri, bei der Eisbahn, Lyss, Tel. 84 66 67
Tennis-Halle Herdi, Ipsach, Tel. 51 12 58

Ski alpin
Savagnières, Tel. 039 41 16 12
Nods, Tel. 038 51 13 62
Tramelan, Tel. 97 52 66, 97 40 81
Prés-d'Orvin, Tel. 22 00 97, 91 10 80

Ski nordisch
Langlauf-Loipen in Magglingen und Prés-d'Orvin.

Vita-Parcours
Im Madretscher Wald, Start beim Südwestwinkel des Linde-Stadions

Finnenbahn
In Magglingen. Start gegenüber der ESSM-Sporthalle

Sport équestre

Les fous d'équitation - propriétaires ou non d'un cheval - peuvent s'adonner à leur passion à Bienne aussi:

Manège Ranch Orpond,
Ernst Schafroth, Holzmatt, tél. 42 45 46

Manège de Bienne,
Hermann von Siebenthal,
rue du Lindenhof 5, tél. 41 85 33

Ranchweg-Fenchern, Kappelen,
tél. 84 55 88

Ces trois manèges offrent également une pension aux chevaux en plus de l'enseignement d'équitation donnés par leurs professeurs diplômés.

La pension pour chevaux du Taubenloch, située en pleine forêt, à l'entrée des gorges du Taubenloch dont la légende est si belle, est une pension particulière: Auberge du Taubenloch, Taubenloch 4, Frinvillier sur Bienne / Mme Jennifer Fries, tél. 58 11 32.

Sports facilities

In Biel alone there are **29 gymnasiums** (sports halls) and **22 sports fields**. About **150 clubs** offer the most widely differing sports: martial arts, ball games, winter and water sports, individual or group activities. After the SSSM in Magglinen (see «Magglingen») the **Gurzelen** is the largest sports facilty in the region. The FC Biel (see «FC Biel») football club trains on the Gurzelen and the Biel fencing club trains in the rooms beneath the stands.

The Biel Skating Rink is open for skating from the middle of July to the middle of March. In the low season (April to July) it is used for cultural and sporting events. The **Curling hall** on Eisfeldstrasse has space for five rinks. The Biel Curling Society is very popular and makes a point of encouraging new talent (further facilities see «Sportanlagen»).

Springtime

Springtime in Biel is a very special season. Then the eagerly-awaited **asparagus season** starts. Most restaurants in the city and region serve this delicacy (generally local produce from the Seeland) from April on.

Städtebauliches

Die Bieler **Altstadt** am Jurasüdfuss wuchs im 14. Jahrhundert in die Schüssebene hinaus, während der sonnenseitige Hang über der Stadt bis weit ins 19. Jahrhundert dem Rebbau vorbehalten blieb. Die Voraussetzung für eine Erweiterung der Stadt in der Ebene war 1825 der Bau des Schüsskanals. (vgl. «Schüss».) Damit wurden Hochwasserkatastrophen verhindert und die Entsumpfung des Geländes südlich der Stadt eingeleitet.

Die **Hauptachse** der Stadtentwicklung war die Linie von der Altstadt zum Bahnhof - von Nordosten nach Südwesten. Schräg dazu liegt der Schüsskanal, der in gerader Linie von Ost nach West zum See führt. Die spitzwinklige Lage dieser beiden Achsen hatte verhindert, dass die neuen Quartiere der Stadt nur durch das rechtwinklige Strassensystem parallel zu Zentralstrasse und Schüsskanal erschlossen werden konnten.

Anfangs des 20. Jahrhunderts wurden die **Aussengemeinen** Vingelz, Bözingen, Mett und Madretsch eingemeindet. Die Verkehrsführung für die ganze Agglomeration musste deshalb neu geplant und koordiniert werden. Neue Wohnquartiere und Industriezonen sollten künftig nach einem planerischen Gesamtkonzept entstehen. Die Stadt schrieb deshalb 1918 einen «Ideenwettbewerb zur Erlangung eines Bebauungsplanes der Stadt und ihrer Vororte» aus.

Der **Bebauungsplan** legte Richtlinien fest für neue Zonen und ihre Bebauungsart. Das bestehende Hauptstrassennetz musste ergänzt, das Strassenbahnnetz ausgebaut werden. Von Nidau bis Vingelz wurde das Seeufer gestaltet. Wichtigstes Ergebnis der städtebaulichen Studien war das Bahnhofquartier, das während den 20er und 30er Jahren im Stil des «Neuen Bauens» errichtet wurde und einzig in seiner Art in der Schweiz ist. (vgl. «Architektur».) Die 50er und 60er Jahre waren geprägt von einer expansiven Bautätigkeit am Stadtrand.

Die einzelnen Quartiere:

Bahnhofstrasse: Das nördliche Teilstück wurde 1864 als Zufahrt vom Zentralplatz zum damals eröffneten zweiten Bieler Bahnhof (vgl. «Bahnhof») am heutigen General Guisan-Platz angelegt. Zuerst wurde die Nordseite, später die Südseite dieses Teilstückes mit einheitlichen Wohn- und Geschäftshäusern und Hotels bebaut. Der ursprüngliche Stil des Abschnittes ist heute nur noch an der alten Fassade des «Bielerhof» und am Haus Nr. 46 zu sehen.

Der südliche, nach der Bahnhofverlegung gebaute Abschnitt der Bahnhofstrasse ist vom «Neuen Bauen» der frühen 30er Jahre bestimmt und wird vom Volkshaus dominiert.

Schüsspromenade: Von 1680 an wurden an der Schüsspromenade Bäume angepflanzt. An der Schüss liess sich im 18. Jahrhundert die Indienne-Fabrik als erstes Industrieetablissement von Biel nieder. Die Fabrik François Verdan & Cie. wurde in mehreren Etappen erweitert und nach ihrer Schliessung 1842 zu Wohnzwecken umgebaut. Nach mehreren Besitzerwechseln ging die Anlage an die Familien Verdan, Neuhaus und Huber über. Seit 1975 gehören mehrere Gebäude an der Promenade und die Nachbarhäuser an der Seevorstadt 52-56, samt rückwärtigem Park, der Stiftung Charles Neuhaus.

Meine «Fünf Besten»

1. Mein Morgenkaffee punkt 07.30 Uhr im Big-Ben (ex-Cécil-Bar), dies seit vielen Jahren mit einer glatten Gesellschaft: vom Maler zum Gipser und vom Versicherungsagenten, Weinhändler, Carrossier, Anwalt und Bankier bis zum Präsidenten des EHC.

2. Will man noch mehr vertrauliche Bieler News des Tages, dann geht es noch schnell zu einem Espresso ins Odeon.

3. Wenn's mir so richtig stinkt, dann hilft mir meistens der alte Kurhausweg. Mit dem Bähnli nach Magglingen hinauf, von dort führt der Weg längs der Sportschule durch den Wald auf den Twannberg. Hier bestimmt meistens ein Zweifränkler, Kopf oder Zahl, ob es nach Lamboing in den Lion Rouge zur «Planche Campagnarde», einem bäumigen Zvieriplättli, oder in die Wirtschaft Tanne in Gaicht zu den besten Pommes frites Mitteleuropas geht.

4. Weil in den Beizen nicht nur Gerichte zubereitet, sondern oft auch wahre und weniger wahre Gerüchte verbreitet werden, die man braucht, um in Biel am Ball zu bleiben, gehe ich ab und zu zum einmalig guten Beefsteak Tartare ins Restaurant Goya oder ins Rüschli, weil der Chef ein wirklicher Koch ist und nicht einer, der, wie viele andere, nur pröbelt.

5. Geht es auf chic und repräsentativ und im Zentrum der Stadt, dann bleibt nur das Hotel Elite.

Max Lévy-Fleury
Immobilien-Treuhänder

Langläufers Paradies: Loipe in Magglingen

Marktgasse: Im 19. und 20. Jahrhundert wurde ein Grossteil der alten Bebauung in der Marktgasse aufgestockt oder durch neue Wohnhäuser mit Verkaufsläden ersetzt.

Nidaugasse: Nach der Einführung der Uhrenindustrie wurden hier Häuser für die Einrichtung von Uhrenmacherateliers aufgestockt. Nach der Jahrhundertwende begann die Entwicklung zur Hauptgeschäftsstrasse.

Zentralplatz: Im Laufe des 19. Jahrhunderts wurde der Zentralplatz zu einem wichtigen «Gelenk» zwischen Alt- und Neu-Biel. Hier treffen mehrere wichtige Strassenachsen aufeinander. (Oberer und Unterer Quai, Bahnhofstrasse, Nidaugasse, Zentral- und Murtenstrasse). Von 1870 an begann man den Rand des Zentralplatzes zu bebauen. Noch vor der Jahrhundertwende wurden die platzbestimmenden Monumentalbauten, das Jordi-Kocher-Haus und das Kontrollgebäude, erstellt. Mit der Kantonalbank und dem Schweizerischen Bankverein wurde die repräsentative historische Platzbebauung abgeschlossen und in den 50er Jahren dann teilweise ersetzt. Die Platzfläche gehört heute fast ausschliesslich dem Strassenverkehr.

Mühlebrücke: An der Mühlebrücke (urkundlich 1352 erstmals erwähnt) stand ursprünglich eine bischöfliche Lehenmühle. Über die Schüss führte eine schmale Steinbrücke - nach diesem Übergang wurde die Mühlebrücke benannt. An der Mühlebrücke 2 stand die alte Hauptpost, die 1974 abgebrochen wurde. Um die Jahrhundertwende entstanden die drei neubarocken Wohn- und Geschäftshäuser an der Mühlebrücke 8-10, die zusammen mit dem Jordi-Kocher-Haus und dem Kontrollgebäude am Zentralplatz zu den anspruchsvollsten Bauten aus dieser Zeit gehören.

Von der Strasse etwas zurückversetzt steht eine zweigeschossige Villa, früherer Sitz der Ersparniskasse Biel. Daneben befindet sich eine klassizistische Villa - das sogenannte Blöschhaus -, wo heute das Stadtpräsidium und die Stadtkanzlei untergebracht sind.

Siedlungen: Die Reiheneinfamilienhäuser in der Siedlung Möösliacker wurden in den 20er Jahren auf einem 75 000 Quadratmeter grossen Gelände erstellt. Um die Erschliessungskosten möglichst niedrig zu halten, wurde die Pestalozzi-Allee als zentrale Längsachse angelegt. Ebenfalls in den späten 30er Jahren wurde die Siedlung der Baugenossenschaft des Gemeindepersonals an der Champagne-Allee 7-23 und Im Grund 9-23 errichtet.

Summertime

On summer evenings big stormclouds often move over from the Jura or the west across the lake, and empty themselves in thunderstorms - and next day the sun shines as though nothing had happened.

Grapes for the Lake of Biel wine ripen on the northern shore, yachts breast the waves and the vessels of the navigation company ply across the waters. For many the lake is a synonym for summer: surfers, bathers, boat owners and dogs enjoy themselves in or on the water and in the lido and park café the ice cream sellers are kept busy. The restauranteurs around the lake have long ago put their tables out on the terraces and opened their gaily-coloured umbrellas. Now the customers sit with their food and drink until late into the night. Before the holidays, generally on the last weekend in June, the city centre is swamped with people. Up to 100,000 take part in the «Braderie», the traditional summer festival. On 1st August, Swiss National Day, the whole city throngs to the lake to see a splendid firework display set off from a barque.

In summer people in Biel are happy to take it easy - a habit left over from the watchmakers' era. They used to do nothing for three weeks, enjoying their well-deserved holidays. Not many of those watchmakers remain - but the general holiday break still takes place. So it's not surprising to find closed doors ocasionally in summer. Even the «Odeon» in the city centre closes for four weeks.

Sunday shopping

Even on Sunday you can make urgent purchases in Biel:

For flowers:
Biel main railway station, 8 am. to 7 pm.
Blumengeschäft Batschelet, Brüggstrasse 64, 9 a.m. to midday
Blumengeschäft Aebi, Gurnigelstrasse 21, Nidau, 9 a.m. to midday
Blumengeschäft Gantenbein, Knettnauweg 9, Nidau, 10 a.m. to midday
Blumengeschäft Näf, Hauptstrasse 182, Orpund, 10 a.m. to midday.

For something sweet or salty for the Sunday table:
For example, at Progin (8 am. to 6 p.m.), Schraner (7.30 a.m. to 6 p.m.), or Konzelmann (8 a.m. to 5.45 p.m.), all in the Bahnhofstrasse. Others are Winkler (8 a.m. to 6.30 p.m.) in Zentralstrasse, Aeschbacher (9 a.m. to midday), Geyisriedweg, Hebeisen (8 a.m. to 2 p.m.), Bözingerstrasse, Cusumano (8 a.m. to 2 p.m.), Dufourstrasse and Etoile (8 a.m. to 6 p.m.), Murtenstrasse.

For petrol:
It's Sunday, the tank's empty and you have no ten or twenty franc notes for the automatic petrol dispensers. Not to worry: the following stations provide personal service: Urania, Bahnhofplatz 1, BP filling station (7 a.m. to 10 p.m.), Progress Garage, Portstrasse 32 (7 a.m. to 8 p.m.) and Garage Jura, Göuiffistrasse 18 (8 a.m. to 7 p.m.).

Kiosks open on Sunday:
Aegertenstr. 34, 10 a.m. to 12.15 p.m.
Bahnhof, 5.45 a.m. to 10.30 p.m.
Bahnhofplatz, 10 a.m. to 1 p.m.
Bahnhofstrasse 22, 10 a.m. to 1 p.m.
Bözingenstr. 131, 10 a.m. to 1 p.m.
Büttenbergstr. 4, 10 a.m. to 1 p.m.
Dufourstr. 24, 10 a.m. to 1 p.m.
Mühlestr. 58, 10 a.m. to 1 p.m.
Mühlebrücke 11, 10 a.m. to 1 p.m.
Vogelsang, 11 a.m. to 4 p.m.

A tip for shopping on Sunday is the self-service store at the Sutz-Lattrigen Camping Site, tel. 57 13 45.

Sunday postal facilities:
At the **urgent counter in Biel main post office** you can post (express) letters and also parcels. There is an extra charge of 50 centimes on normal rates. Small quantities of postage stamps and Postpacs (ready for use parcel packing costing between Sfr. 1.50 and 3) are on sale there. Hours of opening: Saturday 6 a.m. to 7.30 a.m., 11 a.m. to 12.30 p.m. and 2 p.m. to 6 p.m. Sunday 9 a.m. to 11 a.m. and 6 p.m. to 9 p.m.

The **Biel Telegraph Office** (telephone, telex and telefax facilities) is open from 7 a.m. to 9.30 p.m. on Saturdays, and from 8 a.m. to 1 p.m. and 5 p.m. to 8.30 p.m. on Sundays. Photocopier also available.

Suze

La Suze descend du vallon jurassien de Saint-Imier et s'écoule jusqu'à Bienne en traversant les gorges du Taubenloch. Elle se scinde en trois bras: le canal de la Suze, la Suze de Bienne et la Suze de Madretsch, pour ensuite se déverser dans le lac. Elle fut canalisée dans les années 1825 à 1827. On espérait ainsi mettre fin aux inondations régulières en périodes de crues. De 1839 à 1843, on construisit la rue du Canal et la Suze fut en partie recouverte; le Pont-du-Moulin se transforma progressivement en route de transit (de Soleure à Neuchâtel). Durant la saison de la pêche, des enfants, des pêcheurs amateurs et professionnels jettent leur hameçon dans la Suze et maintes futures «truites au bleu» en sont retirées. De nombreux Biennois et Biennoises rêvent d'habiter au bord de la Suze, que ce soit au quai du Bas où la petite rivière crée une atmosphère idyllique, ou à l'est de la ville (île du Moulin) où ses rives, par endroits, sont sauvages et romantiques. Pourtant, la plupart des gens doivent se contenter de flâner le long de la rivière. Le parcours de la promenade de la Suze, en particulier, est des plus variés: des canards communs ou rares y ont élu domicile - un petit paradis.

Taxis

In Biel gibt es zwei grosse Taxi-Zentralen (Centro und Urania) und zwei kleinere Unternehmen:

Autotele-Taxi
Hansruedi Mathys
Tel. 080 34 39 39

Bathory Stephan
Tel. 25 33 33 oder
Autotelefon 080 34 38 39

Centro
Taxi-Zentrale
Tel. 22 11 11
und 23 22 22
oder 23 66 66

Urania Taxi
Tel. 22 44 44
und 22 66 66

Am Bahnhof und an der Dufourstrasse bei der Neumarktpost sind die beiden Stammplätze; hier finden sich immer wartende Taxis. Bei Beizenschluss, Festen und anderen Anlässen stehen aber immer einige flexible Taxifahrer genau dort, wo man sie braucht! Grundtaxe und Kilometerpreis liegen im schweizerischen Durchschnitt. (Behinderten-Taxi siehe «Behinderte».)

Taxis

Bienne compte deux centrales principales (Centro et Urania) et deux entreprises plus modestes:

Autotélé-Taxi
Hansruedi Mathys
Tél. 080 34 39 39

Bathory Stephan
Tél. 25 33 33 ou
autotéléphone 080 34 38 39

Centro
Centrale de taxis
Tél. 22 11 11,
23 22 22
ou 23 66 66

Urania Taxi
Tél. 22 44 44
et 22 66 66

Les deux stations de taxis se trouvent devant la Gare, et à la rue Dufour, près de la poste du Marché-Neuf. Des taxis y sont toujours disponibles. Mais aux heures de fermeture des cafés, lors des fêtes et autres manifestations, vous trouverez quelques chauffeurs de taxi complaisants exactement là où vous en avez besoin. La taxe de base et le prix au kilomètre se situent dans la moyenne suisse. Taxis pour handicapés: voir «Behinderte».

Taxis

Biel has two big taxi firms (Centro and Urania), and two smaller companies:

Autotele-Taxi
Hansruedi Mathys
tel. 080 34 39 39

Bathory Stephan
tel. 25 33 33 or
car tel. 080 34 38 39

Centro
Taxi Centre
tel. 22 11 11
and 23 22 22
or 23 66 66

Urania Taxi
tel. 22 44 44
and 22 66 66

There are always taxis to be found at the stands at the station and in Dufourstrasse by the Neumarkt post office. At restaurant closing time in the evening and

Theater

Die Altstadt ist nicht nur ein ausgesprochenes Wohnquartier, sondern auch ein kulturelles Zentrum: Seit 1842 befindet sich im ehemaligen Zeughaus am Burgplatz das **Städtebundtheater**.

Keine Oper oder Operette ohne Orchester: Für Musik bester Qualität sorgt seit Jahren das theatereigene Profi-Orchester, die Orchester Gesellschaft Biel (OGB).

Beliebt ist das **französische Theater**, die Gast-Aufführungen (vor allem aus Frankreich) mit bekannten Schauspielern aus dem In- und Ausland sind oft bis auf den letzten Platz ausverkauft. Lange Jahre spielte die Truppe im Kino Capitol, seit das Haus abgerissen wurde, dient die Aula der Gewerbeschule als provisorisches Theater.

Im **Théâtre de Poche** an der Obergasse 6 (im Gebäude der Alten Krone) organisieren die **Kulturtäter** seit Jahren ein anspruchsvolles Kleintheaterprogramm, das sehr oft von namhaften Künstlern und Künstlerinnen aus dem In- und Ausland bestritten wird. Vom experimentellen Marionettenspiel über avantgardistische Stücke bis zur Clownvorstellung gibt es im Poche alles zu sehen. (Tel. 22 77 78)

Ähnliche Ziele wie die Kulturtäter verfolgt **Helena Korinkova**, die sich am Obergässli 3 ein eigenes Theater eingerichtet hat. Politisches Kabarett, Schattenspiele, Einmann/frau-Konzerte und neue Theaterformen sorgen für beste Unterhaltung.

Während der Sommermonate treten in Biel oft Strassentheater-Gruppen auf, die zumeist mehrere Tage hintereinander im Ring oder auf dem Strandboden spielen. Angaben dazu findet man in der Tageszeitung oder im Veranstaltungskalender.

Ebenfalls in der Altstadt befindet sich die **Schweizerische Kleintheater-Vereinigung (KTV)**, an der Obergasse 1 (Tel. 23 50 85).

Im Orchestergraben des Städtebundtheaters

La Vieille Ville n'est pas seulement un quartier d'habitation, c'est aussi un centre culturel. Depuis 1842, le **Théâtre des villes associées («Städtebundtheater»)** - troupe jouant alternativement à Bienne et à Soleure - occupe l'ancien arsenal, place du Bourg.

Pas d'opéra, pas d'opérette sans orchestre. Une musique de grande qualité est assurée depuis des années par la Société d'Orchestre de Bienne (SOB), rattachée au Théâtre.

Les **Spectacles français** jouissent également d'une grande renommée. Ils sont présentés par des troupes venues de l'extérieur (surtout françaises), avec des acteurs connus, et ce, souvent à guichets fermés. Pendant de longues années, ces spectacles ont été donnés au Cinéma Capitole; depuis la démolition du bâtiment, ils ont lieu provisoirement à l'aula de l'Ecole professionnelle.

Au **Théâtre de Poche**, 6, rue Haute (tél. 22 77 78) les **Kulturtaeter** proposent depuis des années des représentations données par de petites troupes, souvent avec des artistes de renom, suisses et étrangers. On y voit de tout - spectacles de marionnettes, de clowns, pièces d'avant-garde, etc.

Helena Korinkova, qui a créé son propre théâtre, 3, ruelle du Haut, poursuit des buts analogues à ceux des «Kulturtaeter». Cabarets politiques, ombres chinoises, récitals - spectacles variés et remarquables.

Pendant les mois d'été, des troupes ambulantes se produisent souvent en plein air, généralement plusieurs jours de suite, au Ring ou à la promenade du Lac. Les programmes figurent dans les quotidiens et dans le Calendrier des manifestations.

C'est également dans la Vieille Ville, 1, rue Haute (tél. 23 50 85), que se trouve l'**Association suisse des théâtres de poche (ATP)**.

Theatre

The Old Town is not only a definitely residential district, it is also a centre of culture. Ever since 1824, the **Städtebundtheater** has been located in the one-time arsenal on the Burgplatz.

Opera and operetta are unthinkable without an orchestra. For years now, high quality music has been provided by the theatre's own professional orchestra, the Orchester Gesellschaft Biel (OGB).

The **French Theatre** enjoys wide popularity, and its guest performances (above all from France) with well-known actors from Switzerland and abroad are often sold out to the last seat. For many years, the theatre company gave their performances in the Capitol Cinema; following its demolition, however, the Aula of the technical high school (Gewerbeschule) has served as a temporary theatre.

In the **Théâtre de Poche** at Obergasse 6 (in the old Alte Krone building), a high quality experimental theatre programme is organised by the group known as the **Kulturtäter**, often with the participation of well-known artists from Switzerland and abroad. The Poche programmes include everything from experimental marionette evenings to avant-garde plays and clown performances. (tel. 22 77 78)

The aims of **Helena Korinkova's** theatre at Obergässli 3 are similar to those of the Kulturtäter. Political cabaret, shadow plays, one-man/woman concerts and new forms of theatre provide excellent entertainment.

During the summer months, groups of street theatre players can often be seen in Biel, usually for several days at a stretch in the Ting or on the Strandboden. Details are published in the daily newspapers or the town calendar of events.

The Old Town is also the home of the **Schweizerische Kleintheater-Vereinigung (KTV)** (Swiss Experimental Theatre Association) at Obergasse 1 (tel. 23 50 85).

Tiere

In Biel zahlen auch Hunde Steuern - in den 70er Jahren waren es noch rund 2 000, in den letzten Jahren sind es etwas weniger geworden. Statistisch nicht erfasst sind die vielen Katzen, Meerschweinchen, Vögelchen bis hin zu Schlangen und Spinnen, die als **Haustiere** gehegt, gepflegt und geliebt werden. Für erkrankte oder verletzte Haustiere stehen in Biel vier **Tierpraxen** zur Verfügung. Komplizierte Fälle werden ans **Tierspital** in Bern (Tel. 031 23 83 83) überwiesen.

Im **Tierheim** des Tierschutzvereines Biel-Seeland in Orpund (Tel. 41 85 85) werden herrenlose Tiere aufgenommen. Aber auch Ferien-Pensionäre nimmt das Tierheim auf. Adressen von privaten **Tier-Pensionen**, die empfohlen werden können, sind am Anschlagbrett bei Tierärzten zu finden.

Im Bieler **Tierpark** an der Zollhausstrasse 103 können Tiere aus der Distanz bewundert werden. Einheimische Tiere - sogar Luchse - werden in dieser Anlage gehalten. Sehenswert ist auch die **Schwanenkolonie** an der Spitalstrasse 11a, die von der Stadtgärtnerei betreut wird. Hier sind unzählige exotische Vögel zuhause. Aber auch sporadische Gäste werden gefüttert, wenn sie sich für kurze Zeit in der Schwanenkolonie an der Schüss niederlassen. Eine besondere Attraktion sind die graziösen schwarzen Singschwäne!

In Studen an der Büetigenstrasse 85 steht ein weitläufiger Zoo: Der **Seeteufel** ist lange nicht so gefährlich, wie der Name es befürchten lässt. Vor allem die Kinder sind begeistert von den Affen, Bären und Löwen, und vor den Terrarien der Schlangen kriecht sogar den Erwachsenen ein kalter Schauder über den Rücken. Ein Gerücht hält sich übrigens hartnäckig: Der Dackel einer älteren

Mes cinq plaisirs...

1. Flâner dans la Vieille Ville, main dans la main, avec ma femme.

2. Manger une bonne fondue à «La Chartreuse».

3. Admirer le cortège de la Braderie.

4. Goûter la paix du soir sur mon balcon au haut de la ville et regarder Bienne que j'aime!

5. Ecouter un concert de l'une ou l'autre des fanfares biennoises.

Guido Nobel
ancien directeur général
des PTT suisses

Dame soll einmal ins Planschbecken des Restaurants im Seetaufel gefallen und mit einem Biss vom grössten Krokodil gefressen worden sein... Gegen solche unglücklichen Zufälle hätte sich die Frau versichern lassen können: Die **Tierversicherung** Epona in Biel schliesst für gefährlich lebende Goldfische bis zu wertvollen Pferden jede Art von Versicherung ab.

TOURS EN CARS

A Bienne, le cinéma Palace, 4, rue Wyttenbach, n'est pas seulement le lieu de rencontre des cinéphiles. Presque chaque jour, des excursionnistes se retrouvent devant le Palace, lieu de départ habituel des entreprises biennoises de voyages en cars. Que l'on parte en vacances balnéaires pour l'Espagne ou le Midi de la France, en week-end dans le Tyrol ou en course surprise du dimanche, rendez-vous devant le ciné Palace!

FUNI-CAR, tél. 22 88 18
Marti-Car, tél. 23 41 11
Voyages Gurten Bienne SA, tél. 22 11 69
von Allmen Tours, tél. 42 47 82

TOWN DEVELOPMENT

The **old town** of Biel, at the foot of the southern end of the Jura, expanded, in the 14th. century, along the plain of the Schüss river, while the sunny slopes above the town remained the preserve of winegrowing well into the 19th. cenury. The precondition for an extension of the town on the flat ground was the building of the Schüss canal (see «Schüss»), with which flood disasters were prevented and the drainage of the land south of the town commenced.

The **main axis** of the development of the town was along a line from the old town to the station – from north-east to south-west. At an angle to this line flows the Schüss canal, which goes in a straight line from east to west and the lake. The angular orientation of these two lines made it difficult to develop new quarters of the town by means of a right-angled grid street system.

At the beginning of the 20th. century, the **outer districts** of Vingelz, Bözingen, Mett and Madretsch were incorporated, which meant that the traffic system of the whole agglomeration had to be newly planned and co-ordinated. New residential areas and industrial zones should, in future, conform to an overall planning concept. The town therefore announced a «competition for ideas to obtain a development plan for the town and its suburbs.»

The **development plan** set recommendations for new areas and the way they should be developed. The existing network of main roads should be extended and the tram network enlarged. From Nidau to Vingelz the lakeshore was to be spruced up. The most important result of the town planning studies was the station quarter which was constructed during the 20's and 30's in the fashion of the «new architecture» and which, in its style, is unique in Switzerland (see «Architecture»). The 50's and 60's were marked by expansive developing on the outskirts of town.

The individual quarters:

Bahnhofstrasse (Station Street): The northern section was laid down in 1864 as access to the then opened second Biel station (see «Station») on what is today General Guisan-Platz. First the north side, then the south side of this sector were built up with integrated apartment and shop buildings and hotels. The original style of this section can today only be seen still in the old façade of the «Bielerhof» and house number 46. The southern section of Bahnhofstrasse, built after the relocation of the station, is built according to the «new architecture» of the early 30's and is dominated by the Volkshaus.

Schüss promenade: From 1860 on, trees were planted along the Schüss promenade. In the 18th century, the Calico factory, the first industrial establishment in Biel, was built on the Schüss. The factory was enlarged in several stages and partly rebuilt as living quarters. After some changes of ownership the property came into the hands of the families Verdan, Neuhaus and Huber. Since 1975, a number of buildings on the promenade and the neighbouring houses on the Seevorstadt 52-56, including the park at the back, have belonged to the Neuhaus foundation.

Marktgasse: In the 19th and 20th centuries, most of the old buildings in Marktgasse were either built over or replaced by new apartment buildings with shops.

Nidaugasse: After the coming of the watch industry, buildings for the setting up of watchmakers' workshops, above all, were put up here. Before the turn of the century, the evolution of Nidaugasse into the main shopping street began.

Zentralplatz: In the course of the 19th. century, Zentralplatz became an important link between the old and the new Biel. Here, several important thoroughfares join together. (Oberer and Unterer Quai, Bahnhofstrasse, Nidaugasse, Zentralstrasse and Murtenstrasse). From 1870 on building started around Zentralplatz. Already before the turn of the century, the monumental structures definitive to the square – Jordi Kocher Haus and the Kontroll building – had been built. With the Cantonal Bank and the Swiss Bank Corporation, the historically representative development of the square was completed and then, in the 50's, partly replaced. The area of the square belongs today almost exclusively to road traffic.

Mühlebrücke (Mill Bridge): On the Mühlebrücke (the first documentary evidence of which dates back to 1352) originally stood an episcopal feudal mill. Across the river Schüss was a narrow stone bridge, after which the Mühlebrücke was named. At Mühlebrücke number 2 was the old main post office, which was demolished in 1975. About the turn of the century the three new-baroque apartment and shop buildings at Mühlebrücke 8-10 were built, which, together with Jordi Kocher Haus and the Konroll building on Zentralplatz, are amongst the most sophisticated buildings of that era.

A little bit set back from the street stands the two storey villa which formerly housed the Biel Savings Bank. Next to it is a classical villa – the so-called Blöschhaus – in which, today, the town executive and chancellory have their home.

Housing estates: The terraced family houses in the Möösliacker housing estate were built in the 20's on 19 acres of land. To keep the development costs as low as possible the Pestalozzi Allee was laid down as a central longitudinal axis. In the late 30's, the housing project of the building co-operative of municipal employees was built in Champagne Allee 7-23 and Im Grund 9-23.

TOWN OF THE FUTURE

The name «town of the future» or «City of the Future» was ascribed to Biel as early as the 19th century: in 1857, the ambitious industrial town managed to gain access to the **network of the Swiss Central Railways** – in the face of resistance from the conservatives, and this was when it first became known as the «town of the future». Before the turn of the century, Biel developed in leaps and bounds, a fact that was reflected in rising population figures and an up-and-coming economy. The expression «town of the future» cropped up again after the economic crisis of the 1930s and the recession in the 70s, and it can still be heard today. It was used most often at the time of the boom in the 1960s.

TRANSPORTS PUBLICS

Autrefois, les rues de Bienne résonnaient du bruit métallique causé par les **trams** rouge et blanc. En 1946, progrès oblige, ils durent céder la place aux trolleybus. Aujourd'hui, seules des photographies témoignent encore du temps où des trams tirés par des chevaux puis des trams électriques sillonnaient les rues de la ville. Le chemin de fer à cheval Boujean-Bienne-Nidau, fondé en 1874, était d'ailleurs une invention américaine qu'on appela «tramway» à Bienne aussi. Exception faite du canton de Genève, ce moyen de locomotion n'existait nulle part en Suisse. Malheureusement, les 18 chevaux utilisés étaient trop friands de foin: le montant des dépenses était plus élevé que celui des recettes! La Compagnie générale des tramways suisses, à Genève, propriétaire du chemin de fer à cheval, vendit cette affaire peu rentable à la commune de Bienne en 1901. La même année déjà, les autorités biennoises décidèrent de convertir le tram à cheval en un tram électrique. Le parcours fut développé et adapté aux exigences de l'époque. Les tramways servirent fidèlement la population biennoise pendant 46 ans. Puis les transports publics furent convertis une fois encore: en trolleybus. Un mercredi soir de décembre 1948, une «énorme foule de curieux» prit congé du dernier tram biennois, ainsi que le relate le «Journal du Jura» de l'époque.

Quatre **lignes de trolleybus** et neuf **lignes d'autobus** relient Bienne à la périphérie. Des billets peuvent être pris dans le bus – les automates à billets des transports publics rendent même la monnaie! Un billet simple course coûte 1 fr. 20 sur tout le réseau de Bienne/Nidau. Le réseau périphérique est divisé en zones à cinq tarifs. Font partie de ce réseau les communes de Tüscherz-Alfermée, Brügg, Aegerten, Studen, Worben, Port, Belmont et Jens (Voir «Chemins de fer»).

Les nouveaux trolleybus sont très confortables

Fragen an den Berner Regierungsrat und kantonalen Fürsorge- und Gesundheitsdirektor Hermann Fehr über die politischen Aussichten Biels:

«Ich kenne die Probleme und Bedürfnisse!»

Questions à Hermann Fehr, conseiller d'Etat et directeur des Oeuvres sociales et de l'hygiène publique du canton de Berne, à propos de l'avenir politique de la ville de Bienne:

«Je connais bien les problèmes et les besoins!»

Sie leiteten als Stadtpräsident während 13 Jahren die Geschicke Biels. Am 29. April 1990 sind Sie vom Volk in den Regierungsrat gewählt worden. Was können Sie als Fürsorge- und Gesundheitsdirektor des Kantons Bern konkret für Biel erreichen?

Die Tätigkeit des Regierungsrates erstreckt sich auf das gesamte Kantonsgebiet. Alle Regionen und Gemeinden haben Anspruch darauf, dass ihre Anliegen unvoreingenommen und korrekt geprüft werden. Die Mitglieder des Regierungsrates stammen jedoch aus verschiedenen Landesteilen. Damit soll dafür gesorgt werden, dass das nötige Verständnis für die spezifischen Besonderheiten vorhanden ist und dass diesen auch bei Entscheidungen Rechnung getragen wird. Ich haben meinen Wohnsitz in Biel beibehalten. Unsere Stadt bleibt also Zentrum meiner Lebensbeziehungen; ich bin nach wie vor auf dem laufenden über das lokale Geschehen und kenne die Probleme und Bedürfnisse. Vor diesem Hintergrund übe ich mein Regierungsamt aus. Es versteht sich, dass ich Bieler Anliegen besonders aufmerksam gegenüberstehe und mich aufgrund meiner Vertrautheit mit Stadt und Region dafür wo nötig auch engagiert einsetze.

Ist es nicht so, dass der bernische Regierungsrat in erster Linie die Interessen der Stadt Bern und der ländlichen Gegenden wahrnimmt, Biel eher provinziell behandelt, obwohl die Seeland-Metropole zweitgrösste Stadt des Kantons ist?

Der Regierungsrat ist sich der Stellung und Bedeutung von Biel vollauf bewusst. Im Laufe meiner Tätigkeit in Biel hatte ich allerdings den Eindruck, die besondere Situation unserer Stadt werde vom Kanton nicht immer verstanden. Es ist eine der Aufgaben eines Bieler Vertreters in der Regierung, sich für notwendige Korrekturen einzusetzen. Dabei kann ich auch auf die Unterstützung des im benachbarten La Neuveville ansässigen Kollegen zählen. Ich darf feststellen, dass das Kollegium - ausreichend informiert - durchaus bereit ist, berechtigten Bieler Anliegen Rechnung zu tragen.

Sie sind Thurgauer, betonen aber immer wieder, dass Sie sich als Bieler fühlen, weil sich in dieser Stadt gut leben lasse. Wird Biel auch für die kommenden Generationen attraktiv genug sein? Oder besteht die Gefahr, dass Biel kulturell, sozial und politisch zum Niemandsland wird?

Ich habe meine Jugend - also rund 20 Jahre meines Lebens - im Thurgau verbracht. Seit mehr als 25 Jahren wohne ich ohne Unterbruch in Biel und fühle mich seit langem als Bieler, weil mich die Lebensart und das «Klima» unserer Stadt «gepackt» und - wie so viele andere - nie mehr losgelassen haben. Auch wenn die Probleme komplexer sind und ihre Lösung daher nicht einfacher geworden ist, bin ich überzeugt, dass die Stadt Biel aufgrund ihrer Qualitäten auch in Zukunft attraktiv und lebenswert sein wird.

Er gilt als so kompetent, dass er schon mehrmals als Bundesratskandidat im Gespräch war. Hermann Fehr, 1941 geboren, diente Biel von 1977 bis 1990 als Stadtpräsident und Finanzdirektor. Bevor der Sozialdemokrat 1990 in den Regierungsrat des Kantons Bern gewählt wurde, vertrat er die Bieler Interessen während sieben Jahren im Nationalrat. Hermann Fehr kam als Handelslehrer nach Biel und ist Vater von zwei Söhnen.

En tant que maire de Bienne, vous avez influé sur le sort de cette ville durant 13 ans. Le 29 avril 1990, le peuple vous a élu au Conseil d'Etat. Concrètement, de quelle manière le directeur des Oeuvres sociales et de l'hygiène publique du canton de Berne peut-il soutenir la ville de Bienne?

L'activité d'un conseiller d'Etat s'étend au territoire cantonal entier. Les demandes de toutes les régions et de toutes les communes doivent être traitées correctement et avec impartialité. Cependant, les membres du Conseil d'Etat étant issus de différentes régions, ils devraient faire preuve d'une sensibilité accrue envers certaines particularités régionales et en tenir compte lors des délibérations. Je suis toujours domicilié à Bienne. Notre ville reste donc la plaque tournante de mes relations; je me tiens au courant des événements locaux et je connais bien les problèmes et les besoins de la région.

C'est dans cette optique que j'exerce ma fonction de conseiller d'Etat. Bien entendu, je suis particulièrement attentif aux revendications biennoises et ma connaissance approfondie de Bienne et de sa région me permet d'intercéder en leur faveur si nécessaire.

Est-il exact que le Conseil d'Etat bernois se préoccupe d'abord des intérêts de la ville de Berne et des régions rurales, et qu'il traite Bienne comme une province, alors que la métropole seelandaise est, en importance, la deuxième ville du canton?

Le Conseil d'Etat est entièrement conscient de la position et de l'importance de Bienne. Au cours de mon activité à Bienne, j'ai cependant eu l'impression que la situation particulière de notre ville n'était pas toujours perçue par le canton. Un représentant biennois au gouvernement se doit de tout mettre en oeuvre pour que les corrections nécessaires soient entreprises. Sur ce plan, je peux compter sur l'appui de mon collègue de La Neuveville. Je constate que l'ensemble du gouvernement - dûment informé - est tout à fait disposé à tenir compte de requêtes biennoises justifiées.

Vous êtes originaire de Thurgovie mais vous êtes Biennois dans l'âme, selon vos propres dires, parce qu'il fait bon vivre dans cette ville. Bienne sera-t-elle suffisamment attrayante pour les générations futures? Ou pourrait-elle devenir un no man's land culturel, social et politique?

J'ai passé ma jeunesse - environ 20 années de ma vie - en Thurgovie. J'habite Bienne depuis plus de 25 ans sans interruption et je me sens Biennois depuis longtemps. Je me suis épris de la manière de vivre et du climat propres à notre ville et - comme beaucoup d'autres - je n'ai plus pu repartir. Même si ses problèmes sont devenus plus complexes et donc leurs solutions plus difficiles à trouver, je suis persuadé que la ville de Bienne, grâce à ses qualités, restera attrayante à l'avenir.

Il fait montre d'une telle compétence qu'il a déjà été question de lui comme candidat au Conseil fédéral. Hermann Fehr, né en 1941, a servi les intérêts de la ville en qualité de maire et de directeur des Finances de 1977 à 1990. Avant d'être éclu au Conseil d'Etat du canton de Berne en 1990, ce socialiste a défendu les intérêts de Bienne au parlement fédéral durant sept ans. Hermann Fehr est arrivé à Bienne en tant que professeur d'école de commerce. Il a deux fils.

Travail

En période de haute conjoncture Bienne s'est profilée comme **ville industrielle** et s'est forgé une solide réputation en tant que **cité de commerce et de communication**. Actuellement, quelque 38 000 personnes sont employées dans 3 000 entreprises environ. Parmi elles, 225 travaillent dans 30 exploitations agricoles (secteur primaire), 16 437 dans 630 entreprises de production (secteur secondaire) et 21 338 personnes dans 2 340 entreprises du secteur tertiaire (services).

A Bienne, ce dernier secteur connaît un essor particulièrement fort. Le transfert au secteur tertiaire ne se fait pas sans entraîner quelques difficultés. Pour exercer leur nouvelle activité dans le secteur tertiaire - avant tout dans le domaine de l'informatique -, ces employés doivent posséder de hautes qualifications. Les personnes qui quittent le secteur de la production ne sont pas toutes à même de se recycler sans autre dans le secteur tertiaire.

Les plus importants groupes économiques dans la fabrication de produits sont les **montres** et les **articles de bijouterie** avec 90 entreprises et environ 2 600 salariés. Quelque 1 800 personnes sont employées dans 69 entreprises métallurgiques. Pourtant, c'est dans la **construction de machines et de véhicules** (54 entreprises) qu'est concentré le plus fort potentiel de personnel actif (3 086 pers.).

Treffpunkte

Abraxas
Zentralstrasse 54
Alkoholfreie Disco für die ganz Jungen. Am Abend ist auch auf der Strasse rund um den Eingang viel los. Vorsicht: In den Treppenstufen ist eine Sprinkleranlage installiert!

Bahnhofbuffet
Bahnhofplatz 4
Schön erhaltenes 1. Klasse-Buffet im alten Stil.

Elite Bar
Bahnhofstrasse 14
Schicke Bar, wo man auch draussen sitzen und den Verkehr rund um den Guisan-Platz beobachten kann.

Maxim's Bar
T. Wyttenbachstr. 2
Die gediegenste Bar der Stadt im «Palace Club Hotel» mit feiner englischer Ambiance.

Haudenschild
Kanalgasse 8
Eines der ältesten Restaurants der Stadt. Heute geselliger Treffpunkt der Schickimickis, gepflegtes Speiserestaurant in zeitgemässer Atmosphäre.

Le Jean Bar
Kanalgasse 30
Hier drängt sich nach der Polizeistunde anderer Lokale ein sehr gemischtes Publikum. Auch Barmusiker sind gelegentlich anzutreffen.

Mac Donald's
Nidaugasse 43-45
Fast-Food-Center und Teenie-Treffpunkt (auch auf der Strasse).

Odéon Bar
Bahnhofstrasse 31
In den Swinging Sixties war es das Stammlokal von Literaten, Künstlern und allen, die es werden wollten. Heute sieht man im Odéon auch Geschäftsleute, Hausfrauen, Yuppies und Schüler. Gleich geblieben sind die livrierten Kellner und der französische Bistrotstil.

Pubs

Mr. Pickwick
Kanalgasse 17
Aarbergstrasse 123
Nelson
Zentralstrasse 57
Big Ben
Bahnhofstrasse 20
Klassische Pubs im englischen Stil.

Rotonde
(im Volkshaus)
Bahnhofstrasse 11
Eine Mischung zwischen Brasserie und Bistrot - entsprechend bunt gemischt sind die Gäste.

St. Gervais
Untergasse 21
Eine legendäre Altstadtbeiz mit viel Cachet und schöner Terrasse im Sommer.

Chambord Bar
Bahnhofstrasse 14
Im Hotel Elite, über die Polizeistunde hinaus geöffnet, meist mit Barmusiker.

Trinkwasser

Drei verschiedene «Quellen» liefern das Bieler Hahnenwasser:
● das Quellwasser aus dem Jura
● das Grundwasserwerk in Gimmiz
● das Seewasser-Aufbereitungswerk in Ipsach

Das Wasser aus diesen drei «Quellen» wird ins Versorgungsnetz eingespiesen, das Wasser, das aus unseren Hahnen fliesst, ist also «gemischt».
Auf den Höhen rings um Biel stehen 10 Reservoirs, die das Wasser speichern. Das Trinkwasser, das vom Stadtchemiker regelmässig kontrolliert wird, ist einwandfrei, ja sogar von «sehr guter Qualität» (Jahresbericht Stadtchemiker 1988). Bielerinnen und Bieler brauchen pro Tag und Kopf etwa 450 Liter Wasser, in Spitzenzeiten können es sogar 600 sein.

Die Stadt Biel hat sich 1967 mit der Einwohnergemeinde Lyss und der Seeländischen Wasserversorgung Gemeindeverband (SWG), zur Wasserverbund Seeland AG zusammengeschlossen.

Umweltschutz

Wie jede andere Stadt führt auch Biel vier mal in der Woche eine **Kehrichtabfuhr** durch (ausgeführt durch das städtische Strasseninspektorat).

Sperrgut wird ab 1990 neu mit dem Hauskehricht mitgenommen, Extraabfuhren nur noch auf Bestellung.

Glas, Alu und Metall können ebenfalls an einem bestimmten Tag in der Woche auf die Strasse gestellt werden. Viele grössere Einkaufszentren haben Glassammel-Container aufgestellt.

Batterien und Neonröhren bringt man ins Fachgeschäft zurück.

Brockenhäuser, Texaid oder Secondhand-Shops sind froh um alte, aber noch gut erhaltene **Kleider**.

Brockenhäuser sind auch dankbare Abnehmer von alten **Möbeln** und **Geschirr**, das nicht mehr gebraucht wid.

Papier gehört in die Papiersammlung (Durchführung wird jeweils im Stadtanzeiger bekanntgegeben).

Autoreifen bringt man entweder dem Garagisten oder selber in die Kehrichtverbrennungsanlage.

Zuständig für Kehrichtverbrennung und Abwasserreinigung ist die **Müra** Brügg, ein Verband, dem die 17 Gemeinden rund um Biel angeschlossen sind. Die 1988 zur Verbrennung angelieferte Abfallmenge betrug zirka 43 000 Tonnen. Daneben wird in der Müra Sonderabfall wie Glas, Aluminium, Alteisen, Bauschutt, Pneus usw. entsorgt oder weitergeleitet.

In der **Abwasserreinigungsanlage** der Müra werden im Mittel täglich 72,3 Kubikmeter Faulschlamm produziert.

1983 wurde die **Sovag**, die Sonderabfallverwertungs AG, in Brügg gebaut. Alle gefährlichen Abfälle, Sonderabfälle, wassergefährdende Flüssigkeiten und Giftstoffe werden hier entgegengenommen, sortiert, kontrolliert und an die zuständigen Entsorgungsbetriebe im In- und Ausland weitergeleitet.

Lufthygiene

Mitte 1988 stellte das Stadtchemikeramt einen Messwagen auf, der kontinuierlich die Bieler Luft misst und die Werte halbstündlich ausdruckt. Zusätzlich wurde anfangs 1989 eine fixe Messstation an der Wasenstrasse 5 (Gewerbeschule) eingerichtet. Schwefeldioxid-, Stickstoffdioxid- und Ozonwerte werden in der Tagespresse und im Lokalradio bekanntgegeben, können aber auch per Telefon 22 73 21 abgehört werden (Telefonbeantworter).

Für nähere Auskünfte: Stadtchemikeramt Biel, Rathausgässli 3, Tel. 21 23 60.

Wasserhygiene

In jeder Trinkwasser-Anlage sind mehrere Messapparate angebracht, die ständig die Wasserzusammensetzung aufzeichnen und bei Verschmutzung sofort Alarm auslösen. Seewasser braucht am meisten, Grundwasser am wenigsten Kontrolle.
Zuständig für die Wasserkontrolle ist das Wasserwerk der Stadt Biel, aber auch der Kantons- und Stadtchemiker und die Universität Bern nehmen regelmässig Trinkwasserproben zur Kontrolle. Schliesslich ist Wasser das bestgehütete Lebensmittel - ohne sauberes Wasser läuft gar nichts mehr.

Urbanisme

La **Vieille Ville** de Bienne, au pied sud du Jura, se développa au 14e siècle dans les alentours de la Suze, tandis que le versant ensoleillé situé au-dessus de la ville fut réservé au vignoble bien au-delà du début du 19e siècle. L'extension de la ville ne fut possible qu'après la construction du canal de la Suze (voir «Suze»). Les catastrophes dues aux inondations furent ainsi évitées et l'assèchement du terrain, au sud de la ville, put être entrepris.

L'axe principal du développement de la ville était constitué par la ligne Vieille Ville - Gare, du nord-est au sud-ouest. La

---

Meine «Fünf Besten»

1. **In Biel ankommen von irgendwoher und in der Bahnhofhalle nach bekannten Gesichtern Ausschau halten.**

2. **Mich von den Verkehrsbetrieben bequem an den vielen parkierten und herumirrenden Autos vorbei an ein bestimmtes Ziel - am liebsten Nähe Altstadt - kutschieren lassen.**

3. **Mit Freunden in einer Altstadtbeiz hocken.**

4. **An dazu geeigneten Sonntagen die Runde durch die Kunstausstellungen Biels machen: vom Fotoforum bis zur Galerie von Lotti Michel.**

5. **Mit einem Bon-Film Farben und anderes träumen im Kino REX 2.**

Theo Krummenacher
Pfarrer

Suze s'écoulait en diagonale, puis en ligne droite d'est en ouest jusqu'au lac. La situation à angle aigu de ces deux axes permettait d'éviter que les nouveaux quartiers de la ville ne se développent que dans un système de rues à angle droit (parallèlement à la rue Centrale et au Canal de la Suze).

Au début du 20e siècle, les communes extérieures de Vigneules, Boujean, Mâche et Madretsch furent incorporées à la Commune de Bienne. De ce fait, on dut refaire la planification et la coordination de l'ensemble du trafic urbain. Les nouveaux quartiers d'habitation et les zones industrielles devaient désormais être construits selon une conception d'urbanisme générale. Dans ce sens, la ville lança en 1918 un «concours d'idées» pour l'obtention d'un plan d'aménagement de la ville et de ses faubourgs.

Le plan d'aménagement fixait des directives pour les nouvelles zones ainsi que pour le style de leurs constructions. Le réseau de rues principales devait être complété et celui du tram développé. On conçut la rive du lac, de Vigneules à Nidau. Le résultat le plus important de l'étude d'urbanisme fut le quartier de la gare que l'on construisit dans les années 20 et 30 dans un style «architecture moderne» qui est unique en son genre en Suisse (voir «Architecture»). Les années 50 et 60 furent marquées par une fièvre de construction aux abords de la ville.

Les différents quartiers:

Rue de la Gare: La partie nord a été ajoutée en 1864 comme voie d'accès de la place Centrale à la deuxième gare de Bienne que l'on avait ouverte alors sur l'actuelle place du Général-Guisan (voir «Gare»). On aménagea ce tronçon de façon homogène – tout d'abord le côté nord, puis le côté sud – avec des maisons d'habitation et de commerce, ainsi que des hôtels. Le style d'origine de ce tronçon n'est reconnaissable aujourd'hui qu'à la vieille façade du «Bielerhof» et à la maison no 46.

Le tronçon sud de la rue de la Gare, construit après le déplacement de la gare, est imprégné du style «architecture moderne» du début des années 30 et est dominé par la Maison du Peuple.

Promenade de la Suze: Des arbres furent plantés à la promenade de la Suze dès 1680. Une fabrique d'indiennes s'installa le long de la Suze au 18e siècle. Ce fut le premier établissement industriel de Bienne. La fabrique François Verdan et Cie fut agrandie par étapes successives et, après sa fermeture, en 1842, transformée en logements. Après plusieurs changements de propriétaires, l'installation fut reprise par les familles Verdan, Neuhaus et Huber. Depuis 1975, plusieurs immeubles de la Promenade, ainsi que les maisons avoisinantes du faubourg du Lac 52-56, parc y compris, appartiennent à la Fondation Charles Neuhaus.

Rue du Marché: Au cours des 19e et 20e siècles, la majeure partie des anciennes constructions de la rue du Marché furent surélevées ou remplacées par de nouveaux immeubles locatifs avec magasins.

Rue de Nidau: Après l'introduction de l'industrie horlogère, les maisons de la rue de Nidau furent surélevées, avant tout pour permettre l'installation d'ateliers d'horlogerie. La transformation en rue principale commerçante débuta peu avant la fin du siècle dernier.

Place Centrale: Au courant du 19e siècle, la place Centrale devint une «articulation» importante entre le vieux et le nouveau Bienne. Plusieurs axes routiers importants y aboutissent (quais du Haut et du Bas, rue de la Gare, rue de Nidau, rue Centrale et rue de Morat). A partir de 1870, on commença à aménager les abords de la place. Les deux édifices monumentaux qui confèrent leur caractère à la place, la maison Jordi-Kocher et le bâtiment du Contrôle, furent construits avant la fin du 19e siècle. Avec la Banque Cantonale et la Société de Banque Suisse, la construction représentative historique de la place était achevée. Elle fut ensuite remplacée en partie dans les années 50. Actuellement, la surface de la place est presque entièrement sacrifiée au trafic routier.

Pont-du-Moulin: Au Pont-du-Moulin (mentionné dans les documents en 1352 pour la première fois), il y avait à l'origine un moulin donné en fief par l'Evêché. Un petit pont de pierre enjambait la Suze à cet endroit – d'où l'appellation de Pont-du-Moulin. Au no 2 se trouvait l'ancienne poste principale qui fut démolie en 1974. En 1900 environ, on construisit les trois immeubles d'habitation et de commerce de style néo-baroque au Pont-du-Moulin 8-10 qui, avec la maison Jordi-Kocher et le bâtiment du Contrôle à la place Centrale, représentent les constructions les plus ambitieuses de cette époque.

Légèrement en retrait de la route se trouve la villa à deux étages qui abritait il y a quelques années la Caisse d'Epargne et, à côté d'elle, la villa de style néo-classique dite «Maison Bloesch» qui abrite aujourd'hui la mairie et la chancellerie municipale.

Lotissements: Les maisons familiales mitoyennes du Petit Marais furent érigées dans les années 20 sur un terrain de 75 000 mètres carrés. Pour maintenir les frais d'exploitation le plus bas possible, l'Allée Pestalozzi fut construite comme axe longitudinal principal. Vers la fin des années 30 furent également construites les maisons du lotissement de la Coopérative de construction du personnel communal à l'Allée de la Champagne 7-23 et Im Grund 9-23.

URGENCES

117
Police secours (poste de police le plus proche)

118
Feu, centrale d'alarme (poste de pompiers le plus proche)

144
Appel sanitaire d'urgence

01/383 11 11
Secours par hélicoptère

Les pompiers sont rapidement sur place

22 33 33
Permanence des médecins et dentistes (seulement pour des urgences et si le médecin traitant ne peut être joint ni à son cabinet ni à son domicile)

24 24 24
Hôpital régional de Bienne

22 44 11 / 42 06 61
Hôpital des enfants Wildermeth

01/251 51 51
Centre suisse d'information toxicologique

140
Secours routier (TCS service de panne ou pour appeler un garage)

112
Service des dérangements

143
La Main tendue (quiconque appelle le 143 garde son anonymat et peut compter sur une totale discrétion. La palette des problèmes auxquels sont confrontés les collaborateurs, en grande partie bénévoles, de ce service privé, comprend des questions d'éducation, de difficultés financières, la peur des contacts, une solitude insupportable et même des idées de suicide).

25 44 44/41 83 27
AA Alcooliques Anonymes (téléphone de contact)

23 61 51
Le Drop-in (bureau de consultation pour drogués), ruelle du Haut 15, dans la Vieille Ville. S'adresse surtout aux héroïnomanes. Les collaborateurs du Drop-in informent les drogués, leurs parents et les professeurs sur des possibilités de traitement et de thérapie. Ils s'efforcent aussi d'aider les toxicomanes à ne pas devenir des marginaux, à leur trouver travail et logis. L'aide est gratuite et discrète.

23 12 31
Pharmacie de service (ce numéro de téléphone donne, par bande, le nom de la pharmacie de service)

23 70 70
Knack, téléphone de détresse. Les jeunes Biennois qui sont désemparés, qui ont peur de s'adresser à un bureau de consultation, mais qui souhaitent parler de leurs problèmes à quelqu'un peuvent appeler ce numéro.

22 10 66
SOS futures mères (répond jour et nuit)

22 55 77
Service de sauvetage du lac de Bienne

21 23 85
Ambulance

95 22 22
Police du lac

41 85 85
Société protectrice des animaux Bienne-Seeland

Service d'urgence vétérinaire
En appelant l'un des numéros de téléphone des quatre vétérinaires biennois on obtient (par bande) le nom de celui qui est de garde à ce moment précis.

Services de piquet:

21 27 53 (pendant les heures de travail)
Service de piquet du service du gaz et des eaux de la ville de Bienne. Service de piquet eau: seulement pour la commune de Bienne.

21 27 27 (en dehors des heures de travail)
Service de piquet du gaz: pour les communes de Bienne, Nidau, Brügg, Evilard, Macolin, Ipsach et Port.

42 55 51 (pendant les heures de travail)
Service de piquet du service de l'électricité de la ville de Bienne. Seulement pour la ville.

42 35 69 (en dehors des heures de travail)

41 28 04
Fischer Electric (pour Bienne et les communes avoisinantes).

25 69 67/25 53 77
Service de serrurie et de clefs, M. Eschmann

41 24 33
Vitrerie: Metglas, Peter Büchler

23 31 11
TCS

22 33 88
Service d'urgence de l'association des maîtres ferblantiers et appareilleurs SIV (également pour les installations de chauffage)

55 20 46
Nettoyage de canalisations B. Kruse, Safnern

53 12 14/23 26 60
Les maisons Evard et Rediffusion ont un service de piquet pour les installations de télévision par câble, mais aucun monteur ne viendra chez vous un dimanche pour une réparation courante de votre téléviseur...

Mes cinq plaisirs...

1. Crevant, mais aussi délirant: grimper à Chasseral en vélo pour y admirer les Alpes (bonne chance!), les trois lacs... ou alors se perdre dans le brouillard.

2. Grisant: en hiver et lorsque la route est bien enneigée, voire glacée, descendre la Montagne de Boujean en luge à minuit par un beau clair de lune.

3. Affolant: sauter en parachute en espérant qu'il s'ouvre au-dessus de Kappelen.

4. Stressant: crier «gooooooooooooooal» et s'enflammer en commentant un match du HC Bienne sur Canal 3. Reposant: cinq secondes de blanc, toujours sur Canal 3...

5. De temps en temps: lire et relire Robert Walser.

Michel Guillaume rédacteur en chef, Canal 3

Ur- und Frühgeschichte

Vorgeschichtliches

Biel hat sich auch in der Urgeschichtsforschung einen Namen gemacht – dank der **Pfahlbausammlung** des **Museumsstifters Friedrich Schwab:** Noch bevor 1854 die berühmten und bedeutenden Pfahlbaufunde in Meilen am Zürichsee gemacht wurden, suchte Schwab den Bielersee systematisch nach neolithischen (steinzeitlichen) und bronzenen Gegenständen ab und verzeichnete die einzelnen Fundstellen auf einer besonderen Karte. Vor allem die klassisch gewordenen Pfahlbauberichte (unter anderem aus Siedlungen in Twann) haben den Namen Schwabs international bekannt gemacht. Neue Erkenntnisse brachten sodann die Ausgrabung in Twann anlässlich der Aushubarbeiten für den Bau der N5 in den Jahren 1974 bis 1976. Die Funde haben bewiesen, dass die Ufer des Bielersees schon vor ungefähr 6000 Jahren bewohnt waren.

Römerzeit

58 v. Chr. bis Mitte des 5. Jahrhunderts nach Chr. war die Schweiz von den Römern besetzt, die – nach militärischen Gesichtspunkten – Befestigungseinrichtungen, Legionslager, Marktflecken und ein gut ausgebautes Strassennetz anlegten. In dieser Zeit wurde auch die vorrömische Station **Petinesca**, am Jensberg, in der Nähe der heutigen Ortschaft **Studen** gelegen, zu einem bedeutenden Strassenknotenpunkt ausgebaut. Die durch das Grosse Moos führende Römerstrasse von Avenches nach Solothurn erhielt in Petinesca eine Abzweigung in Richtung Jura. Bedeutende Grabungen fanden 1898 bis 1904 und 1937 bis 1939 in Petinesca statt. (Funde im **Museum Schwab** an der Seevorstadt). Biel wurde um das Jahr 1220 n. Chr. vom Fürstbischof von Basel gegründet, sein Name stammt wahrscheinlich von Belenus ab, der gallischen oder keltischen Gottheit der Quellen, den die Römer mit Apollo, dem Gott der Kunst und der Dichtung, gleichsetzten.

Verwaltung

Biel beschäftigt insgesamt (aufgerechnet und inkl. Hilfskräfte) 1 445 Personen. Die Personalkosten betragen rund 87 Millionen Franken (Stand 1988).
Die Verwaltung wird von fünf Direktoren (Gemeinderäten) geleitet; sie sind von den Stimmbürgern für jeweils 4 Jahre (1989-92) gewählt, die Departementsverteilung erfolgt durch die Legislative (Stadtrat).

Stand 1990:

Finanzdirektion
Vorsteher Stadtpräsident Hans Stöckli (SP), der auch die Präsidialabteilung leitet.

Polizeidirektion
(und Direktion der Gemeindebetriebe)
Vorsteher Jean-Pierre Berthoud (PRR)

Schuldirektion
Vorsteher Raymond Glas (SP)

Fürsorgedirektion
Vorsteher Otto Arnold (SP)

Baudirektion
Vorsteher Hans-Rudolf Haller (FDP)

Die wichtigsten Ämter, mit denen jeder Bürger, jede Bürgerin wohl einmal im Leben zu tun hat:

Städtische Wirtschaftsförderung
Rüschlistrasse 14, Tel. 21 22 42

Wohnungs- und Mietamt
Alexander-Schönistr. 18, 3. Stock, Tel. 21 25 03

Arbeitsamt
Alexander-Schönistr. 18
1. Stock, Tel. 21 25 22

Einwohneramt
Neuengasse 28,
1. Stock für Ausländer,
2. Stock für Schweizer
Tel. 21 21 11

Hochbauamt
Zentralplatz 49, 2. Stock
Tel. 21 25 61

Stadtkanzlei
Mühlebrücke 5, Tel. 21 21 11

Vie nocturne

Vous trouverez à Bienne, et tout près, à Nidau, plusieurs discos et night-clubs tels que l'«Abraxas», le «Domino» et le «Memphis» (tous trois pour les jeunes et les très jeunes), ensuite l'«Astoria», le «Chambord», le «Roxy» et le «Moonlight».

Il n'y a plus de prostitution dans les rues de Bienne; les dames qui exercent le plus vieux métier du monde attirent l'attention des intéressés chaque semaine dans la rubrique «Bonsoir» du journal BIEL-BIENNE.

Vieille ville

Bienne possède une magnifique et pittoresque Vieille Ville: l'une des mieux conservées d'Europe. La plupart des édifices de la Vieille Ville datent des 16e et 18e siècles, et quelques-uns remontent même au 15e siècle. Le Ring et le Temple allemand sont entourés par les ruelles Haute et Basse et par la ruelle de l'Eglise, le tout constituant la partie la plus ancienne de la ville. Le Temple allemand, sis à la place du Ring no 2 et datant du 15e siècle, a subi des modifications sur ses ailes ouest et nord-ouest en 1864. Vers le début du siècle, le vitrail du choeur datant de 1457 a été refait et, en 1909, le Temple a été restauré complètement pendant quatre ans. La charmante **place du Bourg**, son Théâtre municipal, ses bâtiments administratifs entièrement remis à neuf, son marché aux légumes et ses diverses fontaines, sont d'autres pôles d'attraction. Aujourd'hui, la Vieille Ville est pratiquement séparée de la ville moderne par la rue du Canal, principal axe routier est-ouest. La Vieille Ville de Bienne est donc bel et bien un monde en soi, avec ses contrastes et ses recoins romantiques, ses luxueux appartements rénovés et ses vieilles bâtisses aux logis bon marché. Y figurent également, aux côtés des nombreux commerces et des boutiques d'artisanat ancien, le secteur administratif (police, office d'inspection des denrées alimentaires), la salle du Conseil de ville (où le Parlement siège, une fois par mois), et de nombreux restaurants.

Ville de l'avenir

Bienne avait reçu le nom de Ville de l'Avenir au XIXe siècle déjà. En **1857**, ville industrielle en plein essor, elle parvint à assurer son **raccordement au réseau de la «Schweizerische Centralbahn»**, contre la volonté des conservateurs. C'est alors que l'on donna à Bienne le nom de Ville de l'Avenir. Avant la fin du siècle encore, Bienne connut un développement spectaculaire qui se traduisit par une croissance démographique rapide et une économie florissante. La notion de «ville de l'avenir» n'a cessé de reprendre vie, tant après la crise des années 30 qu'après la récession des années 70, et on continue de l'utiliser actuellement. Elle fut surtout en vedette à l'époque de la **haute conjoncture** des années 60.

Vins

Près de 110 viticulteurs tirent leurs revenus des pentes ensoleillées de la rive nord du lac de Bienne en produisant ce «soleil liquide» qu'est le vin. Les fameux **cépages de «Chasselas»** promettent un blanc pétillant et les cépages de «Pinot-Noir» garantissent un rouge léger et savoureux. Les vignerons du lac de Bienne comptent essentiellement sur la bonne digestibilité de leur vin blanc, et les chiffres nous le confirment: un taux de 70% environ de la récolte annuelle (1,9 mio de kg de raisin) est vinifié et devient un **«Twanner»**, un **«Ligerzer»**, un **«Schafiser»** ou, tout bonnement, un **vin du lac**. Divers vignerons se tournent aujourd'hui vers ce que l'on appelle la production intégrée: selon cette méthode, on tend à produire de tout aussi bons vins sans adjonction chimique exagérée, et par là même, on souhaite ménager au maximum l'environnement.

Waldhütten

«Brätlen» und Festen im Freien wird immer beliebter! Folgende Waldhütten (damit Sie im Falle eines Gewitters nicht verzichten müssen) stehen zur Verfügung, telefonische Anmeldung ist aber unerlässlich:

Aarberg
Fritz Peter
Tel. 82 17 03

Aegerten
Otto Hurst
Tel. 53 39 60

Brügg
Hans Bieri (Sandgrube)
Tel. 53 10 37
Erwin Maurer (Langholz)
Tel. 53 21 47

Büetigen
René Steiner
Tel. 84 87 34

Bühl
Robert Nikles
Tel. 80 14 05

Büren
Ernst Stotzer
Tel. 81 32 07
81 22 19

Busswil
Ida Bürgi
Tel. 84 22 83

Courtelary
Fredy Habegger
Tel. 97 51 68

Dotzigen
Walter / Hugo Schär
Tel. 81 18 34

Evilard / Leubringen
Rudolf Greber
(Blockhaus Lysserbrunnen)
Tel. 41 31 16

Hermrigen
Ernst Wälti
Tel. 80 11 17

Ipsach
Alice Ganz
Tel. 51 86 87

Jens
Walter Weber
Tel. 51 84 26

Lyss
Helene Rufer
Tel. 84 28 35

Magglingen / Macolin
Ursula Brandenberger
Péry, Tel. 96 18 68

Malleray
Denis Staeger
Tel. 93 28 22

Mörigen
Peter Hoffmann
Tel. 57 11 16

Moutier
Jean Minder
Tel. 93 17 02

Orpund
Ernst Schaad (Pfadiheim)
Tel. 065 52 37 16

Orvin
Heinz Schneiter
Tel. 41 63 22
Patrick Stähelin
Tel. 23 20 84
53 57 53
Martin Uhlmann
Tel. 41 31 03
41 37 66

Eugen Birrer
Tel. 51 04 72
23 53 98

Safnern
Werner Lanz
Tel. 55 23 49

Schwadernau
Arthur Rhis
Tel. 53 14 48

St-Imier
Madeleine Sigrist (Mont-Soleil)
Tel. 039 41 36 28
039 41 37 07
Hans Trachsel (Les Pontins)
Tel. 84 36 65
Hugo Löffel (Villeret)
Tel. 039 41 31 81
039 41 13 41

Tramelan
Patrice Baumann (Les Reussilles)
Tel. 97 46 93
Willy Strahm (Sur Les roches)
Tel. 97 53 06
97 61 43

Twann / Douanne
Samuel Zryd (Montoz)
Tel. 91 17 13

Worben
Elise Gehri-Zitterli
Tel. 84 39 86

Weine

Rund 110 Reb- und Weinbauern finden an den sonnigen Hängen des Bielersee-Nordufers ihr Einkommen mit der Herstellung von «flüssiger Sonne». Die weitverbreiteten **Chasselas-Reben** sind dabei Garant für einen spritzigen Weissen, und die Pinot-Noir-Reben bürgen für einen leichten, wohlschmeckenden Rotwein. Dass die Bielersee-Winzer aber vor allem auf den gut bekömmlichen Weisswein setzen, zeigen folgende Zahlen: Gegen 70 Prozent der jährlich geernteten 1,9 Millionen Kilogramm Trauben gären zu **«Twanner»**, **«Ligerzer»**, **«Schafiser»**, oder kurz Seewein genannt. Verschiedene Weinbauern setzen heute auf die sogenannte Integrierte Produktion: ein Ver-

fahren, das mit weniger Chemie ebenso gute Weine erzeugen und dabei die Umwelt weitmöglichst schonen will.

Weiterbildung

Auch wer einen Beruf ausübt, den er liebt, wird nicht darum herumkommen, sich ständig weiterzubilden.

Adressen:
Audio Visuelles Ausbildungszentrum
Libruda AG, Mittelstr. 3
Tel. 41 14 15
Fremdsprachen, kaufmännische und technische Fächer

Bergmann-School
Kanalgasse 3, Tel. 23 22 66 / 23 78 05
Sprachschule

Feusi Schulzentrum Biel
Ecole Bénédict
Sekundarschule und Handelsschule
Zukunftstr. 56, Tel. 25 10 11

Freie Schule Biel
Sekundar- u. Berufswahlschule
Seeländische Handelsschule
KEB Kader- und Erwachsenenbildung
Zukunftstr. 44, Tel. 23 32 62

Gewerbliche Berufsschule Biel
Wasenstr. 5
Tel. 42 14 42

Ingenieurschule Biel
Quellgasse 21
Tel. 27 31 11

Kaufmännische Berufsschule
Neuengasse 10
Tel. 22 29 24

Panorama Schule AG
Arztgehilfinnenschule
Bahnhofstr. 50, Tel. 23 58 48

Volkshochschule
Biel und Umgebung
Silbergasse 31, Tel. 23 13 43
Die Volkshochschule führt für wenig Geld praktisch in allen Wissensgebieten Kurse durch. Einige Wochen vor Kursbeginn wird das Programm jeweils in den Tageszeitungen veröffentlicht.

In einem typischen Weinkeller

Migros Klubschule
Unionsgasse 13, Tel. 22 88 33
Mannigfaltige Auswahl an Weiterbildungskursen.

Arbeitskreis für Zeitfragen
Oberer Quai 12, Tel. 22 36 91
Dieses Forum der Meinungsbildung zu Fragen aus Politik, Wirtschaft, Religion und Kultur lädt regelmässig zu Vorträgen und Kursen im Farelsaal ein. (Tageszeitung beachten.)

SAWI: Schweiz. Ausbildungszentrum für Marketing, Werbung und Information
Ernst-Schüler-Str. 12, Tel. 23 46 83
Diese international bekannte und anerkannte Werbeschule ist – obwohl privat – der Stolz der Stadt Biel.

Stipendien

Wer sich weiterbilden will, aber nicht über die nötigen finanziellen Mittel verfügt, muss trotzdem nicht verzichten. Folgende Stellen geben Auskunft über Stipendien:

Kantonale Beiträge:
Dienststelle für Stipendien
Sulgeneckstr. 70, Bern
Tel. 031 46 85 11

Gemeindebeiträge:
Schulamt der Stadt Biel
Stipendienfonds: Tel. 21 21 11

Die städtische Dienststelle für Erwachsenenbildung gibt über Nummer 21 25 42 Auskunft. (Siehe «Schulen».)

Wines

About 110 winegrowers earn their living by producing «liquid sunshine» on the sunny north shore slopes of the Lake of Biel. The widely-grown **Chasselas vines** guarantee a sparkling white wine and the Pinot Noir vines produce a light, pleasant red. But the following figures show that the Lake of Biel winegrowers rely mainly on the always acceptable white wine: nearly 70 per cent of the 1.9 million kilos of grapes harvested annually are turned into **«Twanner, «Ligerzer» and «Schafiser»** – known collectively as **«Seewein»**. Some winegrowers are now going in for the so-called integrated production. This is a process that produces just as fine wines with fewer chemicals and at the same times aims at protecting the environment.

Winter

Wer in Biel lebt, muss sich an die winterliche Hochnebeldecke gewöhnen. Das fällt nicht so schwer, liegen doch die schönsten Erholungsgebiete quasi vor der Haustüre. Erstens der See: Wenn's ganz kalt wird, gefriert er, und man darf mit den Schlittschuhen drauf – oder mit dem Schlitten! (Die letzte grosse «Seegfrörni» war 1963.) Zweitens der Jura: In Prés d'Orvin lichtet sich der Nebel, die Sonne wärmt, und Schnee liegt in Hülle und Fülle. Der Chasseral und sein bekanntes

Skigebiet sind von Biel aus über St. Immer mit dem Bus zu erreichen. Oder Tramelan: nicht nur ein Paradies für Pferdefreunde, auch Langläufer finden hier ideale Loipen. Wer nicht so weit reisen will, vergnügt sich im Bieler Eisstadion oder bei einer Schlittenfahrt in Magglingen oder vom Bözingenberg herunter in die Stadt.

WINTER

Anyone living in Biel must get used to the winter fogs that descend on town and region. However, by way of compensation, so to speak, quite a number of attractive recreation possibilities are close at hand. The lake, of course, may well freeze over in prolonged spells of cold weather, and once the ice is strong enough, out come the skates and tobogans (the last complete lake freeze-over was in 1963). Then the Jura: the fog lifts in Prés d'Orvin, the sun breaks through onto the thick cover of snow. The Chasseral with its well-known skiing facilities can be reached from Biel via St. Imier, or by bus. Or Tramelan: not only a paradise for horse lovers, but a region with breathtaking cross-country skiing runs. And people who prefer to stay closer to home can have a good time at the Biel ice rink, or might take a sleigh ride in Magglingen or down from Bözingenberg back into Biel.

WIRTSCHAFTS-FÖRDERUNG

Die Rezession der siebziger Jahre hat die Bieler Gemeindebehörden veranlasst, zusätzliche Anstrengungen zur Förderung der Wirtschaft und zur Sicherung der Beschäftigung zu unternehmen.

1977 schuf der Gemeinderat eine Kommission für Wirtschaftsförderung und das Amt für Wirtschaftsförderung. Im weiteren gibt es auch eine Kantonale Wirtschaftsförderung.

Die städtische Wirtschaftsförderung, die der Finanzdirektion unterstellt ist, setzt folgende **Förderungsmittel** ein:
● Investitionsdarlehen (im Regelfall begrenzt auf 100 000 Franken, Darlehensdauer: 10 Jahre)
● Steuererleichterungen
● Vermittlung von Bauland und Liegenschaften
● Vermittlung von Kontakten zu Behörden, Verwaltungsstellen und Wirtschaftspartnern
● Unterstützung in Bewilligungsverfahren bezüglich Grundstückserwerb durch Personen im Ausland, Arbeits- und Aufenthaltsbewilligungen
● Auskunft und Dokumentation über den Wirtschaftsraum Biel

Adressen:
Kanton: Spitalstrasse 20, Tel. 23 10 14.
Stadt: Rüschlistrasse 14, Tel. 21 22 42.

WOHNEN

Biel bietet eine gute **Wohnqualität** und relativ preisgünstigen **Wohnraum:** Sowohl von der teilweise verkehrsfreien Altstadt als auch von den neueren Wohnquartieren aus sind Grünflächen, See und Jura in wenigen Minuten erreichbar. Der **genossenschaftliche Wohnungsbau,** schon im «roten Biel» der Zwischenkriegsjahre stark vorangetrieben, ist noch heute ein wichtiger Faktor: An die 4 000 günstige Wohnungen werden zur Zeit von rund 25 Genossenschaften verwaltet. Machte sich indes Biel infolge der Uhrenkrise in den 70er Jahren einen Namen als billiges Mieterparadies, so hat sich dies unterdessen geändert. Bodenspekulation und Wohnungsnot greifen auch auf die Seeländer Metropole über. Listen freistehender Wohnungen sind kostenlos an folgender Stelle erhältlich:
Städtisches Wohnungsamt
Alexander Schöni-Strasse 18
Tel. 21 25 03

WOMEN'S ORGANISATIONS

About 30 organisations fighting for the improvement of woman's position in society belong to the Federation of Biel Women's Associations. The Federation's President is Pia Fehr, Schwadernauweg 1, Tel. 42 42 52.

In Biel women have been campaigning for several years for public support for a women's help and advice centre. So far, however, the «F-Info» Office is not permanently staffed. But at Obergasse 24 the Organisation for Women's Rights runs an office staffed part time by volunteer helpers.

The Mother and Child Foundation, Seevorstadt 46, Tel. 22 69 11
lets low-rent apartments to women with children.

Friends of Young Girls Association
Evilard, Tel. 22 69 88;
Girls seeking an au-pair job in a family in Switzerland or abroad can apply to this office.

Emergency accommodation for women:
Murtenstrasse 65, Tel. 23 62 77
Battered women in particular can contact this number for assistance and temporary shelter.

WORKERS' MOVEMENT

Biel is traditionally a working class city and a strong workers' movement came into life very early. As long ago as 1888 the «Biel and District Workers'Union – later to become the **Trade Union Federation** – was founded. The Workers' Union campaigned energetically for the needs of the city's working class population. Various projects, such as the creation of a public kitchen, provision of firewood, foodstuffs campaigns and questions at federal level like liability insurance, employment contract law and Customs legislation were all major concerns of the Workers' Union. In addition support was given to individual trade unions in conflict with the employers.

At government level, the Red Era in Biel began in 1921: It was then that the **Social Democrats** won the municipal elections. In the City Council and Government they achieved an absolute majority and also appointed the Mayor, the Biel lawyer, Dr. Hermann Kistler. Mr. Kistler declared straight after the election that he was only thinking of holding office temporarily until 1 November, and to relinquish it then to Town Clerk Guido Müller. At the time Guido Müller had to move his place of residence from Nidau to Biel.

Guido Müller was Mayor for over 20 years and in the mind of older Biel citizens, he still personifies «Red Biel» today. This politician, who was born in Bözingen in 1875, the son of a railwayman, died in 1963 as a highly respected former Mayor and former Member of Parliament. Since 1980, Biel has been governed by a majority Social Democratic Executive; the Social Democrats form the strongest group on the Town Council and hold the majority together with other left-wing parties.

The Biel Trade Union Federation today has 10,000 members, organised in 18 different unions. The Swiss Metal and Watchmaking Workers' Union has the most members from the Biel region: 3,315 men and 760 women. Next comes the Building and Woodworking Trades Union with 1,936 members. Membership is under 800 of the Printing and Paper Union (783) and the Union of Swiss Postal, Telephone and Telegraph Employees (777).

WORKING LIFE

During the boom years Biel was well-known as an **industrial city** and gained a good reputation as a **trade and business centre.**

Today, some 38,000 people are employed in about 3,000 enterprises. Of these, 225 employees work in 30 agricultural establishments (primary sector), 16,437 employees in 630 production centres (secondary sector) and 21,338 employees in 2340 enterprises in the services sector (tertiary sector).

The **services sector** is expanding particularly strongly, which also brings problems. Good qualifications are required for new jobs in the services sector, especially in the field of information technology and not everyone who leaves the production sector can make the change without difficulties.

The biggest groups in manufacturing production are **watches and jewellery** with 90 firms and about 2,600 employees. About 1,800 people work in the 69 **metal processing and production** firms. **The machine and vehicle branch** employs the largest number of people (3,086) but in fewer firms (54).

YOUNG PEOPLE

Biel has been pursuing an active **youth policy** for many years. In 1983 the post of Youth Secretary was created to help young people in their projects by acting as link with the authorities.

The following premises and organisations are available to young people for events and activities:

Autonomous Youth Centre
Villa Fantasie und Gaskessel
Alexander Schöni-Strasse 26
Known as the AJZ, the Centre (which was the first youth centre in Switzerland to be run autonomously) provides rooms for almost every kind of event. Meetings of the users and various working parties decide the programmes.

Knack
Seevorstadt 61, Tel. 23 70 70
This activity centre offers, as well as assistance, workshops, photographic laboratory, video equipment and party

Well-known as an industrial city...

room. Open house every Wednesday, 5 p.m. to 10 p.m.

Villa Ritter
Juravorstadt 36, Tel. 23 89 55
Activity centre for young people

If that's not enough, further detailed information about facilities and events for young people can be found at Jugend Info Center
Unteres Quai 106, Tel. 22 03 77

And if things are difficult...
Municipal Youth Department
Zentralstrasse 49, Tel. 21 24 93
Problems between young people and parents? The Youth Department offers free welfare and legal advice

Psychological Counselling Office
Eisengasse 9, Tel. 22 44 77
As at the Youth Department, advice and help is given here. Charges are flexible.

YOUTH HOSTEL

Situated directly by the forest in Bözingenfeld, a short distance from Biel (Solothurnstrasse 137), the Biel youth hostel offers double rooms and dormitory accommodation.

ZUKUNFTSSTADT

Den Namen «Zukunftsstadt» hatte Biel bereits im 19. Jahrhundert erhalten: **1857** gelang der aufstrebenden Industriestadt der **Anschluss an das Netz der Schweizerischen Centralbahn** – gegen den Widerstand der Konservativen. Damals gab man Biel den Beinamen «Zukunftsstadt». Biel machte noch vor der Jahrhundertwende eine rasante Entwicklung durch, die sich in steigenden Bevölkerungszahlen und einer aufstrebenden Wirtschaft äusserte. Der Begriff «Zukunftsstadt» ist nach der Wirtschaftskrise in den 30er Jahren und auch nach der Rezession in den 70er Jahren immer wieder auferstanden und wird heute noch verwendet. Am gebräuchlichsten war er zur Zeit der **Hochkonjunktur**, in den 60er Jahren.

ZWEI-SPRACHIGKEIT

Biel gilt offiziell als zweisprachige Stadt – in Wirklichkeit ist es aber eine dreisprachige Metropole. Zwei Fünftel der Einwohner sind Romands. Die rund 30 000 Deutschschweizer lernen in der Schule Schriftdeutsch und sprechen den Seeländer Dialekt («Bärndütsch»). Deutsch- und Welschschweizer vermischen sich in allen Quartieren, es gibt kaum ein Haus, sicher keinen Strassenzug, wo nicht beide Sprachen gesprochen werden.

Zum historischen Ursprung der Zweisprachigkeit: Biel gehörte von 1213 bis Ende des 18. Jahrhunderts zum Bistum Basel. Von 1798 bis 1813 wurde es von Frankreich beherrscht. Trotzdem blieb Deutsch bis Mitte des 19. Jahrhunderts die Hauptsprache. Nach der Schliessung der Textilfabriken versuchten die Bieler Behörden, jurassische Uhrmacher nach Biel zu holen. Die Spezialisten dieser Branche sprachen französisch – der Bilinguisme nahm seinen Anfang. Französische Primarschulen, Sekundarschulen und Gymnasiumsklassen wurden gegründet. Seither ist die Zweisprachigkeit in Biel Tradition. Ein richtiger Bieler ist «bilingue», die Zweisprachigkeit gehört zum Alltag, zu den politischen Gremien, den Behörden und der Wirtschaft in Biel; vom Strassennamen bis zur Speisekarte ist alles zweisprachig angeschrieben.

Bielingue...

Meine «Fünf Besten»

1. Ein Gourmet-Menu bei Mario Hurni im Restaurant Commerce, Aarberg.

2. Ein paar Runden Wasserski morgens um 8 Uhr auf dem Bielersee.

3. Mit charmanter Begleitung einen spannenden Action-Film in einem Bieler Kino ansehen.

4. Ein gemütlicher Abend zuhause vor dem Cheminée in Bühl/Aarberg.

5. Der Besuch eines Rock-Konzertes.

Rolf Biland
Seitenwagenweltmeister

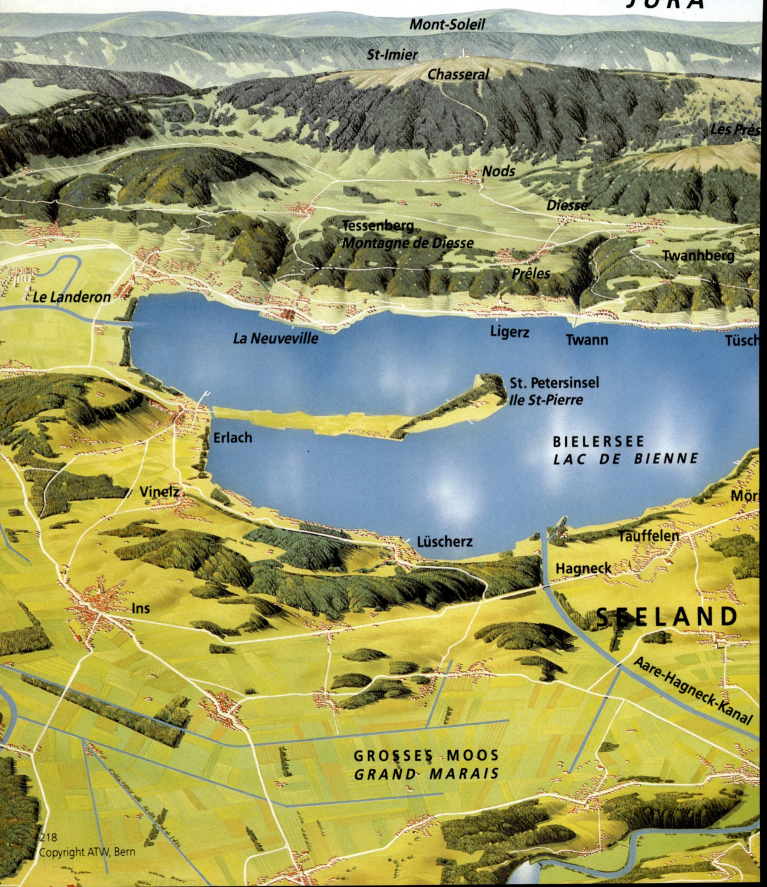

REGISTER

Aare: 164, 168
Aberli Johann Ludwig: 92
Abfall: 212
Aegler Jean: 48, 92
Aemter: 165, 214
Aerzte: 164, 199 (Notfälle)
ALOXYD: 44
ALPHA: 44
Altersheime: 188 (Heime)
Altstadt: 84, 166, 174 (Brunnen), 184, 198 (Museen), 207, vgl. «Ring»
Altstadtchilbi: 154
Ambulanz: 199 (Notfälle)
AMIDRO: 44
Anken Olivier: 181
Antiquitäten: 166
Apotheken: 166, 199 (Notfälle)
Arbeit: 166
Arbeiterbewegung: 167
Arbenz Wilhelm: 92
Architektur: 70f, 99, 110, 167, 207
Atteslander Peter: 176
Attraktivität Biels: 175
Ausbildung: siehe «Bildung», «Schulen»
Ausflüge: 60, 168, 174 (Carfahrten), 203 (Schiffahrt), 204
Auskunft: 168
Ausländer: 38, 163, 168
Autobahn: 170
Autofahren: 163, 168
Autonomes Jugendzentrum: 190

Badegelegenheiten: 170
Bäder: 61, 84, 206
Bahnen: 170
Bahnhof: 70, 171, 207
Banken: 171
Bars: 212
Baumgartner Edouard: 75
Becker Johann Philipp: 93
Behinderte: 171
Behörden: 172, 214 (Verwaltung)
Belenus: 203, vgl. «Biel-Bienne (Name)»
Benzin: 168, 206
Beratungsstellen: 165, 168, 171 (Behinderte), 172, 199 (Notfälle)
Bern: 38, 154, 191
Berndeutsch: siehe «Dialekt»
Berner Jura: 172
Berufe: 136
Betagte: 165, 188 (Heime), 206 (Spitex)
Bevölkerung: 163, 177 (Demografie)
Bibliotheken: 94, 116, 118, 172
Biel-Bienne (Name): 87, 118, 203, 214
BIEL-BIENNE: 116, 119, 196 (Medien), 199 (Nachtleben)
Bieler Tagblatt: 116, 119, 196, vgl. «Gassmann»
Bielersee: 50ff, 154f, 163, 189, 204, 205 (Sommer), 216
BIELLA-NEHER: 33, 44
Biland Rolf: 217
Bildung: 126ff, 204 (Schulen)
Blasmusik: 173
Bloesch-Neuhaus Friedrich: 93
Blösch-Pugnet Caesar Adolf: 93
Blöschhaus: 84, 208
Blumen: 206
Bootsvermietung: 204
BOTTA ET FILS: 33, 44
Bouldoires Gilbert: 94
Bouldoires Jean: 93
Bourquin-Helfer Werner: 94
Bözingenberg: 168
Bözingenfeld: 36

Braderie: 93, 147, 155, 184, 184
Brandt Louis Familie: 94
Bridel Gustav: 95
Brunnen: 68, 70, 174
Bühler Martin: 187
Bürgin Paul: 95
Büro Cortesi: 196

Camping: 174
Canal 3: siehe «Radio»
CENDRES ET METAUX: 31, 45
Chansons: 192 (Konzerte)
Chasseral: 168
Chlauser: 154, 184
CONTELEC: 30, 45
Cotti Flavio: 182
Courvoisier-Voisin Jean Henri: 95

Delsen Leo: 95
Deltafliegen: 206
Demografie: 163, 177
Derwall Jupp: 181 (FC Biel-Bienne)
Dialekt: 119, 217
DIAMETAL: 31, 45
Dick Erwin: 114
«Die junge Schweiz»: 102, 104
Dienstleistungsbetriebe: 34f, 163, 166 (Arbeit)
DIGITRON: 32, 45
Discos: 150, 198 (Nachtleben), 212
Diversifizierung: 38
Drogenproblem: 137, 187, 199 (Notfälle), 210 (Polizei)
Ducommun Elie: 96
Dufour Henri: 96

Egli: 154, 180
EHC Biel: 178
Ehrensperger Ingrid: 79, 200
Eingemeindungen: 207
Einkaufen: 179, 206 (Sonntags geöffnet)
EISEN- UND STAHLGIESSEREI: 31, 45
Eisenbahn: 217
Eishockey: 178 (EHC Biel)
Elektrizität: 107, 163
ESSA: 45
Essen: 180, 181 (Feinschmecker)
Etienne Marlise: 193
Export: 41

Fahrrad: 168, 181
Fallschirmspringen: 206
Fasnacht: 154, 184
Fehr Hermann: 75, 211
Feinschmecker: 181
Fell René: 96
Ferienpass: 191
Feste: 146f, 184
Feuerwehr: 199 (Notfälle)
Film: 106, 116, 198
Finanzlage: 163
Firmenporträts: 44ff
Fische: 154, 180 (Essen)
Fischen: 204
Flugplätze: 185
Flugverbindungen: 185 (Flugplätze)
Fly-Gepäck: 171
Frauen: 98, 186
Freizeit: 140ff
Frühling: 188
Fundbüro: 186
Fussball: 181 (FC Biel-Bienne)

Galeer Albert: 96
Galerien: 120, 186
Gassmann Marc: 167

Gassmann Willy: 119, 178, 178 (EHC Biel)
GASSMANN: 45, 196
Gemeinderat: 72f, 172
GENERAL MOTORS: 38, 46, 84, 86, 95, 170
Genossenschaftlicher Wohnungsbau: 208, 216
Geografische Lage: 163, 193
Gerichtsbarkeit: 187
Geschichte: 66ff, 92ff, 154f, 167 (Arbeiterbewegung), 170 (General Motors), 181 (Fahrrad), 198, 199 (Verkehr), 201 (Polizei), 204 (Seeland), 207 (Städtebau), 217 (Zukunftsstadt, Zweisprachigkeit)
Gewerkschaften: 167
Göüffi Adam: 97
Gräppi Jean: 179
Grock: 97, 154
Grünig Robert: 97
Guillaume Michel: 116, 214
Günthör Werner: 134, 137
Gymnasium: 101, 115, 135, 168

Hallenbäder: 170
Haller Anna: 98
Handel: 24ff, 187
Handels- und Industrieverein: 4f, 187
Hartmann Johann Joseph: 98
HARTMANN: 46
HAUSER: 32, 46
Hayek Nicolas: 175
Heilmann Georg Friedrich: 98
Heime: 188
Herbst: 188
Holzfachschule: 103, 204
Hotels: 190
Hundert-km-Lauf: 193

Indiennefabrik: 100, 104, 106, 207
Industrie: 24ff, 187
Infrastruktur: 175
Ingenieurschule: 103, 127, 136, 196 (Mikroelektronik), 204
INTERBUY: 46

Jacot-Descombes Michel: 172
Jazz: 184, 192 (Konzerte)
Journal du Jura: 196
Jugend: 190, 199 (Notfälle)
Jugendherberge: 191
Jugendpolitik: 137
Jugendzentrum: 135, 137
Jura: 216
Juragewässerkorrektion: 61, 95, 102, 164
Jurakonflikt: 96

Kabarett: 209
Kantonszugehörigkeit: 98, 191
Karting: 206
Katz Roland: 203
Kinder: 188, 191, 192 (Krippen)
Kino: 116, 150, 191
Kiosks: 206
Kirchen: 84, 191, 203 (Religion)
Kleintheater: 118, 209
Klima: 192
Knack: 190
Kocher Theodor: 98
Kolde Gottfried: 118
Kommunikation: 108ff
Kommunikationsmodellgemeinde: 119
Kongresshaus: 71, 84, 167, 192, 203
Konservatorium: 204
Kontrollgebäude: 76f, 84, 208
Konzerte: 192

Korinkowa Helena: 209
Kriminalität: 187, 210 (Polizei)
Krippen: 192
Krisen: 197, 216, 217
Krummenacher Theo: 212
Kultur: 189, vgl. Kommunikation, Künstler usw.
Kulturtäter: 118, 192
Kunsteisbahn: 178 (EHC Biel), 216 (Winter), 206
Künstler: 80ff, 92, 95, 98, 102, 105, 106, 107, 114, 120

Landwirtschaft: 61
Lanz Eduard: 99
LASARRAY: 32
LAUBSCHER: 46
Laufsport: 193, 207
Lebensqualität: 169
Lehrstellen: 136
Lesesontage: 184
Leubringen: 168
Lévy Max: 207
Loiseau Dominique: 39
Luft: 212
Luftverkehr: 185

Magglingen: 84, 154, 168, 215, 216
MAREX: 46
Markt: 142
Marthaler Fritz: 99
Maschinenindustrie: 172 (Berner Jura)
Mathy Karl: 99
Medien: 116, 196
Mehrsprachigkeit: 187, vgl. Zweisprachigkeit
Meier Jost: 148
MIDO: 102
Mietautos: 168
Mikroelektronik: 196
MIKRON: 31, 47
Minigolf: 206
Moll Johann Jakob: 99
Mont-Soleil: 168
Moser Alexander: 100
Museen: 79, 94, 105, 198, 214
Museum Schwab: 79, 105, 198, 214
Musik: 92, 116, 149, 173 (Blasmusik), 192 (Konzerte), 209 (Theater)
Müller Guido: 75, 86, 100, 167
Müra: 212

Nachtleben: 198
Napoleon: 191
Nationalstrassen: 60, 168
Neues Bauen: 207
Neuhaus Charles: 100
Neuhaus François Alexandre: 101
Neuhaus-Stiftung: 207
Neuhaus-Verdan Johann Rudolf: 101
Nightclubs: 198 (Nachtleben)
Nobel Guido: 173, 209
Nobelpreisträger: 96, 98
Nonverbale Kommunikation: 120
Notfälle: 199
NOTZ: 32, 47

Odéon: 66, 86, 212
Öffentlicher Verkehr: 163, 199
Öffnungszeiten: 170 (Banken), 179
OMEGA: 47, 94, 198 (Museum)
Oper: 209
Operette: 209
Orchester: 148, 209

Pannendienst: 199 (Notfälle)
Pantomime: 119

Parkanlagen: 84, 200
Parkplätze: 168
Parteien: 201 (Politische Parteien)
Personenwagen: 163
Petinesca: 214
Pfahlbauer: 105, 155, 214
Pferdebahn: 199
Pferdesport: 201
Pilze: 188, 201
Plastikausstellung: 114, 119, 184
Politik: siehe «Geschichte», «Parteien», «Stadtrat», «Verwaltung»
Polizei: 199 (Notfälle), 201
POSALUX: 30, 47
Post: 84, 206
Presse: 116, 118f, 196
Prostitution: 198
Provinz: 175

Quartiere: 206

Radfahren: siehe «Fahrrad»
RADO: 47
Radio Jura bernois: 196
Radio: 116, 119, 196
RAMSEIER JENZER: 33, 47
Rausnitz Jenny: 148
Rebbau: 207
Rebbaumuseum: 198
Rebenweg: 168
Region: 216
Reimann Gottfried: 75, 101
Reiten: 206
Religion: 163, 203
Restaurants: 144f, 154, 163, 181, 212
Rettungsdienst: 204
Ring: 70, 78, 112, 113, 166, 174 (Brunnen)
RMB: 30, 48
Robert Léo-Paul: 102
Robert Philippe: 171
Rock: 192 (Konzerte)
Rockhall: 78, 168
ROLEX: 48, 92
Römer: 86, 214
Römerquelle: 203
Röschtigraben: 118
Rosius Jakob: 102
Rotary Club: 205
Rotes Biel: 167, 216
Rousseau Jean-Jacques: 60f

SABAG: 48
Sagen: 203
Seele: 203
Sammlung Piasio: 198
SAP: 48
SAWI: 116, 119, 136, 215
Schach: 148, 184, 203
Schaeren Georges und Henri: 102
Schaffroth Paul: 75
Scheidungen: 163, 187
Schiffahrt: 54, 61, 163, 203, 206 (Sommer)
Schlup Max: 168
Schneider Rudolf: 102
Schnyder Jean: 103
Schöchlin Hans: 103
Scholl Gottfried: 103
Scholl Jules Charles: 104
Schöni Alexander: 104
Schulen: 136f, 204
Schüler Ernst: 104
Schüss: 204, 207
Schwab David: 105
Schwab Friedrich: 79, 105, 214
Schwander Marcel: 154f

See: siehe «Bielersee»
Seeland: 187 (Gerichtsbarkeit), 204f, 216
Seerettungsdienst: 199 (Notfälle)
Segeln: 204
Service-Klubs: 205
Sessler Jean: 105
Sexkino: 191
Skisport: 207, 216
SMH: 48
Solar Challenge: 127, 136
Sommer: 206
Sonnenenergie: 127, 136
Sonntags geöffnet: 206
Spargeln: 186, 204 (Seeland)
Spitäler: 107, 199 (Notfälle), 206
Spitex: 188, 206
Sport: 103, 170 (Baden), 171 (Behinderte), 178 (EHC Biel), 181 (FC Biel-Bienne), 193 (Laufsport), 204 (See), 206 (Sportanlagen), 210 (Pferdesport), 216 (Winter)
Sportschule Magglingen (ESSM): 135, 136, 172 (Bibliothek)
Sprachen: siehe «Zweisprachigkeit»
Sprachgrenze: 118, 120
Sprachschulen: 215
Squash: 207
St. Petersinsel: 61, 154
Stadion Gurzelen: 206
Städtebau: 91, 207
Städtebundtheater: 116, 118, 209, vgl. Theater
Städtische Verwaltung: 68, 166, 214
Städtische Wirtschaftsförderung: 4
Stadtkirche: 105, 166
Stadtplan: 84f
Stadtpräsidium: 75, 84
Stadtrat: 74, 172, 201 (Politische Parteien)
Stadtzentrum: 208
Stähli Fritz: 75
Steinberger Emil: 197
Steiner Jörg: 217
Steinzeit: 78, 198 (Museen), 214
Stipendien: 215
Stöckli Hans: 72, 169, 198, 214
Störche: 203
Strandboden: 170
Strassennetz: 207
SWATCH: 49

Tankstellen: 168
Taubenloch: 168, 201 (Pferdesport), 203, 204 (Schüss)
Taxis: 172 (Behinderte), 208
Teletext: 116, 119, 196
Tennis: 207
Theater: 95, 116, 118, 191 (Kinder), 197, 209
Tiere: 104, 163, 199 (Notfälle), 203 (Schiffahrt), 209
TISSOT: 49
Tram: 199
Trinkwasser: 174, 212, 204
Twann: 78, 214
Twannbachschlucht: 168

Uhrenindustrie: 24ff, 172 (Berner Jura), 196 (Mikroelektronik)
Uhrenmacher: 24, 87, 94, 102, 104, 154f
Uhrenmuseum: 198
Uhrenmacherferien: 206 (Sommer)
Umweltschutz: 212
Universität: 136, 204 (Schulen)
Urgeschichte: 78, 105, 198, 214

Venner: 97, 107
Vereine: 206 (Sport)
VEREINIGTE DRAHTWERKE: 33, 49, 93
Verkehr: siehe «Auto», «Bahnen», «Öffentlicher Verkehr», «Schiffahrt»
Verkehrsbüro: 168
Verresius Johann Augustin: 105
Verwaltung: 66ff
Villa Fantaisie: 190
Volkshaus: 84, 99, 167, 203, 208
Volkshochschule: 215

Waldhütten: 214
Walser Hermann: 106
Walser Karl: 106
Walser Robert: 106
Wasserski: 204
Wasserspiele: 115
WEBER: 49
Weidauer-Wallenda Marguerite: 106, 154
Wein: 140, 154f, 188, 215
Weinbau: 60f, 184
Weiterbildung: 215
Werbung: 116, 119, 136
Wettach Adrien: siehe «Grock»
Wetter: siehe «Klima»
Wiener Kongress: 87, 98, 191
Wildermeth Jakob Alexander: 107
Wildermeth Sigmund Heinrich: 107
Will Eduard: 107
Wilsdorf Hans: 48
Windsurfen: 204
Winter: 152, 161f, 178 (EHC Biel), 215
Wirtschaft: 24ff, 163, 166 (Arbeit)
Wirtschaftsförderung: 214, 216
Witz Emanuel: 107
Wohnen: 163, 198 (Museen), 216
Wyssbrod Peter: 114

Zahnärzte: 164, 199 (Notfälle)
Zeitungen: siehe «Presse»
Zirkus: 97, 119, 197
Zoo: 168, 209
Zuckerfabrik Aarberg: 205
Zukunftsstadt: 38f, 199, 217
Zweisprachigkeit: 86, 108ff, 128f, 136, 163, 182f, 196 (Medien), 204 (Schulen), 217

INDEX

Aar: 164, 180
Aberli Johann Ludwig: 92
Achats: 164, 200 (Ouvert le dimanche)
Administration: 66ff, 68, 164
Aegler Jean: 48, 92
Aéroports: 165
Age: 165, 206 (Spitex)
Agriculture: 63
Air: 202
ALOXYD: 44
ALPHA: 44
Ambulance: 213 (Urgences)
AMIDRO: 44
Animaux: 104, 163, 166, 199 (Navigation), 213 (Urgences)
Anken Olivier: 216
Antiquités: 166
Apprentissage: 138
Arbenz Wilhelm: 92
Architecture: 70f, 99, 110, 167, 213
Artistes: 80ff, 92, 95, 98, 102, 105, 106, 107, 114
Asperges: 201, 205 (Seeland)
Atteslander Peter: 176
Attrait de Bienne: 175
Auberge de la Jeunesse: **168**
Automne: 170
Autorités: 164 (Administration), 170
Autoroute: 170
Autos: 163, 170
Aviation: 165

Baignade: 171
Banneret: 97, 107
Banques: 170
Barrière des röstis: 120
Bars: 194
Bâtiment du Contrôle: 76f, 84, 200
Baumgartner Edouard: 75
Becker Johann Philipp: 93
Belenus: 203, voir «Biel-Bienne (nom)»
Berne: 40, 156, 202
Bibliothèques: 94, 116, 122, 172
Biel-Bienne (nom): 89, 120, 188, 193
BIEL-BIENNE: 116, 119, 195, 214 (Vie nocturne)
Bieler Tagblatt: 116, 119, 195, voir «Gassmann»
BIELLA-NEHER: 33, 44
Biland Rolf: 217
Bienne rouge: 187
Bilinguisme: 195 (Médias), 197
Bilinguisme: 86, 87, 108ff, 128f, 137, 163, 178 (Ecoles), 183
Bloesch-Neuhaus Friedrich: 93
Blösch-Pugnet Caesar Adolf: 93
BOTTA ET FILS: 33, 44
Bouldoires Gilbert: 94
Bouldoires Jean: 93
Bourquin-Helfer Werner: 94
Bourses: 185
Braderie: 93, 147, 157, 184
Brandt Louis Famille: 94
Bridel Gustav: 95
Bühler Martin: 187
Bureau Cortesi: 196
Bureaux de consultation: 180
Bürgin Paul: 95

Cabanes forestières: 174
Cabaret: 209
Camping: 174
Canal 3: voir «Radio»
Carnaval: 156, 184f
CENDRES ET METAUX: 31, 45
Cent km de Bienne: 177
Centre autonome de la jeunesse: 135, 138, 190
Centre de la ville: 208
Chambre de commerce: 174
Champ de Boujean: 36
Champignons: 170, 174
Chansons: 176 (Concerts)
Chasseral: 180
Chemin de fer à cheval: 210
Chemin des Vignes: 180
Chemins de fer: 174, 214
Cigognes: 199
Cinéma: 116, 150, 176
Circulation: voir «Autos», «Chemins de fer», «Navigation», «Transports publics»
Cirque: 97, 122, 197
Climat: 176
Clubs internationaux: 176
Commerce: 24ff, 174
Communication: 108ff
Concerts: 176
Congrès de Vienne: 87, 88, 98, 202
Conseil de ville: 74, 170, 200 (Partis politiques)
Conseil municipal: 72f, 170
Conservatoire: 178
Consultations pour drogués: 213 (Urgences)
Consultations: 177
CONTELEC: 30, 45
Coopératives de construction: 208
Correction des eaux du Jura: 63, 95, 102, 164
Cotti Flavio: 183
Courses: 177, 207 (Sport)
Courvoisier-Voisin Jean Henri: 95
Crèches: 177
Crimes: 191, 201 (Police)
Crises: 187, 197, 214
Cyclisme: 172, 180

Delsen Leo: 95
Deltaplane: 206
Dentistes: 195
Démographie: 163, 177
Développement économique: 177
Développement économique de la ville de Bienne: 4
Dialecte: 123
DIAMETAL: 31, 45
Dick Erwin: 115
«Die junge Schweiz»: 102, 104
DIGITRON: 32, 45
Discothèques: 150, 194, 214
Diversification: 40
Divorces: 163, 191
Douanne: 78, 188
Drogues: 138, 191, 201
Ducommun Elie: 96
Dufour Henri: 96

Eau potable: 178, 185, 202, 205 (Seeland)
Echecs: 148, 178, 184f
Ecole d'ingénieurs: 103, 127, 137, 178, 196 (Micro-électronique)
Ecole de Sport Macolin (EFSM): 72 (Bibliothèque), 135, 138, 194
Ecole du bois: 103, 178
Ecoles de langues: 185
Ecoles de voile: 192
Ecoles: 137, 178
Economie: 24ff, 163, 177, 212
Eglises: 84, 105, 178, 203 (Religion)
Ehrensperger Ingrid: 79, 200
EISEN- UND STAHLGIESSEREI: 31, 45

Electricité: 107, 163
Energie solaire: 127, 137
Enfants: 177 (Crèches)
Enfants: 179
Entreprises: 44ff
Equitation: 206
ESSA: 45
Essence: 170, 200
Eté: 180
Etienne Marlise: 193
Etrangers: 40, 163, 180
Evilard: 180
Excursions: 180, 192 (Lac), 199 (Navigation), 210
Exports: 41
Exposition de sculpture: 115, 122, 184f

Fabriques d'indiennes: 100, 101, 104, 106, 213
Fabriques de machines: 191
Fanfares: 181
Fehr Hermann: 75, 211
Fell René: 96
Femmes: 98, 190
Fêtes: 146f, 184f
Films: 106, 116
Finances: 163
Fleurs: 200
Fly-bagage: 187
Fondation Neuhaus: 213
Fontaines: 68, 70, 185
Football: 181 (FC Biel-Bienne)
Formation complémentaire: 185
Formation: 126ff, 178 (Ecoles)
Frontière linguistique: 120, 123

Galeer Albert: 96
Galeries: 123, 186
Gare: 70, 186, 213
Gassmann Marc: 167
Gassmann Willy: 187
GASSMANN: 45, 195
GENERAL MOTORS: 40, 46, 84, 88, 95, 170
Gorges de Douanne: 180
Göuffi Adam: 97
Gourmets: 181
Gräppi Jean: 178, 187
Grock: 97, 156
Grünig Robert: 97
Guillaume Michel: 116, 214
Günthör Werner: 134
Gymnase: 101, 115, 135

Habitat: 163, 187
Haller Anna: 98
Handicapés: 187
Hartmann Johann Joseph: 98
HARTMANN: 46
HAUSER: 32, 46
Hayek Nicolas: 175
HC Bienne: 187
Heilmann Georg Friedrich: 98
Heures d'ouverture: 164, 171 (Banques)
Histoire: 66ff, 92ff, 156f, 170 (General Motors), 173 (Bicyclette), 173 (Bilinguisme), 188, 198 (Musées), 210 (Police), 210 (Transports publics), 210 (Urbanisme), 214 (Ville de l'avenir)
Hiver: 152f, 161f, 187 (HC Bienne), 188
Hockey sur glace: voir «HC Bienne»
Homes: 188
Horlogerie: 24ff, 87, 88, 94, 102, 104, 191 (Jura bernois)
Horlogerie: 196 (Micro-électronique)
Hôpitaux: 107, 190, 213 (Urgences)
Hôtels: 190

Ile de St-Pierre: 63, 156
Incorporation des communes extérieures: 213
Industrie: 24ff, 174
Infrastructure: 175
INTERBUY: 46

Jacot-Descombes Michel: 172
Jazz: 176 (Concerts), 184f
Jeunes: 190, 213 (Urgences)
Jeux d'eau: 115
Journal du Jura: 195
Journaux: voir «Presse»
Jura bernois: 191, 216
Juridiction: 191

Karting: 206
Katz Roland: 203
Kermesse de la Vieille Ville: 156, 184f
Kiosques: 200
Knack: 190
Kocher Theodor: 98
Kolde Gottfried: 120
Korinkowa Helena: 209
Krummenacher Theo: 212
Kulturtaeter: 122, 209

Lac de Bienne: 50ff, 156, 163, 180 (Eté), 189, 192, 216
Lacustres: 105, 157, 188
Langues: voir «Bilinguisme»
Lanz Eduard: 99
LASARRAY: 32
LAUBSCHER: 46
Légendes: 193
Lévy Max: 207
Lieux de rencontre: 194
Location de bateaux: 192
Location de voitures: 170
Loiseau Dominique: 39
Loisirs: 140ff

Macolin: 84, 180, 194, 215, 216
Maires: 75, 84
Maison Bloesch: 84, 208
Maison du Peuple: 84, 99, 167, 200, 203
Marchés: 142, 195
MAREX: 46
Marthaler Fritz: 99
Mathy Karl: 99
Médecins: 195
Médias: 116, 195f
Meier Jost: 148
Micro-électronique: 196
MIDO: 102
MIKRON: 31, 47
Mimes: 122
Minigolf: 206
Moll Johann Jakob: 99
Mont-Soleil: 180
Montagne de Boujean: 180
Moser Alexander: 100
Mouvement ouvrier: 198
Mura: 202
Musées: 79, 92, 94, 105, 116, 148, 188, 209
Musique: 92, 116, 149, 176 (Concerts), 181 (Fanfares), 209 (Théâtre)
Müller Guido: 75, 86, 88, 100

Napoléon: 202
Navigation: 54, 63, 163, 180 (Eté), 198
Neuhaus Charles: 100
Neuhaus François Alexandre: 101
Neuhaus-Verdan Johann Rudolf: 101
Night-clubs: 214
Nobel Guido: 181, 209

NOTZ: 32, 47

Objets trouvés: 199
Odéon: 66, 87, 194
Office du tourisme: 203
Offices: 164
OMEGA: 47, 94, 198 (Musées)
Opéra: 209
Opérette: 209
Orchestre: 148
Orchestres: 209
Ordures: 202
Ouvert le dimanche: 200

Palais des Congrès: 71, 84, 167, 200, 203
Parachutisme: 206
Parc zoologique: 166
Parcs: 84, 200
Partis: 200 (Partis politiques)
Passeport-vacances: 179
Patinoire: 187 (HC Bienne), 188
Perches: 156
Petinesca: 188
Petits théâtres: 122
Pêche: 208
Pêcheurs: 192
Pharmacies: 201, 213 (Urgences)
Piscines couvertes: 171
Places de parc: 170
Plages: 63, 84
Plan de la ville: 84f
Planche à voile: 192
Plurilinguisme: 191
Poissons: 156
Police: 201, 213 (Urgences)
Politique: voir «Administration», «Conseil de ville», «Histoire», «Partis»
Pompiers: 213 (Urgences)
Population: 163, 177 (Démographie)
POSALUX: 30, 47
Poste: 84, 200
Préhistoire: 78, 105, 188
Presse: 116, 122, 195f
Printemps: 201
Prix Nobel: 96, 98
Professions: 138
Prostitution: 214
Protection de l'environnement: 202
Province: 175
Publicité: 116, 122, 137

Qualité de la vie: 169
Quartiers: 213
Question jurassienne: 96

Radio Jura bernois: 196
Radio: 116, 196
RADO: 47
Rames: 192
RAMSEIER JENZER: 33, 47
Rattachement au canton: 98, 202
Rausnitz Jenny: 148
Reimann Gottfried: 75, 101
Religion: 163, 202
Renseignements: 203
Réseau routier: 213
Restaurants: 144f, 156, 163, 181 (Gourmets), 194, 203
Ring: 70, 78, 112, 113, 185 (Fontaines), 214
RMB: 30, 48
Robert Léo-Paul: 102
Robert Philippe: 187
Rock: 176 (Concerts)
Rockhall: 78, 167
ROLEX: 48, 92
Romains: 86, 188

Rosius Jakob: 102
Rotary Club: 176
Rousseau Jean-Jacques: 62f
Route nationale: 62, 170

SABAG: 48
Saint-Nicolas: 156, 184f, 195
Salles: 203
SAP: 48
SAWI: 116, 122, 137, 185
Schaeren Georges et Henri: 102
Schaffroth Paul: 75
Schlup Max: 167
Schneider Rudolf: 102
Schnyder Jean: 103
Schöchlin Hans: 103
Scholl Gottfried: 103
Scholl Jules Charles: 104
Schöni Alexander: 104
Schüler Ernst: 104
Schwab David: 105
Schwab Friedrich: 79, 105, 188
Schwander Marcel: 156f
Seeland: 191 (Juridiction), 205, 216
Service de sauvetage: 192, 213
Services: 34f, 84, 163, 206, 212
Sessler Jean: 105
Situation géographique: 163, 205
Ski nautique: 192
Ski: 188, 206
SMH: 48
Sociétés coopératives de logement: 187
Sociétés: 206 (Sport)
Solar Challenge: 127, 137
Source romaine: 193
Spectacles français: 209
Spitex: 206
Sport: 103, 171 (Baignade), 177 (Course), 181 (FC Biel-Bienne), 187 (HC Bienne), 188 (Hiver), 192 (Lac), 206
Squash: 206
Stade de glace: 206
Stade de la Gurzelen: 206
Städtebundtheater: voir «Théâtre»
Stähli Fritz: 75
Steinberger Emil: 197
Steiner Jörg: 217
Stöckli Hans: 72, 169, 198, 214
Strandboden: 171
Sucrerie d'Aarberg: 205 (Seeland)
Suze: 208, 213
SWATCH: 49
Syndicats: 198

Taubenloch: 180, 193, 208 (Suze), 206 (Sport équestre)
Taxis: 208
Télétexte: 116, 122, 196
Tennis: 206
Théâtre de Poche: 122, 209
Théâtre: 116, 122, 197, 209
Théâtre: 95, 116, 122, 179 (pour enfants)
TISSOT: 49
Tours en cars: 210
Trams: 210
Transports publics: 163, 210
Travail: 214
Tréfileries: voir «Vereinigte Drahtwerke»

Université populaire: 185
Université: 137, 178 (Ecoles)
Urbanisme: 91, 210
Urgences: 213

Vacances horlogères: 180
Vendanges: 184f

VEREINIGTE DRAHTWERKE: 33, 49, 93
Verresius Johann Augustin: 105
Vie nocturne: 214
Vieille Ville: 84, 142, 184, 185 (Fontaines), 187 (Habitat), 210, 214, voir «Ring»
Vignerons: 62
Vignobles: 210
Villa Fantaisie: 190
Ville de l'avenir: 214
Vin: 140, 156f, 170, 184f (Fêtes), 214
Vols: voir «Aéroports»

Walser Hermann: 106
Walser Karl: 106
Walser Robert: 106
WEBER: 49
Weidauer-Wallenda Marguerite: 106, 156
Wettach Adrien: voir «Grock»
Wildermeth Jakob Alexander: 107
Wildermeth Sigmund Heinrich: 107
Will Eduard: 107
Wilsdorf Hans: 48
Witz Emanuel: 107
Wyssbrod Peter: 114

Zoo: 180

INDEX

Aare: 164, 180
Aberli Johann Ludwig: 92
Administration: 66ff, 68, 164
Adult education: 186
Advertising: 116, 125, 139, 186
Advisory bodies: 164, 179 (Emergency Services)
Aegler Jean: 48, 92
Aerodromes: 164
Agriculture: 65
Air: 179
ALOXYD: 44
ALPHA: 44
Altstadtchilbi: 158
Ambulance: 179 (Emergency Services)
AMIDRO: 44
Animals: 104, 163, 166, 173 (Boat Trips), 179 (Emergency Services)
Antiques: 166
Apprenticeship: 139
Arbenz Wilhelm: 92
Architecture: 70f, 99, 110, 167, 210
Art Galleries: 168
Artists: 80ff, 92, 95, 98, 102, 105, 106, 107, 114
Asparagus: 205 (Seeland), 207
Authorities: 164 (Administration), 194
Autonomous Youth Centre: 135, 139, 217
Autumn: 170
Aviation: 164

Banks: 170
Banneret: 97, 107
Bars: 194
Bathing: 84, 171
Baumgartner Edouard: 75
Becker Johann Philipp: 93
Belenus: 203, cf. «Biel-Bienne (name)»
Berne: 42, 173
Bernese Jura: 172
Bernese: see «Dialect»
Biel-Bienne (name): 91, 124, 188, 193
BIEL-BIENNE: 116, 119, 195, 199 (Nightlife)
Bieler Tagblatt: 116, 119, 195, cf. «Gassmann»
BIELLA-NEHER: 33, 44
Bilingualism: 86, 89, 108ff, 128f, 139, 163, 173, 195 (Media), 204 (Schools)
Bloesch-Neuhaus Friedrich: 93
Blösch-Pugnet Caesar Adolf: 93
Blöschhaus: 84, 208
Boat hire: 193
Boating: 54, 64, 163, 173, 208 (Summer)
BOTTA ET FILS: 33, 44
Bouldoires Gilbert: 94
Bouldoires Jean: 93
Bourquin-Helfer Werner: 94
Bözingenberg: 180
Bözingenfeld: 36
Braderie: 93, 147, 159
Brandt Louis Familie: 94
Brass Bands: 173
Bridel Gustav: 95
Bürgin Paul: 95
Büro Cortesi: 195

Cabaret: 209
Cabs: see «Taxis»
Calico factory: 100, 101, 104, 106, 210
Camping: 174
Canal 3: see «Radio»
Canton Berne: 98, 173
Carnival: 158, 184
CENDRES ET METAUX: 31, 45
Chamber of Trade and Industry: 5, 174

Chansons: 176 (Concerts)
Chasseral: 181
Chemists: see «Pharmacies»
Chess: 148, 174, 184
Children: 174, 177 (Day Nurseries)
Chlauser: 158, 195
Churches: 84, 105, 176, 203 (Religion)
Cinemas: 116, 150, 176
Circus: 97, 125
City centre: 208
City church: 105
City council: 74, 194, 201 (Political Parties)
City executive: 194
City of the future: 210
Climate: 176
Clubs: 207
Concerts: 176
Congress House: 71, 84, 167, 176, 187
Congress of Vienna: 87, 98, 173
Conservatory: 204
CONTELEC: 30, 45
Cooperative housing scheme: 194, 208
Correction of the Jura Lakes: 65, 95, 102, 164
Courvoisier-Voisin Jean Henri: 95
Crime: 193, 201 (Police)
Crises: 194, 210
«Cultural activists» (Kulturtäter): 124
Cycling: 177, 181 (Excursions)

Day Nurseries: 177
Delsen Leo: 95
Dental treatment: 178
Dentists: 179 (Emergency Services)
Dialect: 125, cf. «Bilingualism»
DIAMETAL: 31, 45
Dick Erwin: 115
«Die junge Schweiz»: 102, 104
DIGITRON: 32, 45
Discos: 150, 194, 199 (Nightlife)
Diversification: 42
Divorce: 163, 193
Doctors: 178, 179 (Emergency Services)
Drinking water: 178, 186 (Fountains), 180, 205
Drug problem: 139, 193, 210 (Police)
Drugs counselling: 179 (Emergency Services)
Ducommun Elie: 96
Dufour Henri: 96

Eating out: 178, 181 (Gourmets)
Economic development of Biel: 5
Economy: 24ff, 163, 202, 216 (Working life)
Education: 126ff, 186, 204 (Schools)
EISEN- UND STAHLGIESSEREI: 31, 45
Electric power: 107, 163
Emergency Services: 179
Engineering College: 103, 138, 179, 196 (microelectronics), 204
Engineering works: 172 (Bernese Jura)
Environmental protection: 179
ESSA: 45
Excursions: 173 (Boat Trips), 176 (Coach Travel), 180, 192 (Lake)
Executive: 72f
Exhibition of sculpture: 184
Experimental theatres: 124, 209
Exports: 41

Fehr Hermann: 75, 211
Fell René: 96
Festivities: 146f
Film: 106, 116

Finances: 163
Fire service: 179 (Emergency Services)
Firms: 44ff
Fish: 180 (Eating out)
Fishing: 204
Flight connections: see «Aerodromes»
Flowers: 208
Fly-baggage: 202
Football: 181 (FC Biel-Bienne)
Foreigners: 42, 163, 185
Forest huts: 185
Foundation Neuhaus: 210
Fountains: 68, 70, 185
Fuel: 196
Further education: 186

Galeer Albert: 96
Garbage: 179
Gassmann Willy: 190
GASSMANN: 45, 196
GENERAL MOTORS: 38, 42, 46, 84, 95, 197
Geographical position: 163, 201
Göüffi Adam: 97
Gourmets: 181
Grants: 186
Gräppi Jean: 190
Grock: 97, 158
Grünig Robert: 97
Günthör Werner: 134, 139

Haller Anna: 98
Halls: 187
Handicapped people: 187
Hartmann Johann Joseph: 98
HARTMANN: 46
HAUSER: 32, 46
Heilmann Georg Friedrich: 98
High School: 101, 119, 135
History: 66ff, 92ff, 158f, 173 (Bilingualism), 177 (Cycling), 188, 196 (General Motors), 198 (Museums), 201 (Police), 202 (Tramways), 210 (Town development), 210 (Town of the future)
Holiday Pass: 176
Homes: 188
Horse-drawn tramways: 202
Horseriding: 190
Hospitals: 107, 179 (Emergency Services), 190
Hotels: 190
Housing conditions: 163, 194
Hundred-km Run: 203

Ice Hockey: 190
Ice rink: 216
Incorporation of outer districts: 210
Industry: 24ff, 174
Information: 190
INTERBUY: 46

Jazz: 176 (Concerts)
Journal du Jura: 195
Jura mountains: 216
Jura conflict: 96

Kiosks: 208
Knack: 217
Kocher Theodor: 98
Kolde Gottfried: 124
Kontroll building: 76f, 84, 208
Korinkowa Helena: 209

Lake of Biel: 50ff, 158f, 163, 192, 200 (Summer), 216
Language boundaries: 123, 125
Language schools: 186

Language: see «Bilingualism»
Lanz Eduard: 99
LASARRAY: 32
LAUBSCHER: 46
Law Courts: 193
Legends: 193
Leisure: 140ff
Leubringen: 180
Libraries: 94, 116, 124, 193
Loiseau Dominique: 39
Lost property: 194

Magglingen: 84, 180, 216
Map: 84, 216
MAREX: 46
Markets: 142, 195
Marthaler Fritz: 99
Mathy Karl: 99
Mayors: 75, 84
Media: 116, 195
Meeting places: 196
Meier Jost: 148
Microelectronics: 196
MIDO: 102
MIKRON: 31, 47
Model municipality for communications: 125
Moll Johann Jakob: 99
Mont-Soleil: 181, 216
Moser Alexander: 100
Motoring: 163, 196
Motorway: 196f
Müller Guido: 75, 86, 89, 100, 198
Müra: 179
Museums: 79, 94, 105, 188
Mushrooms: 170, 198
Music: 92, 116, 149, 173 (Brass bands), 176 (Concerts), 209 (Theatre)

Napoleon Bonaparte: 173
National highway: 64, 196f
Neuhaus Charles: 100
Neuhaus François Alexandre: 101
Neuhaus-Verdan Johann Rudolf: 101
New Architecture: 210
Newspapers: see «Press»
Nightclubs: 199
Nightlife: 199
Nobel Guido: 137
Nobel Prize: 96, 98
Non-verbal communication: 125
NOTZ: 32, 47

Occupations: 139
Odéon: 66, 89, 196
Old Town: 84, 142, 184, 185 (Fountains), 203, 210, see «Ring»
OMEGA: 47, 94, 198 (Museum)
Opening times: 171 (Banks), 205
Opera: 209
Operette: 209
Orchestra: 148, 209

Pantomime: 125
Parking space: 196
Parks: 84, 200
Parties: 201 (Political Parties)
Perch: 158, 178
Petinesca: 188
Petrol: 208
Pharmacies: 179 (Emergencies), 201
Pile-dwellers: 105, 159, 188
Plastic Art Exhibition: 115
Police: 179 (Emergency Services), 201
Politics: see «Administration», «City council», «History», «Parties»
Population: 163, 201

POSALUX: 30, 47
Post Office: 84, 208
Prehistory: 78, 105, 188
Press: 116, 124, 195
Promotion of economic development: 164, 202
Public Transport: 163, 202

Quarters: 210

Radio Jura bernois: 195
Radio: 116, 124, 195
RADO: 47
Railway station: 70, 202, 210
Railways: 202, 210
RAMSEIER JENZER: 33, 47
Rausnitz Jenny: 148
Rebenweg: 180
Red Biel: 194, 198
Reimann Gottfried: 75, 101
Religion: 163, 203
Rent-a-car: 196
Rescue Service: 179, 192
Restaurants: 144f, 156, 163, 194
Ring: 70, 78, 112, 113, 185 (Fountains), 200
RMB: 30, 48
Robert Léo-Paul: 102
Robert Philippe: 202
Rock: 176 (Concerts)
Rockhall: 78, 167
ROLEX: 48, 92
Romans: 86, 90
Römerquelle: 193
Röschtigraben: 123, 125
Rosius Jakob: 102
Rotary Club: 205
Rousseau Jean-Jacques: 64f
Running: 203

SABAG: 48
Sailing: 192, 193
SAP: 48
SAWI: 116, 125, 139, 186
Schaeren Georges and Henri: 102
Schaffroth Paul: 75
Schlup Max: 168
Schneider Rudolf: 102
Schnyder Jean: 103
Schöchlin Hans: 103
Scholl Gottfried: 103
Scholl Jules Charles: 104
Schöni Alexander: 104
Schools: 138f, 204
Schüler Ernst: 104
Schüss: 204, 210
Schwab David: 105
Schwab Friedrich: 79, 105, 188
Schwander Marcel: 158f
Seeland: 193 (Law Courts), 205, 216
Senior citizens: 205, 206 (Spitex)
Services: 34f, 163, 216
Service clubs: 205
Sessler Jean: 105
Sex films: 176
Shopping: 205, cf. «Sunday shopping»
Skating rink: 207
Skiing: 216
Small theatres: 124
SMH: 48
Solar Challenge: 127, 138
Solar energy: 127, 138
Spectacles français: 209
Spitex: 206
Sports School Magglingen: 135, 193 (Library)
Sports: 103, 171 (Bathing), 181 (FC Biel-Bienne), 190 (Horseriding), 190 (Ice Hockey), 192 (Lake), 203 (Running), 206 (Facilities), 207, 216 (Winter)
St. Peter's Island: 65, 158
Stadium Gurzelen: 207
Städtebundtheater: see «Theatre»
Stähli Fritz: 75
Stöckli Hans: 72, 169, 198, 214
Stone Age: 78, 188, cf. «Museums», «Schwab Friedrich»
Storks: 173
Streets: 210
Sugar Factory Aarberg: 205
Summer: 208
Sunday shopping: 208
SWATCH: 49
Swimming pools: 84, 171

Taubenloch: 190 (Horseriding), 193, 204 (Schüss)
Taxis: 208
Teletext: 116, 124, 195
Theatre: 95, 116, 124, 209
Théâtre de Poche: 209
Timber school: 103, 204
TISSOT: 49
Tourist Office: 190
Town development: 91, 210
Town map: 84f
Town of the Future: 210
Trade unions: 198
Trade: 24ff, 174
Traffic: see «Boat Trips», «Motoring», «Public Transport», «Railways»
Training: 186
Tramways: 202
Twann: 78

University: 139, 204 (Schools)

VEREINIGTE DRAHTWERKE: 33, 49, 93
Verresius Johann Augustin: 105
Villa Fantaisie: 217
Volkshaus: 84, 99, 167, 187, 210

Walser Hermann: 106
Walser Karl: 106
Walser Robert: 106
Watch Industry: 24ff, 172 (Bernese Jura)
Watchmakers' holidays: 208
Watchmakers: 87, 90, 158f
Watchmaking: 94, 102, 104, 196
Water sculptures: 115
Water skiing: 193
Weather: see «Climate»
WEBER: 49
Weidauer-Wallenda Marguerite: 106, 158
Wettach Adrien: see «Grock»
Wildermeth Jakob Alexander: 107
Wildermeth Sigmund Heinrich: 107
Will Eduard: 107
Wilsdorf Hans: 48
Windsurfing: 192, 193
Wine growers: 64
Wine: 140, 170, 184, 215f
Winegrowing: 210
Winter: 152f, 161f, 190 (Ice Hockey), 216
Witz Emanuel: 107
Women: 98, 216
Workers' movement: 216
Working life: 216
Wyssbrod Peter: 114

Youth Hostel: 217
Youth: 179 (Emergency Services), 216

Zoo: 166

Sie haben dieses Buch geschrieben, fotografiert und gestaltet...
Ils sont les auteurs des textes et des photos de ce livre, ils l'ont réalisé
They wrote and designed this book and photographed for it...

CORTESI MARIO

▸ *1940 in Biel, wo er alle Schulen besuchte. Der Journalist und Filmrealisator war Mitarbeiter, später Chefredaktor der «Seeländer Volkszeitung», bevor er 1965 das Presse- und Filmbüro Cortesi gründete, in dem heute über 40 Mitarbeiter tätig sind. Während 16 Jahren war Cortesi Stadtrat in Biel. Zusammen mit Werner Hadorn konzipierte und redigierte er das vorliegende Buch, schrieb die Geschichte über die Bieler Wirtschaft «Made in Biel-Bienne» und interviewte Nicolas Hayek, Emil Steinberger und Jörg Steiner.

▸ *1940 à Bienne, où il a suivi toutes ses classes. Mario Cortesi, journaliste et réalisateur de films, a collaboré au «Seeländer Volkszeitung» avant d'en devenir le rédacteur en chef. En 1965, il a fondé le bureau Cortesi (presse et cinéma) où travaillent aujourd'hui plus de 40 collaborateurs. Mario Cortesi a été conseiller de ville pendant 16 ans. Il a imaginé et rédigé ce livre avec Werner Hadorn. Il est l'auteur du chapitre relatif à l'économie biennoise, «Made in Biel-Bienne», il a interviewé Nicolas Hayek, Emil Steinberger et Jörg Steiner.

▸ Born 1940 in Biel, where he was educated. Journalist and film maker, he was first on the staff and later became editor-in-chief of the «Seeländer Volkszeitung». In 1965 he founded the Cortesi Press and Film Bureau, which now employs more than 40 people. For 16 years Cortesi was a member of Biel City Council. With Werner Hadorn he conceived and edited this book and wrote the article «Made in Biel-Bienne», about the city's business and industry, and interviewed Nicolas Hayek, Emil Steinberger and Jörg Steiner.

FISCHER ROLAND

▸ *1948 in Lüscherz am Bielersee. Lebt seit 1954 in der Stadt Biel. Er absolvierte die Kantonale Schule für Gestaltung, schloss als Grafiker ab und gestaltet seit 1973 im Büro Cortesi Zeitungen, Zeitschriften, Plakate und Bücher. Für das vorliegende Buch entwarf Fischer das Layout und gestaltete die Seiten.

▸ *1948 à Lüscherz, au bord du lac de Bienne. Vit à Bienne depuis 1954. A fréquenté l'Ecole cantonale d'arts visuels, en est sorti avec un diplôme de graphiste. Depuis 1973, il crée des journaux, des périodiques, des affiches et des livres. Il a conçu le layout du présent ouvrage.

▸ Born 1948 at Lüscherz on the Lake of Biel and has lived in Biel since 1954. He studied at the Cantonal School of Design, qualifying as a graphic artist and since 1973 has been designing newspapers, periodicals, posters and books in the Cortesi Bureau. He designed the layout of this book.

FREY URS

▸ *1954. Absolvierte das Gymnasium, anschliessend Studien an der Universität Bern. Machte 1977 das Schreiben zu seinem Hauptberuf. Arbeitete zuerst für die Tagespresse, dann bei einer Nachrichtenagentur. Seit 1982 als Journalist und Filmrealisator beim Büro Cortesi in Biel. Frey ist ein begeisterter Wassersportler und fühlt sich auf den Wogen des Bielersees ganz besonders wohl. Er schrieb die Geschichte über den Bielersee.

▸ *1954, a suivi le Gymnase de Soleure puis a étudié à l'Université de Berne. En 1977, il a fait de l'écriture sa profession. Il a d'abord travaillé pour la presse quotidienne, puis pour une agence. Depuis 1982, il est journaliste et réalisateur au Bureau Cortesi à Bienne. Fanatique de sports nautiques, il se sent particulièrement à l'aise sur les vagues du lac de Bienne, raison pour laquelle il a écrit son histoire.

▸ Born 1954, attended high school in Solothurn and studied at Berne University. In 1977 he made writing his main occupation. Worked first on daily newspapers and then for a news agency. Since 1982 has been a journalist and film maker with the Cortesi Bureau in Biel. Frey is a water sports enthusiast and feels especially happy on the Lake of Biel. The article about the Lake is by him.

GASS JANINE

▸ *1936, lebte von 1956 bis 1964 in Biel, heute am Bielersee in Le Landeron. Nach der Handelsmatur in Fribourg bildete sie sich im Bieler Kommunikationszentrum CERC in Kommunikationstechniken aus. Sie arbeitete eine Zeitlang in der Werbung, dann als freie Journalistin. Seit 1988 Mitarbeiterin des Büro Cortesi. Janine Gass schrieb am Lexikonteil mit und verfasste die Porträts der prominenten Bieler Persönlichkeiten, assistiert von Stadtarchivar Marcus Bourquin.

▸ *1936, elle a vécu à Bienne entre 1956 et 1964. Elle habite désormais Le Landeron, au bord du lac de Bienne. Après une maturité commerciale à Fribourg, Janine Gass s'est formée aux techniques de la communication au Centre d'études et de recherche de communication (CERC) à Bienne. Après avoir travaillé dans le domaine de la publicité, elle est devenue journaliste indépendante, puis elle a rejoint le Bureau Cortesi en 1988. Avec la collaboration de l'archiviste municipal Marcus Bourquin, Janine Gass a brossé les portraits des personnalités biennoises.

▸ Born 1936, lived in Biel from 1956 to 1964 and now lives at Le Landeron on the Lake of Biel. After gaining her commercial matriculation in Fribourg, she trained in communication techniques at the Biel CERC Communication Centre. After a period in advertising, she worked as a freelance journalist before joining the Cortesi Bureau in 1988. Janine Gass contributed to the «Biel from A to Z» section, researched and wrote the portraits of prominent Biel personalities, assisted by Marcus Bourquin, Biel City Archivist.

Gäumann Renata

*1961, besuchte die Schulen in Neuenegg (BE) und studierte nach der Maturität Psychologie und Journalistik in Bern, Berlin und Fribourg. Arbeitete drei Jahre am Mikrofon in der Redaktion eines Berner Lokalradios, seit 1989 im Büro Cortesi als Produktionsleiterin und Journalistin. Renata Gäumann schrieb die Kurzporträts der Bieler Unternehmen und wirkte als Bildbeschafferin mit.

*1961, elle a suivi ses classes à Neuenegg (BE). Après sa maturité, elle a étudié la psychologie et le journalisme à Berne, Berlin et Fribourg. Pendant trois ans, elle a animé l'antenne et la rédaction d'une radio locale bernoise. Depuis 1989, Renata Gäumann est responsable de productions cinématographiques et journaliste au Bureau Cortesi. C'est elle qui a décrit les entreprises biennoises et sélectionné les illustrations.

Born 1961, she attended schools in Neuenegg (Canton Berne) and after matriculating studied psychology and journalism in Berne, Berlin and Fribourg. Worked for three years at the microphone and in the editorial department of a Berne local radio and since 1989 has been with the Cortesi Bureau as head of production and journalist. Renata Gäumann wrote the sketches of Biel firms and researched illustrations.

Hadorn Werner

*1941, lebt seit 1953 in Biel, besuchte die städtischen Schulen bis zur Maturität, Studium der Anglistik und Germanistik in Bern, Derby (UK) und Kiel (BRD), Gymnasiallehrer am Deutschen Gymnasium, seit 1974 Journalist und Filmrealisator. Seit 1981 ist Hadorn Stadtrat in Biel. Zusammen mit Mario Cortesi konzipierte und redigierte er das vorliegende Buch, schrieb die Geschichte über die Bieler Kommunikationsgewohnheiten «Ça geit's?», Legenden, das Register und interviewte Bundespräsident Flavio Cotti.

*1941, vit à Bienne depuis 1953, où il a suivi toutes ses classes jusqu'à la maturité. Après avoir étudié les philologies anglo-saxonne et allemande à Berne et à Kiel (RFA), il a enseigné au Gymnase allemand de Bienne. Depuis 1974, il est journaliste et réalisateur de films; conseiller de ville depuis 1981. Avec Mario Cortesi, Werner Hadorn a réalisé et rédigé ce livre. Il est l'auteur du chapitre «Ça geit's?», traitant du bilinguisme, des légendes et de l'index. Il a aussi interviewé Flavio Cotti.

Born 1941, has lived in Biel since 1953. Attended city schools up to matriculation. Studied English and German language and literature in Berne, Derby (UK) and Kiel (German Federal Republic). Was teacher at local High School and since 1974 has been a journalist and film maker. Has been a member of Biel City Council since 1981. With Mario Cortesi he drew up the concept and edited this book. He wrote the article «Ça geit's?» about Biel as a bilingual city, captions and index and interviewed Flavio Cotti.

Hermann Ludwig

*1940. Besuchte in Lugano, Bern und Biel die Schulen und war einige Jahre als Primarlehrer tätig. 1965 gründete er zusammen mit Mario Cortesi das Büro Cortesi in Biel; er ist seither als Journalist und Filmrealisator tätig. Er schrieb die Geschichte über das «Savoir-vivre» der Bieler.

*1940, a suivi ses classes à Lugano, à Berne et à Bienne. Il a été enseignant durant quelques années. En 1965, avec Mario Cortesi, il a fondé le Bureau Cortesi à Bienne. Depuis, il travaille comme journaliste et réalisateur. Il a écrit l'histoire sur le savoir-vivre des Biennois.

Born 1940, went to school in Lugano, Berne and Biel and was a primary school teacher for several years. With Mario Cortesi was co-founder of the Cortesi Bureau in Biel. Since then he has been working as a journalist and film maker. He wrote the article about the «Savoir-vivre» of Biel people.

Hiltebrand Elvira

*1952, lebt seit 1970 in Biel, besuchte vorher die städtischen Schulen in St. Gallen und ein Jahr lang die Handelsschule. War leitende Angestellte in einem Schallplattengeschäft und in einer zweisprachigen Buchhandlung, ergriff 1979 den Beruf einer Journalistin und ist seit 1983 auch Film-Cutterin. Elvira Hiltebrand schrieb die Geschichte «Tout Bienne» über alte und neue Bieler.

*1952 à Saint-Gall où elle a suivi ses classes et une Ecole de commerce. Vit à Bienne depuis 1970. A été responsable d'un magasin de disques et d'une librairie bilingue. Journaliste depuis 1979 et (depuis 1983) responsable de montage de films. Elvira Hiltebrand a écrit l'histoire intitulée «Tout-Bienne» à propos des Biennois d'hier et d'aujourd'hui...

Born 1952, has lived in Biel since 1970, attended city schools in St. Gallen before, as well as the Commercial School for one year. Was head of staff in a gramophone record shop and in a bilingual bookstore. Became a journalist in 1979 and has also been a film cutter since 1983. Elvira Hiltebrand wrote the article «Tout Bienne», about old and new residents of Biel.

Jaberg André

*1961. Besuchte die Schulen in Biel. War zuerst als Verlagsmitarbeiter tätig, lernte den Journalistenberuf an der Uni in Freiburg und beim «Bieler Tagblatt». Nach einem Abstecher beim «Blick» trat er in die Redaktion des BIEL-BIENNE ein. Jaberg schrieb die Geschichte über die Bildung in Biel («The Spirit of Biel-Bienne»), interviewte Hermann Fehr und Hans Stöckli.

*1961, a suivi ses classes à Bienne. A d'abord collaboré à l'édition, puis a appris son métier de journaliste à l'Université de Fribourg et au «Bieler Tagblatt». Après une escale au «Blick», il a rejoint la rédaction de BIEL-BIENNE. Il est l'auteur de l'histoire «The Spirit of Biel-Bienne», il a interviewé Hermann Fehr et Hans Stöckli.

Born 1961, educated in Biel. Worked first for a publishing company and learned journalism at Fribourg University and on the «Bieler Tagblatt». After a spell with «Blick» he joined the editorial department of the newspaper «BIEL-BIENNE». He wrote the article on local education, «The Spirit of Biel-Bienne» and interviewed Hermann Fehr and Hans Stöckli.

Micheloud Christine

*1957. Lebt seit 1988 in Biel, besuchte die städtischen Schulen und absolvierte eine Buchhändlerlehre in Bern, studierte an der Schule für Angewandte Linguistik in Zürich, seit 1988 Journalistin in Biel. Christine Micheloud erarbeitete mit Nicole Strähl und Janine Gass den Lexikonteil dieses Buches.

*1957, vit depuis 1988 à Bienne. Après sa scolarité, elle devient libraire à Berne, puis suit la «Schule für Angewandte Linguistik» à Zurich. Journaliste à Bienne depuis 1988, elle a rédigé la partie index – Bienne de A à Z –, qui figure à la fin de ce livre, avec Nicole Strähl et Janine Gass.

Born 1957, has lived in Biel since 1988. Attended city schools and took a bookseller's apprenticeship in Berne. Studied at School of Applied Linguistics in Zurich and has been a journalist since 1988. With Nicole Strähl and Janine Gass she compiled the «Biel from A to Z» section at the end of this book.

Reichenbach Daniel

*1958, besuchte die Schulen in Solothurn und vertauschte das Lateinbuch mit dem Kochbuch. Rührte in Gstaader und Grindelwalder Pfannen, arbeitete auch auf dem Bau, als Gärtner, Nachtwächter, Schreiner. Seit 1983 ist er im Büro Cortesi tätig – als Journalist, Kameramann und Fotograf. Für dieses Buch gestaltete Reichenbach einen Grossteil der Fotos.

*1958, a suivi ses classes à Soleure. Il décide de troquer son bouquin de latin contre un livre de cuisine. Il a baladé sa toque dans les meilleures cuisines de Gstaad et de Grindelwald. A aussi travaillé sur des chantiers, a été jardinier, portier de nuit, menuisier. Depuis 1983, il collabore au Bureau Cortesi comme journaliste, cameraman et photographe. Il a réalisé une grande partie des photos de cet ouvrage.

Born 1958, was educated in Solothurn and soon exchanged his Latin grammar for a cookery book. Worked as a trained chef in Gstaad and Grindelwald. Has worked for the Cortesi Bureau since 1983 as a journalist, cameraman and photographer. He is responsible for a large number of the photographs in this book.

Strähl Nicole

*1963, ist im Seeland aufgewachsen, besuchte das Bieler Wirtschaftsgymnasium. Handelsdiplom und Diplom am Medienausbildungszentrum (MAZ) in Luzern, seit 1989 im Büro Cortesi. Nicole Strähl schrieb mit Christine Micheloud und Janine Gass den Lexikonteil dieses Buches.

*1963, elle a grandi dans le Seeland, a suivi les cours du Gymnase économique de Bienne. Titulaire d'un diplôme de commerce et formée au MAZ (Medienausbildungszentrum) de Lucerne, elle collabore depuis 1989 au Bureau Cortesi. Nicole Strähl a rédigé la partie «lexique» de cet ouvrage en collaboration avec Christine Micheloud et Janine Gass.

Born 1963, grew up in the Seeland region, attended Biel Commercial High School. Gained Commercial Diploma and Diploma at Media Training Centre in Lucerne. Has been with the Cortesi Bureau since 1989. Wich Christine Micheloud and Janine Gass, wrote the «Biel from A to Z» section of this book.

...und sie haben mitgewirkt / ...et ils ont collaboré / ...the following also contributed:

Fotos und Bildbeschaffung / Photos et documentation / Photos and pictorial research:
Patrick Brisset, Patrick Etienne, René Jeannin
Im weiteren / Mais aussi / As well as: René Ackermann, Ricardo Brunner, Marco Cortesi, Mario Cortesi, Olivier Evard, Werner Hadorn, Elvira Hiltebrand, Roland Koella, macs, Kaspar Meuli, Rolf Neeser, Guido Noth, Hugo Rust, Heidi Schafroth, Andreas Sutter, swissair Photo

Illustrationen / Illustrations / Drawings:
Anita Hertig, Werner Kruse

Übersetzungen / Traductions / Translations:
Yvette Augsburger, Bob Barton, Marylin Grosjean, Marlise von Kaenel, John Miles, Translingua Zürich, Richard Walter, Isabelle Wölflisberg

Layout:
Romano Della Chiesa, Brigitte Märki

Lektorat / Lectorat / Proof readers:
Erika Ehrismann, Anne Jaquerod

Texterfassung / Composition / Composition:
Sylvia Aerni, Nina Iseli, Jocelyne Schärer

Sekretariat / Secrétariat / Secretaries:
Rita Bastuck, Beatrice Jenni

Arbeitsgruppe des Handels- und Industrievereins / Groupe de travail de l'Union du commerce et de l'industrie / Chamber of Trade and Industry special Sub-Committee:
Dr. Roger Anker, Herbert Arni, Franz Böhlen, Peter Brechbühl, Martin Bühler, Michel Jacot-Descombes, Albert König

Historische Beratung / Conseillers historiques / History consultants:
Dr. Marcus Bourquin, Dr. Ingrid Ehrensperger

Literaturverzeichnis – Bibliographie – Bibliography

◢ Die folgende Liste stellt eine Auswahl der Literatur dar, die in diesem Buche verwertet worden ist. Eine reichhaltige Sammlung von Biel-Büchern findet sich in der Stadtbibliothek.

◢ Les ouvrages suivants ont été consultés pour la réalisation de ce livre. La Bibliothèque municipale dispose d'une vaste littérature sur Bienne.

◢ The following are some of the works consulted in compiling this book. The Municipal Library has an extensive collection of literature about Biel.

Aerni Klaus (Red.): Die Region Biel-Seeland. Grundlagen und Probleme der heutigen Kulturlandschaft. Bern 1979.

Andres Daniel: Biel, Altstadt. Führer durch ihre Geschichte und ihre Gassen. Biel 1980.

Andres Daniel: Biel-Bienne 1919. Biel 1980.

Andres Daniel: Biel-Veränderungen. Ein Überblick über die bauliche Entwicklung der Stadt. Aarau 1978.

Bähler Arnold: Biel vor hundert Jahren. Biel 1916.

Baumgartner Emil: Mein Lebenswerk. 25 Jahre Velohändler 1907-1932. Biel 1932.

Biel-Bienne. Wirtschaftsgeschichte. Histoire économique. Zürich 1948.

Biennimago: Kunstsammlungen suchen ein Kunsthaus. Biel 1986.

Bleuer Hans: Hauptdaten der politischen, wirtschaftlichen und kulturellen Geschichte der Stadt Biel in chronologischer Übersicht. Biel 1952.

Bloesch Cäsar Adolf: Geschichte der Stadt Biel und ihres Pannergebietes. Biel 1855/1856. Nachdruck Genf 1977.

Bourquin Marcus: Biel-Bienne. Bern 1980.

Bourquin Marcus: Biel im Wandel der Zeiten. Bienne au cours des âges. Bern 1980, 1981.

Bourquin Marcus: Bieler Strassennamen. Kurzbiographien über Personen, nach welchen Strassen in Biel benannt wurden. Aus Archivarbeiten von Werner Bourquin, a/Stadtarchivar. Biel 1971.

Bourquin Werner: Alt-Biel. Berner Heimatbücher Band 46. Bern 1967.

Bourquin Werner: Beiträge zur Geschichte Biels. Biel 1922.

Bruckert Raymond: Bienne, son agglomération, sa région. Bienne 1970.

Ehrensperger Ingrid: Biel und das Neue Bauen. In: Docu-Bulletin 10/11. Blauen 1984.

Einwohnergemeinde Biel: Statistische Chronik (laufend).

Fell Paul: Dieses halbe Jahrhundert. Lebenserinnerungen von Paul Fell 1899-1964. Manuskript ca. 1965.

Fell René: Le curieux destin d'une ville. Bienne, son passé, son présent, son avenir. Bienne 1955.

Fürsorgedirektion Biel: Bieler Sozialführer. Ein Wegweiser durch die sozialen Institutionen der Stadt. Biel 1984.

Gassmann Willy (ed.): Willkommen in Biel. Herausgegeben unter dem Patronat des Gemeinderates der Stadt Biel. Biel 1982.

Gesellschaft für Schweizerische Kunstgeschichte: Inventar der Neueren Schweizer Architektur. Band 3. Biel. Bern 1982.

Gesellschaft für Schweizerische Kunstgeschichte: Kunstführer durch die Schweiz. Band 3. Bern 1982.

Jahrbücher (alle Verlag W. Gassmann): Bieler Neujahrsblatt (1908-1911), Bieler Jahrbücher (1927-1932), Neue Bieler Jahrbücher (1967-1980), Bieler Jahrbücher (seit 1971).

Häberli Wilfried: Biel unter Frankreichs Herrschaft. Biel 1948.

Kästli Tobias: Das rote Biel 1919-1939. Probleme sozialdemokratischer Gemeindepolitik. Bern 1988.

Kästli Tobias: Die Vergangenheit der Zukunftsstadt. Arbeiterbewegung, Fortschritt und Krisen in Biel 1815-1919. Bern 1989.

Kehrli Bruno: Biel. Übersetzung Robert Gaffino. Neuchâtel 1961.

Moser Andres, **Ehrensperger** Ingrid: Arts et monuments, Jura bernois. Bienne et les rives du lac. Société de l'histoire de l'art en Suisse. Wabern 1983.

Müller Christoph: Zweisprachigkeit Biel-Bienne. Zürich 1986. (Manuskript, erhältlich auf der Stadtbibliothek Biel).

Müller Guido: Biel in Vergangenheit und Gegenwart. Bern 1961.

Müller Guido: Erinnerungen. Reden. Schriften. Bern 1970.

Müller Guido, **Brotbeck** Kurt: Das neue Biel. Bern 1972.

Museum Neuhaus: Anna Haller 1872-1924. Katalog der Ausstellung 1987. Mit Beiträgen von Daniela **Ball,** Ingrid **Ehrensperger,** Johanna **Strübin,** Margrit **Wick.** Biel 1987.

Neeser Rolf: Biel/Bienne. Bilder einer Region. Biel 1987.

Neeser Rolf: Bieler Altstadt. Vieille Ville de Bienne. Biel 1988.

Roth Rudolf: Das Volkshaus Biel und das Werden der Arbeiterbewegung. Herausgegeben von der Volkshausgenossenschaft Biel zum Anlass ihrer Jubiläumsfeier. Biel 1959.

Schöchlin Hans: Wanderung durch die Bieler Altstadt. Promenade à travers le vieux Bienne. Biel 1966.

Schwab Fernand: Die industrielle Entwicklung der Stadt Biel. Biel 1918.

Städtebund-Theater: 50 Jahre. 1927-1977. Biel 1979.

Stadtplanungsamt Biel: Inventar schützenswerter Objekte. Stadt Biel. Biel 1987.

Staub Christian: Biel – schwarz auf weiss. Mit Texten von Justus **Imfeld** und Bruno **Kehrli.** Bienne 1957.

Thierrin Paul (textes), **Hunyadi** Endre (photos): Aimez-vous Bienne? Bienne 1976.

Waldvogel William: Die St. Petersinsel im Bielersee. Bern 1948.

Wyss J.: Das Bieler Schulwesen während der ersten hundert Jahre bernischer Zugehörigkeit 1915-1915. Biel 1926.

Ziegler Albert, **Jeanmaire** Claude: Bieler Strassenbahnen. Tramways of Biel (Switzerland). Villigen 1977.

▲ Die Nacht senkt sich über Biel-Bienne. Über eine Stadt, die von ihren Bewohnern geliebt wird, weil sie vieles bietet, das man nicht beschreiben kann. Das man spüren, fühlen, selber erfahren und entdecken muss…

▲ La nuit tombe sur Biel-Bienne. Sur une ville que ses habitants aiment, parce qu'elle leur offre tant de choses que les mots ne parviennent pas à exprimer. Des choses que l'on éprouve, que l'on ressent, que l'on doit vivre et découvrir soi-même…

▲ Night falls over Biel-Bienne. Over a city loved by the people who live in it, because it has so much to offer that words cannot describe – that has to be experienced, felt, and discovered for oneself…